Ludwig Gumplowicz

Der Rassenkampf

Ludwig Gumplowicz
Der Rassenkampf
ISBN/EAN: 9783744682299

Hergestellt in Europa, USA, Kanada, Australien, Japan

Cover: Foto ©ninafisch / pixelio.de

Weitere Bücher finden Sie auf **www.hansebooks.com**

DER RASSENKAMPF.

SOCIOLOGISCHE UNTERSUCHUNGEN

VON

Dr. LUDWIG GUMPLOWICZ,

PROFESSOR DER STAATSWISSENSCHAFTEN AN DER K. K. UNIVERSITAET
IN GRAZ.

INNSBRUCK.
VERLAG DER WAGNER'SCHEN UNIV.-BUCHHANDLUNG.
1883.

Alle Rechte vorbehalten.

Vorwort.

Was ich dem Lefer hier biete, find einige fchüchterne Anfangslaute einer grofsen Wiffenfchaft der Zukunft — der Naturgefchichte der Menfchheit. Wenn ich es vorzog nicht diefe Bezeichnung, fondern die der Sociologie auf den Titel des Buches zu fetzen, fo gefchah es um dem möglichen Mifsverftändniffe vorzubeugen, welches aus dem ganz andern Sinne der erfteren Bezeichnung der fich feit Prichard's »Naturgefchichte der Menfchheit« an diefelbe knüpft, hier fich einfchleichen könnte. Dagegen fcheint mir, dafs die von Comte herrührende Bezeichnung Sociologie dem Wefen und dem Sinne jener Wiffenfchaft der Zukunft näher kommt.

Ich bilde mir nicht ein etwas Neues zu bieten; es giebt nichts Neues auf menfchlich-geiftigem Gebiete. Alle möglichen Baufteine die bei einem wiffenfchaftlichen Gebäude nur verwendet werden können, find »fchon dagewefen«. Ich glaube nicht, ob es möglich ift irgend einen neuen zu fchaffen.

Das Einzige was ich für möglich halte ift, durch eine neue Combination des uralten Materials dem Gebäude eine neue Form, ein neues Gepräge zu geben. Nur diefes Gepräge wechfelt mit der Zeit und mit wechfelnden Anfchauungen und es kann fo unerfchöpflich mannigfach fein wie unerfchöpflich mannigfach die Individualitäten fein können.

Ob nun das was ich hier zufammengetragen und zu einem proviforifchen lofen Bau zufammenfügte von der Idee einer felbftändigen Individualität getragen ift und daher ein felbftändiges Gepräge zeigt — das zu beurtheilen ift nicht meine Sache.

Nur die eine Zuverficht glaube ich ausfprechen zu dürfen: möge auch diefer Bauverfuch wie hunderte vor ihm als werthlos erkannt werden, die »Naturwiffenfchaft der Menfchheit« wird defswegen keinen Mifserfolg zu verzeichnen haben. Von mannigfachen Irrthümern, Fehlern und Mifsgriffen nimmt fie heutzutage ihren Ausgang; doch wird fie ihren Weg nicht verfehlen und einft gewifs an's Ziel gelangen. Wir aber, die Taftenden und Irrenden uns bleibt das beruhigende Bewufstfein, dafs wir im fchweren Ringen um Wahrheit fallend, Andern, die uns nachfolgen fo manchen Weg geebnet, fie vor fo manchem falfchen Pfade gewarnt, mit einem Worte, zur Erreichung des höchften Zieles aller Wiffenfchaft, der Wahrheit, das Unfrige redlich beigetragen haben.

Darüber kann ich nun ruhig fein. Ein anderes Bedenken aber ift's das in mir aufftieg. »Wie, wenn ein »Fünkchen befferer Erkenntnifs« das in diefem Buche enthalten fein mag »in den Zunder menfchlicher Leidenfchaft fällt« um mich Rofcher's trefflichen Ausdruckes zu bedienen«

und die hell auflodernde Flamme dann ringsherum ihr Vernichtungswerk verbreitet?« Das war ein gewichtiges Bedenken und es wühlte lange in meinem Hirne. Doch überwand ich auch diefes. Möglich, dafs menfchliche Leidenfchaft auch fo manchen Satz diefes Buches herbeizerren wird zur Rechtfertigung verruchten Treibens — aber dann wird ja diefes Buch nur das Schickfal der erhabenften Lehren theilen die je der Menfchheit verkündet wurden. Denn auch im Namen der erhabenften Lehren der Religion — hat böswillige Verkehrtheit immer Ströme Blutes fliefsen lafsen.

Was foll es alfo frommen bei wiffenfchaftlichen Unterfuchungen das Treiben menfchlicher Leidenfchaft in Rechnung zu ziehen? — Die Leidenfchaft mit Niedertracht gepaart geht unbehindert ihren Weg — möge die Wiffenfchaft unbehindert den ihrigen verfolgen! Sie hat nicht den Anfpruch und nicht die Hoffnung die Leidenfchaften zu zügeln — da niedrige Denkungsart den Lehren der Wiffenfchaft unzugänglich ift. Möge man alfo der Wiffenfchaft den einen Troft laffen, unbehindert die Wahrheit zu fuchen und was fie als folche erkennt rückfichtslos zu verkünden; und verfchone man fie doch mit unnützen Scrupeln und laffe ihr unangetaftet ihren einzigen Glaubensfatz: dafs die Wahrheit und das redliche Suchen derfelben der Menfchheit nie fchaden könne, dafs im Gegentheil nur in der Wahrheit das Heil der Menfchheit liegt.

Graz im April 1883.

Inhalt.

I.
Geschichtsphilosophie und Sociologie.

	Seite
1. Das sociologische Problem	3
2. Die drei Arten der Geschichtsauffassung	4
3. Entwicklung der Geschichtsphilosophie	6
4. Wissenschaftlicher Werth der drei Grundrichtungen	17
5. Die Quellen der theistischen und rationalistischen Auffassung	19
6. Die Naturprozesse	22
7. Die gangbare Vorstellung über die Entwicklung der Menschheit	27
8. Einheitliche Weltauffassung	32
9. Einzuschlagende Richtung	35

II.
Polygenismus.

10. Die Politik der Natur	43
11. Die ethischen Gründe für den Monogenismus	48
12. Für den Polygenismus sprechende Thatsachen	56
13. Ethnischer Entwicklungsgang der Menschheit	63
14. Auseinandersetzung mit dem Darwinismus	67

III.
Ursprüngliche Vielheit der Sprachen und Culte.

15. Sprachwissenschaft und Polygenismus	87
16. Die Frage nach dem Ursprunge der Sprache	89
17. Die natürliche Veranlassung zur Sprachentstehnng	93
18. Die natürliche Befähigung zur Sprachbildung	96
19. Entstehung der Urlaute und Wurzeln	105
20. Weitere Begründung der Zufallstheorie	113
21. Entwicklung der Menschheit und Entwicklung der Sprachen	132
22. Poligenismus und Religionen	137

IV.
Der Naturprozefs der Gefchichte.

		Seite
23. Der Begriff des Naturprozeſſes	. . . . .	154
24. Die conſtitutiven Momente jedes Naturprozeſſes	. . .	155
25. Der ſociale Naturprozefs	. . . . . .	162
26. Die Gefchichtfchreibung ift keine Wiſſenſchaft ſondern Kunſt		167
27. Das Wefen des ſocialen Naturprozeſſes	. . . .	169
28. Die ewige Wefensgleichheit der ſocialen Vorgänge	. .	172
29. Die Einzelvorgänge des Gefchichtsprozeſſes	. . .	176
30. Sociale Gemeinfchaften	. . . . . .	179
31. Der Stamm	. . . .	194
32. Staaten, Stände und Berufsclaſſen	. . . .	205
33. Die Raſſengegenſätze in den Berufsclaſſen	. . .	211
34. Herrfchaftsgewinnung, Ordnung und Erhaltung	. .	218
35. Herrfchaftsorganifation und Cultur	. . . .	231
36. Syngenifmus	. . . .	240
37. Materielle und moralifche Unterlage des Syngenifmus	.	248
38. Wie die Amalgamirung vor fich geht	. . .	253

V.
Gefchichtliche Hinweifungen.

39. Aegypten	. . . .	265
40. Babylon	. . . .	273
41. Aſſur	. . . .	277
42. Meder	. . . .	282
43. Perfer	. . . .	284
44. Indien	. . . .	290
45. China	. . . .	307
47. Phönizier und Juden	. . . . .	327
47. Europa	. . . .	335
48. Schlufs	. . . .	346

Anhang.

A. Stimmen für den Polygenifmus	. . . .	359
B. Zur Frage der Willensfreiheit	. . . .	363
C. Ueber Gefchichte als Wiſſenſchaft	. . .	366

I.
Geschichtsphilosophie und Sociologie.

1. Das fociologifche Problem.

Hegel und feine Schüler hatten die Gefchichtsphilofophie gründlich in Mifscredit gebracht. Es war für längere Zeit nicht rathfam wiffenfchaftliche Unterfuchungen als gefchichtsphilofophifche zu verrathen. Diejenigen nun, die dem ganz natürlichen Drange das Problem der Gefchichtsphilofophie wieder aufzunehmen nicht widerftehen konnten, flüchteten unter andere Fahnen und gaben fich den Anfchein als ob fie andere Objekte angreifen würden. Das war nur eine Kriegslift; im Grunde galten ihre Bemühungen immer demfelben Problem.

So wendeten die Einen fich der Völkerpfychologie zu, die andern der Culturgefchichte und neuerdings wird wieder dasfelbe Ziel mittelft der Sociologie angeftrebt. Doch die immer fich gleichbleibende Unlösbarkeit des immer identifchen Problems laftet wie ein Fluch auf allen diefen Beftrebungen und bereitet heute fchon der Sociologie beinahe dasfelbe Schickfal, das feiner Zeit die Gefchichtsphilofophie ereilte. Man zuckt verdächtig die Achfeln, wenn man von Sociologie hört und diefe allerneuefte Difciplin ift fehr nahe daran in denfelben Verruf zu kommen wie die einftige Gefchichtsphilofophie.

Dafs es fich in diefen mit verfchiedenen Namen bezeichneten wiffenfchaftlichen Unterfuchungen um eine und diefelbe Sache handelt ift nicht fchwer zu erweifen.

Es find diefelben Grundprobleme des menfchheitlichen Dafeins, mit denen es alle gleicherweife zu thun haben.

»Was bedeutet diefer ganze gefchichtliche Prozefs, deffen Träger die Menfchheit oder die menfchliche »Gefellfchaft« und ihre Theile find? Wie war der Anfang diefes Prozeffes? Welche Gefetze beherrfchen feine Entwicklung? Welche Tendenzen und Ziele verfolgt er? Worin liegt fein Wefen? Was ift feine Idee, fein Sinn?« — Das find die Fragen, mit denen die Gefchichtsphilofophie und alle oben genannten in ihr wurzelnden oder an ihre Stelle tretenden Difciplinen fich befchäftigen. Und da diefes gerade die höchften Fragen find, die der menfchliche Geift überhaupt aufwerfen kann und ihre vollkommene Löfung feine natürlichen Kräfte gewifs überfchreitet, daher die vielen bisherigen Mifserfolge der genannten Difciplinen. Diefe Mifserfolge find aber nichtsdeftoweniger von gröfstem wiffenfchaftlichem Werth, weil fie ebenfoviele Staffeln auf der Stufenleiter der Erkenntnifs darftellen; andererfeits aber tragen fie auch dazu bei auf diefem Gebiete die allzu freie Fantafie etwas zu zügeln und ftrengere Selbftkritik walten zu laffen.

2. Die drei Arten der Gefchichtsauffaffung.

Alle gefchichtsphilofophifchen Syfteme laffen fich auf drei Hauptrichtungen zurückführen; denn es find nur drei Grundauffaffungen der menfchheitlichen Entwicklung möglich und es fcheint, dafs diefe drei Grundauffaffungen eine natürliche Reihenfolge im Gedankenprozeffe der Menfchheit bilden, wenn fie auch zu jeder Zeit in verfchiedenen Repräfentanten nebeneinander vorkommen und fich gegen-

feitig bekämpfen. Diefe drei Richtungen und Auffaffungen
find: die theiftifche, die freiheitliche oder rationaliftifche und
die naturaliftifche.

Die erfte denkt fich die Gefchichte als das Werk
einer zielbewuſst handelnden Gottheit und verwandelt alle
oben erwähnten höchften Fragen des menfchheitlichen Dafeins in Fragen nach dem Willen und den Abfichten diefes
höchften Wefens. Die Antworten auf diefelben fucht und
findet fie in der Religion.

Die zweite betrachtet die menfchheitliche Gefchichte
und Entwicklung als Werk des freien Menfchengeiftes und
will in der menfchlichen Vernunft die Wege und Ziele
finden, welche die Menfchheit zu wandeln und welche fie
anzuftreben habe.

Die dritte betrachtet die Menfchheit als einen un-
freien Beftandtheil der Natur und forfcht nach den Naturgefetzen, nach denen diefer Beftandtheil in ewiger Nothwendigkeit die ihm vorgezeichneten, natürlichen Bahnen
durchläuft. Wie erwähnt, folgen diefe drei Richtungen
und Auffaffungen einander im Denkprozeffe der Menfchheit
und wenn fie auch einander nie ganz ablöfen und immer
auch gleichzeitig verfchiedene Theile der Menfchheit beherrfchen, fo läfst fich doch behaupten, dafs die erfte diefer
Richtungen der Vergangenheit, die zweite der Gegenwart,
die dritte der Zukunft angehört. ¹)

---

¹) Vrgl. Rocholl: Die Philofophie der Gefchichte. Göttingen 1878
Einleitung. »Immer zuerft wird die Gefchichte unter theologifche Ge-
fichtspunkte gebracht. Sie ift Erzeugnifs der Gottheit. So in der antiken,
fo im Beginne der chriftlichen Welt. Dann kommt mit der Renaiffance
zuerft der humaniftifche Gedanke. Er fchliesst wiffenfchaftlich mit dem
philofophifchen Idealismus ab und fchafft praktifch die »»Gefellfchaft.»»
Die Gefchichte ift Erzeugnifs des Menfchen. Endlich erfcheint die natürliche Anfchauung. Die Naturwiffenfchaften führen den naturaliftifchen
Gedanken ein. Sie beherrfchen nicht ohne Widerfpruch, aber fie beherrfchen eine Zeit lang wenigftens das öffentliche Leben. Wenden wir

Dem entsprechend mufs anerkannt werden, dafs bis heute die erste dieser Richtungen, die theistische, die gröfsten Triumphe in der menschlichen Geschichte aufzuweisen hat, die zweite die freiheitliche oder rationalistische ihr heutzutage ein siegreiches Gleichgewicht hält und dafs die dritte bis heutzutage nur schüchterne Versuche und glänzende Misserfolge zu verzeichnen hat.

3. Entwicklung der Geschichtsphilosophie.

Wir müssen die obigen allgemeinen Andeutungen noch etwas näher ausführen. Die Philosophie der Geschichte entsteht nicht erst da und braucht nicht erst da als entstanden angenommen zu werden, wo sie sich zuerst als solche giebt, also mit Hegels Geschichte der Philosophie [1]: sondern sie mufs zum mindesten auch schon da anerkannt werden, wo der Versuch gemacht wird die Geschichte der Menschheit als ein zusammenhängendes Ganze darzustellen und dabei gewisse in derselben sich manifestirende Ideen nachzuweisen, wenn man nicht auch alle gelegentlich von Philosophen und Denkern über das Wesen der Menschheitsgeschichte geäufserten Anschauungen, wie es Rocholl thut, als Aeufserungen der Geschichtsphilosophie betrachten

---

sie für unsere Wissenschaft an, so sagen sie: Die Geschichte ist Erzeugnifs der Natur. Wir können jene erste Periode unter das Zeichen: Gott, die zweite unter die Bezeichnung: Mensch, die dritte unter diejenige: Natur — bringen.»

[1]) So bei Conrad Hermann: Philosophie der Geschichte, Leipzig 1870. Eine umfassende Bearbeitung der Entwicklung der Geschichtsphilosophie von ihren ersten Anfängen und bei allen Culturvölkern lieferte neuerdings Rocholl in dem soeben erwähnten Werke: Die Geschichte der Philosophie.

will. In letzterem Sinne wird man von Gefchichtsphilofophie aller alten Völker, vorzüglich aber der Culturvölker des orientalifchen und claffifchen Alterthums fprechen können, als eine eminent gefchichtsphilofophifche Leiftung, aber durch eine zufammenhängende Darftellung der Gefchichte unter Nachweis gewiffer in derfelben fich manifeftirender Ideen, wird uns dann die Bibel erfcheinen. »Eminent« aber müffen wir diefe Leiftung nennen, weil ihre theiftifche Anfchauung der Gefchichte durch Jahrtaufende die herrfchende war und noch heutzutage in allen europäifchen Literaturen überwiegend die herrfchende ift.

Neben diefer theiftifchen durch die Lehren des Judenthums und Chriftenthums repräfentirten Anficht, macht fich feit der Wiedererweckung des Clafficifmus in Europa die rationaliftifche Gefchichtsauffaffung geltend, die an die griechifche Philofophie fich anlehnend die Gefchichte aus der geiftigen Befchaffenheit des Menfchen zu erklären fucht. Diefe Auffaffung macht die menfchliche Vernunft zur Quelle alles Gefchehens auf focialem Gebiete, unterfucht daher einzig diefe menfchliche Vernunft, um die Beziehungen derfelben zur menfchlichen Gefchichte klar zu legen.

Auf diefem Standpunkt fteht die ganze rationaliftifche und zwar ebenfowohl die idealiftifche wie die realiftifche Gefchichtsauffaffung. Für die Gefchichtsfchreibung war diefe Auffaffung, wie das fchon in Griechenland und Rom der Fall war, ungemein fördernd — denn fie ift die eigentliche Schöpferin der fog. pragmatifchen Gefchichtsfchreibung. Während nemlich die theiftifche Auffaffung die Gefchichtfchreibung zu einer monotonen und trockenen Erzählung der »Thaten Gottes« macht: läst die rationaliftifche Auffaffung den Hiftoriker in den Charakteren der Menfchen, in ihren geiftigen Eigenfchaften, in ihren Intereffen, Trieben und Leidenfchaften die Urfachen ihrer Handlungen und Thaten fuchen. Daher die hohe Stufe der griechifchen und römischen Geschichtsschreibung und ihr stetiger Aufschwung seit der Wiedererweckung des Classicismus in Europa.

Sowohl der theistischen wie der rationalistischen Geschichtsauffassung trat zuerst schüchtern der Gedanke entgegen, daß die geistige Beschaffenheit und in Folge dessen die Handlungen und Schicksale der einzelnen Völker eine nothwendige Folge der dieselbe umgebenden Natur seien. Montesquieu verdankt der Formulirung dieses seinerzeit überaus kühnen Gedankens den grossen Erfolg seiner Schrift »über den Geist der Gesetze«. Denn nichts schien mehr ein Werk des freien menschlichen Willens, der menschlichen Willkühr zu sein, als die Gesetze, die in verschiedenen Zeiten und Ländern von den Herrschern der einzelnen Völker verkündet worden sind. Der Nachweis nun, den Montesquieu in dem vierzehnten Buche seines »Esprit des lois« zu liefern versuchte, daß diese Gesetze in nothwendiger Beziehung zu den Climaten der einzelnen Länder stehen, daß ihre Beschaffenheit von diesen Climaten abhängt, dieser Nachweis bedeutete eine Revolution in den gewohnten Anschauungen über die in der Geschichte waltende Willensfreiheit des Menschen, die sich nur etwa dem höheren Willen eines ihn inspirirenden persönlichen Gottes füge. Die Montesquieu'sche Ausführung rief plötzlich die Vorstellung einer durch die äussere Natur gesetzten Nothwendigkeit hervor, der sich die menschliche Freiheit fügen müsse. Das war die erste Mine, die der geistreiche Franzose unter die rationalistische Burg legte. Diese Mine aber sollte nicht sobald losgehen. Allerhand fromme Männer und Philosophen waren redlich bestrebt dieselbe unschädlich zu machen. In erster Linie Herder.

In seinen »Ideen zur Geschichte der Menschheit« acceptirt er vollkommen die Montesquieu'sche Idee vom Einfluss des Clima's und im allgemeinen der Natur auf die menschlichen Geschicke und geschichtlichen Ereignisse: verwebt aber sehr geschickt diese naturalistische Idee nicht nur mit rationalistischen, sondern auch mit theologischen Gespinnsten. Herder will Gegensätze versöhnen. Die ganze Anlage seines Werkes weckt den Schein einer streng naturalistischen Auffassung, da er die philosophische Betrachtung der Geschichte der Menscheit mit der Betrachtung der Erde als »eines Sternes unter Sternen« beginnt, sodann die geologische Entwicklung der Erde, die Entwicklung der drei Naturreiche darstellt, bis er endlich zum Menschen und seiner Geschichte als quasi zur Fortsetzung der Natur und ihrer Werke gelangt, wobei er zuerst die »Naturvölker« (Grönländer, Eskimos etc.) und sodann das allmählige Auftreten der Culturvölker und ihrer Geschichte in gebräuchlicher Reihenfolge schildert. Ja noch mehr! Hie und da verstreut, findet man bei Herder echt naturalistische und monistische Anschauungen; da er aber alles dieses wieder mit dem rationalistischen und theologischen Standpunkt aussöhnen will, so macht er es schliesslich keinem recht und verdient vollkommen das herbe Urtheil, welches Laurent von einem theologisch-rationalistischen Standpunkt über ihn fällt.¹) Im Grunde genommen hat Herder ganz richtige Anschauungen über die Stellung des Menschen im Weltall und über die Bedeutung der Geschichte als eines Naturprozesses: nur hätte er die theologischen Fragen, die in die Wissenschaft nicht hineingehören, ganz aus dem Spiele lassen sollen. Indem er Gott und Natur identificirt, verdirbt er es mit den Theologen und läßt seine naturalistischen Anschauungen zu keinem durchwegs klaren und unverfälschten Ausdruck kommen.²)

---

¹) Laurent Histoire du droit des gens T. XVIII. 115. sq.
²) Den Gedanken des Einflusses der physischen Natur auf den Menschen und seine Geschicke, also auch auf die Geschichte hat in unserer

Doch muſs Herder als der eigentliche Begründer der Philoſophie der Geſchichte angeſehen werden. Friedrich Schlegel und Hegel ſind ſeine Nachfolger. Erſt der letzere emancipirte ſich ganz von den theologiſchen Conceptionen Herders, ohne jedoch die naturaliſtiſche Seite der »Ideen« conſequent weiter zu entwickeln. Vielmehr verſucht es Hegel den durch Herders Werk ſich hindurchziehenden unklaren und ſich widerſprechenden Dualismus von Gott und Natur in einer höheren Einheit aufzulöſen und auszuſöhnen, nämlich in ſeinem bekannten »abſoluten Geiſt«. Indem Hegel in der ganzen Geſchichte nur die Verkörperung und Entwicklung dieſes einen und einheitlichen »abſoluten Geiſtes« ſieht und darſtellt, hat er aber den Boden all und jeder Wirklichkeit und Wiſſenſchaft verlaſſen und ſeine Philoſophie der Geſchichte zu einer reinen Phantasmagorie gemacht.

Hegel ſchildert uns etwas, das nur in ſeinem Kopfe exiſtirt und betheuert uns, daſs es **Wirklichkeit** ſei; zur beſſeren Beglaubigung tauft er ſeine Phantaſien auf Namen, die aus der Weltgeſchichte entlehnt ſind — wodurch ihm die Täuſchung deſto beſſer gelingt.

Hegels pfiffige Formel, wonach ſich der abſolute Geiſt

Zeit wieder Buckle in ſeiner »Geſchichte der Civiliſation in England« zu Ehren bringen wollen. Er bemüht ſich bekanntlich die Geſchichte und den Geiſt der verſchiedenen Völker aus dem Clima ihrer Länder zu erklären. Gegen dieſe übrigens ſchon von Hegel entſchieden abgewieſene Idee bemerkt Jodl: »Mag in der Entwicklung des geſchichtlichen Lebens immerhin das von Buckle betonte Wechſel- und Doppelverhältniſs zwiſchen Natur und Geiſt eine entſcheidende Rolle ſpielen: zur vollkommenen Erklärung, zur durchgängigen Rationaliſirung der geſchichtlichen Erſcheinungen, zur Begründung einer den geſammten Geſchichtsverlauf umfaſſenden cauſalen Erkenntniſs ſeiner Vorgänge reicht es in keiner Weiſe aus« l. c. 60 und zwar **desswegen** nicht, wollen wir hinzufügen, weil Buckle dieſes Wechſelverhältniſs auf Seiten der Natur zu **einſeitig** nur in dem **Clima** und der Bodenbeſchaffenheit ſucht.

»im ³/₄ Takt« von Thefis, Antithefis und Synthefis entwickelt und fortbewegt, läfst fich auf all und jedes anwenden — fpeciell aber auf all und jede phyfifche, geiftige und fociale Bewegung und man braucht nur immer jeden diefer »¹/₄ Takte« als ein beliebiges Entwicklungsftadium der bezüglichen Bewegung (die doch überall in Natur und Leben herrfcht) zu bezeichnen und die entfprechende »Philofophie« ift fertig. Man kann auf diefe höchft bequeme Art ebenfogut eine Philofophie der Phyfik fchreiben, indem man z. B. die Attraction als Thefis, die Repulfion als Antithefis, die Cohäfion als Synthefis bezeichnet und dann das Nähere paffend oder unpaffend durchführt, wie eine Philofophie der Mufik, Malerei u. f. w. Um eine Philofophie der Gefchichte zu Stande zu bringen brauchte Hegel nur den Orient als Thefis des »abfoluten Geiftes«, das claffifche Alterthum als Antithefis und die »germanifche Welt« als Synthefis zu bezeichnen und in diefe Formeln die Weltgefchichte fchlecht und recht hineinzuzwängen. Freilich könnte ein Chinefe mit eben folchem Rechte Europa als Thefis, Amerika als Antithefis und die chinefifche Welt als Synthefis des abfoluten Geiftes bezeichnen und eine chinefifche Philofophie der Gefchichte fabrizieren. Er würde dann wahrfcheinlich in China ebenfo populär werden, wie Hegel in Europa. Denn populär wird immer diejenige Lehre, die es den Menfchen am leichteften macht, die Welt und das menfchliche Leben zu begreifen. Defswegen bleibt die Bibel das populärfte Buch, weil ihre Formel, Welt und Leben zu begreifen die einfachfte ift. Für diejenigen nun, die fich mit dem theologifchen Standpunkt nicht begnügen und die Welt »philofophifch« auffaffen wollten, lieferte Hegel eine ebenfo einfache, leicht fich anzueignende »philofophifche« Formel. »Der abfolute Geift entwickelt fich« und damit Punktum. Nun fehen die Leute überall ganz richtig die Thefis, Antithefis und Synthefis — das trifft überall zu, wenn man darauf dreffirt ift — und find glücklich, die Welt begriffen zu haben. Aus einer ähnlichen Urfache ift in neuefter Zeit die Hartmann'fche Philofophie fo populär geworden. Indem Hartmann alle Vorgänge in Welt und Menfchenleben, die wir nicht begreifen, aber gerne begreifen möchten, als Thaten des »Unbewufsten« hinftellt, hat er ebenfalls der wifsbegierigen Menge fo eine einfache Formel hingeworfen, mit der fie fich gerne zufrieden gibt und bei der fie fich beruhigt. Jetzt wiffen fie's, worüber fie fich bisher vergebens den Kopf zerbrachen. »Das Unbewufste thut's!« auch eine »philofophifche« Erklärung — weil fie weder in der Bibel noch im Katechifmus fteht! — Die Leute find glücklich und Hartmann ift populär.

Eine jede folche Formel hat das Eigenthümliche oder vielmehr es liegt im Wefen einer jeden folchen Formel, dafs fie wohl einige Zeit auf alle Erfcheinigen des Lebens angewendet werden kann (was, wenn es der Meifter felbft nicht thut, feine »Schule« beforgt): dafs fie jedoch keiner weitern wiffenfchaftlichen Entwicklung und Vertiefung fähig ift. So hat fich denn auch die Philofophie der Gefchichte in Deutfchland mit dem Hegel'fchen abfoluten Geift in eine Sackgaffe verrant, aus der es keinen rechten Ausweg mehr gab. Die fpecififch Hegel'fche Philofophie der Gefchichte endigt mit Hegel und einigen feiner Schüler (man denke z. B. an Gans und deffen »Erbrecht in weltgefchichtlicher Entwicklung«), die feine Formeln auf einige andere Gebiete des Wiffens anzuwenden verfuchten. Eine fruchtbare, wiffenfchaftliche Fortentwicklung war in diefer Richtung nicht möglich. Mit dem »abfoluten Geift« gieng es nicht weiter; das Kunftftück, das Hegel mit demfelben anftellte, verpuffte wie ein Feuerwerk. Nur hie und da wurde von Hiftorikern und hiftorifchen Dilettanten ein verfprühter Funke diefes Feuerwerks aufgefangen und zu kleinen

Flämmchen entfacht; den unverständlichen »abſoluten Geiſt«
verſuchte man einfach ins Alltägliche und Verſtändliche zu
überſetzen, und zwar machten aus demſelben die Einen
kurzweg den »Geiſt des Menſchen« in ſeiner geſchichtlichen
Entwicklung und feierten die »Siege desſelben über die
Natur«; den andern erſchien jener abſolute Geiſt als »all-
mähliger Fortſchritt menſchlicher Cultur«, den ſie in der
Geſchichte nachzuweiſen ſich beſtrebten; noch andere endlich
glaubten den abſoluten Geiſt in den »Volksgeiſtern« und
»Volksſeelen« zu erkennen und wandten ſich dem Studium
und der Erforſchung dieſer Volksgeiſter zu. So entſtanden
auf dem Grabe der Hegel'ſchen Philoſophie die ſog. Culturgeſchichte [1]) (Kolb, Klemm, Henne am Rhyn, Hellwald)
und die Völkerpſychologie (Lazarus und Steinthal). [2])

[1]) Ueber die Entwicklung der Culturgeſchichte ſehe man die ge-
diegene Schrift von Jodl »Die Culturgeſchichte, ihre Entwicklung und
ihr Problem.« Halle 1878. Bezeichnend für das grofse Anſehen, das die
Culturgeſchichte noch immer genieſst, ſind folgende, nicht übertreibende
Worte Jodl's: So kann man alſo ſagen, es ſei die Auffaſſung der Geſchichte unter dem leitenden Geſichtspunkt einer Entwicklung der Cultur,
welche die Signatur unſerer gegenwärtigen Geſchichtswiſſenſchaft bilde
und mehr oder weniger alle Leiſtungen derſelben beherrſche, auch da,
wo dieſelben ſich auf ſpecielle Gebiete beſchränken und keineswegs den
Anſpruch erheben, die Geſammtheit der Culturleiſtungen einer Zeit oder
eines Volkes zur Darſtellung zu bringen« S. 3. Wenn aber Jodl S. 98 ff.
es unternimmt, die Culturgeſchichte als beſondere Wiſſenſchaft, welche
zwiſchen »erzählender Univerſalgeſchichte« und »reflectirender Geſchichts-
philoſophie« die Mitte halten ſoll, zu retten: ſo erachten wir dieſen Verſuch
theils als einen überflüſſigen, theils als einen verfehlten. Der von ihm
für die Culturgeſchichte vindicirte »Geſichtspunkt des Zuſtändlichen« erinnert an die ähnlichen ſcholaſtiſchen Bemühungen der Statiſtiker, ihrer
»Wiſſenſchaft« einen Inhalt zu geben.

[2]) Für das Verhältniſs der Völkerpſychologie zur Hegel'ſchen Philoſophie mögen als charakteriſtiſche Illuſtration die Definitionen des Staates
bei Hegel und Lazarus angeführt werden. Während der Erſtere den
Staat definirt als »die Geſtalt, welche die vollſtändige Realiſirung des Geiſtes
im Daſein iſt« (Philoſophie der Geſchichte S. 20) erklärt Lazarus: »Jeder

Diejenigen aber, die fich mit folch' mühfeliger Kleinkrämerei nicht befriedigten, fondern nach **Höherem** und nach dem **Ganzen** ftrebten, kehrten um und knüpften wieder an den alten **Herder** an und zwar die einen an deffen **theologifche**, die andern an deffen **naturaliftifche** Anfchauungen. Die erftere vollkommen unwiffenfchaftliche Richtung, deren Verfolgung immer am leichteften und am **lohnendften** ift, erreichte einen Höhepunkt (der Unwiffenfchaftlichkeit!) in **Bunfen** (Hippolytus und Gott in der Gefchichte); an die naturaliftifchen Anfchauungen **Herders** knüpfte **Schelling** mit feiner Naturphilofophie an, worin er den vagen Verfuch macht, die leblofe und belebte Welt mitfammt der **Gefchichte** als einen belebten und nach beftimmten Gefetzen fich entwickelnden »Organifmus« darzuftellen. Der **Schelling**'fche Verfuch enthielt kräftige Impulfe und Anregungen, die theilweife bis in die neuefte Zeit fortwirkten. Wir fagen theilweife, denn es darf nicht verkannt werden, dafs der neueften naturaliftifchen Richtung der Gefchichtsphilofophie und Sociologie auch noch von anderen Seiten die kräftigfte Förderung zu Theil ward. Und zwar kommt hier in erfter Linie der ungeheure Auffchwung der Naturwiffenfchaften in Betracht (**Darwin, Haeckel, Wundt**), zweitens die pofitiviftifche Philofophie **Auguste Comte's**, endlich der, an die naturaliftifchen Ideen **Montesquien's** und **Herder's** ftark fich anlehnende Verfuch **Buckle's** (Gefchichte der engl. Civilifation) die Gefchichte der Völker aus den Einwirkungen des Clima's und der fie umgebenden Natur zu erklären.[1])

Staat ift eine geäuſserte, der Realität eingebildete Idee eines Volkes..« (Zeitfchrift f. Völkerpfychologie I. 10). Wir brauchen wohl nicht hinzuzufügen, dafs wir fowohl die eine wie die andere Definition für ganz inhaltlofe »philofophifche« Phrafen anfehen, von denen die letztere **fcheinbar** etwas verftändlicher ift als die erftere — doch nur fcheinbar, wie wir das noch in der Folge zeigen werden.

[1]) Hier mag bemerkt werden, dafs **Buckle** damit eine Idee durch-

Von allen diefen Impulfen war derjenige der Schelling'fchen Naturphilofophie der unheilvollfte. Er verleitete nämlich in Deutfchland dazu, die Refultate der Naturwiffenfchaft und die Ideen Comte's und Buckle's in der Richtung für die »Sociologie« zu verwerthen, dafs man die Menfchheit und die »Gefellfchaft« als einen natürlichen Organismus behandelte. Damit aber war man auf einen falfchen Weg gerathen, auf dem weder aus den Refultaten der Naturwiffenfchaft und noch viel weniger aus den Ideen Comte's und Buckle's für die Wiffenfchaft irgend ein pofitiver Gewinn zu erzielen möglich war.

Diefe letzte und neuefte geiftige Verirrung, bei der man fo viele naturwiffenfchaftliche Gedankenfchätze auf einen ganz fterilen Boden verfchwendete, wo diefelben

---

führen wollte, die bereits längft vor ihm als ein glücklich überwundener Standpunkt angefehen werden konnte. Sagte doch fchon Hegel ganz richtig: »Rede man mir nichts von griechifchem Himmel, denn jetzt wohnen da Türken, wo ehemals Griechen wohnten, damit Punktum und lafst mich in Frieden« und Gobineau's Werk (Effai fur l'inégalité des Races) widerlegt ebenfalls diefe falfche Anfchauung ganz entfchieden. Ja, Gobineau geht vielleicht feinerfeits zu weit, wenn er jeden Einflufs des Clima's auf die Entwicklung der Gefchichte ganz leugnet und letztere ausfchliefslich von der verfchiedenen Blutmifchung der Raffen abhängig fein läfst. Charakteriftifch für Gobineau ift in diefer Beziehung, dafs er den Mittelpunkt der Gefchichte immer dort fieht »où habite à un moment donné le groupe blanc le plus pur, le plus intelligent et le plus fort« und gegenüber diefem Raffenmoment den climatifchen Einflufs folgendermafsen ganz beftreitet: »Ce groupe refidât-il par un concours de circonftances politiques invincibles, au fond du glaces polaires où fous les rayons de feu de l'equateur, c'eft de ce côté que le monde intellectuel inclinerait. C'eft là que toutes les idées, toutes les tendances, tous les efforts ne manqueraient pas de converger et il n'y a pas d'obftacles naturels qui puffent empêcher les denrées, les produits les plus lointains d'y arriver à travers les mers, les fleuves et les montagnes.« Das ift wohl das entgegengefetzte Extrem zu Montesquieu's und Buckle's Anfchauungen.

weder keimen noch Wurzel faſſen konnten, repräſentiren in Deutſchland die Sociologen Lilienfeld und Schäffle.

Durch die vielbändigen Werke beider [1]) zieht ſich ein einziger richtiger Gedanke oder eigentlich eine einzige richtige Vorſtellung, nämlich daſs das Leben der Menſchheit, das geſchichtliche und ſtaatliche Leben, ebenſo von feſten, unabänderlichen Geſetzen beherrſcht ſei, wie die anorganiſche und organiſche Natur. Dieſes Geſetz ſuchen ſie beide mit groſsem Eifer — und bis zu dieſem Punkte ſind ſie in vollem Rechte. Leider aber finden ſie es nicht und das wäre noch nicht ſo arg; ſchlimmer iſt's, daſs ſie beide es gefunden zu haben glauben und an dem Irrthum mit hartnäckiger, einer beſſeren Sache würdiger Conſequenz feſthalten.

Der Irrthum aber beider läſst ſich ganz kurz bezeichnen und auch nachweiſen. Beide glauben, daſs die menſchliche »Geſellſchaft« (wobei ſie ſelbſt im Unklaren ſind und die Unklarheit ruhig walten laſſen, ob ſie darunter die ganze Menſchheit, eine Raſſe, ein Volk, eine Nation oder ſonſt welche ſociale Gemeinſchaft verſtehen?) ebenſo und nach denſelben Geſetzen lebe und ſich entwickele wie die natürlichen Organiſmen; zu dieſer Vorſtellung verleitete beide ein unglückſeliges Gleichniſs, das ſich einige Naturforſcher erlaubten, daſs jeder Organiſmus eine Gemeinſchaft vieler Individualzellen iſt, von denen jede eine Individualität für ſich bilde. Daraus ſchloſſen nun Schäffle und Lilienfeld etwas voreilig, daſs wahrſcheinlich auch jeder Menſch nur eine Zelle im »geſellſchaftlichen« Organiſmus bilde und auf dieſe flüchtige, ganz unſtichhältige Vorſtellung bauen ſie beide ihre bänderreichen Syſteme, allerdings mit viel Geiſt und Witz, doch ohne wiſſenſchaftlichen Halt, ja viel-

---

[1]) Schäffle: Bau und Leben des ſocialen Körpers etc. Tübingen. Lilienfeld: Gedanken über die Socialwiſſenſchaft der Zukunft. Mitau.

leicht auch ohne den nöthigen wiffenfchaftlichen Ernſt. Dabei will Lilienfeld vor feinen Vorgängern, die zwifchen Gefellfchaft und natürlichem Organifmus Analogien fanden (wie z. B. die organifche Staatslehre von Rohmer, Blunfchli etc.) diefen Vorzug in Anfpruch nehmen, dafs er eine »reale Analogie« zwifchen denfelben nachgewiefen, ja fogar »bewiefen« zu haben glaubt. Und zwar wiederholt Lilienfeld die Behauptung, diefes »bewiefen« zu haben, beinahe auf jeder Seite feines Buches; wenn eine fo häufige Wiederholung einer folchen Behauptung etwas »bewiefen« zu haben, den Beweis erfetzen könnte, dann hätte er es freilich bewiefen. Einen andern Beweis aber hat er für feine »reale Analogie« nicht erbracht. Wohl aber hat Schäffle diefelbe als bewiefen angenommen und wie er felbſt fagt »fyſtematiſch weiter verfolgt.«

Wir können nur eines fagen — wer die Mühe nicht fcheut und fich durch Lilienfeld's und Schäffle's 4- und 5bändige Werke hindurcharbeitet und bei diefer fchwierigen Arbeit fein nüchternes, gefundes Urtheil nicht einbüſst, der muſs zur Ueberzeugung kommen, dafs diefe Werke trotz ihrer vielen Excerpte aus naturwiffenfchaftlichen Werken und trotz des vielen auf die Nachweifung der »realen Analogien« zwifchen Biologie und Sociologie verwendeten Geiſtes und Witzes abfolut kein pofitives, wiſſenfchaftliches Refultat ergeben.

4. Wiffenfchaftlicher Werth der drei Grundrichtungen.

Sollen wir nun den Werth angeben, den die foeben dargeſtellten drei Richtungen der geſchichtsphiloſophiſchen oder fociologifchen Forfchung für die weitere Entwicklung unserer Wissenschaft haben? Ueber die erste dieser Richtungen, die theologische, brauchen wir eigentlich nichts mehr zu sagen. Ihre Rolle ist ausgespielt; in der modernen Wissenschaft bedarf es keiner Widerlegung derselben mehr. Auch die zweite Richtung, die rationalistische oder metaphysische, ist in unserer Zeit in raschem Niedergange begriffen.¹) Zwei Erkenntnisse, zwei mächtige Entdeckungen auf geistigem Gebiete gaben ihr den Todesstoss: die Erkenntniss von der **Unfreiheit des Willens** und die zweite von der **Einheit der Natur und des Geistes**. Möge der Kampf um diese zwei Positionen noch so lange fortdauern, sein Ausgang ist nicht zweifelhaft. Die Anhänger der **Freiheit** und des **Dualismus** kämpfen für eine verlorene Sache und der Schluss dieses Kampfes hängt nur von dem Zeitpunkt ab, in dem die dritte Richtung, die naturalistische, ihre siegreichen Banner auf der so lange vergebens gestürmten Position des geschichtsphilosophischen oder sociologischen Problems aufpflanzen wird. Zu dieser Erstürmung wollen wir unser Scherflein beitragen. Wir kennen die Gefahren dieses Unternehmens, aber auch trotz alledem und alledem dessen **Werth**. Wir wissen, was unserer wartet beim Fehlschlagen desselben, anerkennen aber im voraus die Bedeutung der, jeden durch Leichtfertigkeit verschuldeten Misserfolg auf diesem Gebiete mit Recht treffenden Strafe.

---

¹) Ueber die rationalistische Richtung urtheilt Lotze: »Nach den platten Versuchen, den Lauf der Geschichte und alles was in ihren Ereignissen von Werth ist, aus nüchterner Willkühr der Einzelnen zu erklären, finden wir nun wieder mit Vorliebe von einem allgemeinen Geiste und seinem unbewusst organischen Wirken, gesellige Zustände der Menschen, religiöse Stimmungen und die veränderlichen Richtungen der Kunst abgeleitet etc.« Mikrokosmus I. 32.

5. Die Quellen der theiſtiſchen und rationaliſtiſchen Auffaſſung.

Bevor wir nun zur Begründung unſerer Auffaſſung ſchreiten, die wir kurzweg als realiſtiſche bezeichnen möchten, wollen wir zuerſt die Quelle, aus der die theiſtiſchen und rationaliſtiſchen Auffaſſungen floſſen, in Betracht ziehen. Dieſe Quelle liegt offenbar in unſerem Denken. Dieſes aber iſt ebenſo wie unſer Körper ein Produkt der uns umgebenden Natur. Es kann nicht anders ſein. Nur daſs auf unſern Körper, auf ſeine materielle Qualität, materielle Beſtandtheile der uns umgebenden Natur einfließen, unſer Denken aber mit beeinflufst und gebildet wird von Vorgängen, die darauf einwirken. Unſer Denken iſt abhängig von Eindrücken, die es empfängt. Was um uns her geſchieht, was wir um uns her im menſchlichen Leben und in den Vorgängen der Natur beobachten, das giebt unſerem Denken ſeine Prägung und Geſtaltung. Wenn wir nach Moleſchott's nicht ganz unrichtiger Bemerkung materiell das ſind was wir eſſen, ſo ſind wir geiſtig gewiſs grofsentheils das was wir erleben, d. h. was wir anſchauen und mit unſerem Intelekt percipiren.[1]) Was anderes kann unſer Denken zuerſt nicht ſein. Aus dieſer Beſchaffenheit unſeres Denkens als eines Produktes der von uns empfangenen, intelectuellen Eindrücke erklären ſich

---

[1]) »Iſt der phyſiſche Menſch zunächſt Product der Natur, ſo iſt der geiſtige Menſch vorzugsweiſe Produkt der Geſellſchaft« (Lilienfeld l. c. I 261). Dieſen Satz hört man oft wiederholen; es handelt ſich nur darum, den vagen Begriff der Geſellſchaft zu analyſiren und zu präciſiren, um auch die Art und Weiſe des Einfluſſes eines ſolchen collectiven Factors auf das Individuum genauer kennen zu lernen. Das iſt bis jetzt wenig geſchehen.

zur Genüge die Täuschungen der theiſtiſchen und rationaliſtiſchen Auffaſſung.

Im täglichen Leben hatte frühe ſchon der Menſch Gelegenheit ſich ſchaffend und ſchöpferiſch zu bethätigen und alſo auch zu beobachten. Wie er ſich als Urheber der von ihm geſchaffenen Werke anſah, ſo muſste er für die exiſtirende Welt, die nicht von ihm geſchaffen war, einen andern Schöpfer vorausſetzen. Der Gedanke, daſs er ſelbſt vieles ſchaffe, erzeugte mit Nothwendigkeit den andern, daſs die von ihm nicht geſchaffenen Dinge von einem anderen Schöpfer herrühren. Dieſer Gedanke, einer nothwendigen Denkungsweiſe entſprungen, erzeugt die theiſtiſche Auffaſſung.

Die Erfahrung, daſs der Menſch nichts ohne Plan und Abſicht ſchaffe: erzeugte den weiteren Gedanken, daſs auch dieſer unbekannte Schöpfer ſein Werk, die von ihm geſchaffene Welt, mit Plan und Abſicht ſchuf.

Und nun war der Entwicklung der theiſtiſchen Auffaſſung eine weite Bahn eröffnet.

An dieſelbe ſchloſs ſich die rationaliſtiſche eng an. Denn wo immer der Menſch handelnd auftrat, wurde bei oberflächlicher Betrachtung ſein Handeln als ein freies und zielbewuſstes aufgefaſst. Der Gedanke des freien Willens und zielbewuſsten Handelns iſt alſo ebenfalls nur eine der vielen Einprägungen, die der menſchliche Geiſt aus dem täglichen Leben und deſſen Vorgängen empfängt. Die Ideen des zielbewuſsten Weltſchöpfers und des, durch ſeine aus freiem Willen entſpringende Handlungen die »Weltgeſchichte« machenden Menſchen, muſsten der ganzen Anlage des menſchlichen Denkprozeſſes gemäſs, ihre Ergänzung finden in dem Gedanken, daſs ſowohl die ganze Schöpfung, als auch die ganze Entwicklung der Geſchichte nur im Menſchen ſelbſt ihren Zweck haben könne.

Da alles menfchliche Handeln immer eine Zweckbeziehung auf menfchliche Bedürfniffe hat, fo konnte der Geift des Menfchen gar keinen andern Gedanken faffen, als dafs die ganze vom Weltfchöpfer gefchaffene Welt diefelbe Zweckbeftimmung hätte; und für was anders follte auch der in der Gefchichte handelnd auftretende Menfch fich fo fehr bemühen als für feine eigenen Zwecke? Durch die Einwirkungen des täglichen Lebens und der gefchichtlichen Erfahrung geformt und gebildet, war der menfchliche Geift eines andern Gedankens, einer andern Auffaffung gar nicht fähig. Im Spiegel feines Geiftes konnte fich Weltfchöpfung und Weltgefchichte gar nicht anders darftellen, denn als Mittel für feine Zwecke.

5. Kriticifmus und Monifmus.

Spät erft gelangte der menfchliche Geift zu Zweifeln über die Befchaffenheit diefes Spiegels und tiefere Unterfuchungen desfelben zeigten, dafs fo manches darin fich darftellende Bild feine Form und feine Geftalt nicht aus der Wirklichkeit nehme, fondern der Form und Geftalt diefes Spiegels fich anpaffe.

Diefe Erkenntnifs ift die gröfste That menfchlicher Wiffenfchaft (Hume, Kant). Erft nachdem diefe vollbracht war, konnte im menfchlichen Geifte die Ahnung auffteigen, dafs nicht er felbft der Mittelpunkt der Schöpfung, nicht er der Quell aller Gefchichte fei — dafs er vielleicht nur ein willenlofes Atom im grofsen Weltall und dafs die ganze Entwicklung der Gefchichte, deren verfchwindend kleinfter Theil erft in fein reflectirtes Bewufstfein überging, nur ein nach höheren, nicht von ihm abhängigen Gefetzen fich vollziehender Naturprozefs fei, den er mitmache, der aber mit nichten nur feinetwegen fich abfpiele.

Diefer dunkle und nach dem erften oberflächlichen Eindruck unheimliche Gedanke hat durch die moderne Naturwiffenfchaft in vielen Stücken eine mächtige Unterftützung und Beftätigung gefunden, in deren Folge die geozentrifche und antropozentrifche Anfchauung zu den überwundenen Standpunkten gelegt wurden. Man war nun bei der naturaliftifchen und zugleich moniftifchen Auffaffung angelangt. Diefelbe geht von der Ueberzeugung aus, dafs die menfchheitliche Gefchichte fich ganz ebenfo abfpielt, wie jeder andere Naturprozefs, welcher beftimmten, unabänderlichen Gefetzen folgend, fich mit eiferner Nothwendigkeit vollzieht.

In diefer Ueberzeugung ftimmen die modernen Sociologen überein — fie ift der Grundton, der fich durch die Werke Comte's, Carey's, Spencer's, Lilienfeld's und Schäffle's hindurchzieht. Aber diefe Ueberzeugung bleibt fo lange noch eine fubjective, fo lange fie nicht wiffenfchaftlich begründet ift. Es mufs nachgewiefen und bewiefen werden, dafs die menfchliche Gefchichte ein folcher Naturprozefs ift und worin derfelbe befteht.

6. Die Naturprozeffe.

Die Anftrengungen der neueren Sociologie galten daher dem Verfuche, das Wefen diefes grofsen weltgefchichtlichen Naturprozeffes zu ergründen.

Wenn diefe Anftrengungen bis heutzutage fruchtlos blieben, fo liegt die Urfache davon wieder darin, dafs die Befchaffenheit des menfchlichen Geiftes, der alte Vorrath falfcher Begriffe, die eingewurzelten Denkgewohnheiten auch bei diefen Unterfuchungen eine verhängifsvolle Rolle fpielten und bisher noch jeden Verfuch, das Wefen des geschichtlichen und socialen Naturprozesses zu ergründen, vereitelten.

Vor allem also müssen wir diese störenden und irreführenden, im menschlichen Geiste selbst liegenden Ursachen näher ins Auge fassen, um uns ihren schlimmen Folgen desto sicherer entziehen zu können. Die erste dieser Ursachen lag in dem falschen Begriff, den man sich überhaupt von einem **Naturprozeſs** machte.

Dieser Begriff nämlich konnte im menschlichen Geiste selbstverständlich kein anderer sein als derjenige, der sich ihm aus den ihn umgebenden, von ihm bisher beobachteten und gekannten Naturprozessen ergab.

Die Naturprozesse, die der Mensch bisher kennen zu lernen Gelegenheit hatte, lassen sich im Ganzen auf vier Arten zurückführen. Er kennt den **syderischen** Naturprozeſs, der mit Hilfe der raumdurchdringenden Kräfte der Anziehung und der Gravitation mit bewundernswürdiger Regelmäſsigkeit die Planeten um Sonnen kreisen läſst.

Er kennt **chemische** Naturprozesse, welche im Mineralreich vor sich gehen und in denen chemische auf Verwandtschaft beruhende Kräfte eine Rolle spielen.

Er kennt **vegetabilische** Naturprozesse, welche eine höhere und complicirtere Art der soeben erwähnten sind und an dem pflanzlichen Organismus zur Erscheinung kommen.

Er kennt schlieſslich **animalische** Naturprozesse, die er an belebten Organismen, also an dem Thierreich und an sich selbst beobachtet.

Diese vier Arten von Naturprozessen nehmen im menschlichen Geiste leicht die Form einer Stufenfolge vom Niedrigeren zum Höheren an — sie treten zu einander in ein solches Verhältniſs nicht der Natur der Sache gemäſs, sondern zufolge der Systematisirungsucht unseres Geistes. Denn welches Verhältniſs des Höheren und Niedrigeren kann an und für fich zwifchen dem Kreifen der Planeten und dem Entftehen und Vergehen lebender Wefen exiftiren? Aber das Faffungsvermögen des menfchlichen Geiftes fucht immer und überall gewiffe Stützpunkte, fozufagen Krücken, um fich beffer aufrecht halten zu können, und daraus folgt, dafs alles und jedes, was nur in deffen Bereich fällt, fich es gefallen laffen mufs, mit all und jedem in diefem Bereiche befindlichen in Relationen gebracht und in fyftematifche Verhältniffe eingezwängt zu werden.

Die Kryterien aber für diefe Syftematifirung zu finden, ift nicht fchwer, denn diefelben brauchen gar nicht der wirklichen Natur der Erfcheinungen zu entfprechen, fondern werden aus dem Refervefonde der Perceptionsmittel geholt, die uns bei der Auffaffung diefer Erfcheinungen zu Gebote ftehen. So ift es denn nicht fchwer, für diefe vier Arten von Naturprozeffen ein Kryterium zu finden, nach welchem fie fich in eine auffteigende Entwicklungsreihe als einzelne Phafen einftellen laffen. Ein folches Kryterium ift die Anzahl der Kräfte die nach unferer Vorftellung bei den einzelnen diefer Prozeffe thätig find.

Und zwar betrachten die Naturforfcher bald die einen diefer Kräfte für einfacher, die andern für complicirter und laffen die erfteren in den letzteren mit inbegriffen fein oder fie laffen in demfelben Naturprozeffe bald nur einen, bald mehrere für fich wirkende Kräfte auftreten und claffificiren diefe Naturprozeffe nach der Zahl der in ihnen auftretenden Kräfte in einfache und complicirtere oder was dasfelbe befagt, in niedrigere und höhere.

Eine folche in der Naturwiffenfchaft gang und gäbe Vorftellung refumirt Quatrefages,[1]) indem er ftatt von einzelnen Naturprozeffen von Naturreichen fpricht (règnes), in denen diefelben fich abfpielen, wie folgt: das Planeten-

---

[1]) Quatrefages L'espèce humaine Paris 1878.

reich (règne fideral) ift durch eine allgemeine Erfcheinung charakterifirt, nemlich durch die Keppler'fche Bewegung, die man auf eine einzige Kraft zurückführen kann, auf die Schwerkraft.

Das Mineralreich ift charakterifirt durch zweierlei Erfcheinungen: durch die Keppler'fche Bewegung und durch phyfikalifch-chemifche Erfcheinungen, welche beiderlei Arten von Erfcheinungen zurückführbar find auf zwei Kräfte: die Schwerkraft und die Etherodynamie.

Das Pflanzenreich ift durch dreierlei Erfcheinungen charakterifirt: Keppler'fche Bewegung, phyfikalifch-chemifche und drittens vitale Erfcheinungen, die zurückführbar find auf drei Kräfte: die Schwerkraft, Etherodynamie und Lebenskraft.

Das Thierreich endlich ift durch viererlei Arten von Erfcheinungen gekennzeichnet: Keppler'fche Bewegung, phyfifch-chemifche Erfcheinungen, vitale Erfcheinungen und endlich willkürliche Bewegungen; alle diefe Erfcheinungen find zurückführbar auf vier Kräfte: Schwerkraft, Etherodynamie, Lebenskraft und Thierfeele.[1]) Selbftverftändlich citiren wir hier die obige Claffification der Naturprozeffe nur als Beifpiel, um zu zeigen, wie fich die Naturwiffenfchaft mit den beobachteten Proceffen abfindet, wie fie diefelben fiftematifirt. Eine weitere Bedeutung legen wir diefer Claffification nicht bei, denn an und für fich ift an diefer Claffification alles willkürlich; alles beruht auf Namen, die man unbekannten Urfachen giebt, was übrigens auch Quatrefages anerkennt. Genau genommen nemlich ift weder ein Grund vorhanden, von einem niedrigeren oder einfacheren und einem höheren oder complicirteren Naturprozefs zu fprechen; noch ift es erwiefen oder erweislich, dafs Schwerkraft etwas einfacheres

---

[1]) Quatrefages l. c. p. 5—12.

oder gar anderes fei als Etherodynamie oder Etherodynamie etwas einfacheres oder anderes als die fog. Lebenskraft oder die fog. Thierfeele. Wie gefagt, es find das nur Nothbehelfe unferer Vorftellung, die über die Eigenfchaften der Dinge uns gar keine Auskunft geben. Nichtsdeftoweniger aber find diefe Vorftellungen über Naturprozeffe und die denfelben zu Grunde liegenden Kräfte infofern von grofser Bedeutung, weil fie auf das ganze menfchliche Denken, wo es fich nur um Naturerfcheinungen handelt, von entfcheidendem und beftimmendem Einfluffe find. Und fo ift es denn natürlich, dafs im Augenblicke, wo in Folge der Befeitigung der theiftifchen und rationaliftifchen Täufchungen über das Wefen der menfchheitlichen Gefchichte die Erkenntnifs dämmerte, dafs diefe letztere vielmehr nichts anderes als ein Naturprozefs ift, in welchem der Menfch als ein willenlofes Atom fich fortbewegt: dafs in diefem Augenblicke nur an einen folchen Naturprozefs gedacht werden konnte, deffen Begriff im menfchlichen Denken bereits vorlag. Nun kannte diefes Denken nur die obigen vier Arten von Naturprozeffen und mufste fich daher für einen derfelben entfcheiden. Das Naheliegendfte war denn, dafs man von diefen vier Naturprozeffen den höchften, alfo den animalifchen, mit der Entwicklung der menfchheitlichen Gefchichte in Verbindung brachte und fich diefelbe in irgend einer ähnlichen Form als Naturprozefs zu erklären fuchte. Dabei konnte es zwei Methoden geben und hat es auch in der That gegeben. Entweder man dachte fich die ganze Menfchheit in ihrer gefchichtlichen Gefammtentwicklung als eine Art belebten Wefens, das feine Kindheit, Jugend, Mannes- und Greifenalter durchmachen mufs, und fuchte auf diefe Weife die gefchichtliche Entwicklung der Menfchheit zu erklären. Oder man fafste diejenigen focialen Einheiten und Gemeinfchaften, in denen fich je einzelne Theile der

Menschheit zusammengefasst unserem Auge darstellen, als solche »lebende Organismen« auf und suchte in ihren Einzelentwicklungen das Vorhandensein dieses animalischen Naturprozesses nachzuweisen. Wie gesagt, diese zwei Methoden sind die naheliegendsten und wurden hie und da schon in älterer, am häufigsten aber in neuester Zeit befolgt, selbstverständlich aber ohne irgend einen bleibenden, wissenschaftlichen Erfolg.

7. Die gangbare Vorstellung über die Entwicklung der Menschheit.

Als weitere Ursache des Misslingens der Versuche, die Geschichte als Naturprozeß darzustellen, erscheinen uns wieder Anschauungen und Vorstellungen, die sich aus den Eindrücken des täglichen Lebens und den oberflächlich recipirten Erfahrungen der Geschichte dem menschlichen Geiste eingeprägt haben. Zu diesen gehört in erster Reihe die Vorstellung von der Genesis und der Verbreitung und Vermehrung der Menschheit auf der Erde.

Die tägliche Erfahrung prägt es dem menschlichen Geiste ein, dass aus einem geschlechtsverschiedenen Menschenpaare viele Nachkommen hervorgehen und daß diese Nachkommenschaft durch fortgesetzte Zeugung die Zahl der Nachkommen ihres Elternpaares wieder bedeutend vermehrt. Diese Betrachtung aus dem täglichen Leben auf den unbekannten Gang der Entwicklung der Menschheit übertragen, erzeugt im menschlichen Geiste die gangbare Vorstellung von der Art und Weise der Vermehrung des Menschengeschlechts, indem mit Zuhilfenahme der einfachsten Denkoperation die ganze Menschheit sich als von einem

Paare abstammend darstellt.¹) Dafs die Dinge in der Wirklichkeit sich anders abspielen mochten, als sie sich im Spiegel seines von den Einprägungen der täglichen Erfahrungen gebildeten Geistes darstellen, das übersieht der Mensch nur allzuleicht. Er fafst die Gestalten der Aufsenwelt und die Formen der geschichtlichen Entwicklung nach den Schattenbildern auf, die sie in seinen geistigen Gesichts-

---

¹) Linné will mittelst dieser einfachen »logischen« Operation die Abstammung der einzelnen Spezies von je einem Urpaar beweisen, wogegen Prichard die nur zu richtige Bemerkung macht, dafs man »einen völlig genügenden Beweis von einem so speculativen Verfahren durchaus nicht hernehmen kann« Prichard: Naturgeschichte des Menschengeschlechtes deutsch von Wagner. 1840. I 15. Auch die falsch aufgefafsten Lehren Darwin's (f. unten II. 15) verleiteten die Gelehrten und Forscher fast auf allen Wissensgebieten, speciell aber die Linguisten überall den einfachen Anfang zu sehen und die bestehende grofse Mannigfaltigkeit socialer und geistiger Erscheinungen, also z. B. der Völker und Sprachen aus ursprünglichen einfachen Einheiten zu deduciren. So sagt z. B. Laffaulx in seiner Philosophie der Geschichte: »Das ganze Menschengeschlecht ist seiner leiblichen und geistigen Natur nach nichts Anderes als die in die Vielheit auseinandergegangene Einheit des ersten Menschen und der erste Mensch nichts Anderes als die noch in der Einheit beschlossene Vielheit aller derjenigen, die aus ihm hervorgehen.« Wir werden im Verlaufe unserer Ausführungen noch mannigfach darauf zurückkommen und die Irrthümlichkeit dieser Anschauung, die heute auf so vielen Gebieten menschlichen Forschens herrschend geworden ist, nachweisen. Ein leider zu früh verstorbener und mit Recht sehr gefeierter deutscher Sprachforscher, Lazar Geiger, hat jene Anschauung, nachdem er ihre Berechtigung auch auf dem Gebiete der Sprachwissenschaft nachgewiesen zu haben glaubte, als grofses Entwicklungsgesetz der Menschheit formulirt: »Das Hervorgehen des Manigfaltigen aus der Einheit, sagt er, es scheint das grofse Grundgesetz aller Entwicklungen der Natur und des Geistes zu sein« (Zur Entwicklungsgeschichte der Menschheit. Stuttgart 1871. S. 28). Er hat hiemit der heute siegreichen und herrschenden Anschauung treuen Ausdruck gegeben. Wir können derselben leider nicht beistimmen. Uns scheint das gerade Gegentheil wahr zu sein — und wir hoffen im Laufe dieser Ausführungen unsere Ansicht zu begründen.

kreis werfen. Nun find aber diefe Schattenbilder keineswegs getreue Abbildungen der Dinge, fondern erleiden eine Umgeftaltung durch die Natur und Befchaffenheit diefes feines geiftigen Horizontes. Will man daher der wahren Befchaffenheit diefer Dinge auf die Spur kommen, fo muſs man an diefen in den geiftigen Horizont einfallenden Schattenbildern erft eine Correctur vollziehen, indem man fich von ihnen alles das wegdenkt, was einzig und allein durch die Natur und Befchaffenheit unferes geiftigen Horizontes an ihnen entftanden ift refp. geändert wurde. Nur durch die Vornahme einer folchen Correctur können wir in unferem Geifte die treuen Abdrücke der Dinge percipiren. Diefe Correctur aber muſs darin beftehen, aus unferen Vorftellungen über die Dinge alles das zu eliminiren, was offenbar nur eine Zuthat unferes Geiftes und feiner Denkgewohnheiten ift. Nach Vornahme diefer Eliminirung müffen wir dann verfuchen, die übrigbleibende oder direct entgegengefetzte oder auch eine beliebig andere Vorftellung über die Dinge probeweife feftzuhalten und diefelbe an anderen uns bekannten Thatfachen der Natur und der gefchichtlichen Erfahrung auf ihre Richtigkeit zu prüfen. Nur auf diefem Wege können wir zu wahren Vorftellungen über die Dinge zu gelangen hoffen. Wir fagen zu »Vorftellungen«, denn davon find wir weit entfernt, die Möglichkeit einer wiffenfchaftlichen Erkenntniſs des Entwicklungsganges der Gefchichte der Menfchheit heutzutage zuzugeben. Daran hindern uns zwei Umftände. Erftens ift die Spanne Zeit der uns bekannten Gefchichte gar zu klein als daſs man von ihr irgend einen berechtigten Schluſs auf die gefammte vielleicht nach Millionen Jahren rückwärts zählende und ebenfo vielen entgegengehende Gefchichte der Menfchheit ziehen könnte. Das Bischen uns bekannter Gefchichte mag ja nur eine momentane Krümmung und Wendung diefes Millionen

Jahre umfaſſenden Entwicklungsganges repräſentiren — eine momentane Wendung, vielleicht gar eine momentane Abweichung, die auf die Richtung der ganzen Entwicklung gar keinen Schluſs ziehen läſst? Wenigſtens ſind wir auf dieſem Gebiete noch ſehr weit entfernt von der Kunſt des Aſtronomen, aus einer kurzen, ja aus der verſchwindend kleinſten an einem Planeten beobachteten Richtung ſeines Laufes mittelſt mathematiſcher Operationen die ganze vergangene und künftige Bahn desſelben zu berechnen. Nachdem wir von dieſem Höhepunkt der Wiſſenſchaft auf unſerem Gebiete noch ſehr weit entfernt ſind, müſſen wir uns überhaupt hüten, aus dieſer kurzen Strecke bekannter Entwicklungsbahn auf die ganze, irgend welche ſichere Schluſsfolgerungen zu ziehen (von Berechnungen iſt ohnedieſs keine Rede). Zweitens haben wir es auf unſerem Gebiete mit dem bei weitem ſchwierigſten Räthſel zu thun, das irgend welcher Wiſſenſchaft entgegentritt — nämlich mit dem Menſchen und ſeinen Handlungen. Wir ſollen die Geſetze erforſchen, nach denen die Ereigniſſe ſich vollziehen, die durch menſchliche Handlungen geſetzt werden; wir ſollen alſo in letzter Linie die Geſetzmäſsigkeit dieſer Handlungen darlegen, alſo den geheimniſsvollen Zuſammenhang der Geſetzmäſsigkeit von Ereigniſsen mit der Willkühr der Einzelnen aufhellen. Dieſe Aufgabe zu löſen iſt die Wiſſenſchaft heutzutage noch nicht im Stande. Von einer wiſſenſchaftlichen Erkenntniſs der Geſetzmäſsigkeit der ſocialen Entwicklung ſind wir des ſtörenden Dazwiſchentretens des Menſchen wegen noch weit entfernt. Alſo nicht von Erkenntniſſen kann es ſich vorerſt handeln, ſondern nur von beiläufigen Vorſtellungen, und es iſt gut, ſich über dieſen einzig möglichen geringen Inhalt derſelben und darüber, was ſie nicht enthalten können, im voraus klar zu werden. Was nun dieſe zu erlangenden Vorſtellungen keineswegs enthalten können, das ist den Zweck diefer ganzen menfchheitlichen Entwicklung. Denn um den **Plan** oder auch nur den Zweck derfelben kennen zu lernen, müfste fie eben in ihrer Gänze, in ihrer Gefammtheit uns bekannt fein. Bekanntlich darf man einem Narren keine halbe Arbeit zeigen. Warum? Weil er voreilig von der Hälfte auf das Ganze fchliefsen will und dabei felbstverständlich irrt. Der Kluge aber wird von etwas **Unfertigem** auf das **Vollendete** nicht fchliefsen wollen. [1]) Sodann können diefe Vorftellungen keineswegs eine **Erklärung** und ein **Begreifen** aller

---

[1]) Die Gefchichtsphilofophie und ihre Tochterwiffenfchaften begiengen aber immer den Irrthum, die bekannte Gefchichte der Menfchheit als ein Ganzes aufzufaffen und als ein folches zu conftruiren. — Aus dem vermeintlichen Ganzen wollte man die Idee herauslefen und bemühte fich, nachzuweifen, wie diefe Idee von dem angeblichen Anfange fich zu entwickeln begann, welche Stadien fie durchlief und zu welchem Höhepunkte fie gelangte oder anzulangen im Begriffe ftehe. Und als eine nüchterne Betrachtung die Nichtigkeit diefer Auffaffung der bekannten Gefchichte als eines einheitlichen Ganzen erwies: verfiel man in Verzweiflung an der Möglichkeit der Wiffenfchaft felbft, die doch nur eine Abftraction aus einem Ganzen fein könne — wie man meinte. Ebenfo falfch wie jene Auffaffung der Gefchichte als eines überfehbaren Ganzen, ebenfo grundlos ift diefer Skepticifmus. Um einen Naturprozefs wiffenfchaftlich zu begreifen, braucht man ihn durchaus nicht in feiner Totalität vor fich zu haben; letzteres ift bei Naturprozeffen überhaupt unmöglich, da die Naturprozeffe fich in unendlichen Zeiträumen abfpielen. Doch ift es ja das eigenthümliche aller Naturprozeffe, dafs fie immer gleichartig verlaufen und dafs jedes zeitlich begränzte Stück derfelben nach denfelben Gefetzen verläuft, wie das unabfehbare in der Unendlichkei fich verlierende Ganze. Wir werden alfo allerdings uns hüten, die uns bekannte Gefchichte der Menfchheit als ein Ganzes aufzufaffen: wir werden es immer feft im Auge behalten, dafs wir es da nur mit einem verfchwindend kleinen Fragment eines unendlichen Prozeffes zu thun haben. Doch nichtsdeftoweniger mufs uns diefes zeitlich begrenzte Fragment Rede und Antwort ftehen und uns Auskunft geben über die Gefetze, nach denen fich der Prozefs felbft in alle Ewigkeiten abfpielt. An der Möglichkeit der Wiffenfchaft diefes Naturprozeffes werden wir defshalb keineswegs verzweifeln.

Details diefer focialen Entwickung enthalten; diefelbe fpielt
fich nämlich in Vorgängen ab, die uns Widerfprüche und
Gegenfätze in Fülle darbieten, welche zu erklären eben
wegen der Natur des Menfchen unmöglich ift.

Was diefe Vorftellungen alfo einzig und allein enthalten
können, das find die Hauptcontouren diefer focialen Entwicklung in der uns bekannten Spanne Zeit und zwar
vorerft mit völliger Aufserachtlaffung all der untergeord-
neten Züge, die zu diefen Hauptcontouren nicht paffen und
ihnen zuwiderlaufen.

Gewifs, eine gründliche, wiffenfchaftliche Erkenntnifs
der Gefetze der focialen Entwicklung müfste auch all diefe
Abweichungen und Gegenftrömungen erklären — davon
müffen wir aber bei dem ganz primitiven Stande unferer
Wiffenfchaft noch abfehen. Wir müffen uns vorderhand
mit den Grundftrichen diefer Entwicklung, mit beiläufiger
Vorftellung über die Hauptftrömungen derfelben begnügen
und die Erklärung der denfelben anfcheinend zuwider-
laufenden Striche und Strömungen fpäteren Forfchungen
und fpäteren Zeiten überlaffen. Nachdem wir unfere Aufgabe fo einfchränkten und unfere Afpirationen fo herab-
ftimmten — können wir es wohl verfuchen, auf dem oben
angedeuteten Wege zu einer richtigen Vorftellung über
die Anfänge und den Entwicklungsgang der Menfchheit
zu gelangen.

Doch wollen wir zuerft noch zwei Punkte feftftellen,
von denen der erfte diefen Verfuch überhaupt rechtfertigen,
der andere die einzufchlagende Richtung desfelben andeuten foll.

---

8. Einheitliche Weltauffaffung.

Trotz aller oben dargeftellten Mifserfolge ift es eine
heutzutage weitverbreitete wiffenfchaftliche Ueberzeugung,

die nicht nur zu immer neuen Verfuchen, das fociologifche Problem zu löfen anfpornt, fondern auch diefelben rechtfertigt, nämlich die Ueberzeugung von der »Einheit des Gefetzes« (Carey) oder die »moniftifche« Weltauffaffung (Häckel). Es ift das die Ueberzeugung, dafs es ein einheitliches, ja dafs es ein und dasfelbe Gefetz ift, welches auf allen Gebieten der Natur, fowohl auf denjenigen der materiellen wie der geiftigen Erfcheinungen herrfcht — dafs es überhaupt ein Irrthum ift, die Natur dualiftifch aufzufaffen und gar von befonderen Gefetzen der materiellen und geiftigen Welt zu fprechen. Wenn wir diefe Ueberzeugung eine wiffenfchaftliche nennen, fo kann uns freilich mit einigem Anfchein von Berechtigung der Einwand gemacht werden, dafs wiffenfchaftlich nur jene Ueberzeugung genannt werden darf, die nach den bekannten Regeln und Methoden der Wiffenfchaft zur Evidenz erwiefen ift; dafs der »Monismus« oder die »Einheit des Gefetzes« fo lange fie nicht erwiefen ift, nur ein Glaube fei.

Darauf antworten wir, dafs erftens die Gefchichte aller Wiffenfchaften den Beweis liefert, dafs auch die grofsartigften und wichtigften Entdeckungen immer erft als Ahnungen im menfchlichen Geifte dämmerten, für die man von den verfchiedenften Seiten her und von fremden Wiffensgebieten Wahrfcheinlichkeitsgründe und Belege herbeiholte, auf welche geftützt man erft direkt auf die Entdeckung der zuerft nur geahnten Erkenntnifs ausgieng. Ift nun aber für eine (wenn auch noch nicht zur Evidenz erwiefene Wahrheit aus dem ganzen Entwicklungsgange der Wiffenfchaft, und aus den verfchiedenften andern Wiffensgebieten eine folche Menge von Wahrfcheinlichkeitsgründen herbeigeholt,) dafs fich die noch nicht erwiefene Thatfache dem Geifte des Menfchen als eine faft unzweifelhafte aufdrängt: fo kann man wohl fchon von einer wiffenfchaftlichen Ueberzeugung fprechen, wenn auch nur in dem

Sinne, dafs für diefelbe indirekte und anderen Wiffensgebieten entnommene wiffenfchaftliche Gründe fprechen.

So wird man, um ein bekanntes Beifpiel zu citiren, die Ueberzeugung des Columbus, dafs es auf der andern Hemifphäre ein bewohntes Land geben müffe, wohl als eine wiffenfchaftliche bezeichnet haben dürfen, auch bevor diefelbe erwiefen war — und die Gefchichte der Wiffenfchaften zeigt uns viele folcher Beifpiele von wiffenfchaftlichen Ueberzeugungen, die fich auf noch nicht erwiefene Thatfachen bezogen. Eine folche fcheint uns nun in unferen Tagen die »Einheit des Gefetzes«, der »Monismus« zu fein.

Dafs fie eine allgemeine ift, lehrt ein Blick in die Literatur aller modernen Wiffenfchaften. Göthe gab diefer Ueberzeugung den fchönen poetifchen Ausdruck: »Natur hat weder Kern noch Schaale, fie ift alles mit einem Male.« »Was uns bewegt, fagt Lotze (I. 79) ift die eine Ueberzeugung, dafs die Natur nicht blos ihrem Sinne nach, fondern auch in den Gefetzen ihres Haushalts nothwendig ein Ganzes bildet, deffen verfchiedene Erzeugniffe nicht nach verfchiedenem Recht, fondern nur nach der verfchiedenen Benützungsweife defselben Gefetzeskreifes von einander abweichen. Auf diefer Vorausfetzung beruhen alle Hoffnungen, die wir für den Fortfchritt der Wiffenfchaft hegen und alle Gewohnheiten unferes praktifchen Lebens. Wer vor der ungeheuern Aufgabe zurückfchreckt, die unendliche Mannigfaltigkeit des Lebens auf diefe Grundlagen wirklich zurückzubringen, empfindet ein Gefühl, das wir völlig theilen. Aber die Gröfse der geforderten Leiftung darf uns nicht bewegen, zu ihrer bequemeren, aber nur fcheinbaren Erfüllung Principien zu wählen, deren Möglichkeit wir eben fo wenig einfehen.«

Buckle baut auf diefer Einheit des Gefetzes in Natur- und Geiftesleben das ganze wiffenfchaftliche Gebäude feiner Gefchichtsphilofophie. Ebenfo Carey, der eine grofse

Partie feines Werkes über Socialwiffenfchaft, der Betrachtung und dem Nachweis diefer »Einheit des Gefetzes« widmet.¹) Draper beginnt feine Gefchichte der geiftigen Entwicklung Europa's mit der Auseinanderfetzung, dafs auch im »focialen und individuellen Leben« natürliche Gefetze walten. Bastian leitet mit ähnlichen Betrachtungen fein Hauptwerk »der Menfch in der Gefchichte« ein. »Was in uns denkt ift nur das weitere Erzeugnifs eines Naturkörpers.«

9. Einzufchlagende Richtung.

Wenn wir uns nun auf diefe allgemeine wiffenfchaftliche Ueberzeugung ftützen, fo fragt es fich noch, welche Richtung wir einfchlagen müffen, um zur Löfung des fociologifchen Problems zu gelangen und darüber wird uns die befte Auskunft die Betrachtung des Haupthinderniffes geben, welches bis jetzt diefer Löfung im Wege ftand.

Diefes Hindernifs war folgendes.

Auf den erften Blick und fcheinbar ift es der Menfch der die Gefchichte macht. An feinen freien Willen ward nicht gezweifelt, und als endlich Zweifel darüber aufftiegen, ift diefer freie Wille philofophifch und unphilofophifch in taufendfacher Weife vertheidigt worden und gegen die gottlofen Zweifler wurden die fchwerften Verdächtigungen erhoben. Alles in allem, mufs man fagen, dafs die Lehre von der Freiheit des menfchlichen Willens bis heutzutage die Herrfchaft behauptet.

Nun entfteht das grofse Dilemma: macht ein »ewiges, chernes« Gefetz die Gefchichte, oder macht es der freie Wille des Menfchen. Eines ist mit dem andern nicht vereinbar. Das erftere würde den letzteren ausfchliefsen: hält

---

¹) Diefe Partie feiner Socialwiffenfchaft ift deutfch in Berlin als befonderes Buch unter dem Titel: „Die Einheit des Gefetzes" erfchienen.

man an letzterem fest, wie es bis heutzutage im grofsen Ganzen geschehen, da kann von einer Geschichtswissenschaft im Ernste gar keine Rede sein. Denn wie könnte man von einem nach Gesetzen sich abspielenden Procefs sprechen, wo der freie Wille des Menschen jeden Augenblick diesem Prozesse neue Bahnen vorschreiben kann?

Es könnte nun scheinen, dafs uns nur eine Alternative bleibt um zu einer Geschichtswissenschaft, oder zu einer Naturgeschichte der Menschheit zu gelangen, nämlich die der völligen Leugnung und Bei-Seite-Setzung des freien Willens und seines möglichen Einflusses auf den Gang der Geschichte. Doch dieser Weg, ist vorderhand wenigstens, ein unmöglicher und zwar aus doppeltem Grunde.

Denn erstens ist die Freiheit des menschlichen Willens noch immer ein philosophisches Problem, das seiner Lösung harrt. In diesem Stadium ist dieselbe ebensowenig geeignet, als Dogma zur Grundlage wissenschaftlicher Beweisführungen zu dienen, als es angemessen sein kann, auf deren Nichtvorhandensein, also auf der Unfreiheit des menschlichen Willens, als auf einer ausgemachten Thatsache zu bauen.

Zweitens aber wäre es bei dem heutigen Stande menschlicher Erkenntnifs geradezu unmöglich, die Gesetzmäfsigkeit des Geschichtsprocesses aus der nothwendigen Handlungsweise der Einzelnen nachzuweisen.

Aber dieses Zurückgehen auf den Einzelnen und seine Willensfreiheit oder Unfreiheit, diese atomistische Untersuchung ist auch gar nicht nöthig, um eine Grundlage für eine Naturgeschichte der Menschheit zu erlangen. Ja! ein solches atomistisches Vorgehen würde geradezu das Erreichen irgend welchen Resultates unmöglich machen.

Nichtsdestoweniger aber ist es eine selbstverständliche Bedingung jeder Möglichkeit einer Naturgeschichte der Menschheit, mit Elementen zu operiren, die Calcüle auf Elemente zu bauen, die sich eben berechnen lassen, die fich einem »ewigen ehernen Gefetze« beugen, ohne demfelben irgend welchen unberechenbaren Widerftand zu leiften.

Wenn es alfo mit der menfchlichen Freiheit keine Naturgefchichte der Menfchheit geben kann, wenn mit dem Individuum als unfreiem Wefen nicht operirt werden kann (fei es auch nur aus Unzulänglichkeit unferer geiftigen Erkenntnifsmittel): giebt es dann noch, und welche find es die feften Elemente in der Gefchichte der Menfchheit auf die man r e c h n e n kann; die ftets und unfehlbar jenen »ewigen, ehernen Gefetzen« folgen, unfehlbar und unabweichbar?

Auf diefe Frage antworten wir mit einem entfchiedenen Ja! Es giebt folche fefte Elemente auf dem Gebiete der Gefchichte der Menfchheit, die genau berechenbar find; die der Wiffenfchaft als Subftrate und Subjekte objektiver und exakter Beobachtung und Forfchung dienen können, und deren Entwicklung und Bewegung eben folchen feften Gefetzen unterliegt, wie der Lauf der Planeten oder die Entwicklung der Organismen. Diefe Elemente find die verfchiedenen e t h n i f c h e n und f o c i a l e n G r u p p e n, aus denen die Menfchheit befteht.

Wer auch nur ein wenig mit der politifchen Tagesgefchichte vertraut ift, der weifs es, wie aller politifche Calcül immer auf das Verhalten focialer (und auch ethnifcher) Gruppen bafirt ift. Und warum? weil eben fo unberechenbar wie das Verhalten der E i n z e l n e n, eben fo leicht berechenbar dasjenige der G r u p p e n ift. Nicht minder wird der Gefchichtskenner es bezeugen, wie leicht das Verfahren und die Handlungsweife folcher Gruppen (feien es ganze Völker und Nationen, oder Volksclaffen und Stände) in ihrer Gefetzmäfsigkeit begriffen und nachgewiefen werden kann — während die Einzelnen immer unberechenbar, ihre Handlungsweife oft ganz unbegreiflich ift.[1]

---

[1] An einer Stelle bei M e h r i n g fcheint derfelbe Gedanke durchzufchimmern. Es heifst dort S. 26: „Die Gefchichtsphilofophie hat es

Wollen wir nun zu einer Wiſſenſchaft der Geſchichte, zu einer Naturgeſchichte der Menſchheit gelangen, ſo müſſen wir dieſe ſocialen Gruppen in's Auge faſſen, ihr Entſtehen und ihre Entwicklung, ihre verſchiedenen Arten und Geſtalten, ihre Bewegungen und Evolutionen beobachten und unterſuchen. Das ſind die in ſich feſten Elemente, auf die man rechnen, auf die man wiſſenſchaftliche Calcüle baſiren kann. Dieſe Richtung müſſen unſere Unterſuchungen einſchlagen, wenn wir irgend einen Erfolg erzielen wollen.[1]

Dieſe Richtung nicht eingeſchlagen zu haben, ſcheint uns der gemeinſame Fehler aller früheren Verſuche, die Naturgeſetze der Geſchichte aufzufinden, geweſen zu ſein. Auch Lotze verfällt in denſelben, wenn er gegenüber den verſchiedenen »organiſchen Auffaſſungen« der Geſchichte, die das entgegengeſetzte Extrem der individualiſtiſchen Auffaſſung bilden, auf letzteres wieder zurückkommt.

aber auch nicht mit dem Menſchen zu thun; auch eine ſolche Betrachtung gehört für abgeſonderte andere Diſciplinen. Nur inſoferne der Menſch für die Gemeinſchaft angelegt iſt und in der Gemeinſchaft lebt, wird er Object für die Geſchichte." Alſo doch immer noch der Menſch, nur der Menſch in der Gemeinſchaft! Das halten wir für einen Grundirrthum, ſo wie wir den ganzen Mehring'ſchen „Verſuch": Die philoſophiſch-kritiſchen Grundſätze der Selbſtvollendung oder die Geſchichts-Philoſophie, Stuttgart 1877, für einen verfehlten Wiederbelebungsverſuch einer Geſchichtsphiloſophie nach Hegel'ſcher Methode anſehen.

[1]) Bei Gobineau, deſſen Theorie an dem Erbübel des Monogeniſmus leidet, finden wir die richtige Erkenntniſs des groſsen Unterſchiedes der Betrachtung der Individuen und der Gruppen. „Encore une fois, ſagt dieſer geiſtreiche Franzoſe, deſſen Werk wir trotz ſeiner groſsen Irrthümer nicht genug empfehlen können, et cent fois, ce n'est pas sur le terrain étroit des individualités que je me place. Il me paraît trop indigne de la science de s'arrêter à de si futiles arguments. Si Mungo-Park ou Lauder ont donné a quelque nègre un certificat d'intelligence, qui me répond qu'un autre voyageur, rencontrant le même phenix, n'aura pas fondé sur sa tête une conviction diamétralment opposée! Laissons donc ces puérilités et comparons, non pas les hommes, mais les groupes". (l. c. I 304.)

»Die fchönen Erfolge, die wir diefen Bemühungen verdanken, fagt Lotze l. c., werden durch das Geftändnifs nicht gefchmälert werden, dafs doch die Gefchichte fich nicht ohne die perfönlichen Geifter mache, und dafs eine genauere Beobachtung in jenem allgemeinen Geifte doch nur die gleichförmige Endrichtung erkenne, welche die Einzelnen unter dem Eindrucke allgemeingültiger Bedingungen und durch die Wechfelwirkungen ihres gegenfeitigen Verkehrs annehmen. Nicht als wären darum alle fchönen und bedeutfamen Formen des Dafeins in Natur und Gefchichte nur nachgeborne Folgen von Umftänden, die thatfächlich nun einmal vorangingen; wohl mag vielmehr das, was wir als idealen Gehalt in der verwirklichten Welt finden, auch der erfte treibende Grund zu jener beftimmten Ordnung der Dinge gewefen fein, als deren nothwendiges Ergebnifs wir es beftändig wiedergeboren werden fehen. Aber überall da, wo wir nicht nach dem Werthe des Gewordenen, fondern nach der Möglichkeit feines Werdens und dem Hergange feiner Verwirklichung fragen, da wird unfer Blick fich doch nothwendig auf die einzelnen realen Elemente richten, in deren gefetzlicher Wechfelwirkung die Vermittlung alles Werdens allein liegt. Und fo wird Gefchichte und Naturwiffenfchaft jede Entftehung eines neuen, jede Geftaltung eines frühern Zuftandes aus dem gegenfeitigen Verkehr vieler einzelnen individuellen Punkte herleiten, in denen allein die Idee fich zu thatkräftigen Wirklichkeiten verdichtet hat.«

Der Irrthum liegt darin, diefe »einzelnen realen Elemente« in den Individuen zu fehen; auch wir werden unfern Blick »auf die einzelnen realen Elemente richten« doch fehen wir im focialen Naturprozefs nicht die einzelnen Menfchen, fondern die focialen Gruppen als folche Elemente an. Wir werden alfo in der Gefchichte nicht nach gefetzmäfsigen Handlungen der Einzelnen, fondern fozufagen nach gefetzmäfsigen Gruppenbewegungen forfchen. Und hier wollen wir noch folgendes anmerken.

Der grofse Naturforfcher Agaffiz fcheint in einer niedrigen Thierclaffe — bei den Infecten — etwas bemerkt zu haben, was mit einer folchen »gefetzmäfsigen Gruppenbewegung« identifch ift. Da er nun mit der Gefchichte des Menfchen fich nicht befafste, andererfeits wahrfcheinlich in den landläufigen Anfchauungen über »fittliche Freiheit«, »Atomismus« etc. befangen war: fo machte er eine Unterfcheidung und Eintheilung der geiftigen Fähigkeiten der höhern und niedern Thiere. Während er den höhern Thieren und dem Menfchen fozufagen eine perföhnliche Einficht zugefteht, eine geiftige Kraft, vermöge welcher das Individuum feine eigenen Schritte leiten und lenken kann und daher auch eine »höhere, eine edlere Verantwortlichkeit« übernimmt: fieht er bei den Infecten, wie z. B. bei den Bienen nur »die Summe der Kräfte und Fähigkeiten, denn Taufende von Wefen wirken für denfelben Zweck, fcheinbar zu einem Ziele, was doch fehr verfchieden von dem individuellen Verftande des Menfchen und auch der höhern Thiere ift.«[1]) Ich glaube, diefe Unterfcheidung des Naturforfchers beruht auf einer mangelhaften Beobachtung des Menfchen in der Gefchichte; denn ein eingehenderes Studium diefer letzteren wird uns zeigen, dafs es auch beim Menfchen weniger auf den »individuellen Verftand« ankommt, dafs es auch bei ihm die »Summe der Kräfte und Fähigkeiten« (und fügen wir hinzu der Triebe) ift, welche die gefetzmäfsigen Gruppenbewegungen die den Inhalt der Gefchichte bilden, beherrfcht.

---

[1]) Agaffiz: Schöpfungsplan, Leipzig 1875 S. 100.

II.
Polygenismus.

10. Die Politik der Natur.

Wir haben auf die formalen Denkfehler, die fozufagen aus üblen Angewöhnungen unferes Denkens entfpringen, hingewiefen; wir haben fodann die principiellen Hinderniffe aufgedeckt, die fich einem gedeihlichen Fortfchritt und der Erzielung pofitiver Refultate auf dem Gebiete der Gefchichtswiffenfchaft entgegenftellten. Wir haben fchliefslich die Richtung angedeutet, die wir einfchlagen wollen, um dem angeftrebten Ziele näher zu kommen. Diefe Richtung verfolgend, müffen wir nun in erfter Linie das Menfchengefchlecht felbft, und die im Bereiche desfelben uns entgegentretenden ethnifchen und focialen Gruppen in's Auge faffen.

Setzen wir alfo vorerft die gangbare Vorftellung über den einfachen Anfang des Menfchengefchlechts, den dasfelbe in einem oder auch etlichen erften Elternpaaren genommen habe, als eine durch die Erfahrungen des täglichen Lebens unferem Geifte eingeprägte Denkform ganz bei Seite; greifen wir, gewiffen Vermuthungen und Wahrfcheinlichkeiten folgend, eine andere, weniger gangbare Vorftellung auf und prüfen wir diefelbe experimentweife an bekannten Thatfachen der Natur und Gefchichte. Eine folche Vermuthung nun, die einige Wahrfcheinlichkeit für fich hat, nach der wir eine andere Vorftellung über die Anfänge der Menfchheit aufgreifen, ift folgende. In der ganzen uns umgebenden Natur, infoferne diefelbe fchöpferifch ift, fehen wir ein Gefetz walten, wonach immer eine grofse Anzahl Keime in die Welt gefetzt wird, aus der eine viel **geringere** Anzahl von Wefen fich herausbildet, aus denen wieder nur die **kleinfte** Zahl zu Früchten fich entwickelt, refp. Früchte hervorbringt. Diefes Gefetz waltet auf dem ganzen Gebiete des vegetabilifchen und animalifchen Lebens. **Viel** Keime, **weniger** Wefen, am **wenigften** Früchte (oder **reife Organifmen**): diefes Gefetz können wir überall im Pflanzen- und Thierreich beobachten. Aus diefem Walten der Natur fpringt uns »eine weife Vorficht«, fozufagen eine kluge Politik in die Augen. Als ob fie die Anfchläge der dem Leben jeder Gattung feindlichen Gewalten, und die Gefahren, die jeden lebenden Organifmus umlauern, im voraus in Berechnung ziehen würde, fieht die Natur fich vor, und bringt, um wenigftens eine kleine Anzahl reifer Früchte heranzuziehen — **eine Unzahl Keime** hervor.[1]) Verfchwenderifch in den erften

---

[1]) Von unzähligen Beifpielen einige: „Von den Milliarden junger Auftern, welche jährlich aus dem Ei fchlüpfen, gehen die allermeiften unter der Ungunft der äufsern Verhältniffe zu Grunde..." Oscar Schmid Defcendenzlehre 186. Fifche und Fledermäufe vermehren fich fo ungeheuer, dafs fie, „wenn alle Keime zur Ausbrütung kämen... in wenigen Jahren alle Meere ausfüllen und die Erde haushoch bedecken würden" Büchner fechs Vorlefungen S. 43. „Bei den Fifchen liefert ein einziger Wurf oft taufende, ja hunderttaufende von Eiern. Ein Vogelpaar das nur viermal in feinem Leben vier Junge zeugt, würde binnen 15 Jahren bei ungehinderter Vermehrung eine Nachkommenfchaft hinterlaffen, deren Zahl fich auf Taufende von Millionen belaufen müfste. Bei dem Stör hat man fogar mehrere Millionen Eier gefunden. Es ergiebt fich leicht, fagt Seidlitz, dafs, wenn auch nur eine Million Eier eines Störs fich zu Weibchen entwickelte, fchon die Grofsenkel als ganz junge Fifchchen keinen Platz nebeneinander auf der Erdoberfläche hätten und dafs die vierte Generation allein an Caviar das Volumen der Erde liefern würde". (Dafelbft.) Zum Glück bringt die Natur den unvergleichlich grofsen Theil der Keime nur zu dem Zweck hervor, um fie zu Grunde

Anfängen des Lebens, braucht die Natur fpäter, mit den Opfern, die fie den dem Leben feindlichen Gewalten bringt, nicht zu geizen. Sollte nun die Natur von diefem in der ganzen Pflanzen- und Thierwelt genau eingehaltenen Gefetze gerade bei dem Menfchengefchlecht abgewichen fein? Es ift gar kein Grund zur Annahme, dafs fie auf dem Gebiete des Menfchengefchlechts eine andere Politik befolgt hätte, als auf dem der Pflanzen- und übrigen Thierwelt, über die der Menfch in feinem Dünkel gar zu erhaben fich wähnt.

In der That haben auch Philofophen und Naturforfcher der Neuzeit gar kein Bedenken getragen, fich für die mehrheitliche, polygenetifche Abftammung der Menfchheit und gegen die monogenetifche auszufprechen.

Als fich die Gelehrten und Theologen des vorigen Jahrhunderts den Kopf darüber zerbrachen, wie man fich das Vorkommen der Menfchen in Amerika, die offenbar nicht mit denen der alten Welt eines Stammes waren, erklären follte, meinte Voltaire: man brauchte darüber nicht mehr erftaunt zu fein, als darüber, dafs man auch Fliegen in der neuen Welt finde.[1])

Göthe, deffen Genialität und Divinationsgabe gerade auf dem Gebiete des naturwiffenfchaftlichen Denkens anerkannt ift, fagt über diefe Frage: »Der Meinung, dafs die Natur in ihren Produktionen höchft ekonomifch fei, mufs ich widerfprechen. Ich behaupte vielmehr, dafs die Natur

---

gehen zu laffen. „ . . Unzweifelhaft kommen wie von den Polypeneiern fo auch von jenen zarten der vielen niedern Thiere, nur fehr wenige zur Entwicklung; fie werden eine Beute von Schaaren anderer Thiere und die ganz aufserordentliche Vermehrung einiger niederer Thiere fteht in einem ftrengen Verhältniffe zu den Gefahren, welchen ihre Nachkommen ausgefetzt find." Agaffiz Schöpfungsplan 112.

[1]) „ . . . on ne devait pas être plus surpris de trouver en Amerique des hommes que de mouches . . " Effai sus le moeurs et l'esprit des nations. Oeuvres compl. XVI. p. 35.

sich immer reichlich, ja verschwenderisch erweise und dass es weit mehr in ihrem Sinne sei, anzunehmen, sie habe statt eines einzigen armseligen Paares die Menschen gleich zu Dutzenden, ja zu Hunderten hervorgehen lassen. Als die Erde bis zu einem gewissen Punkte der Reife gediehen war, die Wasser sich verlaufen hatten und das Trockene genügsam grünte, trat die Epoche der Menschwerdung ein und es entstanden durch die Allmacht Gottes die Menschen überall, wo der Boden es zuliefs und vielleicht auf den Höhen zuerst.«[1])

Von den neueren Naturforschern spricht sich unter anderen auch Burmeister ganz entschieden für den Polygenismus aus[2]) und in neuester Zeit hat Professor Fritsch in Berlin in einem in der Versammlung der Gesellschaft für Erdkunde gehaltenen Vortrage »über Geographie und Anthropologie als Bundesgenossen« sich folgendermafsen über diese Frage geäufsert:

»Wie sich aus diesem Ueberblick ergiebt, bleiben als älteste Kernländer der heutigen Kontinente das südwestliche und nordwestliche Asien, beide Gebiete getrennt durch den Himalaya, das centrale und südliche Afrika, und der Westen Nordamerika's.

»An verschiedenen Stellen können also andererseits heutige oceanische Gebiete einst trocken gelegen und dem werdenden Menschengeschlecht als Wiege gedient haben. Als im Umschwung der Zeiten an solchen Stätten die Existenzbedingungen für das Auftreten der Menschen auf der Erde günstig wurden, werden wir im Sinne der Descendenzlehre annehmen müssen, dafs vervollkommungsfähige Formen der Thierwelt zu dieser höchsten Ausbildung aufgestrebt seien.

---

[1]) Eckerman's Gespräche mit Göthe Thl. II S. 29.
[2]) S. im Anhang: A.

»Dabei ift es offenbar wiederfinnig, fich vorzuftellen, dafs nur an einer beftimmten Stelle diefe günftigen Bedingungen eingetreten feien; dafs gerade nur eine lokale Form als Vorgänger des Menfchen funktionirt habe; dafs endlich gar nur ein Paar plötzlich diefe Stufe erklommen und fich der ftaunenden Nachwelt als erftes Menfchenpaar präfentirt habe. Man denke fich nur den Prozefs der Vervollkommnung in feinen einzelnen Phafen, wie unter mannigfachen Wechfelfällen im Verlauf der Jahrtaufende die Individuen der Ahnen des Menfchen dem Ziele durch den Einflufs der umgeftaltenden Momente zuftrebten, bald vielleicht Generationen durch ungünftige Verhältniffe zu Grunde giengen, bald durch Rückfchlag entarteten, und nun plötzlich hier ein Männlein, dort ein Weiblein als ganzer Menfch daftand, um fich natürlich fofort zu finden, zu lieben — und durch engfte Jnzucht die erreichten Vortheile unmittelbar auf's neue in Frage zu ftellen. Aber auch eine gröfsere Individuenzahl, aus demfelben Stamme fich herausbildend, um zu Menfchen zu werden, will mir wenig plaufibel erfcheinen, da bei der Nothwendigkeit eine ftrenge Kontinuität der Reihe feftzuhalten, man doch ftets wieder in irgend einer Stufe der Vervollkommnung bei dem einen Stammvater anlangen müfste, von dem dasfelbe gelte wie von einem erften Adam: oder es vermifchten fich feine Nachkommen fernerhin mit Individuen einer noch nicht fo weit fortgefchrittenen Form — dann ift die Einheit des Stammes aufgegeben. Demnach ift es fowohl im Sinne der Defcendenz, als auch unter Würdigung des definitiv beobachteten Verhaltens des Menfchengefchlechtes äufserft unwahrfcheinlich, dafs ein fogenannter monophiletifcher Stammbaum des Menfchen exiftirt. Es ift viel eher anzunehmen, dafs die Vorläufer unferes Gefchlechtes ebenfalls bereits eine verbreitete Form auf der Erde ausmachten; war dies der

Fall, fo ift ferner mit Sicherheit anzunehmen, dafs fie bereits unter fich fchon Raffenunterfchiede zeigten.«¹)

11. Die ethifchen Gründe für den Monogenifmus.

Zwei Rückfichten waren es vornehmlich, die den Forfchern und Philofophen auf dem Gebiete der Anthropologie feit jeher eine mit den Anforderungen der ftrengen Wiffenfchaft unvereinbare Referve auferlegten, fobald die Frage nach der »Einheit des Menfchengefchlechtes« an fie herantrat. Erftens die Rückficht auf die von der chriftlichen Lehre recipirte biblifche Tradition, und zweitens die Rückficht auf die fittlichen Confequenzen, die man in der Theorie (und leider nur in der Theorie!) aus der geglaubten Thatfache der Einheit des Menfchengefchlechts, und nur aus derfelben ziehen zu müffen glaubte. Religiöfe Scrupeln hielten ab, von jedem Rütteln an der biblifchen Tradition, dafs alle Menfchen von einem Elternpaare abftammen; ethifche Rückfichten liefsen die entgegengefetzte Lehre als gefährlich erfcheinen. Daraus erklärt es fich, dafs die geheimen in der tiefften Seele gehegten Zweifel vieler Gelehrten und Forfcher an der Wahrheit des Lehrfatzes von der Einheit des Menfchengefchlechtes fich vorerft in Beftrebungen manifeftiren, theils die entgegengefetzte Lehre mit der biblifchen Tradition in Einklang zu bringen, theils die Unabhängigkeit des ethifchen Grundfatzes der Gleichheit der Menfchen von der naturwiffenfchaftlichen Thatfache der Einheit oder Vielheit der Abftammung, zu demonftriren. Vorerft wagte man

---
¹) Verhandlungen der Gefellfchaft für Erdkunde zu Berlin B VIII 1881 S. 243.

fich nicht weiter hinaus, weil man einer naturwiffenfchaftlichen Wahrheit wegen nicht gar zu koftbare, fittliche (wenn auch nur theoretifche) Errungenfchaften und Ideen auf's Spiel fetzen wollte.

Fafst man all diefs in's Auge, fo wird man es begreifen, welche Bedeutung für die vorliegende Frage fchon der einfachen Anzweifelung der Einheit des Menfchengefchlechts feitens hervorragender Forfcher beizumeffen ift, die nach ihrer ganzen geiftigen Richtung und vielleicht auch focialen Stellung, jedem brüsken Angriff auf herrfchende fittliche Ideen forgfam aus dem Wege gehen.

Wenn wir z. B. Alexander Humboldt's Anficht in diefer Frage zu Rathe ziehen wollen, dürfen wir nicht vergeffen, dafs er diefelbe von einem »ethifchen« Standpunkte aus behandelt, daher in diefem Punkte den unbefangenen wiffenfchaftlichen Standpunkt verläfst. Er fagt es felbft nur zu deutlich: »Indem wir die Einheit des Menfchengefchlechtes behaupten, widerftreben wir auch jeder unerfreulichen Annahme von höheren und niederen Menfchenraffen. Es giebt bildfamere, höher gebildete, durch geiftige Cultur veredelte: aber keine edleren Volksftämme.« Diefe Worte entfpringen offenbar mehr dem warmen Gefühl für die Menfchheit als dem unbefangenen Forfchergeift. Nichtsdeftoweniger wagt es Alexander Humboldt nicht die Einheit des Menfchengefchlechts als wiffenfchaftlichen Satz hinzuftellen und citirt ohne Widerfpruch fowohl die Worte des »gröfsten Anatomen unferes Zeitalters« Johann Müllers, dafs »die Erfahrung es nicht ermitteln kann, ob die gegebenen Menfchenraffen von mehreren oder Einem Urmenfchen abftammen« wie auch die folgenden, gegen die Wahrheit der biblifchen Tradition gerichteten Worte feines Bruders Wilhelm: »Wir kennen gefchichtlich, oder auch nur durch irgend fichere Ueberlieferung keinen Zeitpunkt, in welchen das

Menschengeschlecht nicht in Völkerhaufen getrennt gewesen wäre. Ob dieser Zustand der ursprüngliche war, oder erst später entstand, läfst sich daher geschichtlich nicht entscheiden. Einzelne, an sehr verschiedenen Punkten der Erde, ohne irgend sichtbaren Zusammenhang wiederkehrende Sagen verneinen die erstere Annahme und lassen das ganze Menschengeschlecht von einem Menschenpaare abstammen. Die weite Verbreitung dieser Sage hat sie bisweilen für eine Urerinnerung der Menschheit halten lassen. Gerade dieser Umstand aber beweist vielmehr, dafs ihr keine Ueberlieferung und nichts geschichtliches zu Grunde lag, sondern nur die Gleichheit der menschlichen Vorstellungsweise zu derselben Erklärung der gleichen Erscheinung führte: wie gewifs viele Mythen, ohne geschichtlichen Zusammenhang blofs aus der Gleichheit des menschlichen Dichtens und Grübelns entstanden. Jene Sage trägt auch darin ganz das Gepräge menschlicher Erfindung, dafs sie die aufser aller Erfahrung liegende Erscheinung des ersten Entstehens des Menschengeschlechts auf eine innerhalb heutiger Erfahrung liegende Weise und so erklären will, wie in Zeiten, wo das ganze Menschengeschlecht schon Jahrtausende hindurch bestanden hatte, eine wüste Insel oder ein abgesondertes Gebirgsthal mag bevölkert worden sein.« (s. Kosmos I. S. 382.) Auch aus einer andern Stelle des Kosmos scheint hervorzugehen, dafs die Einheit des Menschengeschlechts nicht die wissenschaftliche Ueberzeugung A. Humboldt's war. Denn aus der Einheit und einheitlichen Abstammung der Menschheit würde allerdings die einstige Existenz eines Urvolkes folgen, als welches man im Mittelalter in der That consequenterweise die Juden ansah. Dagegen meint Alexander Humboldt: »Die Geschichte, soweit sie durch menschliche Zeugnisse begründet ist, kennt kein Urvolk, keinen einigen erſten Sitz der Cultur ... im grauen Alterthum, gleichſam am äuſserſten Horizont des wahrhaft hiſtoriſchen Wiſſens, erblicken wir ſchon **gleichzeitig mehrere leuchtende Punkte, Centra der Cultur, die gegen einander ſtrahlen . . .**«[1]) Dieſe Thatſache paſst ſehr ſchlecht zur Annahme der Einheit des Menſchengeſchlechts, dagegen ſehr gut zur entgegengeſetzten Annahme.

Da diejenigen, welche den ethiſchen Grundſatz der Gleichheit und Nächſtenliebe nur aus der angeblichen naturwiſſenſchaftlichen Thatſache der Einheit des Menſchengeſchlechts ableiten zu können glaubten, als Mittelglied ihrer Deduction die Arteinheit der Menſchen benützten: ſo war es natürlich, daſs Gelehrte, die an jenen ethiſchen Grundſätzen nicht rütteln wollten, denen aber die Einheit der Abſtammung nicht einleuchten wollte, ſich zuerſt auf die Bekämpfung dieſes Cauſalnexus zwiſchen Abſtammungs- und Arteinheit warfen und indem ſie dieſe letztere als Prämiſſe jener ethiſchen Grundſätze ſtehen ließen, den Zuſammenhang derſelben mit der Abſtammungseinheit in Abrede ſtellten. Damit waren ſie bemüht, einerſeits die angebliche naturwiſſenſchaftliche Grundlage jener ethiſchen Grundſätze zu retten, ohne ihre wiſſenſchaftliche Ueberzeugung von der Vielheit der Abſtammung preis zu geben.

Zu dieſen Gelehrten gehört in erſter Linie Waitz. »Wir werden zwar den Satz feſthalten, ſagt er, **daſs aus erwieſener Stammeseinheit die Einheit der Art folgt, nicht aber den anderen, der mit Unrecht von Zoologen für untrennbar von ihm gehalten wird, daſs geſonderte Abſtammung, wo ſie ſich darthun läſst, ein ausreichender Beweis für Artverſchiedenheit iſt.**«[2])

---

[1]) Kosmos II 146.
[2]) Anthropologie I 22.

Nachdem er sich auf diese vorsichtige Weise den Boden für die Aufstellung polygenistischer Ansichten sorgfältig vorbereitet, fährt er sodann fort: »Geibel hat eine größere Anzahl von Beispielen zusammengestellt, die zu beweisen scheinen, daß die Annahme einzelner Urpaare für die einzelnen Thierarten in vielen Fällen unhaltbar ist, theils weil eine massenhafte Existenz einiger in vielen Fällen zur Ernährung anderer erfordert wird, theils weil das Wanderungsvermögen vieler zu beschränkt ist, um eine allmählige Ausbreitung derselben über das ganze Gebiet, das sie gegenwärtig einnehmen, zu gestatten: so beim Maulwurf, dem Biber, vielen Schnecken und den meisten der Süßwasserbewohner überhaupt.

»Die Heerden- und Schwarmthiere würde man sich ohnehin nicht wohl als ursprünglich in einem Paare geschaffen denken können. Daher hat man sich genöthigt gesehen, neuerdings mehrere Schöpfungscentren und ursprüngliche Ausgangspunkte wenigstens für manche Arten anzunehmen. Hiermit erscheint es aber zugleich auch als unerläßlich, Arteinheinheit und Stammeseinheit, die, wie sich gezeigt hat, ihrem Begriffe nach ohnehin nicht zusammenfallen, voneinander fest zu unterscheiden.« [1]

Nach dieser begrifflichen Auseinandersetzung unterwirft sodann Waitz alle für und gegen den Polygenismus angeführten Gründe einer sorgfältigen Kritik und gelangt schließlich zum Resultat, vor dem »Fehler zu warnen, in welchen alle diejenigen zu verfallen pflegen, welche die sämmtlichen Menschenstämme von einem Punkte, aus dem gewöhnlich nach Südwestasien verlegten Paradiese, ableiten und ihre ursprünglichen Wanderungen nachweisen zu können glauben.« [2]

---

[1] l. c. S. 23. [2] S. 224.

»Dagegen steht es auch auf anderer Seite, so fährt Waitz fort, übel genug um die positiven Gründe, die man für die Abstammung der Menschen von einem einzigen Paare vorgebracht hat, wenn überhaupt von solchen im wissenschaftlichen Sinne die Rede sein kann. Ohne mit denen streiten zu wollen, für welche der Glaube an die alttestamentliche Erzählung die Stelle solcher Gründe vertritt, können wir die Annahme eines einzigen Urpaares doch nur unwahrscheinlich finden, da wir die Natur nirgends eine ähnliche Unzweckmäfsigkeit begehen sehen, wie die sein würde, dafs das Auftreten und die Erhaltung einer Art oder Gattung zu irgend einer Zeit an so schwachen Fäden hinge wie die Existenz eines einzigen Menschenlebens — allerdings ein Grund gegen einpaarige Abstammung des Menschengeschlechts, welcher nur auf einer teleologischen, nicht auf einer physikalischen oder physiologischen Betrachtung ruht und dessen Tragweite wir nicht allzu hoch anschlagen dürfen; doch scheint es so ziemlich den einzigen (?) Anhaltspunkt zu bezeichnen, den dieser Gegenstand unserer Ueberlegung darbietet.« Indem sodann Waitz der extrem polygenistischen Ansicht von Agassiz und seiner Anhänger entgegentritt, meint er schliefslich: »Allerdings ist es statthaft anzunehmen, dafs in verschiedenen Schöpfungsmittelpunkten auf der Erde auch die Menschen in Masse entstanden sind, und dafs die Völker der Erde entweder von einzelnen oder auch von mehreren Stammpaaren, zum Theil auch wohl durch Vermischung, die unter den Nachkommen verschiedener Paare eintrat, ihren Ursprung genommen haben. Es dürfte sogar schwer sein, nach Berücksichtigung aller bis jetzt bekannten Thatsachen die Wahrscheinlichkeit dieser Annahme zu leugnen...« »Fassen wir kurz zusammen, was unsere Kritik ergeben hat, so mufs zugestanden werden, dafs für die besonnene Prüfung ein Theil von Agaffiz Anficht unangefochten zurückbleibt ... Jener Theil befteht in dem Satze, daſs es in der heifsen Zone vielleicht mehrere Punkte gegeben hat, an welchen einft Menfchen entftanden, und von denen fie ausgiengen.«[1]) So fpricht einer der in diefer Frage ängftlichften und behutfamften Anthropologen.

Nach folchem Vorgange hat man fich nun von wiffenfchaftlich-theologifcher Seite nur mehr noch dagegen verwahrt, daſs die Frage der Abftammung mit derjenigen der (»fittlichen«) Einheit des Menfchengefchlechts verquikt werde. Das that unter andern der Theologe Pfleiderer in folgender Ausführung:

» ... Dafselbe dürfte auch gelten bei der Frage nach der Abftammung des Menfchen von einem Paar. Sie ift der Naturwiffenfchaft ganz unbedenklich **zu freier Forfchung nach ihren eigenen Gefetzen anheimzugeben.** Derfelben vorfchreiben zu wollen, auf welches Refultat fie kommen müffe, das geht hier ebenfo wenig als irgend fonft wo an. Wenn die theologifchen Apologeten dies letztere doch faft durchweg bei diefem Punkte thun, fo verrathen fie damit fürs erfte eine bedenkliche **Mifskennung oder Mifsachtung der Wahrheit überhaupt, die fich ja nicht nach Belieben machen und drehen läfst, fondern nur durch redliches Forfchen gefunden werden kann,** und dann aber auch, wenn fie unzweideutig gefunden ift, unbedingt und ausnahmslos von allen anerkannt fein will. Fürs andere aber verrathen fie damit zugleich ein nicht minder bedenkliches Mifstrauen gegen ihre eigene Sache, als ob diefelbe auf folchen Sand gebaut wäre, dafs fie vor jedem naturwiffenfchaftlichen Ergebnifs zittern und beben müffe. Die wahre Apologetik kann hier nur die

---

[1] l. c. 224—226.

Aufgabe haben, zu zeigen, daſs das Refultat der naturwiſſenſchaftlichen Forfchung, wie es auch ausfallen möge, das wahre Intereſſe des religiöfen Glaubens **entfernt nicht berührt**. Gefetzt alfo, die Naturwiſſenſchaft käme zu dem Ergebniſs, daſs die Menfchheit nicht von einem Paar abgeſtammt fein kann, fondern daſs die jetzige Raſſenverfchiedenheit auf urfprüngliche Artunterfchiede und damit zugleich auch auf mehrfache autochtonifche Anfänge in verfchiedenen Theilen der Erde zurückzuführen fei, was wäre das im Grunde fo Schlimmes für die religiöfe Anfchauung von der Menfchheit? Man fagt, es wäre die Einheit des Menfchengefchlechts und damit die daraus fließende **Pflicht der allgemeinen Bruderliebe zwifchen den Menfchen aufgehoben**.

Allein kann denn diefe Einheit nur auf phifiſcher Abſtammung beruhen? Nicht auch auf geiſtiger Verwandfchaft, das heifst auf **der wefentlichen Gleichartigkeit der geiſtigen Befähigung**. Dass diefe geiſtige Befähigung, daſs diefe geiſtige Verwandfchaft zwifchen allen menfchlichen Raſſen vorhanden iſt, hat Niemand im Ernſt zu läugnen verfucht; auch da, wo die geiſtige Fähigkeit auf noch fo niederer Stufe der Ausbildung zurückgeblieben iſt, iſt fie doch immer noch vorhanden, wie fich dies ganz unzweifelhaft an der **allgemeinen Sprachfähigkeit**, dem fpezififchen Merkmal der Menfchlichkeit, zeigt. Nun lehrt aber überdies die Gefchichte, foweit fie zurückgeht, daſs die Menfchengefchlechter fich in den älteſten Zeiten am fremdeſten und feindfeligſten gegenüberſtanden und daſs immer und überall erſt in Folge der Kulturentwicklung die Schranken fielen oder doch fich milderten. Wenn fonach die Gefchichte der Menfchen ein allmähliges **Zufammenwachfen der zu Anfang fich fremd gegenüber ſtehenden lehrt**, warum follte nicht die Einheit der Menfchen ſtatt an den Anfang, wo fie ja doch jedenfalls nur ganz kurze Zeit gedauert hätte, eher an das Ende der Menfchheitsentwicklung zu fetzen fein, als das Ziel, dem fie zuftrebt?«¹)

12. Für den Polygenifmus fprechende Thatfachen.

Wenn wir nun auch folche Anfichten wie die foeben angeführten der Denker und Forfcher unferes Jahrhunderts als fubjektive wiffenfchaftliche Ueberzeugungen qualificiren: fo dürfen wir diefelben dennoch objektiv fo lange für nichts anderes als **Vermuthungen** ausgeben, bis fie nicht einft wiffenfchaftlich erwiefen werden.

So lange aber letzteres nicht der Fall ift, wird die exacte Wiffenfchaft nicht müde werden dürfen, für diefe Vermuthungen fich nach **Beweifen** und unterftützenden und begründenden **Thatfachen** umzufehen.

Halten wir nun eine Umfchau, ob nicht gewiffe Thatfachen der Gefchichte und Erfahrung diefe **Vermuthungen** beftätigen. Eine folche Thatfache fcheint uns folgende zu fein. Ueberall in den Anfängen bekannter Gefchichte tritt uns eine **fehr grofse Anzahl** menfchlicher Stämme, die fich unter einander als blutsfremd und von verfchiedener Abftammug betrachten, entgegen. Diefe Vielheit fchwindet im Laufe der Gefchichte theils durch »Amalgamirung«, theils durch »Ausfterben«. Ebenfo tritt uns in neuentdeckten Welttheilen bei den fogenannten Naturvölkern eine **Unzahl von Stämmen, Horden und Schwärmen** entgegen, die fich gegenfeitig bis aufs Blut haffen, anfeinden, befehden und vernichten. Dabei

---

¹) Pfleiderer: Die Religion etc. B. I 288.

ist aber eine grofse Zahl diefer Stämme theils in fchon bekannten Zeiten nach Entdeckung diefer Länder ausgeftorben, theils im Ausfterben begriffen. Andere wieder verfchmelzen meift auch unter der Einwirkung europäifcher Eroberung und amalgamiren fich zu gröfsern, gleichartigeren Maffen. Auf die urfprüngliche Vielheit der Stämme bei hiftorifchen Völkern, die wir bereits als amalgamirte Einheiten in der Gefchichte antreffen, deuten auch die überall fich vorfindenden ihrer Anlage nach gleichen Stammfagen. Die Genefis diefer letzteren ift immer und überall diefelbe, da fie eben nichts anderes find als eine durch die Befchaffenheit des menfchlichen Geiftes und feine natürliche und nothwendige Denkoperation bedingte Vorftellung.

Ueberall da nämlich, wo eine gröfsere Anzahl von Stämmen zu einer politifchen oder focialen Einheit gelangt ift, ohne dafs die urfprünglichen Stammesunterfchiede ganz verwifcht, oder dem Bewufstfein entfchwunden wären, bringt es die Befchaffenheit des menfchlichen Geiftes mit fich, dafs er diefe in der Einheit beftehende Vielheit, fich durch einen gemeinfamen Stammvater, deffen Nachkommenfchaft fich in viele Linien theilte, erklärt. Diefe Erklärung hat mit den wahren Vorgängen gar nichts zu thun; fie ift nur eine aus der täglichen Beobachtung der Familie in den menfchfichen Geift übergangene Denkform. Unterftützt wird diefe Erklärung aber noch durch eine andere Denkgewohnheit, die fich in uns aus der Beobachtung der uns umgebenden Welt herausgebildet hat. Im täglichen Leben nämlich fehen wir, dafs Familienglieder, namentlich Gefchwifter einander fehr ähnlich find. Diefe ohne Unterlafs überall fich uns aufdrängende Beobachtung erzeugt bei uns eine Denkform, vermöge welcher wir alle in der Wirklichkeit vorgefundene Aehnlichkeit zwifchen verfchiedenen Menfchengruppen auf eine gemeinfame Abftammung zurückführen und uns aus derfelben erklären.

Diese Denkgewohnheit geht bekanntlich so weit, daſs man aus der Aehnlichkeit zwiſchen gewiſſen Affen und Menſchen auf eine Familienverwandſchaft und gemeinſame Abſtammung derſelben ſchloſs. Als ob der Umſtand, daſs gemeinſame Abſtammung Typenähnlichkeit zur Folge hat, die Möglichkeit ausſchlieſsen würde, daſs die Natur auch ohne Zwiſchenglied eines gemeinſamen Elternpaares ähnliche Typen ſelbſtändig hervorgebracht hätte. Es iſt das wieder ein Schluſs aus der beſchränkten täglichen Erfahrung auf koſmiſche Verhältniſſe, die ſich durchaus nicht dieſen kleinen Verhältniſſen analog geſtaltet zu haben brauchen. Uebrigens kann man bei näherer Betrachtung darin nichts Ungereimtes und Widerſprechendes finden, wenn man ſieht, daſs das Geſetz, wonach die Natur in ihren mannigfaltigen Erzeugniſſen und Schöpfungen Typenähnlichkeit walten läſst, ſich in den einzelnen ihrer Schöpfungen noch immer inſoferne manifeſtirt, daſs auch dieſe fortzeugend Typenähnlichkeit hervorbringen. Nur der Schluſs von dieſer Typenähnlichkeit zweiter Reihe auf die Unmöglichkeit der Typenähnlichkeit der erſten Reihe iſt offenbar ein Trugſchluſs. Sehen wir nun von dieſen falſchen Erklärungen ab, ſo haben wir es in der Wirklichkeit in allen Fällen, wo wir Stammſagen finden, welche die beſtehenden, ſocialen Verſchiedenheiten auf eine gemeinſame Abſtammung, und ſpäter eingetretene Linientheilung zurückführen, mit Produkten einer gröſseren oder geringeren politiſchen und ſocialen Amalgamirung zu thun, die entweder bereits zu einem ſolchen Grade der Einheit vorgeſchritten ſind, daſs die Vorſtellung eines gemeinſamen Stammvaters ein moraliſches Bedürfniſs geworden iſt, oder daſs eine ſolche Vorſtellung im Intereſſe irgend eines (meiſt herrſchenden) ſocialen Beſtandtheiles gelegen iſt. Daſs die Sache ſich überall ſo verhalten haben dürfte, dafür ſprechen folgende Thatſachen der Geſchichte und die offenbar denselben zu Grunde liegenden Gesetze geschichtlicher Entwicklung.

Die autentische Geschichte aller Staaten des Alterthums, des Mittelalters und der Neuzeit zeigt uns eine Entwicklung von einer Vielheit und Mannigfaltigkeit von Stämmen und socialen Bestandtheilen zu einer immer gröfseren Einheit und Einheitlichkeit, bei welcher Entwicklung die Mehrheit der ursprünglichen besonderen und verschiedenen Elemente ihre Besonderheiten zu'Gunsten des einheitlichen Ganzen opfert. Auf diese Weise sind schon in historischen Zeiten sehr viele Stämme mitsammt all ihren Besonderheiten verschwunden. Solche Amalgamirungs- und Vereinheitlichungsprozesse sehen wir schon in den grofsen Staaten des kleinasiatischen Alterthums (Persien) vor sich gehen; wir beobachten sie sodann in Griechenland und Rom, im gröfseren Mafsstabe aber in Deutschland, Frankreich und England und heutzutage spielt sich ein solcher Prozefs vor unseren Augen in Rufsland, theilweise in Oesterreich ab.

Es ist heutzutage schwer ein Volk auf Erden ausfindig zu machen, das nicht ein Resultat eines solchen Amalgamirungsprozesses wäre. Wo wir hinblicken, sehen wir solche ethnische Amalgame. Als ein interessantes Beispiel können in dieser Beziehung auch die südafrikanischen B o e r s dienen, die man doch gewifs geneigt wäre für einen einheitlichen Stamm anzusehen. Hören wir was über dieselben F r i t s c h berichtet:

»Wer sind denn diese Boeren (sprich: Buren) oder »Boers« wie die meisten unserer Zeitungen schreiben, welche, indem sie dieselben als »holländische Boers« bezeichnen, in der That einen doppelten Irrthum begehen. Wenn an den südlichen Kämpfen etwas holländisch ist, so ist es vor allem ihr Name und ihre Sprache. Ebenso wenig wie wir im deutschen »Bauers« sagen, spricht der Holländer von

»Boers«; das »s« ist die aus dem englischen übernommene Pluralendigung.

»Wenn aber auch die Sprache dieser Kolonisten noch bis auf den heutigen Tag vorwiegend holländisch ist, so könnte man sie hinsichtlich ihrer Abstammung doch ebenso gut als Franzosen oder Deutsche bezeichnen. Die Familiennamen geben dafür den besten Beweis; darunter finden wir beispielsweise Namen wie »Voesse« (Fouché), Fillie (Villiers), Wiwije (Viviers), Jouberth, di Toit, de Polissier, Duplessis, Maré und so weiter, d. h. französische Namen von gutem Klange, meist nach Südafrika gelangt durch Hugenottenfamilien, die 1687 als Kolonisten rezipirt wurden. Bemerkenswerth ist dabei die häufige Verunstaltung des Namens durch Uebertragung in die angenommene holländische Sprache. Andere Namen lauten: Krüger, Brandt, Schuhmann, Krause, Schreiber, Hardtmann, sind deutschen Ursprungs und stammen gleichfalls aus sehr früher Zeit (wie der Boer Hartmann beispielsweise der erste Kolonist auf dem Ort war, wo heute die Stadt Port Elisabeht steht). Holländische Namen sind selbstverständlich auch sehr verbreitet, berühmt darunter besonders: Retief, Ugs, Potgieter, Boota, Bloem, van Runen, van der Graf, Bezuidenhout und so weiter. Englische Namen kommen nur vereinzelt vor.

»In dem Kampf ums Dasein, welchen die bunt durcheinander gemischten Nationalitäten begannen, triumphirte, als offenbar mit der umgebenden Natur am besten im Einklang, das holländische und deutsche Element, so dass holländisches Phlegma und deutsche Ausdauer zu hervorstechendsten Charaktereigenthümlichkeiten der Boeren gehören, von der französischen Lebendigkeit ist kaum etwas in ihnen nachweisbar.

»Sie nennen sich aber mit Stolz »Afrikander« und der wirkliche Holländer ist ihnen ebensowohl ein »Uitländer« als der Engländer. Die Boeren können sich jene Bezeichnung mit um so mehr Grund beilegen, **als auch farbiges, afrikanisches Blut in ihnen recht verbreitet ist**. Gerade Südafrika war von den älteften Zeiten der Kolonie an eines der günftigften Verfuchsfelder für den praktifchen Nachweiß, daß auch die **abweichendften Raffen unferes Gefchlechtes fich mit Leichtigkeit fruchtbar vermifchen**, und man kann fagen, daß in Südafrika alle Klaffen der Bevölkerung dazu das ihrige beigetragen haben, diefe für den Anthropologen äufserft wichtige Thatfache in ein helles Licht zu fetzen.

»Aber auch abgefehen von diefer farbigen Beimifchung die in den blonden, recht verbreiteten Individuen fich noch häufig durch einen etwas afchigen Ton der Haut und fahlen Schein auf dem gekräufelten Haar verräth, bei den brünetten mitunter zu einer auffallend dunklen Hautfarbe führte, hat die Einöde der Umgebung und die Loslöfung von der Cultur des Mutterlandes durchfchnittlich doch zu einem beträchtlichen Rückgang in der Bildung geführt« etc. etc.[1])

Solche Beifpiele von ethnifchen Amalgamen könnte man aus Gefchichte und lebendiger Gegenwart unzählige citiren.

Was fich nun aber in hiftorifchen Zeiten nachweisbar immer und überall zuträgt, das haben wir wohl ein Recht als ein Naturgefetz der Gefchichte zu betrachten, und wenn wir ein folches Naturgefetz, wenn auch nur in kleinem Zeitraum bekannter Gefchichte **überall beobachten und conftatiren können**, fo ift es doch klar, daß wir daffelbe auch als für **vorhiftorifche Zeiten** von jeher geltend und wirkend anerkennen müffen.[2])

---

[1]) Verhandlungen der Gefellfchaft für Erdkunde Berlin. Bd. VIII 1881 S. 82, 83. [2]) Vgl. unten Note zu 20.

Denn in der That, wie könnte man vernünftigerweise glauben, daß ein fociales Naturgefetz auf dem Gebiete menfchlicher Entwicklung nur in der kurzen Spanne Zeit wirkfam gewefen fein follte, die zufälligerweife durch beglaubigte Zeugniffe zu unferer Kenntnifs gelangte? Mufs nicht im Gegentheil eine halbwegs gefunde Logik zugeben, dafs ein folches Gefetz auch fchon in jenen Jahrtaufenden und Hundertjahrtaufenden des Lebens der Menfchheit wirkfam fein mufste, von denen wir keine gefchichtliche Kunde haben? Halten wir aber einmal die Wirkfamkeit diefes focialen Naturgefetzes auch in den vorhiftorifchen Zeiten der Menfchheit feft, fo müffen wir all die früheften Völker und Nationen, die uns in der erften Dämmerung gefchichtlicher Zeiten entgegentreten, ebenfo fchon als Amalgame der verfchiedenften heterogenen Stämme, als Produkte eines in vorhiftorifchen Zeiten fchon vollzogenen Verfchmelzungsprozeffes heterogener ethnifcher Beftandtheile anfehen, als welche uns die in der bekannten Gefchichte auftretenden und heute exiftirenden Nationen erfcheinen. Diefe Annahme wird vielfach beftätigt durch die hiftorifch überlieferten focialen Zuftände diefer Völker in denen wir, wie in Indien und Aegypten focialen Schichten, Kaften, begegnen, die nachweisbar, gefchichtlichen Zeugniffen und antropologifchen Spuren gemäfs auf eine verfchiedene Abftammung deutlich und unwiderleglich hinweifen. Wenn wir aber an der Hand diefes fich uns fowohl aus der Betrachtung der Politik der Natur, wie der gefchichtlichen Thatfachen ergebenden Naturgefetzes die Entwicklung der Menfchheit in die vorhiftorifchen Zeiten zurückverfolgen: fo gelangen wir zu erften Anfängen der Menfchheit die fich uns, in geradem Gegenfatze zu der auch in der Bibel recipirten aus der täglichen Erfahrung in den menfchlichen Geift eingefloffenen Vorftellung von einem erften Paare,

als eine Unzahl heterogener Menschenschwärme
darstellen, die auf eine uns unerklärliche bis heute für uns
noch mit dem Geheimniss der »Schöpfung« verhüllte Weise
die Erde bevölkerten.¹)

---

¹) Mit der Annahme der zahllosen ursprünglich die bewohnbare Erde bedeckenden Menschenschwärme sind wir auf unserem sociologischen Gebiete bei einer derartigen ersten Thatsache angelangt, wie einer solchen keine Wissenschaft entbehren kann. Es ist das das ursprüngliche »Chaos«, die ursprüngliche „Nebelmasse" des Geologen; es sind das die »Atome« des Physikers. Eine solche vorläufige Annahme, Hypothese, kann keiner Wissenschaft zum Vorwurf gereichen: denn keine kann einer solchen an dem äusersten Gesichtskreise ihrer Betrachtung entbehren. Fragt man uns nun, warum wir von diesen Urschwärmen beginnen und nicht auf deren Entstehung, auf deren Anfang unsere Forschung richten: so antworten wir einfach, dass uns diese Thatsache, diese Annahme vorderhand genügend scheint um die ganze folgende sociale Entwicklung zu erklären und ihre Gesetzmäsigkeit zu begründen. Sodann aber müssen wir, um die sociale Entwicklung zu erklären von einer socialen Thatsache ausgehen; die Kräfte die heute in socialen Gemeinschaften wirken, sie konnten auch im Uranfang der Dinge nur sociale Kräfte sein und als solche nur in socialen Gemeinschaften hervortreten. Die Frage also: wie es zu diesen Urschwärmen kam, liegt jenseits unserer Betrachtung, liegt jenseits aller sociologischen Forschung und geht uns hier weiter nicht an. Möge der Antropolog, der Zoolog, der Darwinist sich in diese Frage vertiefen — dem Sociologen genügt die Annahme der Urschwärme — er braucht nicht weiter hinaufzusteigen in das Dunkel ihrer Genesis — nur muss er jede individualistische Ableitung derselben entschieden verwerfen, da sie mit der ganzen Reihe der folgenden socialen Erscheinungen nicht in Einklang zu bringen ist. Schliesslich wollen wir auch hier mit Lotze's Worten unsern Standpunkt vertheidigen: »Aber diese erste Anordnung selbst, wird man uns einwerfen, woher rührt sie? Wir wissen es nicht und wir haben keinen Grund hier schon die Vermuthung auszusprechen, die wir über sie hegen können.« Und weiter: » .. unsere Aufgabe ist es noch nicht den ersten Ursprung des Lebens zu suchen; wir fragen nur nach den Gesetzen, nach denen das wunderbar erschaffene sich innerhalb der Grenzen unserer Beobachtung erhält.« (l. c. I. 70.)

13. Ethnischer Entwicklungsgang der Menschheit.

Aus den soeben vorgeführten Thatsachen läfst sich ein interessanter Schlufs ziehen bezüglich der ethnischen Entwicklung der Menschheit. Wenn wir nämlich denjenigen Urzustand des Menschengeschlechts der sich uns durch einen logischen Rückschlufs aus dem Entwicklungsgang der Völker in historischen Zeiten als einzig wahrscheinlich ergeben hat, mit dem Zustand vergleichen, der uns bei Beginn der historischen Zeiten entgegentritt: so ergibt sich uns für die ethnische Entwicklung der Menschheit eine doppelte Tendenz, die wir sowohl in historischen Zeiten als auch in der Gegenwart überall konstatiren können. Denn aus der allmähligen Abnahme der ursprünglichen Unzahl von heterogenen Menschenhorden und Stämmen die theilweise in die späteren ethnischen Amalgame übergehen einerseits, und der durch geschichtliche und tägliche Erfahrung bekannten Thatsachen der Vermehrung und Ausbreitung historisch bekannter Stämme andererseits, ergibt sich uns die Thatsache, dafs die Entwicklung der Menschheit einerseits von einer unendlich grofsen Vielheit allmählig verschwindender ethnischer Einheiten zu einer immer kleinern Anzahl von Stämmen fortschreitet und dafs andererseits diese kleinere Anzahl meist auf Amalgamen beruhender Stämme in fortwährendem Wachsen und stetiger Vermehrung begriffen ist.

Es ergeben sich uns demnach zwei in entgegengesetzter Richtung laufende Tendenzen auf dem Gebiete menschheitlicher Entwicklung die eine von plus zu minus, die andere von minus zu plus.

Die Thatsache aber dieser doppelten Tendenz, die sich uns vorerst durch logische Schlüsse an der Hand erkannter Naturgesetze ergiebt, diese Thatsache, wie wir das schon nachgewiefen haben, findet in bekannter Gefchichte und lebendiger Gegenwart ihre volle Beftätigung. Denn auch heutzutage finden wir als fchlagendfte Widerlegung der gangbaren Vorftellung von der Entwicklung der Menfchheit aus einem oder wenigen Paaren zu einer immer gröfseren Zahl, ganze Stämme und Horden der fogenannten Naturvölker, die ftatt fich zu vermehren, immer mehr zufammenfchrumpfen, während viele der übrigen Menfchenftämme offenbar und nach ftatiftifchen Nachweifen in fortwährender Zunahme begriffen find.

Diefe fonderbare, gegenfätzliche Erfcheinung ift eben nichts mehr und nichts weniger als die von allem Uranfang an fich bewährende, doppelte Tendenz der menfchheitlichen Entwicklung, das grofse, fociale Naturgefetz, das von jeher wirkfam, feine Wirkfamkeit vor unferen Augen fortfetzt, und wahrfcheinlich fo lange es Menfchen auf der Erde geben wird, fortfetzen mufs.

Die Erklärung diefer Erfcheinung könnte man einfach in einem Gefetz des Gleichgewichts fuchen, wonach die organifche Welt auf der Erde immer fich gleich bleibt. Es ift leicht denkbar, dafs die Maffe der Organifmen auf der Erde immer eine gleiche bleiben mufs und dafs diefelben durch kofmifche Verhältniffe unferes Erdballes bedingt ift. Daraus würde folgen, dafs bei dem, den Organifmen innewohnenden Vermehrungstriebe die einen derfelbe fich nur auf Koften der anderen vermehren können. Auf diefe Weife erklärt fich das Zurückweichen und Verfchwinden der Thierarten vor dem Menfchen und das Ausfterben der einen Raffen vor der Ausbreitung der andern. Es ift, als ob der Erdball auf feiner Reife durch den Weltenraum ein beftimmtes Gewicht nicht überfchreiten dürfte — oder beffer gefagt, da doch das Gewicht in der That fich nie ändern kann — als ob er nur eine beftimmte Anzahl Paffagiere mitnehmen dürfte. Vermehren ſich die einen, dann müſſen die andern zu Grunde gehen. Aus einem ſolchen Naturgeſetze könnte man ſich die den Menſchen innewohnenden wilden Inſtincte gegen andere Thiergattungen und Menſchenarten erklären. — Hier mag auch noch daran erinnert werden, daſs es keineswegs ausgemacht iſt, daſs ſich die Zahl der Menſchen auf der Erde vergröſsere. Während die Mehrzahl der Statiſtiker eine ſolche Vermehrung durch Analogieſchlüſſe aus der ſtetigen Vermehrung einer gegebenen Volkszahl in der Gegenwart anzunehmen ſcheint, ſind andere Gelehrte, ſo z. B. Gobineau der Anſicht, daſs die Zahl der Menſchen auf der Erde einſt viel gröſser war als ſie jetzt iſt. (Siehe Gobineau l'inégalité des races I S. 355 und 356.) In der That ſcheinen ſehr viel Umſtände und Zeugniſſe für dieſe letztere Annahme zu ſprechen. Aber es iſt auch möglich, daſs dieſer Widerſpruch der Anſichten ſeine Löſung darin findet, daſs die Zahl der Menſchen auf der Erde ſich immer gleich bleibt, nur daſs die einen Menſchenagglomerate auf Koſten anderer wachſen.[1])

---

[1]) Es ſcheint erwieſen zu ſein, daſs viele »Menſchengruppen« im Gegenſatz zu anderen nicht die Fähigkeit haben ſich zu vermehren und eine geſchichtliche Entwicklung durchzumachen, ſondern in ihrem unentwickelten Zuſtande beharren. Dieſe Thatſache hebt auch Gobineau hervor: »Je prends un peuple ou, pour mieux dire, une tribu au moment où, cédant á un inſtinct de vitalité prononcé, elle se donne des lois et commence a jouer un rôle en ce monde. Par cela même que ses besoins que ses forces s' accroissent, elle se trouve en contact inévitable avec d'autres familles, et, par la guerre ou par la paix, réussit a les incorporer. Il n'est pas donné o toutes les familles humaines de se hausser à ce premier degré, passage nécessaires qu'une tribu doit franchir pour parvenir un jour a l'état de nation. Si un certain nombre de races, qui même ne sont pas cotées trés-haut sur l'echelle civilisatrice, l'ont pourtant traversé on ne peut pas dire avec verité que ce soit la une règle générale; il semblerait, au contraire, que l'espèce humaine éprouve une assez grande difficulté à s'élever au dessus de l'organisation parcellaire, et que c'est seulement pour des groupes specialement doués

14. Auseinanderſetzung mit dem Darwinismus.

So oft in früheren Jahrhunderten in Europa Denker und Forſcher irgend eine Beobachtung machten oder einen Gedanken faßten, der mit den herrſchenden Lehren der Kirche nicht ganz im Einklang war: bemühten ſie ſich, wenn ſie ihre neue Idee veröffentlichen wollten, nachzuweiſen, daß dieſelbe mit den Lehren der Kirche gut vereinbar ſei, zum wenigſten denſelben nicht widerſpreche. Solche Bemühungen ſind auch wohl noch heute, namentlich bei Franzoſen und Engländern, gang und gäbe. Ja ſogar Darwin mußte ſeiner strenggläubigen Nation dieſes Opfer bringen und ſeine Lehre ſeinen Landsleuten als mit der Religion nicht im Widerſpruch, empfehlen.

Nun über dieſen Punkt iſt man in Deutſchland ſchon hinaus; da ſetzt man ſich über ſolche entſchuldigende Complimente an die Religion hinweg.

---

qu'a lieu le passage a une situation plus complexe. J'invoquerai en temoignage, l'etat actuel d'un grand nombre de groupes repandus dans toutes les parties du monde. Ces tribus grossières, surtout celles des nègres pélagiens de la Polynésie, les Samoyédes et autres familles du monde boréal et la plus grande partie des nègres africains n'ont jamais pu sortir de cette impuissance et vivent juxta-posées les uns aux autres et en rapports de complète independance.« In theilweiſem Widerſpruche mit dieſen letzten Worten aus denen es ſcheinen könnte, daß dieſe Stämme gar keine Geſchichte machen, ſind die darauf folgenden: »Les plus forts massacrent les plus faibles, les plus faibles cherchent à mettre une distance aussi grands que possible entre eux et les plus forts; là se borne toute la politique de ces embryons de sociétés qui se perpetuent depuis le commencement de l'espèce humaine dans un état imparfait, sans avoir jamais pu mieux faire.« (l. c. I 42, 43.) Auch dieſe Horden alſo machen Geſchichte, d. h. ſie können ſich dem ſocialem Naturproceſſe nicht entziehen, ſie machen ihn durch, wobei die ſchwächeren von den ſtärkern maſſakrirt, nach und nach den Platz räumen und vom Schauplatz der Geſchichte verſchwinden.

Es fcheint aber, dafs der menfchliche Geift eine fo ftarke Neigung zu Dogmen und Autoritätsglauben hat, dafs er immer nur die Götzen wechfelt, aber ohne diefelben nicht leben kann.

Wohl entwöhnte fich ein bedeutender Theil unferer Intelligenz des Kirchenglaubens und der Autorität der religiöfen Dogmen: doch nur um an ihre Stelle — den Darwinifmus zu fetzen.

Der Darwinifmus ift bis auf fein letztes i-Tüpfelchen heute ein noli me tangere eines grofsen Theiles der wiffenfchaftlichen und unwiffenfchaftlichen Welt geworden und feine Anhänger gleichen den frühern Anhängern der Dogmen bis auf den blinden Fanatifmus mit dem fie ihre Lehre vertheidigen und alles was nicht auf diefelbe von A bis Z fchwört, zwar nicht als Ketzer, wohl aber als »Dilettanten ... denen das Reich des Lebendigen in feiner Ganzheit ein verfchloffenes Buch geblieben« [1]) verdammen.

Wir wollen nun nicht beffer fein und auch nicht beffer fcheinen als fo viele Gelehrte und Forfcher vergangener Jahrhunderte, und obwohl wir nicht in all und jedem dem Darwinifmus beiftimmen, obwohl wir in demfelben fo manche Uebertreibung und Irrthümer fehen, worauf hier einzugehen wir keinen Anlafs haben: fo wollen wir uns doch mit diefer heute herrfchenden Lehre womöglich auf guten Fufs fetzen (welche Rückficht fie übrigens ihrer vielen Wahr-

---

[1]) Solche und ähnliche Ausfälle gegen wiffenfchaftliche Gegner findet man unter andern bei Oscar Schmidt: Descendenzlehre und Darwinifmus Leipzig 1873. Vergleiche dafelbft aufser der obigen auf S. 275 befindlichen Stelle auch noch S. 272 wo eine gegnerifche ganz logifche Einwendung damit abgefertigt wird, dafs fie von der »gröbften Unwiffenheit in Angelegenheit der Descendenzlehre« zeuge, welcher Unwiffenheit aber nicht mit einer Widerlegung, fondern mit einer dogmatifchen Phrafe entgegengetreten wird. Das treffen ja auch die Vertheidiger der kirchlichen Dogmen!

heiten wegen auch verdient) um uns die Herren Darwinianer nicht auf den Hals zu laden.

Wie verhält fich aber die Anfchauung von der Vielheit der Menfchenabftammung und der Erklärung der Typenvielheit der Menfchenftämme aus ihrer verfchiedenen Abftammung, zum Darwinifmus? Wir können nun getroft fagen, dafs Darwin und feine Anhänger gegen eine folche Anfchauung nichts einzuwenden haben. Der Darwinifmus ift fo vollauf mit der Frage der Umwandlung und Zuchtwahl befchäftigt, dafs er nie Gelegenheit fand, fich mit der einheitlichen oder vielheitlichen Abftammung eingehender zu befaffen. Doch liegt es im Geifte diefer Lehre und in ihren logifchen Cónfequenzen, dafs fie durchaus nicht nur eine einzige Umwandlungs-Stammbaumlinie anzunehmen braucht, fondern dafs fie eine parallele nebeneinander laufende Vielheit folcher Umwandlungs-Stammbaumlinien fehr wohl zuläfst und zulaffen mufs. Denn würde fie diefs nicht thun, dann müfste fie ja annehmen, dafs es im Momente der erften Entftehung der organifchen Urzelle nur eine Zelle war aus der fich in fortlaufender Metamorphofe die ganze animalifche Welt entwickelte. Eine folche unfinnige Annahme liegt dem Darwinifmus ferne und er hat fich auch oft dagegen verwahrt und ausdrücklich erklärt, dafs er nur von »Urformen« am Anfang der Entwicklung fpreche; die Frage aber ob es ein oder mehrere Urform-Individuen gegeben habe, als unwefentlich betrachte. Nun hat der Darwinifmus von feinem Standpunkte vollkommen Recht, fich nicht noch überflüffigerweife mit diefer Frage zu befchäftigen: denn fein Hauptaugenmerk ift ja nur auf die Beweife der Umwandlung der Arten und die Mittel, durch die diefes gefchieht, gerichtet; dafs diefer Prozefs in vielen nebeneinanderlaufenden Entwicklungslinien, vielleicht auch auf vielen Punkten der Erde vor fich geht, dagegen braucht der Darwinifmus nicht zu ftreiten, fowie

auch diefe Anfchauung gegen ihn nicht ftreitet. In der
That ift es den Schülern Darwins nicht fchwer, fich für
die Vielheit der Abftammung der Menfchheit und gegen
die »einpaarige« Abftammung zu erklären, ja, diefe Vielheit
(freilich in ihrem etwas befchränkten Sinne, wovon wir
gleich fprechen wollen) fcheint ihnen fo felbftverftändlich
und aus dem Darwinifmus eo ipso fich ergebend, dafs fie
diefe ganze Frage kurzweg als »abgefchmackt« erklären.
»Die oft ventilirte, jetzt eigentlich abgefchmackte Frage,
meint Oscar Schmid, ob die Menfchheit von einem
oder mehreren Paaren abftamme, erledigt fich damit, dafs
aus den thierifchen Vorfahren der Stamm, in welchem
fpäter die Sprache zum Durchbruch kam, fich natürlich
allmählig abfonderte und dafs die zur Sprache und Vernunft führende Zuchtwahl in gröfsern Individuengemeinfchaften vor fich gehen mufste.[1]) Auch Büchner,
der treuefte Dolmetfch und Popularifator Darwins, behandelt
diefe »abgefchmackte« Frage in ähnlicher bagatellmäfsiger
Weife: »Denn einmal, meint er, die Möglichkeit der Umbildung des Affentypus in den menfchlichen angenommen
— mag diefes nun ganz allmählig oder mehr fprungweife
gefchehen fein — fo ift es für die Sache felbft ziemlich
einerlei, ob diefe Umbildung ein oder mehreremale, da
oder dort ftattgefunden, und ob die jetzigen Verfchiedenheiten unter den einzelnen Menfchenraffen von allmähligen
Umbildungen eines urfprünglichen einheitlichen Typus oder
von urfprünglichen Verfchiedenheiten der Abftammung herrühren.«[2]) Nicht fo harmlos wie Schmid
und Büchner fafst jedoch Häckel diefe Frage auf, der
auch hier Darwin »überdarwint«. Denn wenn auch Häckel

---

[1]) Oscar Schmid l. c. 385.
[2]) Büchner, der Menfch und feine Stellung in der Natur 2. Auflage S. 138.

nicht umhin kann, im Geiſte des Darwinismus die »einpaarige« Abſtammung, wie ſie die Bibel annimmt, zu perhorresciren, ſo gibt er ſich doch ſehr viele Mühe, die einörtliche Herkunft der Menſchheit zu beweiſen und zwar die Herkunft der ganzen Menſchheit aus »Lemurien« — was unſeres Erachtens dem Geiſt der Lehre Darwins nicht weniger zuwider iſt, als die einpaarige Abſtammung. Häckel bekennt ſich daher zu einem Polygenismus im engern Sinne und zu einem Monogenismus im weiteren Sinne. Seine Ausführung, in der er es unternimmt, »die vielbeſprochene Frage vom einheitlichen oder vielheitlichen Urſprung des Menſchengeſchlechts, ſeiner Arten oder Raſſen, vom Standpunkte der Descendenztheorie aus zu beleuchten« lautet: »Bekanntlich ſtehen ſich in dieſer Frage ſeit längerer Zeit zwei groſse Parteien gegenüber, die Monophyleten und Polyphyleten. Die Monophyleten (oder Monogeniſten) behaupten den einheitlichen Urſprung und die Blutsverwandtſchaft aller Menſchenarten. Die Polyphyleten (oder Polygeniſten) dagegen ſind der Anſicht, daſs die verſchiedenen Menſchenarten oder Raſſen ſelbſtändigen Urſprungs ſind. Nach den vorhergehenden genealogiſchen Unterſuchungen kann es nicht zweifelhaft ſein, daſs im weitern Sinne jedenfalls die monophyletiſche Anſicht die richtigſte iſt. Denn vorausgeſetzt auch, daſs die Umbildung menſchenähnlicher Affen zn Menſchen mehrmals ſtattgefunden hätte, ſo würden doch jene Affen ſelbſt durch den einheitlichen Stammbaum der ganzen Affenordnung wiederum zuſammenhängen. Es könnte ſich daher immer nur um einen näheren oder entfernteren Grad der eigentlichen Blutsverwandtſchaft handeln. Im engeren Sinne dagegen wird wahrſcheinlich die polyphyletiſche Anſchauung in ſo ferne Recht behalten, als die verſchiedenen Urſprachen ſich ganz unabhängig von einander entwickelt haben. Wenn man also die Entstehung der gegliederten Wortsprache als den eigentlichen Hauptact der Menschwerdung ansieht und die Arten des Menschengeschlechts nach ihrem Sprachstamme unterscheiden will, so könnte man sagen, dass die verschiedenen Menschenarten unabhängig von einander entstanden seien, indem verschiedene Zweige der aus den Affen unmittelbar entstandenen sprachlosen Urmenschen sich selbständig ihre Ursprachen bildeten. Immerhin würden natürlich auch diese an ihrer Wurzel entweder weiter oben oder tiefer unten wieder zusammenhängen und also doch schliesslich alle von einem gemeinsamen Urstamme abzuleiten sein.

»Wenn wir nun an dieser letzteren Ueberzeugung allerdings festhalten, und wenn wir aus vielen Gründen der Ansicht sind, dass die verschiedenen Spezies der sprachlosen Urmenschen alle von einer gemeinsamen Affenmenschen-Form abstammen, so wollen wir damit natürlich nicht sagen, dass »alle Menschen von einem Paare abstammen.« Diese letztere Annahme, welche unsere moderne indogermanische Bildung aus dem semitischen Mythus der mosaischen Schöpfungsgeschichte herübergenommen hat, ist auf keinen Fall haltbar. Der ganze berühmte Streit, ob das Menschengeschlecht von einem Paare abstammt oder nicht, beruht auf einer vollkommen falschen Fragestellung. Er ist eben so sinnlos, wie der Streit, ob alle Jagdhunde oder alle Rennpferde von einem Paare abstammen. Mit demselben Rechte könnte man sagen, ob alle Deutschen oder alle Engländer »von einem Paare abstammen« u. s. w. Ein »erstes Menschenpaar« oder ein »erster« Mensch hat überhaupt niemals existirt, so wenig es jemals ein erstes Paar oder ein erstes Individuum von Engländern, Deutschen, Rennpferden oder Jagdhunden gegeben hat. Immer erfolgt natürlich die Entstehung einer neuen Art aus einer bestehenden Art in der

Weife, daſs eine lange Kette von vielen verſchiedenen Individuen an dem langſamen Umbildungsprozeſs betheiligt iſt. Angenommen, daſs wir alle die verſchiedenen Paare von Menſchenaffen und Affenmenſchen nebeneinander vor uns hätten, die zu den wahren Vorfahren des Menſchengeſchlechts gehören, ſo würde es doch ganz unmöglich ſein, ohne die gröſste Willkühr eines von dieſen Affenmenſchenpaaren als das »erſte Paar« zu bezeichnen. Ebenſowenig kann man auch jede der zwölf Menſchenraſſen der Spezies . . . von einem »erſten Paare« ableiten.«[1]

Daſs dieſe Erklärungen Häckel's ſehr unklar und gewunden ſind, liegt auf der Hand, aber auch nicht minder die Urſache dieſer Unklarheit und Gewundenheit.

Häckel fühlt es wohl, wie er ſich gegen den Geiſt ſowohl aller geſunden Naturwiſſenſchaft, wie auch des Darwiniſmus ſchwer verſündigen würde, mit der Annahme einer »einpaarigen« Abſtammung der Menſchheit. Die muſs er alſo verwerfen. Andererſeits will er ſich den Rückzug zu ſeinem Steckenpferde, der Conſtruirung des einheitlichen Stammbaumes und Auffindung des Entſtehungscentrums der Menſchheit (Lemurien) nicht abſchneiden. Daher die Halbheit ſeiner Erklärungen, die Unterſcheidung zwiſchen Monogeniſmus im weiteren und engeren Sinne. Aber Häckel irrt gewaltig. Ganz ebenſo wie die »Einpaarigkeit« gegen alle Naturwiſſenſchaft und auch gegen den Darwiniſmus verſtöſst: ganz ebenſo iſt die »Einörtlichkeit« mit denſelben unvereinbar. Ganz dieſelben Erwägungen die gegen den Monophyletiſmus im engſten und engeren Sinne ſprechen — ganz dieſelben ſprechen auch gegen den Häckel'ſchen Monophyletiſmus im »weiteren Sinne«. Denn gewiſs iſt es ein Widerſinn anzunehmen, daſs jene niedrigſten und niedrigen Organiſmen und Thier-

---

[1] Häckel, natürliche Schöpfungsgeſchichte 5. Auflage 1874 S. 599 ff.

formen, aus denen man sich den Menschen in Jahrmillionen
herausentwickelt denkt, nur in einzelnen Exemplaren vorhanden waren, da uns doch die Massenhaftigkeit des Auftretens jener Organismen und Thierformen noch heutzutage überall vorliegt:[1]) aber ebenso ist es ein Widersinn
das Vorhandensein jener niedrigsten Organismen, aus denen
sich nach der Lehre Darwins die spätere Thierwelt entwickelte an einen Punkt der Erde zu verlegen! Wenn
der Darwinismus immer und überall nach »Einfachheit«
und »einfacher« Erklärung der Erscheinungen strebt, so
versteht er doch darunter keine Zahlen-Einfachheit —
eine solche Einfachheit wäre gerade eine Künstlichkeit und
Unnatürlichkeit. Eine natürliche Erklärungsart, und das
ist die Darwin'sche Einfacheit, hat gar keinen Grund den
Entstehungherd der Thier- und Menschenwelt an einen
einzigen Ort zu verlegen. Derselbe Naturprozeſs, den man
in den Tiefen des Oceans der einen Hemisphäre voraussetzt, derselbe wird sich auch in den Tiefen des Oceans
der andern Hemisphäre abgespielt haben. Freilich werden
dann die verschiedenen Oertlichkeiten diesem Naturprozeſs
und seinen Produkten verschiedene individuelle Charaktere
aufgeprägt haben: dagegen aber spricht doch die wirkliche Thier- und Menschenwelt am allerwenigsten!

So sehen wir denn, daſs der reine Darwinismus selbst
unserer Annahme durchaus nicht in den Weg tritt, wohl
aber theilweise der Häckelismus d. i. die, die Lehre des
Meisters zum Extrem treibende Schülerschaft. Und zwar

---

[1])·Nehmen wir z. B. den Häckel'schen Bathybius: »Viele
tausend Kubikmeilen Meeresboden bestehen aus einem seifig anzufühlenden Schlamm oder Schlick zusammengesetzt, theils aus offenbar erdigen, unorganischen Theilen, theils aus eigenthümlich geformten, ihrem
Wesen nach vielleicht noch zweifelhaften Kalkkörperchen, endlich was
die Hauptsache, aus einer eiweisartigen Substanz welche lebt. Dieser
lebende Schlamm, der sogenannte Bathybius etc. Oscar Schmid l. c. 23.«

hat diefe Erfcheinung noch einen tieferen Grund, von dem wir jetzt fprechen wollen.

Das grofse unvergängliche Verdienft Darwin's ift **nachgewiefen zu haben, dafs viele Umwandlungen und Abänderungen in den Typen der Organifmen** durch die Mittel der Anpaffung und Vererbung, durch natürliche Zuchtwacht im Kampfe ums Dafein auf langfamem Wege erfolgte. Nun behauptet aber Darwin unferes Wiffens nirgends, dafs alle Verfchiedenheiten der Arten nothwendigerweife nur durch diefe Mittel erfolgten. Darwin fchliefst den Einfluſs auch anderer Momente, f. z. Beifpiel **individueller** durch die verfchiedenften Einflüffe der umgebenden Natur u. dgl. bewirkter Verfchiedenheiten der Urorganifmen auf die Verfchiedenheiten der von ihnen abftammenden Arten keineswegs aus.

Anders feine übereifrigen Schüler. Entzückt über die Entdeckung des Meifters trachten fie die Bedeutung derfelben ins Maafslofe zu vergröfsern und gelangen auf diefe Weife zu argen Uebertreibungen.[1]) Weil Vererbung und Anpaffung, weil natürliche Zuchtwahl im Kampf ums Dafein eine bedeutende Rolle in der Umwandlung der Arten fpielen: will Häckel **gar keine andere Urfache der Verfchiedenheit der Gattungen und Arten mehr anerkennen und vermifst er fich** — was Darwin

---

[1]) Den Häckel'fchen Uebertreibungen gegenüber verhalten fich nüchterne Antropologen entfchieden ablehnend. So fchreibt z. B. Joly: Wie dem auch fei, m. E. nach hat es niemals jenen fprachlofen Pithecantropus alalus gegeben, deffen Bild uns Häckel entwirft als ob er ihn gefehen und gekannt hätte und deffen Stammbaum diefer Gelehrte mit Hilfe phantaftifcher und höchft gewagter Hypothefen von der Monere, den Protoplafmen oder lebendem Urftoff an bis zu feinem fprachbegabten Menfchen aufbaut, der die Bildungsftufe der Auftralier und Papuas im Anfange der diluvianifchen Periode erreichte (der Menfch vor der Zeit des Metalles S. 385).

nicht gethan hat — für das ganze Thierreich, für alle Menfchenraffen der Erde einen einzigen Stammbaum zu conftruiren, dem er fogar einen einzigen von ihm beliebten Ort anweist, wo er feine Wurzel haben mufs.

Aus der von Darwin nachgewiefenen Möglichkeit der Umwandlung der Arten und ihrer fecundären Verfchiedenheit gelangt Häckel zur Uebertreibung, die Unmöglichkeit einer primären Verfchiedenheit der Arten und Gattungen zu folgern und einen »Monophyletifmus im weiteren Sinne« zu conftruiren, welcher der Lehre Darwin's abfolut fremd war — und dem Geifte der Descendenzlehre immer fremd bleiben wird.

Dabei fchiefst ja, wie wir bereits erwähnten, der Häckelifmus weit über das von Darwin ins Auge gefafste Ziel hinaus und trifft alfo nicht dahin wohin Darwin treffen wollte, d. h. löst nicht die Aufgabe die der Darwinifmus löfen wollte — und löfen foll.

Diefe Aufgabe befteht ja darin, an Stelle der Annahme von Wundern eine naturgemäfse und natürliche einfache Erklärung zu fetzen. Dazu genügt es aber vollkommen, die Möglichkeit der Abftammung des Thierreichs und der Menfchenarten von einfachen Urorganifmen nachzuweifen — wobei ein grofser Theil der Artverfchiedenheiten der einzelnen Typen, alfo auch der Menfchenraffen fich eben fehr einfach und natürlich aus der Verfchiedenheit diefer Urorganifmen die durch deren verfchiedene geographifche Lage bedingt war, erklärt — während ein anderer Theil diefer Verfchiedenheiten allerdings in den Einflüffen der Vererbung und Anpaffung, der Zuchtwahl im Kampfe ums Dafein begründet fein mag. Das Ausfchliefsen aber der erfteren Einflüffe und das ftarre Fefthalten an den letzteren brächte in diefe Erklärung ein neues Element der Unnatürlichkeit und der Wunderbarkeit. Daher hat

Häckel gewiſs unrecht, die »monophyletiſche Hypotheſe
(wenn auch in ſeinem »weitern Sinne«) für die richtigere«
und »für das Menſchengeſchlecht eine einzige Urheimat«
anzunehmen [1]), denn dieſe Annahme bedeutet einen frei-
willigen, ganz unnöthigen und muthwilligen Verzicht auf
eine ſehr einfache und natürliche Erklärungsweiſe einer
groſsen Zahl von Verſchiedenheiten unter den Menſchenraſſen, die ſich auf andere Weiſe nur ſehr ſchwer und
künſtlich oder vielleicht gar nicht erklären lieſsen — einen
Verzicht der in einer Theorie die nur zu dem Zwecke aufge-
ſtellt wurde, um ſtatt künſtlicher und unnatürlicher Er-
klärungsweiſen, einfache und natürliche zu ſetzen, höchſt
unlogiſch iſt. Ja, ein ſolcher Verzicht iſt um ſo mehr un-
verzeihlich und geradezu leichtfertig, da doch die Darwin'ſche
Theorie vorderhand noch weit entfernt iſt alle Erſcheinungen der Artverſchiedenheit der Organiſmen erklären
zu können. Auf dieſes letztere Gebiet können wir uns
freilich hier nicht einlaſſen, doch verweiſen wir in dieſer
Beziehung auf Huxley, der das, wenigſtens vorderhand
Unzulängliche dieſer Theorie ganz ſchlagend nachweiſt —
eine Unzulänglichkeit, die unſeres Erachtens nie behoben
werden wird. »Trotz alledem, ſagt nämlich Huxley, muſs
unſere Annahme der Darwin'ſchen Hypotheſe ſo lange
nur proviſoriſch ſein, als ein Glied in der Beweis-
kette noch fehlt; und ſo lange alle Thiere und Pflanzen,
die ſicher durch Zuchtwahl von einem gemeinſamen Stamme
entſtanden ſind, fruchtbar ſind und ihre Nachkommen unter
einander (was bekanntlich bei natürlichen Thierarten nicht
der Fall iſt) ſo lange fehlt jenes Glied. Denn für ſo lange
kann nicht bewieſen werden, daſs die Zuchtwahl alles das
leiſtet, was zur Erzeugung natürlicher Arten nöthig iſt.«[2])

---

[1]) Natürliche Schöpfungsgeſchichte S. 619.
[2]) Huxley, Stellung des Menſchen etc. überſ. von Carus S. 122. Wenn

Eine viel eingehendere und unferes Erachtens vollkommen logifch richtige Widerlegung hat die Darwin'fche Theorie der Artenwandlung von dem grofsen Naturforfcher Agaffiz erfahren und an der fcharfen Logik desfelben, ändern all die Anfechtungen die feine Erörterungen erfahren haben, kein Jota. Wenn die Descendenzlehre fich beftrebt von den niederften Organifmen, von den Monern und Protozoen bis zum Menfchen eine continuirliche Entwicklungsreihe herzuftellen, fo ift es Agaffiz vollkommen gelungen, auf die gründlichfte Weife diefe Continuität zu zerreifsen und die Grundverfchiedenheit der »typifchen Abtheilungen des Thierreichs« nachzuweifen. »Es befteht, fagt Agaffiz, ein Unterfchied im Urbegriff und diefer Unterfchied ift in der materiellen Erfcheinung ausgeführt. Man fagt, der Menfch fei die Krone einer auffteigenden Scala. Unzweifelhaft ift er das höchfte erfchaffene Wefen, aber er ift der Culminationspunkt, befonders feiner eigenen Reihe, der Reihe der Wirbelthiere. Kein wirbellofes Thier hat irgend eine verwandtfchaftliche Beziehung in feiner Uranlage wie in deren fichtbaren Ausführung mit dem Menfchen, während jedes andere Glied des Wirbelthiertypus, dem auch der Menfch angehört, in einem engen verwandtfchaftlichen Verhältniffe bezüglich feines anatomifchen Baues mit ihm fteht. Wie nun die Thiere nicht auf einen Plan begründet find, fo werden fie auch nicht alle auf einer Stelle gefunden, noch find fie je auf einen Mittelpunkt befchränkt worden. Die Thiere find über die ganze weite Oberfläche des Erdballes vertheilt, über Land und Meer; und wie weit fie auch

---

auch diefer Einwand Huxley's fich fpeziell auf das Thierreich bezieht, da die Menfchenarten untereinander kreuzungsfähig find, fo ift derfelbe doch genügend um das Princip der Zuchtwahl als folches zu erfchüttern und demfelben diefe Bedeutung die ihm der Darwinifmus beimifst, zu nehmen.

räumlich von einander getrennt fein mögen, wir finden fie dennoch durch diefelben Gefetze **typifcher Aehnlichkeiten** und Verfchiedenheiten vereinigt.[1])

Um die **Beharrlichkeit der Typen** zu beweifen, unterzieht Agaffiz die **Fortpflanzung** der Thiere einer eingehenden Analyfe aus der fich ergibt, dafs fchon das Ei, aus dem die Thiere entftehen »mit einer Individualität, d. h. mit einem typifchen Charakter begabt ift, fo entfchieden, dafs nie und nimmer von Anbeginn der Welt an das Ei irgend eines Thiers ein Thier erzeugt, welches im Wefentlichen von der Mutter fich unterfchied.«

»Welche Phafen nun auch das Ei durchzumachen haben mag und wie fehr es auch dem reifen Zuftande irgend eines niedern Typus vorübergehend ähneln mag, **es hat nie und nimmer irgend etwas Anderes erzeugt als die Spezies, von welchen es felbft erzeugt worden ift.** Es ift kein einziges Beifpiel einer Abweichung von diefem ewig wiederkehrenden Kreislauf der Entwicklung bekannt, welcher uns die Aufeinanderfolge **fpecififch identifcher Wefen** als Erfolg der Zeugung zeigt, mag die Vermehrung eine durch Eier, Knofpen oder durch Theilung gefchehen ... Je weiter wir diefe verfchiedenen Weifen der Vermehrung unter den Thieren prüfen, um fo mehr überzeugt uns die Thatfache, dafs die Erhaltung der Idee, **des Typus**, die Beharrlichkeit gewiffer Züge in der organifchen Welt, der Urzweck (?) ein **unleugbar unabweislicher Erfolg ift.**« (l. c. 23.) Welch wunderbare Erfcheinungen auch die **Vererbung** zu Tage fördert (z. B. Atavismus) fo hat doch Agaffiz nie finden können, dafs bei »all ihrer Fügfamkeit, ihrer Kraft fich neue Züge anzueignen oder diefelben abzuftofsen« »**die Spezies fich ändert**«. Er gelangt

---

[1]) **Agaffiz**: Schöpfungsplan S. 11 und 12.

daher zum Schluffe, daſs »das Geſetz der Vererbung ſo zu wirken ſcheint, daſs es was welentlich im Typus iſt, zurückhällt und Variation nur in dem erlaubt, was nicht charakteriſtiſch zur typiſchen Organiſation iſt.« (l. c. 63.)

Das Geſetz der Vererbung ſcheint Agaſſiz die Beſtimmung zu haben »vielmehr den Typus zu bewahren als ihn abzuändern.«

Speziell gegen die Darwin'ſche Theorie aber von der Entſtehung neuer Arten ſprechen die Thatſachen, die bei der Kreuzung von Thierſpezies und Menſchenraſſen beobachtet werden. Darüber äuſsert ſich Agaſſiz folgendermaſsen: »In direkter Verbindung mit der Frage der Vererbung ſteht diejenige über die Baſtardbildung. Ich habe Ihnen gezeigt, daſs die Nachkommen nah verwandter Thiere ebenſowohl dem männlichen wie dem weiblichen Weſen, von welchen ſie erzeugt wurden, gleichen können. Alle Nachkommen können dem einen oder dem andern gleichen, oder auch die Charaktereigenthümlichkeiten beider Eltern theilen. Aber ſobald ſich Thiere verſchiedener Spezies kreuzen z. B. das Pferd mit dem Eſel, ſo wird der Nachkomme immer ein Mittelding zwiſchen dieſen beiden — weder ein Pferd noch ein Eſel, ſondern ein Maulthier ſein. Mit andern Worten: der Spröſsling iſt immer Halbblut, immer zwiſchen beiden, dem Vater und der Mutter. Bei den Thieren geſchieht dieſes zwiſchen dem was wir Spezies nennen, bei dem Menſchen zwiſchen dem was wir Raſſen nennen. Die Kinder der Weiſsen und Neger ſind weder Weiſse noch Schwarze — ſie ſind Mulatten. Die Kinder der Neger und der Indianer ſind weder das eine noch das andere, ſie ſind Halbblut und haben die Eigenthümlichkeiten beider. Daſſelbe gilt auch für den Weiſsen mit dem Auſtralier, für den Weiſsen und Chineſen. Das iſt eine Thatſache zu Gunften des felbftftändigen Urfprungs der Menfchenraffen. Hieraus folgerte man, dafs diefelben in gleicher Weife von einander unterfchieden werden müffen wie man die Spezies der Thiere von einander unterfcheidet. Ich will bei diefem Punkte nicht verweilen, fondern nur fragen, welchen Einflufs haben die Thatfachen auf die Erhaltung oder Veränderung des Typus? Denken Sie fich einmal bei der nächften Generation eine Kreuzung zwifchen Halbblut, fagen wir einer Mulattin und einem Weifsen oder einem Mulatten und einer Schwarzen und diefes werde zwei oder drei Generationen fortgefetzt? Dann ift die Mifchung vollftändig weg und wir kehren zum reinen Typus zurück. Und dasfelbe ift auch bei Thieren der Fall; wir können ja Baftarde oder Halbblut erzeugen, aber bringen wir fie einige Generationen mit ihrer eigenen Art zufammen, fo haben fie keine Kraft die angewiefene Richtung weiter fortzuführen; ihre Nachkommen kehren zu ihrem urfprünglichen Typus zurück. Diefs fcheint mir denn doch ein fchlagender Beweis, dafs alle diefe Gefetze der Vererbung und Uebertragung eher zur Erhaltung als zur Zerfplitterung des Typus dienen« (l. c. 67). Nachdem Agaffiz noch eine Reihe feine Anficht unterftützender Thatfachen und Beobachtungen aus dem Thierleben vorführt, gelangt er zum Schluffe, dafs es »nach unferer gegenwärtigen Kenntnifs von der Entftehung und Entwicklung der Thiere in der That Nichts zur Rechtfertigung der Annahme gibt, dafs die Thiere ftufenweife von ihrem urfprünglichen Typus abgewichen wären und zu neuen, verfchiedenartigen fich umgeftaltet hätten.«

Endlich kommt Agaffiz auf die Darwin-Haeckel'fche Verwandtfchaft des Menfchen mit den Thieren, auf die aus der Aehnlichkeit und aus gewiffen antropologifchen Analogien mit einer, alle Logik bei Seite fetzender Apodkticität gefchloffen wird. Nun gibt Agaffiz allerdings eine »zoologische Verwandtschaft« zu, die »auf der Identität des Organisationsplanes und der ideellen Anlage und in der materiellen Ausführung begründet ist, gleichviel, von wo derselbe ausgegangen.« Die Behauptung aber der meisten Zoologen, »daß es keine andere Verwandtschaft gibt als die der Abkunft von einem gemeinsamen Urstamme« bestreitet Agassiz entschieden, da wir eine solche »Abstammung«, eine solche »Descendenz« weder »in der Natur verfolgen« noch »durch Beobachtung ermitteln« können. »Wir können die Thiere nur anatomisch und physiologisch miteinander vergleichen, können der Art und Weise ihrer individuellen Entwicklung folgen, ihre Lebensweise beobachten, ihre geographische Verbreitung ermitteln, ihre allmählige Aufeinanderfolge in den verschiedenen geologischen Perioden mit einem grofsen Aufwande von Beobachtungen und Vergleichungen erforschen; und indem wir die Resultate all dieser Untersuchungen und Beobachtungen zusammenfassen, dann die Thiere nach ihrer Aehnlichkeit, dem Grade der Verwandtschaft gruppiren. Aber weiter gehen und behaupten, dafs, **weil die Thiere einander ähnlich sind sie auch Eins von dem Andern abstammen**, heißt etwas behaupten, von dem wir durchaus keine Kenntnifs haben. **Aehnlichkeit beweist keine Abstammung ....** Es gibt zwischen Thieren, welche gegenwärtig durch den halben Erdball von einander getrennt leben, Aehnlichkeiten desselben Grades, wie unter denen, deren gemeinsame Abstammung erwiesen ist. Es gibt auch Aehnlichkeiten zwischen den embryonischen Phasen der jetzt lebenden Wirbelthiere und den reifen Formen uralter, in den Schichten früher geologischer Epochen abgelagerter. Dafs diese Aehnlichkeiten eine Identität des Organisationsplanes beweisen, kann Niemand läugnen; aber nur wenn wir den Begriff von Zeit und Raum ganz aufheben, können wir deren Abſtammung von einander als möglich gelten laſſen. Ich möchte klar und ganz beſtimmt in einer Weiſe die nicht miſsverſtanden werden kann, feſtſtellen, da ſs die Naturforſcher, auf der gegenwärtigen Stufe ihrer Wiſſenſchaft keinen einzigen directen Beweis für die urſprüngliche Herkunft irgend welcher ſpecifiſch verſchiedener Thiere beibringen können. Sie haben keine einzige Thatſache, keine unmittelbare Beobachtung, worauf ſie eine ſolche Theorie begründen könne, ausgenommen den Grad der Aehnlichkeit der Organiſation und der Funktionen der Thiere. Alle vorliegenden Claſſificationen von den des Ariſtoteles an bis auf die neueſten Verſuche unſerer Tage ſtützen ſich lediglich und allein auf die Kenntniſs des Körperbaues nicht auf irgend welche Kenntniſs der Abſtammung.« (l. c. 125) »... wir wiſſen von dieſem gemeinſamen Urſprunge gar nichts Thatſächliches und tappen damit in völliger Dunkelheit in welcher nur Phantaſie herrſcht.« (S. 168.) »Wie wenig wir auch von jener Verſchiedenheit (der Arten) begreifen mögen — ſie kann vom wiſſenſchaftlichen Standpunkt aus nicht einer Urſache (Artenwandlung) zugeſchrieben werden, von welcher wir nichts wiſſen und von deren Exiſtenz überhaupt wir noch nicht den geringſten Beweis haben.« (170) Endlich bekämpft Agaſſiz das letzte Argument des Häckeliſmus die »embryoniſche Aehnlichkeit«. »Es iſt nicht zu läugnen, meint er, daſs die im Ei beobachtete Reihe der Umänderungen ganz im Allgemeinen mit der Aufeinanderfolge der Thiere in den geologiſchen Perioden übereinſtimmt. Embryoniſche Zuſtände der höhern Wirbelthiere erinnern uns an reife Formen niederer Wirbelthiere in früheren geologiſchen Zeiten. Auf dieſe Thatſache geſtützt wollen nun die Vertreter der Transmutationslehre folgern, daſs in dem langen Laufe der Zeiten eine reale Entwicklung des Einen aus dem Andern ſtattgefunden hat. Aber die embryoniſchen Zuſtände der höhern Wirbelthiere erinnern uns ganz ebenſo lebhaft auch noch an reife Formen der niedern, **gegenwärtig lebenden Wirbelthiere; ja ſie ähneln dieſen ihren Zeitgenoſſen** in eben dem Grade und auch in derſelben Weiſe, wie ſie den foſſilen Formen analog erſcheinen. Dürfen wir daraus nun folgern, daſs, weil ein Hühnchen oder ein Hund unſerer Tage auf einer gewiſſen Stufe ſeiner Entwicklung gleichſam einem ausgewachſenen Knorpelfiſch ähnelt, daſs ſage ich, Hühner und Hunde jetzt unmittelbar aus Fiſchen ſich entwickeln werden. Wir wiſſen recht wohl, daſs das nicht geſchieht, nicht geſchehen kann, und dennoch iſt die Beweisführung genau dieſelbe, auf welche die Vertheidiger der Transmutationslehre dieſe ihre Theorie ſo plauſibel zu ſtützen pflegen. . . . . Die Entwicklungsſtufen eines jeden Säugethieres während des embryonalen Lebens erinnern an dieſe Stufenfolge (der Thiere nach ihrer Dignität) die Klaſſen der Wirbelthiere bedeuten in der That Entwicklungsſtufen des Vertebratentypus. Der Säugethierembryo durchläuft ein Fiſch — und ein Amphibienſtadium bevor er die entſchiedenen Säugethiercharaktere erhält. Aber deſshalb dürfen wir doch noch nicht annehmen, daſs heutzutage ein Vierfüſsler aus einem Fiſch ſich entwickelt, wir behaupten das aus dem einfachen Grunde nicht, weil wir unter den Säugethieren und Fiſchen leben und wiſſen, daſs dergleichen geradezu unmöglich iſt. **Aber Aehnlichkeiten derſelben, durch geologiſche Perioden getrennten Gattungen erlauben der Einbildungskraft und den nicht durch Beobachtung beſchränkten Hypotheſen einen weiten Spielraum.«** (174—176)

III.
Ursprüngliche Vielheit der Sprachen und Culte.

15. Sprachwissenschaft und Polygenismus.

Es gehört in der Wissenschaft nicht zu den Seltenheiten, dass zwei Hypothesen auf nahe verwandten Gebieten sich gegenseitig stützen; dass zwei hypothetisch aufgelöste wissenschaftliche Räthsel gegenseitig zu ihrer definitiven Lösung als Schlüssel dienen. Wir glauben es nun nachweisen zu können, dass ein solches Verhältniss zwischen der Frage des Polygenismus und der Frage nach dem Ursprung der Sprachen existirt.

Constatiren wir zuerst den paralellen und analogen Gang menschlicher Erkenntniss auf diesen zwei Gebieten. Dem anfänglich herrschenden Monogenismus in der Antropologie entsprechend herrschte Monophyletismus in der Sprachwissenschaft, was sich übrigens auch als Consequenz erklärt.

Man war überzeugt, dass alle existirenden Sprachen von einer Ursprache abstammen, die einst das Urvolk sprach und bemühte sich nur diese eine Ursprache herauszufinden. Dass man dieselbe lange Zeit im Hebräischen erkennen zu müssen glaubte, war wieder nur eine Consequenz des Festhaltens an der biblischen Tradition.

Erweiterte linguistische und ethnographische Kenntnisse, fortgeschrittene Geschichtskunde und lebendige Erfahrung in neuentdeckten Welttheilen gaben der mit grosser Hartnäckigkeit festgehaltenen Annahme der einen Ursprache endlich den Todesstoss. Der Polyphyletismus hat in der Sprachwissenschaft heutzutage eine viel unangefochtenere Geltung als sein Corelat, der Polygenismus in der Anthropologie.

Aber so wie man ihn nur langsam und zögernd acceptirte, ist man noch heute allgemein bestrebt, seinen Umfang, die Zahl der Ursprachen, auf das möglichste Minimum zu beschränken und so wenig als möglich ursprüngliche Sprachstämme anzuerkennen.

Von der einen Ursprache ist man abgekommen um an deren Stelle einige zu setzen. Man verfährt dabei so, dass man eine Anzahl Sprachen, die in ihrem Wortschatze und ihrem grammatikalischen Baue Gemeinsamkeiten aufweisen, entweder als voneinander oder als von einer gemeinsamen Sprache abstammend auffasst, ähnlich wie man die verschiedenen Menschenstämme von einem ersten Paare ableitete.

Auf diese Weise werden z. B. die deutsche, litauische, slavische, celtische, italienische, albanesische, griechische, eranische und indische Sprache in verschiedenen mittelbaren oder unmittelbaren Abzweigungsverhältnissen von einer »indogermanischen Ursprache« abstammend dargestellt. [1])

Wir werden die Gründe anführen, die uns auch auf diesem Gebiete die Ueberzeugung aufdrängen, dass je weiter zurück gegen den Ursprung des Menschengeschlechts wir die Sprachen verfolgen, desto unabsehbar-zahlreicher die selbständigen und urwüchsigen Sprachen zunehmen und dass wir zur Annahme gezwungen sind, dass einst der Unzahl von Menschenhorden eine Unzahl urwüchsiger Sprachen zu Gebote stand.

---

¹) Siehe Schleicher: Die deutsche Sprache l. c. S. 82.

16. Die Frage nach dem Urfprung der Sprache.

Die Frage nach dem einheitlichen oder vielheitlichen Urfprung der Sprachen hängt mit der vielumftrittenen Frage nach dem Urfprung der Sprache überhaupt, eng zufammen und kann nur auf Grund einer Löfung diefer letzteren entfchieden werden.

Am Anfang diefes Jahrhunderts hatte Herder es noch nöthig, gegen den Statiftiker Süfsmilch den göttlichen Urfprung der Sprache zu beftreiten. Heute erfcheint uns eine folche Polemik als üherflüffig und als Scholaftik ärgfter Sorte. Man kann alles was natürlich ift, göttlich nennen, wenn man diefe Bezeichnung vorzieht — doch wird heute dabei niemand an das Einfchreiten eines perfönlichen Gottes im Sinne einer plumpen Auslegung biblifcher Terminologie denken.

Nach Herder, kehrte man zu der vernünftigeren Form der Fragestellung der griechifchen Philofophen zurück: φυσει oder θεσει — d. h. Natur oder Menfchenfatzung? Es war im Grunde diefelbe Frage, die man fich feit dem Ende des vorigen Jahrhunderts auch auf politifchem Gebiete vielfältig ftellte und die Rouffeau und die Publiciften der franzöfifchen Revolution auf diefem Gebiete zu Gunften der Menfchenfatzung (contrat social) entfchieden. Heute darf man wohl diefen letzteren Standpunkt fowohl auf politifchem wie linguiftifchem Gebiete als einen überwundenen bezeichnen. »Das was der Entftehung der Sprachwurzeln vorausgeht ift Werk der Natur« fagt Max Müller und hierin ftimmen ihm heute alle Sprachforfcher bei.[1]) Leider ift aber mit dem Worte »von Natur« und »natur-

---

[1]) Max Müller: Vorlefungen über die Wiffenfchaft der Sprache. IX. Vorlefung.

wüchfig« die Sache felbft, der **wirkliche Vorgang** noch immer nicht erklärt. Entfcheidet man fich wie es heute wohl allgemein der Fall ift, für die »Naturwüchfigkeit« der Sprache (ebenfowohl wie des Staates) fo bleibt noch der **fchwierigere** Theil des Problems zu löfen: wie man fich denn den **wirklichen Vorgang** dabei zu denken habe?

Wenn wir nun auch diefen Theil des Problems den fchwierigeren nennen, fo ift es uns doch faft unbegreiflich, dafs ihn fo viele ausgezeichnete Denker und Sprachforfcher als **unlösbar** hinftellten; dafs fie diefen natürlichen Vorgang der Sprachentftehung als ein **geheimnifsvolles Schöpfungsräthfel** betrachteten, deffen Dunkel kein menfchlicher Verftand durchdringen könne.

Bopp läfst daher diefes »**Geheimnifs der Wurzeln oder des Benennungsgrundes der Urbegriffe** unangetaftet«; er unterfucht es nicht, »warum z. B. die Wurzel i gehen und nicht ftehen, oder warum die Lautgruppirung fthe oder fte ftehen und nicht gehen bedeute.«[1] **Steinthal** will »jedem der es wagt, die jedem Laute feiner Natur nach innewohnende Bedeutung zu beftimmen im Tone des Dichters von Hiob fragen: ftandft du dabei als fich der Bruft des noch ftummen Urmenfchen der erfte Sprachlaut entrang? und verftandft du ihn? . . .« Auch er alfo räth diefes Geheimnifs vorderhand aufser Difcuffion zu laffen; »man fchreite, meint er, in der Wurzelforfchung fchrittweife vor, ohne die Endergebniffe zu denen man gelangen will, voraus zu greifen; und fo wird fich zeigen wie weit man nach etlichen Gefchlechtern gelangt fein wird.«[2]

---

[1] Bopp: Vergleichende Grammatik der indogermanifchen Sprachen 1833. Vorrede.
[2] Zeitfchrift für Völkerpfychologie und Sprachwiffenfchaft. Jahrgang 1867 S. 76.

Auch **Schleicher** verzweifelt daran, daſs wir je über »den Urſprung des Lautes und die Urſachen des Factums, daſs verſchiedenen Menſchengruppen für dieſelbe Anſchauug, für denſelben Begriff verſchiedene Laute als Bezeichnung ſich darboten« in's Klare kommen könnten.

Daher habe, meint er, die Sprachwiſſenſchaft »das Recht, auf die Frage wie iſt die Sprache entſtanden? eine Antwort zu verſagen. Die Sprachwiſſenſchaft ſetzt ihr Object, die Sprache, voraus; die älteſte, einfachſte Form derſelben kann ſie aus den vorliegenden Sprachen erſchlieſsen und ihre fernere Entwicklung verfolgen; aber wie der Menſch dazu gekommen dieſe einfachſte, erſchlieſsbare älteſte Sprache zu ſchaffen, das zu ergründen iſt nicht ihre Sache ... Die Lehre von der Entſtehung der Sprache iſt demnach von der Sprachwiſſenſchaft auszuſchlieſsen, ſowie die Entſtehung der einfachen Grundſtoffe von der Naturwiſſenſchaft; ob ſie überhaupt möglich ſei, iſt eine Frage für ſich, deren Beantwortung uns glücklicherweiſe nicht obliegt.« [1])

Caro eliminirt ebenfalls die Frage nach dem Urſprung der Sprache als eine durch **Erfahrung** unmöglich zu erprobende, aus der poſitiven Wiſſenſchaft. »Die Erfahrung, ſagt er, gibt uns kein Mittel an die Hand, die Frage nach dem Urſprung der Sprache zu ergründen; über derartige wichtige Gegenſtände weiſs ſie uns nichts zu ſagen, was man durch Beobachtung oder durch Verſuche erproben könnte.« [2])

Max Müller meint das Problem des Sprachurſprungs liege jenſeits der Grenze menſchlicher Faſſungskraft. [3])

---

[1]) Auguſt Schleicher: Die deutſche Sprache, Stuttgart 1860.

[2]) Caro: Comptes rendus de l'Academie des sciences morales. Juli 1868.

[3]) .. that problem seems to be almost beyond the reach of the

Lazarus Geiger spricht endlich von den »gewichtigen, das gröfste aller Räthsel des Geistes betreffenden Fragen . . . : wie ward der Laut erzeugt? etc.«[1])

So verzweifelt schlecht nun wie es aus obigen Aeusserungen scheinen mochte, steht die Frage nach dem Ursprung der Sprache keineswegs.

Nur muſs man, um eine befriedigende Löſung derſelben herbeizuführen, ſie in ihre Elemente zerlegen, dieſelben genau ſondern, um nicht, wie es die bisherige Sprachforſchung machte, durch eine ungehörige Vermiſchung derſelben zu einer falſchen Frageſtellung zu gelangen und damit die Antwort zu erſchweren oder gar unmöglich zu machen.

Denn die Frage nach dem wie der naturwüchſigen Entſtehung der Sprache enthält in ſich folgende Beſtandtheile, deren genaue Sonderung unumgänglich nöthig iſt. Es iſt nämlich zuerſt die Veranlaſſung in's Auge zu faſſen die zur Entſtehung der Sprache führt alſo die Theilfrage zu beantworten: was veranlaſste die Menſchen zum Gebrauche der erſten Sprachlaute? oder um es mit Beziehung auf unſere Vorausſetzung näher zu bezeichnen, aus welcher natürlichen Veranlaſſung entſtanden die erſten Sprachlaute?

Sodann kommt die zweite Theilfrage: was befähigte die Menſchen zur Hervorbringung der erſten Sprachlaute? Wo, in welchem natürlichen Momente ihres Weſens lag die Befähigung, die Sprache hervorzubringen und dieſelbe ſodann weiter zu entwickeln?

Drittens, wie verhielten ſie ſich, paſſiv und activ, während des Actes dieſer Hervorbringung? wie ſtellten ſie es

---

human understanding. Max Müller Lectures on the Science of Language London 1861 p. 330.

[1]) Lazarus Geiger: Ursprung und Entwicklung der Sprache I. S. 191.

an, bewufst oder unbewufst, dafs durch fie die Sprache entftand? dafs fie die Sprache erzeugten?

Die letzte Theilfrage endlich ift die nach der Beziehung des entftandenen Sprachlautes zu dem durch denfelben bezeichneten Begriff. Mufste der Laut fo ausfallen, wie er thatfächlich fich geftaltete oder konnte er auch anders ausfallen? War zwifchem dem Laute und feinem Begriffe eine nothwendige Beziehung oder nicht?

Diefe vier Theilfragen nun wollen wir jede insbefondere in Betracht ziehen.

17. Die natürliche Veranlaffung zur Spachentftehung.

Die Frage nach der Veranlaffung zur Hervorbringung der Sprache ift verfchiedentlich beantwortet worden, doch läfst fich im Allgemeinen in diefen Beantwortungen eine Stufenfolge zu einer immer richtigeren Erkenntnifs nicht verkennen. Die ältefte Anficht und theilweife noch Herder fieht in dem unwillkührlichen, auch den Thieren angeborenen Ausdruck fchmerzhafter Empfindungen und heftiger Bewegungen der Seele den Anfang der Sprache. »Schon als Thier hat der Menfch Sprache. Alle heftigen und die heftigften unter den heftigen, die fchmerzhaften Empfindungen feines Körpers, fo wie alle ftarken Leidenfchaften feiner Seele äufsern fich unmittelbar durch Gefchrei, durch Töne, durch wilde, inartikulirte Laute. Ein leidendes Thier fowohl, als der Held Philoktet, wenn es der Schmerz anfällt, wird wimmern, wird ächzen und wäre es gleich verlaffen auf einer wüften Infel, ohne Anblick, Spur und Hoffnung eines hülfreichen Nebengefchöpfes.«[1] Diefer

---

[1] Herder: Ueber den Urfprung der Sprache. 1770.

Anficht ift mit Grund entgegengehalten worden, dafs der Schmerzensfchrei und Empfindungsausdruck der Thiere keineswegs als Anfang der Sprache angefehen werden könne — denn fonft würden ja auch die Thiere einmal über diefen Anfang hinausgekommen und zur Sprache gelangt fein. Auch erweift eine eingehende Betrachtung den ganz wefentlichen, principiellen Unterfchied zwifchen dem Lautausbruch überwältigender Empfindung und der durch Vernunftthätigkeit getragenen Widergabe einer Anfchauung, eines Begriffes. Zwifchen thierifchem Schrei und menfchlicher Sprache gähnt eine unüberbrückbare Kluft.[1]

Eine zweite der vorigen nahe verwandte Anficht geht dahin, dafs die Sprache einfach dem menfchlichen Triebe »innere Erregungen« lebhafte Eindrücke durch Laute Ausdruck zu verfchaffen, ihren Urfprung verdanke. Und zwar foll diefer Ausdruck nicht gerade eines gewiffen In-

---

[1] Uebrigens macht auch Herder einen grofsen Unterfchied zwifchen diefen »Naturtönen« die »nicht die Hauptfäden der menfchlichen Sprache find« nnd der »fpät erfundenen metaphyfifchen Sprache«. Diefe letztere »das Kind der Vernunft und Gefellfchaft« nennt er »eine Abart vielleicht im vierten Gliede von der urfprünglichen Mutterfprache des menfchlichen Gefchlechts«. Doch betout er ausdrücklich, dafs man »aus diefem Gefchrei der Empfindungen den Urfprung menfchlicher Sprache nicht »völlig« erklären kann, da diefe »offenbar ganz etwas anderes« ift. »Alle Thiere, fagt er, faft bis auf den ftummen Fifch, tönen ihre Empfindungen, defswegen aber hat doch kein Thier, felbft nicht das vollkommenfte, den geringften, eigentlichen Anfang zu einer menfchlichen Sprache«. Dagegen hebt Schleicher ganz entfchieden den principiellen Unterfchied zwifchen jenem Ausdruck der Empfindungen und der Sprache hervor: »Der unmittelbare Ausdruck des Gefühles und der Empfindung fowie des Wollens und Begehrens findet nicht ftatt durch die Sprache, fondern durch Naturlaute, wie Schreien, Lachen und durch die Lautgebärden, durch die ächten Interjectionen oh, i, ei u. f. w. Diefe, Fühlen und Wollen unmittelbar ausdrückenden Laute find keine Worte, find nicht Elemente der Sprache etc.« (Schleicher: Die deutfche Sprache S. 5 vrgl. die folgende Note.)

tereſſes wegen geſchehen, einem beſtimmten Zweck gelten, ſondern einfach dem Bedürfniſſe ſeine Gedanken auszutönen. Dieſe Anſicht knüpft an das bekannte Bedürfnis auch des heutigen Menſchen an, laut zu denken — ſich ſozuſagen eines lebhafteren Gedankenſchwalles mittelſt lauter Rede zn entledigen. Darnach wäre der Menſch ein ſprechendes Thier, wie etwa der Vogel ein ſingendes, und es würden in dieſer Beziehung die Worte des Dichters ſich auch auf den Menſchen im allgemeinen anwenden laſſen — »ich (ſpreche) wie der Vogel ſingt«. Die Sprache aber wäre dann ein »lautlicher Reflex der von der Aufsenwelt erhaltenen Eindrücke.«[1])

---

[1]) Schleicher: Die deutſche Sprache, Stuttgart 1869 S. 40. Dieſer Anſchauung entſpricht die bekannte Definition »Sprechen iſt lautes Denken« die Schleicher als »vollkommen richtig« bezeichnet. »Die Sprache, ſagt derſelbe, iſt der lautliche Ausdruck des Gedankens, der mittelſt des Lautes zur Erſcheinung gelangende Denkprozeſs. Gefühle, Empfindungen und Wollen drückt alſo die Sprache zunächſt nicht aus; die Sprache iſt nicht der unmittelbare Ausdruck des Fühlens und Wollens ſondern nur des Denkens« l. c. S. 5. Früher ſchon hatte Heyſe dieſelbe Anſicht vertreten: »Der Laut iſt . . . der nothwendige, weſentliche Ausdruck des Geiſtigen, das Sprechen iſt das lautgewordene, in die Erſcheinung tretende Denken« (Syſtem der Sprachwiſſenſchaft 1856 S. 35 und 40). Ebenſo Renan: Le besoin de signifier au dehors ses pensées et ses sentiments est naturel à l'homme: tout ce'qu'il pense il l'exprime . . . L'homme est naturellement parlant, comme il est naturellement pensant . . Le langage étant la forme expressive et le vêtement exterieur de la pensée, l'un et l'autre doivent être tenus pour contemporain» (l'Origine du langage p. 90—92). Auch Lazarus, Steinthal und Wundt weiſen darauf hin, »daſs in jedem von uns pſychiſche Zuſtände unabhängig von Abſicht und Gewohnheit Bewegungen und auch ſpeciell beſtimmte Laute hervorbringen. Denken wir uns dies bei den erſten Menſchen ſo ausgedehnt, daſs damals verſchiedene Vorſtellungen deutlich unterſchiedbare Laute erzeugten, ſo haben wir daran die Keime der erſten Sprache und dieſe iſt dann wie Steinthal ſich ausdrückt, eine (angeborene) Lautmimik und fällt als beſondere Klaſſe unter die wohlbekannte allgemeine Gattung der Reflexbewegungen« (Marty: Urſprung der Sprache 1875 S. 21.)

Diefe Anficht hat viel für fich, vor allem die lebendige Erfahrung. Jeder von uns kennt Stimmungen, wo es ihm fchwer wurde, auch wenn er einfam und allein war, feine Gedanken nicht laut auszufprechen — und oft gefchieht diefs ja ganz unbewufst.

Die obigen zwei Anfichten haben das gemeinfam, dafs fie bei der Entftehung der Sprache jede zweckbewufste Mitwirkung des Menfchen ausfchliefsen; fie laffen die »Natur« allein wirken und ftellen den Menfchen nur als ihr willenlofes Medium hin.

Eine dritte Anficht fchreitet zu einer bewufsten Theilnahme und Mitwirkung des Menfchen bei Entftehung der Sprache vor und wenn fie auch noch immer bei dem Gruhdfatze φύσει — naturwüchfig — bleibt, fo ift fie doch nicht fo engherzig dabei jede bewufste Thätigkeit des Menfchen auszufchliefsen; denn diefe letztere kann ja fehr wohl in der φύσει mitinbegriffen fein — und fo ift es auch und zwar nicht nur auf dem Gebiete der Sprachentftehung.

Aber auch bei diefer dritten Anficht kann man zwei Nuancen unterfcheiden, je nachdem angenommen wird, dafs nur »die Luft am fabuliren« der menfchliche »Mittheilungstrieb« ein Correlat des berühmten »Gefelligkeitstriebes« die natürliche Veranlaffung zur Sprachentftehung war oder endlich, dafs es das zwingende Bedürfnifs der gegenfeitigen Verftändigung war, welches mit Naturnothwendigkeit zur Laut- und Sprachbildung antrieb. Und diefe letztere Nuance ift es der wir vollkommen beiftimmen.

---

18. Die natürliche Befähigung zur Sprachbildung.

Angefichts der Befähigung des Menfchen zur artikulirten Lautbildung, die doch offenbar mit der normalen Organifation feiner Sprachwerkzeuge gegeben ift, hätte die

Frage nach dem Umſtande der ihn zur Hervorbringung artikulirter Laute befähigte keinen Sinn, wenn nicht eine falſche Vorausſetzung dieſe Frage ſcheinbar berechtigte. Es iſt das nämlich die Vorausſetzung als ob die einzelnen Laute und Worte der menſchlichen Sprache (und ſpeziell der früher fälſchlich vorausgeſetzten einen Urſprache) den durch dieſelben auszudrückenden Begriffen entſprechend, ihnen adäquat wären. Da ſich nun die Menſchen heutzutage einer Fähigkeit begriffentſprechende Laute zu bilden nicht bewuſst ſind und eine ſolche thatſächlich nicht beſitzen, ſo ſchien die Frage allerdings von der gröſsten Bedeutung und von gröſstem Intereſſe: woher denn dieſe Urmenſchen eine ſolche Fähigkeit her hatten und worin dieſelbe beſtand?

Während nun die einen einen prädiſponirten Zuſammenhang, eine in der Natur der Sache liegende Beziehung zwiſchen den Gegenſtänden und ihren Bezeichnungen annahmen, die der Menſch der Urzeit inſtinktmäſsig herausfand oder traf, führten die andern die ganze Sprachbildungsfähigkeit des Urmenſchen auf einfache Nachahmung verſchiedener Naturlaute zurück (Herder). Diejenigen endlich, welche einſahen, daſs man mit bloſsen Nachahmungslauten den geſammten Inhalt auch der Urſprachen nicht erklären könne, machten ein kleines salto mortale und erkannten dem Urmenſchen kurzweg eine Fähigkeit der Sprachbildung zu, die der civiliſirte Menſch nicht mehr beſitze — eine Behauptung, die freilich leichter aufzuſtellen als zu erweiſen iſt und eine Methode die ſehr leicht und bequem aber gewiſs nicht wiſſenſchaftlich iſt. Und dennoch vertritt in neueſter Zeit dieſe letztere Anſicht nach dem Vorgange Heyſes ein ſo hervorragender Sprachforſcher wie Max Müller. Er ſpricht dem Urmenſchen eine inſtinktartige Fähigkeit zu, ſeinen Begriffen entſprechende Lautzeichen zu geben — einen Inſtinkt der, nachdem er nicht mehr nöthig war, verschwunden ist — ganz so wie gewisse Sinne, wenn sie aus Mangel an Gelegenheit nicht geübt werden, abstumpfen.[1])

Wir sagten es schon, dass diese ganze Frage nach der Befähigung des Urmenschen zur Erzeugung der Sprachlaute auf einer falschen Voraussetzung beruht; indem wir nun daran gehen, diese Voraussetung als falsch und irrthümlich zu beseitigen, so wird damit nicht nur die Befähigungsfrage gegenstandslos werden, sondern es werden damit auch die oben erwähnten letzten zwei Theilfragen nach dem Verhältniss des Urmenschen zur Spracherzeugung und nach der Beziehung der Worte zu dem Begriff[2]) ihre Erledigung und Beantwortung finden.

---

[1]) »Man in his primitive and perfect state, was endowed not only, like the brute with the power of expressing his sensations by interjections, and his perceptions by onomatopoeia. He possessed likewise the faculty of giving more articulate expression to the rational conceptions of his mind. That faculty was not of his own making. It was an instinct, an instinct of the mind as irresistible as any other instinct. So far as language is the production of that instinct, it belongs to the realm of nature. Man loses his instincts as he ceases to want them. His senses became fainter when, as in the case of scent, they become useless.« Max Müller Lectures on the science of language London 1861 p. 370. In der Note beruft sich Müller auf eine ähnliche Ansicht Heyses in dessen von Steinthal herausgegebenen Vorlesungen. — Wenn auch in etwas gemilderter Form schreibt auch W. Wundt dem Urmenschen eine vollkommenere Fähigkeit zu, Eindrücke des Apperceptionsorganes durch entsprechende Reflexe d. i. durch Sprachlaute und Geberden wiederzugeben. Diese »sinnliche Lebendigkeit des Urmenschen, meint er, welcher einst die Sprache erzeugte, haben wir eingebüsst«. (Grundzüge der physiologischen Pfychologie. S. 853.) Gegen diese Ansichten bemerkt richtig Geiger: »Die Annahme eines jetzt erloschenen Vermögens der Sprachschöpfung und die damit zusammenhängende von einem vollkommenen Urzustande des Menschen ist eine Zuflucht zum Unbegreiflichen . . . . Wir würden mit einer solchen Annahme auf einen mystischen Standpunkt zurückgeführt sein . . .« (Ursprung der Sprache Stuttgart 1869 S. 37.)

[2]) Wir bemerkten schon oben, dass man unter andern diese Be-

Diefe falfche Vorausfetzung nun ift einfach die einer **beftimmten** nothwendigen, ideellen Beziehung der Sprachlaute zu den durch diefelben ausgedrückten Begriffen. Eine folche Beziehung — fagen wir es gleich im vorhinein — exiftirt nicht in Wirklichkeit, fie ift nur ein Schein der uns **trügt** und der in uns entfteht in Folge langer Gewohnheit mit beftimmten Lauten beftimmte Begriffe zu verbinden.

Und doch hat die Sprachwiffenfchaft lange diefe falfche Vorausfetzung feftgehalten und in Folge derfelben fich unendlich viel mit der Frage befchäftigt, ob die Wahl des quafi prädeftinirten Lautes für den ihm entfprechenden Begriff ein Akt der Naturnothwendigkeit war oder ob der Menfch diefe **richtige Wahl** in voller Freiheit getroffen habe. Es ift das Verdienft **Lazarus Geigers**, die Sprachwiffenfchaft von diefem circulus vitiosus herausgeführt, von diefem fie ewig drückenden Alp befreit zu haben mit dem einen Worte, welches nicht fowohl die Löfung jener Frage enthält als diefelbe überflüffig macht, mit dem Worte: **Zufall**. »Das Zufammentreffen des Lautes mit dem Begriff ift Sache des Zufalls — eben fo gut könnte derfelbe Laut mit einen andern Begriff oder ein beliebiger Begriff

---

ziehung der Urlaute zu ihren Begriffen als Schallnachahmung auffafste. Darüber fagt Geiger: »Weder durch Verabredung, noch durch Schallnachahmung noch auf irgend eine andere Weife kann ein Ding **direct** zu feinem Namen gelangen; es wird vielmehr immer aus einer vorhandenen Wurzel erft abgeleitet. Wie verhalten fich nun aber die Sprachwurzeln zur Hypothefe eines natürlichen Zufammenhanges zwifchen dem Laute und dem was er bezeichnet, wie er etwa bei der Schallnachahmung vorauszufetzen wäre? Hier ift es eben, wo diefe Hypothefe gänzlich fcheitert. Es ift felten, dafs die Natur fich fo entfchieden weigert, fich unter eine vorgefafste Meinung zu fügen. **Kein einziges Beifpiel wirklicher Schallnachahmung ift bis jetzt aufzubringen gewefen**; manche fehr fcheinbare fchlagen bei näherer Betrachtung in eine befchämende Enttäufchung um« Urfprung der Sprache S. 26.

mit einem andern Laut zufammentreffen.« Diefen Gedanken zuerft angedeutet zu haben, erachten wir als das gröfste Verdienft Lazarus Geigers.[1])

Und damit find auch wir unter Befeitigung der oben erwähnten dritten Theilfrage (nach Befähigung zur und Art und Weife der Sprachfchöpfung) zur letzten derfelben (Beziehung des Lautes zum Begriff) gelangt, deren Beantwortung und wiffenfchaftliche Löfung wir mit dem von Geiger faft nur andeutungsweife und halb unbewufst geftreiften »Zufalls-« Gedanken keineswegs als **erfchöpfend gegeben** betrachten.

Es ift fehr bemerkenswerth und verdient gegenüber denjenigen, die alle methodologifche Auseinanderfetzungen und Unterfuchungen als unnütz betrachten hervorgehoben zu werden, dafs Lazarus Geiger nur mittelft der uns fchon bekannten Methode der Betrachung der in gefchichtlicher Zeit und **gegenwärtig** (in der Sprachbildung) **wirkenden Kräfte**, auf den ganz richtigen Gedanken kam, dafs auch die Bildung der Urlaute vom Zufall abhängig war. Schon vor Geiger hatten Sprachforfcher beobachtet, dafs bei aller Gefetzmäfsigkeit die in der Entwicklung der Sprache herrfcht, fpeziell aber in der Entwicklung der Bedeutung einzelner Worte und der Verwendung derfelben für verfchiedene Begriffe den erften Anftofs zu einer ganzen Reihe von Entwicklungen der reine Zufall giebt. Das eingehende Studium folcher fprachgefchichtlicher Thatfachen brachte Geiger auf den Gedanken, dafs die »zufällige Entwicklung« auch vielleicht beim »Urfprunge der Sprache« eine wichtige Rolle gefpielt haben mag.

Nachdem er nämlich viele folche gefetzmäfsige Ent-

---

[1]) Vrgl. Lazarus Geiger: Urfprung und Entwicklung der Sprache 2 Bände Stuttgart 1868; der Urfprung der Sprache Stuttgart 1869; zur Entwicklungsgefchichte der Menfchheit Stuttgart 1871.

wicklungen von Wort- und Begriffsbildungen betrachtete, die aus ganz zufälligen Combinationen entsprungen waren, sagt er: »Daſs es aber irgendwo innerhalb der Geschichte der Sprache einen Punkt gebe, wo dieses Entwicklungsgesetz seinen Anfang nimmt und aus einem von ihm verschiedenen hervorgeht, daſs mit andern Worten irgend einem älteſten Theile der Sprache nicht mehr zufällige, sondern wesentliche Begriffsbestimmtheit eigen sei, sind wir wenigstens durch nichts berechtigt anzunehmen und vielleicht nicht einmal von Seiten der Möglichkeit einzusehen im Stande. Die zufällige Entwicklung ist es, von deren Begreifen die Einsicht in das Wesen der ganzen Sprachgeschichte, und von deren empirischer Verfolgung, wenn sie möglich ist, bis zu ihrem Anfange, die endliche Erkenntniſs von dem Ursprunge der Sprache abhängt.« [1])

Nachdem Geiger die »Etymologie von ihrer Entstehung bis zu ihrem Endziele« überblickte, fand er, wie er sagt, einen Punkt, »wo ihr Verfahren in Stillstand geräth, ohne eigentlich an sein erstrebtes Ziel gekommen zu sein.« Denn diese Etymologie »war dabei von der Voraussetzung ausgegangen, daſs sie bis zu Ende als unum-

---

[1]) Geiger l. c. S. 228. Vrgl. daselbst S. 232, wo die Vertheilung verschiedener Bedeutungen an ursprünglich gleichbedeutende Worte (Maid und Magd, Haut, Fell und Balg etc.) dem Zufall zugeschrieben wird. »Dieſs aber ist Zufall; denn keine ursächliche Verknüpfung weist alsdann dem Worte unter zwei gleich möglichen sein Object zu, sondern sein häufigeres Zusammentreffen mit denselben. Und da für einen solchen Zufall überall Spielraum entsteht, wo ein Wort aus irgend einem Grunde dem Laute nach in mehrere verschiedene zerfällt, so läſst sich schlieſsen, in welch ungeheurem Umfange die Vertheilung besonderer Bedeutungen auf die gesonderten Laute in der Sprache durch bloſsem Zufall möglich ist. Ja dieser ist als das wahre und einzige Princip der Vertheilung der Bedeutungen auf die Sprachlaute zu betrachten.«

ftöfslich, als unentbehrlich- fefthielt: dafs Laut und Begriff von Anfang an in einem Verhältniffe nothwendiger Bedingung zu einander ftünden, fo dafs gewiffe Laute gewiffen Begriffen niemals entfprechen könnten. Diefe Vorausfetzung hat fich als ein Vorurtheil erwiefen; die vermeintliche Nothwendigkeit löft fich, wo es fich um wefentliche Grundbeftandtheile der Sprache handelt in Zufall auf.. « [1]) Indem nun Geiger diefen Gedanken verfolgt, gelangt er zu der weiteren richtigen Erkenntnifs, dafs die verfchiedenen Sprachen nur in dem Punkte von einander abweichen, »in welchem dem Zufall Spielraum verftattet ift«, alfo »in dem Zufammentreffen des Lautes mit dem Begriffe« (während fie in allen übrigen Punkten, im Umfange der Lautmittel, in den Gefetzen der Lautentwicklung, in den Begriffen und in der Verwandtfchaft der Begriffe, welche einem jeden derfelben einen beftimmten andern zum Urfprung anweifst, einander gleichen. [2])

In feinem fpäteren Werke »über den Urfprung der Sprache« hat nun Geiger diefen »Zufalls«-Gedanken noch etwas ausgeführt. »Ich habe in meinem grofsen Werke nachzuweifen verfucht, dafs es unmöglich ift, eine beftimmte Wurzel bei einem beftimmten Begriffe feftzuhalten oder umgekehrt; für gar manche Begriffe finden fich viele Wurzeln verwendet und umgekehrt dient wieder manche Wurzel vielen Begriffen zugleich. Der ungeheure Umfang, zu der fich die Erfcheinung der Vieldeutigkeit und Viellautigkeit in den Wurzeln wirklich erhebt, wird im Einzelnen noch beftimmter und klarer hervortreten, fo dafs eher das Gegentheil als Ausnahme erfcheint. Dafs es nun aber in einer erften Sprachperiode einmal anders gewefen, ift offenbar eine ganz willkürliche An-

---

[1]) Dafelbft S. 251. [2]) Dafelbft S. 269.

nahme, die aus einer blos vorausgesetzten Gesundheit dieses Sprachzustandes keineswegs bewiesen werden kann.« ¹)

Nachdem Geiger sodann eine Anzahl diese seine Behauptung stützender linguistischer Thatsachen vorführt, schliefst er wie folgt: »Auf Grund dieses Thatbestandes habe ich behaupten zu müssen geglaubt, dafs das auf der Oberfläche der Sprache beobachtete Gesetz, welches einem jeden Laute einen bestimmten Begriff und umgekehrt entsprechen läfst in gröfserer Tiefe verschwindet, indem ganz im Gegentheil jeder Laut jeden Begriff bezeichnen, jeder Begriff durch jeden Laut bezeichnet werden kann; und ferner, dafs die Sonderbedeutung, die ein Laut im Laufe der Zeit schliefslich erlangt hat, immer ein Resultat des blofsen Zufalles oder mit andern Worten der Entwicklung ist.« ²)

»Die Wurzellaute, heifst es weiter, vereinigen sammtlich eine grofse Menge von Begriffen auf sich und erscheinen dabei zugleich in mehreren so sehr als nur möglich verschiedenen Lautformen mit wesentlich gleichen Grundbegriffen. Innerhalb derselben ist die Frage nach der Vertheilung der Einzelbedeutungen durch Natur oder Uebereinkunft verschwunden; das Princip der Vertheilung ist: Sprachgebrauch, unbewufste Gewöhnung, Zufall. Aber wie verhält es sich mit dem Anfangszustand selbst, vor dieser Vertheilung? warum wurde eine solche Masse von Begriffen unter einen einzigen Laut zusammengefafst und noch dazu mehreremal in ähnlicher Weise? . . . « Und nun kritisirt Geiger die verschiedenen Antworten die auf diese Fragen gegeben wurden — von denen allen ihn

---

¹) Geiger, Ursprung der Sprache 1869 S. 51.

²) Daselbst S. 90. Die scheinbar paradoxe Gleichsetzung des »Zufalles« und der »Entwicklung« findet ihre Rechtfertigung in der im ersten Werke von Geiger Band 1 Abschnitt IV gegebenen »Kritik des Zufalles« worauf wir hier nicht weiter eingehen können.

keine befriedigt — worin wir ihm vollkommen beiftimmen. Welche Antwort giebt er aber felbft auf diefe Frage? Jedenfalls nicht die die wir von demjenigen erwartet hätten der, wie wir das ausführlich gezeigt haben, fo oft den Zufall als ein mächtiges Princip der Sprachentwicklung betont hat. Geiger hat es unterlaffen, den Gedanken des zufälligen Entftehens der erften Laute für die erften Begriffe bis zu Ende zu denken und uns auf diefe Weife den wahrfcheinlichften Hergang bei der Entftehung der erften Sprachlaute darzulegen. Ja, viele feiner Bemerkungen und feine längeren Ausführungen über den Charakter, Zahl und Bedeutung der erften Wurzellaute zeigen klar, dafs er fich diefes wahrfcheinlichften Vorganges bei der erften Sprachentftehung gar nicht bewufst war, und dafs bei ihm der Zufalls-Gedanke wohl auf einer richtigen Beobachtung der gefchichtlichen und gegenwärtigen Sprachentwicklung beruhte, wobei es ihm freilich wie ein Blitz durch den Geift zuckte, dafs diefer »Zufall« auch für die Sprachentftehung feine grofse Bedeutung haben mag — dafs er aber weit davon entfernt war, fich den wirklichen oder wenigftens wahrfcheinlichften Vorgang bei Entftehung der Sprachen im ruhigen Lichte diefes Gedankens zu veranfchaulichen. Diefes aber wollen wir jetzt thun.[1]

---

[1] Wenn wir aus den Geiger'fchen Werken etwas zu ausführlich alle Stellen über den »Zufall« citirten, fo möge uns das verziehen werden, da es uns daran gelegen war, zu zeigen, dafs Geiger über diefe Ahnung einer gröfseren Rolle des Zufalles bei der Sprachentftehung nicht hinausgekommen ift und weder den Vorgang bei der Sprachentftehung noch auch alle die aus demfelben fich ergebenden Confequenzen erkannte. Dafür möge übrigens als Beweis dienen, dafs fpätere Sprachforfcher wie z. B. Marty (Urfprung der Sprache Würzburg 1875) Geigers Theorie einfach als »Empirifmus« bezeichnen, d. h. als folche Theorie, welche »die Sprache als eine menfchliche Erwerbung« betrachtet (Marty S. 44). Für die Auffaffung von Geiger's Theorie der Sprachentftehung wurden nur jene Stellen aus Geigers Buch mafsgebend, wo er

19. Entſtehung der Urlaute oder Sprachwurzeln.

Wenn man das Problem der Entſtehung der Urlaute die dann zu Sprachwurzeln werden, als unlösbar hinſtellt und dafür den Umſtand verantwortlich macht, daſs uns zur Löſung dieſes Problems keine directe Beobachtung möglich iſt: ſo iſt das ein groſser Irrthum, ja, faſt möchten wir ſagen eine — Gedankenloſigkeit. Denn das wichtigſte Beobachtungsobject für dieſe Frage ſteht uns ja gerade wie bei keiner andern ganz unverſehrt und ewig lebendig zu Gebote — der Menſch. Nur entledige man ſich einmal der eitlen Täuſchung als ob der Menſch heutzutage — der civiliſirte!! — ſeiner Natur, ſeinen Trieben und Bedürfniſſen, ſeinen Fähigkeiten und geiſtigen Eigenthümlichkeiten nach, ein anderer wäre als in ſeinem Urzuſtande.

Wohl iſt er heute zu vielen Entdeckungen gelangt die er einſt nicht kannte, wohl hat er viele Erfindungen gemacht von denen er einſt keine Ahnung hatte — er ſelbſt aber, ſein innerſtes Weſen, ſeine Natur, ſeine vernünftige Anlage und die aus derſelben entſpringenden Triebe und Geiſtesſtrömungen ſind dieſelben geblieben, und waren

---

»die Sprache im Anfange als thieriſchen Schrei, der auf einen Eindruck des Geſichtsſinnes an ſich erfolgt« erklärt. Marty citirt, und mit vollem Rechte, um Geigers Sprachentſtehungstheorie zu charakteriſiren, noch folgende Stelle aus demſelben: »Der Sprachſchrei erfolgt urſprünglich nur auf den Eindruck, den der Anblick eines in krampfhafter Zuckung oder gewaltig wirbelnder Bewegung befindlichen thieriſchen oder menſchlichen Körpers, eines heftigen Zappelns mit Füſsen oder Händen, der Verzerrung eines menſchlichen oder thieriſchen Geſichtes, insbeſondere des Verziehens des Mundes und der Wimperbewegung der Augen macht.« Für die Erklärung der Sprachentſtehung alſo macht Geiger von der Zufallstheorie keinen Gebrauch, wohl aber was auch Marty hervorhebt, läſst Geiger den Zufall bei der Entwicklung der Bedeutungen des urſprünglichen »Sprachſchreies«, eine Rolle ſpielen. Marty 53.

einſt dieſelben wie ſie heute ſind. Wir würden viele Irrthümer und Täuſchungen uns erſpart haben, wenn wir dieſen einen Gedanken immer feſtgehalten hätten, daſs der Menſch Menſch geblieben iſt und daſs er ſeit ſeinem erſten Auftreten immer Menſch war. Er war nie ein Engel, nie mehr vollkommen als er heute iſt wie das die einen vermuthen, (auch Max Müller ſ. ob.) — er war aber auch nie mehr Thier als er es heute iſt — er war nie vernunftlos wie es mit vielen andern Geiger vorausſetzt, der ihm die Vernunft erſt durch das Medium der Sprache zukommen läſst. Das Eine wie das Andere ſind haltloſe, unwiſſenſchaftliche Hypotheſen, für die wir gar keinen Beweis haben.

Mit Recht wird Max Müller (und damit auch ſeine dieſsfälligen zahlreichen Vorgänger) von Geiger getadelt, daſs er dem Urmenſchen ganz beſondere Fähigkeiten, facultates occultae zuerkennt, die wir bei dem heutigen Menſchen vermiſſen: aber mit eben demſelben Rechte dürfen wir an Geiger (und ſeinen dieſsfälligen nicht minder zahlreichen Vorgängern und Anhängern, ſowie allen Darwin- und Häckelianern) ausſetzen, daſs er dem Urmenſchen das abſpricht, was den Menſchen zum Menſchen macht, was wir an ihm als ſein innerſtes vom Thier ihn unterſcheidendes Weſen beobachten und anerkennen — das iſt einen **ſolchen Grad von Vernunft, der ihn zum Zwecke der Selbſterhaltung mit ſeines Gleichen ſich durch Gedanken-Mittheilung zu verſtändigen antreibt!** So kennen wir den Menſchen, und kein wiſſenſchaftlicher Grund berechtigt uns, ihn uns anders auch in graueſter Urzeit vorzuſtellen.[1)]

Wenn wir aber den Menſchen als Menſchen — als

[1)] Vollkommen richtig iſt die dieſsfällige Ausführung Herder's: »Iſt nämlich die Vernunft keine abgetheilte, einzeln wirkende Kraft, ſondern eine ſeiner Gattung eigene Richtung der Kräfte: ſo muſs der Menſch nicht mehr und nicht weniger — in's Auge faſſen, dann wird ſich uns der ganze Vorgang der Sprachbildung auf eine ſo klare und einfache Weiſe faſt von ſelbſt ergeben, daſs wir uns nur darüber werden wundern müſſen wie man dieſen Vorgang als ein ſo unlösbares Problem, als ein ewiges Geheimniſs hinſtellen konnte!

ſie im erſten Zuſtande haben da er Menſch iſt.« — Indem er ſich gegen Einwendungen vertheidigt, fährt er ſodann fort: »Heiſst denn vernünftig denken mit ausgebildeter Vernunft denken?« etc. etc. (Urſprung der Sprache l. c. S. 56). Dagegen können wir Geigern mit ſeiner Annahme der Vernunftloſigkeit des Menſchen vor Entſtehung der Sprache keineswegs beiſtimmen. Wäre der Menſch kein vernünftiges Thier vor der Entſtehung der Sprache: er wäre nie zu einer Sprache gekommen. Wohl hat Geiger Recht, daſs es »ein Gedanken iſt der ſchwindeln macht« »wie es um die Vernunft beſtellt geweſen ſein möge, ehe ihr dieſes lebendige Kleid der Sprache erwachſen war, obwohl jemals die Menſchen denkend aber ſtumm nebeneinander gewandelt ſein mögen, bis die Entſtehung der Sprache ihr lautlos ungeſelliges Daſein veränderte und ihr Inneres ihren gegenſeitigen Blicken erſchloſs?« (Urſprung der Sprachen I 12.) doch iſt dieſer Gedanke eben ein fantaſtiſches Schreckbild. »Denkend und ſtumm« wandelten die Menſchen nie nebeneinander — ſobald ſie Menſchen, denkende Weſen waren muſsten ſie einem vernünftigen Triebe folgend, ſich zu verſtändigen ſuchen — und dieſe Verſuche muſsten auf die eine oder andere Weiſe ſchwer oder leichter gelingen. Denn ſchwerer oder leichter, wir verſtehen das ſprachloſe Kind, wir verſtehen den ſprachloſen Taubſtummen und auch jeden Fremden, welch unverſtändliche Sprache er auch ſpricht — davon giebt ja eben der Verkehr der Europäer mit den wilden Naturvölkern den glänzendſten Beweis. Wir müſſen die Geiger'ſche Neuerung »ohne Sprache keine Vernunft« als Uebertreibung ablehnen — in dieſem Falle behält die ältere Theorie recht — nur der Vernunft, der Fähigkeit zu denken verdankt der Menſch die Sprache. Allerdings aber hat die Sprache der Vernunft mit Zinſes Zinſen ihr Stammkapital zurückgezahlt oder beſſer geſagt, die Vernunft hat in der Sprache ihr Stammkapital auf ewige Zeiten auf gute Zinſen angelegt. Vrgl. auch Lotze Mikrokosmos II 250: »Die Sprache lehrt dem Geiſte allerdings nicht die Elemente des Denkens; aber ſie iſt ihm unentbehrlich, wenn er dieſe Elemente zu dem weitläufigen Ausbau ſeiner Bildung verbinden will.«

Denn denken wir uns die Individuen der erften Menfchenfchwärme; der angeborene Trieb der Selbfterhaltung (der doch keine Hypothefe ift!) zwingt fie zu gegenfeitiger Gedanken-Mittheilung — fie befitzen noch keine Sprache, wohl aber menfchliche Sprachwerkzeuge und — fie ftofsen beliebige Töne, unartikulirte Laute aus. Nicht Schallnachahmung, denn damit laffen fich ja kaum die allerwenigften Dinge bezeichnen — nicht überfein ausgeklügelte und doch nur von modernen Philofophen eingebildete Aehnlichkeit zwifchen Laut und Gegenftand wie der Herder'fche »Blitz« für Blitz — nichts von alledem — nur Laute, beliebige, unverftändliche Laute die nichts enthalten, nichts befagen, fondern lediglich dem Drange fich verftändlich zu machen, inftinctmäfsig und verfuchsweife entfpringen. Nun, die erften Verfuche fich verftändlich zu machen, konnten offenbar nicht glänzend ausfallen; die Verftändigung war nicht leicht möglich; Zeichen und Geberden mufsten den verfchiedenen verfuchsweife ausgeftofsenen Lauten zu Hilfe kommen. Der fo angeredete hatte auch ein fchweres Stück Arbeit, den Gedanken und die Abficht des Sprechenden oder Rufenden zu errathen. Nehmen wir an der letztere verlangte einen Aft vom Baume — er ftiefs Laute aus wie fie ihm die Noth des Augenblickes, der Drang fich verftändlich zu machen eingab. Seine Stimmorgane machen die ganze Scala ihm zu Gebote ftehender Laute durch — nehmen wir an er ruft — na, da, ta, ko, le u. f. w. Der Angerufene greift nach einem Stein und merkt an der abwehrenden Stimme des Rufenden, dafs er feine Abficht nicht errathen — er reicht ihm nach der Reihe andere Dinge die ihm zur Hand find — und wieder folgt eine abwehrende Bewegung und neue Rufe immer verfuchsweife wechfelnd oder auch beharrlich fich wiederholend. Endlich — bei einem beliebigen Laute fagen wir z. B. ta erräth der Angeredete zufälligerweife oder den Andeutungen der begleitenden Geberden folgend den Gedanken des Rufenden und reicht ihm den Aft. Was folgt nun daraus? Der Rufende merkt fich zufällig den Laut mittelft deſſen er fich endlich verftändlich machte — der Angeredete weiſs nun was fein Genoſſe unter ta verfteht. Im Verkehr dieſer beiden, wenn fie ein gutes Gedächtniſs haben, wird nun ta einen Aft bedeuten. Vergeſſen fie es, fo werden fie bei der nächften Gelegenheit der fchweren Mühe des gegenſeitigen Sichverftändlichmachens noch einmal fich unterziehen müſſen. Wollen fie fich dieſe Mühe erfparen, fo werden fie fich den Laut merken und ihn für den bezeichneten Gegenftand fefthalten.

Vollzieht fich dieſe gegenſeitige Verftändigung über einen Gegenftand oder einen Gedanken mittelft ein und desſelben Lautes zu wiederholtenmalen, fo hat der betreffende Begriff aus der Unzahl der möglichen und auſser der groſsen Zahl der für ihn zu verſchiedenen Malen gebrauchten Laute **einen** erhalten, der nun in feinen dauernden Dienft tritt. **Der Begriff hat fein Wort erhalten.** Dauert nun die Bezeichnung des Begriffes durch ein beftimmtes Wort durch Generationen hindurch, fo verwebt fich in unferem Geift der Laut fo fehr mit dem Begriffe, daſs es uns fcheint, fie hätten mit einander irgend welche intimere geiftige Verwandtſchaft, daſs fie in einer **nothwendigen** Beziehung zu einander ſtehen und Philoſophen find gleich dabei, gelegentlich die einſtige »Fähigkeit« des Menschen zu bewundern, für jedes Ding die paſſende, demſelben einzig entſprechende Bezeichnung gefunden zu haben!

Wendet man uns aber ein, daſs dieſer hier gezeichnete Vorgang bei Entſtehung der Sprache ebenfalls nur eine vage Hypotheſe, eine Fantaſie iſt, für die in Wirklichkeit nie ein Beweis möglich, fo beſtreiten wir letzteres entſchieden. Die immer fich gleich bleibende Natur des

Menschen, auf deren Beobachtung obige Darstellung sich stützt, liefert uns genügende Anhaltspunkte und Beweise dafür, dass bei der ersten Sprachbildung nur ein solcher und kein anderer Vorgang möglich war. Denn betrachten wir nur das Kind, das noch der Sprache nicht mächtig ist — es wird um sich verständlich zu machen, wenn es nach irgend welchem Gegenstande verlangt oder irgend welchen Wunsch, welchen Gedanken ausdrücken will, so lange die unverständlichsten Laute die ihm der Drang des Augenblicks eingiebt, ausstofsen und seine Umgebung dadurch zwingen, seine Gedanken zu errathen. Ist diefs einmal bei einem beliebigen Laute geschehen, so werden Eltern und Umgebung wissen, dafs das Kind mit dem betreffenden Laute den betreffenden Gegenstand bezeichnet. Nun wird elterliche Zärtlichkeit und Nachgiebigkeit oft dem Kinde sich anbequemen und den betreffenden Gegenstand mit dem vom Kinde dafür gebrauchten Laute bezeichnen. Wie oft geschieht diefs in der Kinderstube! Freilich mufs schliefslich das wachsende Kind seiner Umgebung sich anbequemen und diese Laute und Worte gebrauchen, die die Sprache dafür bereits festgestellt hat.

Nicht anders ist's wenn wir mit einem Taubstummen zusammenkommen. Wir merken uns seine unverständlichen Laute, mit denen er seine Gedanken uns mitzutheilen sich bestrebt — und werden dieselben bei Wiederholung bereits kennen. Aber auch der Taubstumme wird für gewisse Dinge uns gegenüber immer jenen Laut gebrauchen, bei dessen Ausstofsung wir einmal seine Gedanken erriethen und diesen Laut von nun an zur Bezeichnung des betreffenden Gegenstandes gebrauchen.

Ja! wir können uns sogar sehr gut ein wirkliches Experiment denken, welches unsere These ganz unfehlbar erweisen würde.

Wir brauchten nur auf einen abgelegenen Ort, sagen

wir eine Infel oder einen beliebigen Erdenwinkel in einem fremden Welttheil mehrere Individuen von ganz verfchiedenen Sprachftämmen, — von denen jedes lediglich feine Mutterfprache kennt, zufammenzubringen — fagen wir alfo einen Chinefen, einen Neger, einen Indianer und einen beliebigen »Indo-Germanen«. Geben wir ihnen zur Completirung noch einen unverfälfchten orientalifchen Original-Semiten hinzu — und überlaffen wir diefe intereffante Gefellfchaft ohne Dolmetfch und ohne Tafchenwörterbücher ihrem Schickfale.

Was wird nun gefchehen? Offenbar wird jeder um fich mit dem andern zu verftändigen, Worte ausftofsen, die dem anderen ganz unverftändlich fein werden — Gebärden und Mienen werden nachhelfen müffen — gefetzt nun, dafs nach fchwerer Mühe bei irgend einem Worte der Eine den Gedanken des Andern erräth; dann wird diefes Wort als erfte gemeinfchaftliche Vocabel in den gemeinfamen Sprachfchatz aufgenommen. Diefe Arbeit wird fich fo lange wiederholen, bis die Gefellfchaft für ihre Bedürfniffe fich, aus den verfchiedenften Worten ihrer verfchiedenen Sprachen eine gemeinfame neue Sprache gefchaffen haben wird. Ueber die Zugehörigkeit nun der einzelnen Worte diefer neuen Sprache an die einzelnen Begriffe hat der Zufall entfchieden — denn immer wird jener Laut oder jenes Wort an einem beftimmten Begriffe haften bleiben, bei deffen Ausftofsung zufälligerweife — durch irgend welche unberechenbare Nebenumftände verurfacht — die beiderfeitige Verftändigung erfolgt ift.

Man fieht alfo, dafs die Sache »wie beftimmte Laute dazu kommen, beftimmte Bedeutung zu erhalten« durchaus nicht ein fo myfteriöfer Vorgang ift, als welchen ihn die Sprachforfcher auffaffen — und wenn Schleicher an der Löfung diefes Problems verzweifelnd ausruft: »hiefür

find wohl die Gefetze nicht zu ermitteln [1]): fo antworten
wir einfach, dafs man eben keine Gefetze finden könne in
einer Sphäre, wo es darauf gar nicht ankommt; wo das
Zufammentreffen eines beliebigen Lautes mit einer beliebigen Bedeutung das einzige Gefetz ift und es für das
weitere organifche Werden der Sprache ganz gleich-
gültig ift, welcher Laut mit welcher Bedeutung zufammentrifft; einer Sphäre alfo, wo der menfchliche Geift und der
menfchliche Wiffensdrang fich vollkommen beruhigen kann
bei dem Satze, dafs in diefer Sphäre der Zufall Gefetz ift.
Das würde auch Schleicher und andere Sprachforfcher
bezüglich diefer »Urfphäre der Sprachentftehung« gewifs
thun, ebenfo wie kein Naturforfcher fich den Kopf darüber
zerbricht, warum beim thierifchen Zeugungsprozefs gerade
diefer eine männliche Same mit diefem einen weiblichen
Ei zufammentrifft, fondern fich dabei beruhigt, dafs vom
Momente diefes Zufammentreffens an, der organifche Lebensprozefs beginnt — ebenfo fagen wir, würden fich die
Sprachforfcher mit der Erkenntnifs der Herrfchaft des Zufalls in diefer »Urfphäre der Sprachentftehung« befriedigen,
wenn fie nicht ewig von der falfchen Vorausfetzung be-
unruhigt und geplagt wären, dafs es zwifchen jenen zu-
fammentreffenden Lauten und Bedeutungen eine »nothwendige Beziehung« gäbe, dafs es alfo kein Zufall ift der
fie zufammenführt, fondern ein ganz befonderes »Gefetz«;
eine Vorausfetzung die Schleicher zu der ebenfo falfchen
und überflüffigen Annahme drängt, dafs urfprünglich »eine
Anzahl bedeutungsvoller Laute vorhanden
war.« [2]) Da liegt der Irrthum! Die Laute an und für

---

[1]) Schleicher, zur vergleichenden Sprachengefchichte Bonn. 1848.
Seite 21.

[2]) Die ganze fehr intereffante Stelle lautet: »Diefe Urfphäre der
Sprachentftehung — das Verhältnifs der Laute zur Bedeutung, die nothwendige Beziehung zwifchen Beiden, (!) fcheint mit demfelben

fich haben nie und nimmer eine Bedeutung gehabt — fie
erhielten eine folche erft von dem Augenblicke, wo die
Gedanken zweier Menfchen in ihnen wie in einem Brenn-
punkte fich trafen — erft von dem Augenblicke an, wo
der Eine den durch einen beliebigen Laut nach dem Ver-
ftandenwerden ringenden Gedanken des Andern erräth,
erlangt diefer eine Laut in der langen Reihe der verfchiedenften eine Bedeutung — früher hatte er fie nicht —
früher war er eben nur ein bedeutungslofer Laut.

20. Weitere Begründung der Zufalls-Theorie.

Wenn wir nun den oben gefchilderten Vorgang der
Sprachentftehung näher in's Auge faffen, fo werden fich
uns aus dem Wefen desfelben mehrere Confequenzen ergeben, die mit bekannten Thatfachen der Sprachgefchichte
die bisher fchwer erklärbar waren in innigem Zufammenhange ftehen, refpective diefe Thatfachen erklären, wodurch
wieder der zur Vorausfetzung genommene Vorgang eine
neue Unterftützung und Bekräftigung erhält. Zuerft nun
ift es klar, dafs bei einem folchen Vorgange wie der oben
gefchilderte, die Bezeichnung für ein und dasfelbe Ding,
für ein und denfelben Begriff, jedesmal das Erzeugnifs eines
gegenfeitigen Verftändigungsverfuches mindeftens zweier
Individuen in einem gegebenen Zeitpunkte fein mufs; und
dafs diefe zwifchen diefen mindeftens zwei Perfonen in dem
gegebenen Momente entftandene Bezeichnung die Reful-
tirende ift der gerade von diefen Individualitäten in

Dunkel umgeben, in welches die Entftehung organifchen Lebens überhaupt fich zu halten pflegt. Wir nehmen alfo an, dafs eine Anzahl bedeutungsvoller Laute vorhanden waren . . ." l. c. S. 21.

diefem Momente gemachten beiderfeitigen Verftändigungs-
Anftrengungen.

Daraus ergiebt fich nun, dafs fchon zwifchen denfelben Individuen in einem andern Momente, wenn
wir nicht gerade das doch nicht für alle Umftände anzu-
nehmende untrügliche und verläfsliche Erinnerungsvermögen
zu Hilfe nehmen, für dasfelbe Ding, oder denfelben Gedanken eine andere Bezeichnung entftehen wird, deren
Fixirung in der Sprache wieder dem nicht immer gleich
verläfslichen Gedächtniffe derfelben anvertraut bleibt. Dagegen aber wird bei dem Wechfel der, eine Verftändigung
anftrebenden, Perfonen und wenn auch nur der einen Partei,
alfo z. B. der angefprochenen, welcher die Errathung zufällt, oder gar beider Parteien, die Verftändigung über dasfelbe Ding jedenfalls auf einem andern Punkte, d. h. bei
einem andern Laute erfolgen, alfo für dasfelbe Ding eine
andere Bezeichnung entftehen. Auf diefe Weife wird in
einem gegebenen in Gemeinfchaft mit einander lebenden
Menfchenfchwarm, bei den vielfachen gegenfeitigen immer
unter einander fich kreuzenden Verftändigungsverfuchen,
für jedes einzelne Ding, für jeden Begriff, fich eine grofse
Zahl von Bezeichnungen bilden. [1]) Diefer Umftand würde

---

[1]) Der franzöfifche Orientalift de Dumaft fagt: »Je älter und primitiver eine Sprache ift, mag fie nun wild oder nicht wild fein, um fo reicher und herrlicher ift fie durch ihre Mannigfaltigkeit und Schönheit.« Joly l. c. S. 384 ift entgegengefetzter Anficht und citirt ent-gegenftehende Beifpiele, die aber nichts beweifen. Wenn es Natur-völker mit wortarmen Sprachen giebt, fo ift das nur ein Beweis für den niedrigen Grad ihrer Intelligenz überhaupt und eine Erklärung da-für, dafs fie eben Naturvölker geblieben find. Keineswegs widerlegt das unfere Anficht, dafs die heutigen hochentwickelten Culturfprachen in ihren Uranfängen viel wurzelreicher waren. Für diefe Anficht fpricht eine Menge conftatirter und conftatirbarer fprachgefchichtlicher That-fachen. Schon Herder konftatirt, dafs »je urfprünglicher eine Sprache« defto reicher ift diefelbe an Synonymen; »bei aller wefentlichen Dürf-

die Urfprache eines gegebenen Menfchenfchwarmes zu gegenfeitiger Verftändigung fehr fchwerfällig gemacht haben,

---

tigkeit hat fie den gröfsten unnöthigen Ueberflufs« und polemifirt fodann gegen diejenigen, welche diefe Thatfache läugnen. »Die Vertheidiger des gött'ichen Urfprungs, die in allem göttliche Ordnung zu finden wiffen, können ihn hier fchwerlich finden, und läugnen die Synonyme. — Sie läugnen? Wohlan, lafs es fein, dafs unter den fünfzig Worten, die der Araber für den Löwen, unter den achtzig die er für den Honig, unter den zweihundert die er für die Schlange und mehr als taufend die er für's Schwert hat, fich feine Unterfchiede finden oder gefunden hätten, die aber verloren gegangen wären — warum waren fie da, wenn fie verloren gehen mufsten? Warum erfand Gott einen unnöthigen Wortfchatz den nur, wie die Araber fagen, ein göttlicher Prophet in feinem ganzen Umfange faffen könnte? Vergleichungsweife aber find diefe Worte doch immer Synonyme, in Betracht der vielen andern Ideen für welche die Wörter gar mangeln. Nun entwickle man darin göttliche Ordnung, dafs Er, der den Plan der Sprache überfah für den Stein fiebenzig Wörter erfand und für alle fo nöthigen Ideen, innerliche Gefühle und Abftraktionen keine? dafs er dort mit unnöthigem Ueberflufs überhäufte, hier in der gröfsten Dürftigkeit liefs und das Bedürfnifs nöthig machte, Metaphoren zu ufurpiren, halben Unfinn zu reden u. f. w. Menfchlich erklärt fich die Sache von felbft . . .« Und nun giebt Herder feine Erklärung, die gegenüber der bekämpften theologifchen Anficht Süfsmilchs gewifs ein grofser Fortfchritt ift und bis auf die irrthümliche Annahme einer zweckbewufsten abfichtlichen Erfindung der Bezeichnungen, der Wahrheit fehr nahe kommt. »So uneigentlich fchwere, feltene Ideen ausgedrückt werden mufsten, fo häufig konntens die vorliegenden und leichten. Je unbekannter man mit der Natur war, von je mehreren Seiten man fie aus Unerfahrenheit anfehen und kaum wieder erkennen konnte; je weniger man a priori fondern nach finnlichen Umftänden erfand: defto mehr Synonyme. Je Mehrere erfanden, je umherirrender und abgetrennter fie erfanden und doch nur meiftens in einem Kreife für einerlei Sachen erfanden; wenn fie nachher zufammenkamen, wenn ihre Sprachen in einen Ocean von Wörterbüchern floffen: defto mehr Synonyme . . ., Die Analogieen aller wilder Sprachen beftätigen meinen Satz; jede ift auf ihre Weife verfchwenderifch und dürftig nur jede auf ihre eigene Art« . . . (folgen Beifpiele von Reichthum an Bezeichnungen für diefelben Gegenftände bei vielen Naturvölkern.) — Auch Wilhelm v. Humboldt warnt davor, dafs man fich »die Anfänge wenn er nicht andererseits in der anfänglichen Befchränktheit des geiftigen Horizontes und der primitiven Armuth

der Sprache . . . nicht auf eine fo dürftige Anzahl von Wörtern befchränkt« denke und conftatirt, dafs »auch die Sprachen der fogenannten Wilden die doch einem folchen Naturftande näher kommen müfsten gerade eine überall über das Bedürfnifs überfchiefsende Fülle und Mannigfaltigkeit von Ausdrücken zeigen«. (Ueber Verfchiedenheit menfchlichen Sprachbaues. Gef. Werke VI. 60.) Auch den neueren Sprachforfchern ift die eigentliche Urfache diefer urfprünglichen Wortfülle unbekannt und fie fchreiben diefelbe entweder einem übermäfsigen »Sprachtrieb« wie Schleicher zu oder nennen diefe räthfelhafte Erfcheinung einfach einen »urweltlichen Reichthum« wie Geiger und glauben damit die Sache abgethan zu haben. »Bei Völkern ohne Gefchichte, fchreibt Schleicher, gewahren wir nicht felten ein wahres Wuchern der fprachlichen Form, einen Rand und Band überfchreitenden Sprachtrieb, der Bildungen hervorruft, welche durch übermäfsige Fülle den Gedankenaustaufch mit fremden Völkern wefentlich erfchweren und fo als Hemmnifs der Cultur erfcheinen. Diefs gilt vor allem von den Indianerfprachen Amerika's« (l. c. 36).

»Je tiefer eine Sprache fteht, fagt Geiger, um fo mehr enthüllt fie uns von einem urweltlichen Reichthum, den man auf's höchfte bewundern mufs, und welcher ungeahnte, bei unentwickelten Völkern wahrhaft ftaunenerregende Feinheiten des Ausdruckes geftattet; man follte glauben, die Sprache entwickle fich nicht nur unabhängig von der Vernunft, fondern fie ftehe fogar zu ihrer Ausbildung im umgekehrten Verhältnifs. Aber bei fchärferer Unterfuchung werden wir finden, dafs folche bevorzugte Triebe in dem Wachsthum der Sprache gerade diejenigen nicht find, welche in der zu endgiltigem Siege beftimmten Form der Vernunft ihre Stelle finden. Sie find Seitenbahnen, die die Entwicklung eingefchlagen hat, die diefelbe aber von ihrem wahren Ziele ablenken und verlaffen werden müffen, wenn das höchfte Menfchliche erreicht werden und geleiftet werden fol. Solche Fehlgriffe der Natur . . . treten in jeder Entwicklungsgefchichte auf; insbefondere find ficherlich alle Sprachen durch dergleichen hindurchgegangen. Die kräftigften, gefundeften und edelften geiftigen Organifmen find der überwuchernden Fülle in dem für ihre Zukunft entfcheidenden Augenblicke Herr geworden und haben fie in lebensfähige Fruchtbarkeit, in werthvollen und dauernden Reichthum verwandelt . . .« (l. c. I. 377.) Auf diefe und ähnliche halb myftifche Weife trachten fich die Sprach-

und Dürftigkeit der Anschauungen und Begriffe ein natürliches Gegengewicht und ein Correctiv gefunden haben würde.

Nur der enge Kreis der Begriffe und Anschauungen der Urmenschen erleichterte und machte es ihnen möglich sich bei der Unzahl von Bezeichnungen für ein und dieselben Dinge mit einander zu verständigen: die allgemeine anerkannte sprachgeschichtliche Thatsache aber, daſs die Entwicklung der Sprache eben darin besteht, daſs sich um die einzelnen Wurzellaute ein immer gröſserer und wachsender Kreis von Bedeutungen und Begriffen bildet, erklärt sich sehr einfach aus der die ganze Sprachbildung von jeher belebenden Tendenz sich so leicht als möglich zu verständigen, welcher Tendenz andererseits die gewiſs nicht minder wahre, obwohl noch nicht allgemein zugegebene Thatsache entspricht, daſs im Verlaufe der Sprachentwicklung die Zahl der ursprünglichen »Wurzeln« immer mehr abnimmt.

Sowohl nun der auf diese Weise sich uns darstellende Vorgang bei der Sprachschöpfung als auch die aus demselben und aus den späteren Thatsachen der Sprachgeschichte erschloſſene Beschaffenheit jeder Ursprache laſſen uns zu zwei weiteren sprachwiſſenſchaftlichen Erkenntniſſen vordringen, oder erklären uns, wenn man will, diese auf andere Weise zum Theil schon erlangten Erkenntniſſe. Und zwar können wir aus der anfänglichen groſsen Zahl der Bezeichnungen für ein und dieselben Dinge und Begriffe und dem Reichthum der Formen, welche Thatsachen wir kurz Polysonetismus nennen wollen, darauf

---

forscher mit der so einfachen und natürlichen Thatsache der ursprünglichen Wort- und Formfülle der Sprachen abzufinden deren wirkliche Ursache ihnen unbekannt bleibt. — Vrgl. darüber auch Renan Origine du langage 2. ed. 1858 p. 169 ff.

schliefsen, dafs fich die urfprüngliche Sprachfchöpfung im Kreife gröfserer Gemeinfchaften vollzog. Diefe Erkenntnifs ift den neuern Sprachforfchern, obwohl nicht auf dem von uns befolgten Wege, vielfach klar geworden.

Die ältere noch von Herder vertretene Anficht, dafs auch »der Wilde, der Einfame im Walde, hätte Sprache für fich felbft erfinden müffen, hätte er fie auch nie geredet« beruht auf einer vollkommenen Mifskennung der Natur der Sprachentftehung und der Sprache felbft. Es ift die fentimental-romantifche Periode der Sprachforfchung die Herder repräfentirt, wenn er von der Sprache fagt: »Sie war das Einverftändnifs feiner Seele (des Menfchen) mit fich felbft und ein fo nothwendiges Einverftändnifs als der Menfch Menfch war. Wenns anderen unbegreiflich war, wie eine menfchliche Seele hat Sprache erfinden können, fo ift's mir unbegreiflich, wie eine menfchliche Seele, was fie ift, fein konnte, ohne eben dadurch, fchon ohne Mund und Gefellfchaft, fich Sprache erfinden zu müffen.«[1]) Wie gefagt, das ift Romantik die von dem einfamen im Walde umherirrenden Urmenfchen träumt! Schon Humboldt ahnt das richtige Verhältnifs, dafs die Sprache nothwendig ein Gefammterzeugnifs, ein gemeinfchaftliches Werk fein müffe. »Der Organifmus der Sprachen entfpringt aus dem allgemeinen Vermögen und Bedürfnifs des Menfchen zu reden und ftammt von der ganzen Nation her....«[2]) »Die Sprache ift kein freies Erzeugnifs des einzelnen Menfchen, fondern gehört immer der ganzen Nation an.«[3]) Auch Max Müller betont, dafs die Sprachentwicklung wohl das Werk des Menfchen, »jedoch nicht in feiner in-

---

[1]) Herder l. c. 44.
[2]) W. Humboldt, »Ueber das vergleichende Sprachftudium« Berlin 1822. Gef. Werke III 248.
[3]) Daf. S. 260.

dividuellen und freien, sondern in seiner collectiven und mäsigenden (gegenseitig sich beeinflussenden?) Fähigkeit« sei.[1]) Derselbe Gedanke, wiewohl etwas an den Begriff der menschlichen »Gattung« sich anlehnend, schwebt Geiger vor, wenn er sagt: »Denn nicht in einem, oder vielmehr in jedem einzelnen Individuum schafft die Natur die Sprache, sondern nur einmal in der ganzen Gattung . . .« und wenn er ferner die Sprache ein »Gesammterzeugniss der Völker« nennt.[2])

Die zweite Erkenntniss die wir meinen, die sich uns aus dem Zusammenhalte des Ethno-Polygenismus mit der Verschiedenheit der bekannten Ursprachen ergiebt und die die meisten neueren Sprachforscher aus der Unmöglichkeit die bekannten Sprachen auf eine Ursprache zurückzuführen erschlossen, ist die des Polygenismus der Sprachen. Von unserem Standpunkt ist die Vielheit der Ursprachen und die selbständige Entstehung jeder derselben eine nothwendige Folge der Vielheit der ursprünglichen Menschenschwärme, von denen jeder gezwungen war, sich eine Sprache zu schaffen, oder wenn man will, von denen jeder auf die von uns dargestellte Weise mit Nothwendigkeit dazu gelangte eine Sprache für seinen eigenen Gebrauch zu erzeugen. Diese aus unserer Auschauung sich ergebende so einfache Consequenz stimmt aber vollkommen mit den Resultaten der neuesten Sprachforschung die zur Annahme einer Vielheit, selbständig entstandener Ursprachen gezwungen ist und insoferne dienen diese Resultate, wenn man das Bindeglied des von uns dargestellten Vorganges der Sprachenentstehung im Auge behält, zugleich als eine Bekräftigung und Beweis für den ethnischen Polygenismus.

---

[1]) » . . . is the work of man, not in his individual and free, but in his collectiv and moderating capacity« Lectures S. 375.
[2]) Geiger, Ursprung der Sprachen I 260, 261.

Wir wollen alſo vor allem hier den Nachweis liefern,
daſs die Ergebniſſe der modernen Sprachforſchung in der
That keinen andern Schluſs geſtatten als den nicht nur
auf eine urſprüngliche Vielheit der Urſprachen, ſondern auch
auf eine ſelbſtändige Entſtehung jeder dieſer Urſprachen.
Wir erwähnten ſchon oben den Weg (ſieh. ob. S. 87.)
den die Wiſſenſchaft auch auf dieſem Gebiete durchmachte.
Die naive Annahme von der einzigen hebräiſchen Urſprache
bezeichnet die primitivſte Phaſe der europäiſchen Sprachforſchung. Die Entdeckung Amerika's machte dieſer bibliſchen Anſchauung einen Strich durch die Rechnung. Die
Unzahl der amerikaniſchen Sprachen, zwiſchen denen und
den ſemitiſchen und indogermaniſchen ſich auch nicht die
geringſte Verwandtſchaft nachweiſen ließ, drängten zur
Annahme einer urſprünglichen Mehrheit von Sprachen.

Aber ſtatt aus der Vielheit der Urſprachen den einfachſten und ſo einleuchtenden Schluſs auf die Vielheit der
urſprünglichen Menſchenſtämme als ſelbſtändigen Erzeugern
dieſer vielen Urſprachen zu ziehen: läſst ſich ſogar ein
Max Müller noch von dem unwiſſenſchaftlichen Scrupel
beeinfluſſen, mit dieſer ſprachwiſſenſchaftlichen Erkenntniſs
und Thatſache ja nicht der bibliſchen Tradition von der
Einheit der Abſtammung der Menſcheit zu nahe zu treten.
Es iſt aber gewiſs mehr für das engliſche Auditorium zu
dem er ſpricht, als für ſeine Denkungsart charakteriſtiſch,
daſs er bei der Erörterung dieſer Frage ſich vor allem
feierlich dagegen verwahrt als ob »die Frage nach dem
gemeinſamen Urſprung der Sprachen in irgend welchem
Zuſammenhange ſtehe mit der in dem alten Teſtament
enthaltenen Darſtellung der Schöpfung des Menſchen und
dem Stammbaum der Patriarchen« ! [1]) Nun, wir wiſſen nach

---

[1]) » . . . the problem of the common origin of languages has no
connection (!) with the statements contained in the Old Teſtament re-

der obigen Darſtellung, daſs dieſer von Müller geläugnete Zuſammenhang allerdings beſteht in ſo ferne als die Verſchiedenheit und Vielheit der Urſprachen eine directe Folge des Polygeniſmus iſt und die Darſtellung des alten Teſtaments als eine Fabel erſcheinen läſst.

Müller aber von dem vielheitlichen Urſprung der Sprachen überzeugt und beſtrebt, dieſe ſeine Ueberzeugung mit der Bibel in Einklang zu bringen, wählt den Ausweg ſich auf »hervorragende Theologen« zu berufen, die mit Beziehung auf die amerikaniſchen Sprachen die Anſicht äuſserten, »es könnten wohl in ſpäterer Zeit Sprachen entſtanden ſein« und hält es für nöthig angeſichts der Vielheit der Urſprachen verſchiedene Rettungsverſuche der bibliſchen Schöpfungstradition zu machen:[1]) Ein Gedanke freilich, der aus dieſer Veranlaſſung bei Müller zum Ausdruck gelangt, iſt richtig, d. i. daſs die Sprachwiſſenſchaft mit der Ethnologie nicht vermiſcht werden darf, oder deutlicher geſagt, daſs ſich Sprachen- und Stammverſchiedenheiten nicht zu decken brauchen und die beiderſeitigen Claſſificationen von einander unabhängig ſind.[2]) Nur muſs dieſer

---

garding the creation of man and the genealogies of the patriarchs« Lectures etc. p. 314.

[1]) If our researches led us to the admission of different beginnings' for the languages of mankind, there is nothing in the Old Testament opposed to this view. (?) For although the Jews believed that for a time the whole earth was of one language and of one speech, it has long been pointed by eminent divines, with particular reference to the dialects of Amerika, (d. h. an die Wand gedrückt durch die Thatſache, daſs zwiſchen den amerikaniſchen Sprachen und denen der alten Welt nicht die mindeſte Verwandtſchaft nachweisbar war) that new languages might have arisen at later times. l. c. p. 314.

[2]) The science of language and the science of ethnology have both suffered most seriously from being mixed up together. The classification of races and languages schould be quite independent of each other. ib.

Gedanke, wenn er nicht zu Mifsverständnissen führen soll,
auch erschöpfend dargelegt und genau formulirt werden.
Es ist richtig, dafs Sprach- und Stammverschiedenheiten
heutzutage und auch im Laufe der Menschheitsgeschichte
keineswegs zu coincidiren brauchen, denn wie Müller richtig
bemerkt und die Thatsachen uns lehren: »Rassen können
ihre Sprachen wechseln, und die Geschichte liefert uns
mehrere Beispiele, wo eine Rasse die Sprache einer andern
annahm.« ¹) Aber daraus folgt durchaus nicht, wie das
Müller der Bibel zu Liebe uns insinuiren zu wollen scheint,
dafs man trotz erwiesener Vielheit und Urverschiedenheit
der Sprachen die biblische Einheit der Menschheit annehmen könnte.

Das ist entschieden nicht der Fall; eine solche Annahme wäre ein grober Irrthum, eine Versündigung gegen
alle gesunde Logik. Denn es ist geradezu ein Widersinn
zu meinen, dafs je irgendwo Menschen zum Scherz und
Zeitvertreib sich eine neue Sprache gebildet hätten. Kann
man sich für den Menschen etwas schmerzlicheres denken
als den Mangel eines Verständigungsmittels mit seinen
Nebenmenschen — und sollten Menschen je einer bereits
innegehabten Sprache sich entledigt haben, um eine neue zu
bilden? Sollten sie ein so schweres Stück Arbeit das vielleicht Jahrhunderte dauerte, von neuem beginnen? Und
wozu? Wäre einst eine einzige Ursprache, also etwa das
Hebräische, an das doch Müllers »eminent divines« offenbar denken, die Sprache des einheitlichen Menschengeschlechts — so gäbe es heute keine Sprache, die sich
nicht auf das Hebräische zurückführen liefse. Das ist aber
nicht der Fall! Dagegen ist die heutzutage nicht mehr
angezweifelte Existenz einer grofsen Anzahl urverschie-

---

¹) Races may change their languages and history supplies us with
several instances where one race adopted the language of another. ib.

dener Sprachen der klarfte und unwiderleglichfte Beweis der vielheitlichen Abftammung der Menfchen, des weiteften Polygenifmus. Denn nur urfprüngliche und urverfchiedene Menfchenfchwärme, die untereinander keinerlei Gemeinfchaft hatten, konnten und mufsten dem unwiderftehlichen Bedürfniffe folgend fich je in ihren Kreifen zu verftändigen, unabhängig von einander urverfchiedene Sprachen erzeugen. Die erwiefene, über allen Zweifel erhobene Exiftenz folcher Sprachen hat die einftige Exiftenz folcher, fchon in der Urzeit verfchiedener, mit einander nie verwandt gewefener und in keinerlei Gemeinfchaft lebender Menfchenftämme zur unfehlbaren Vorausfetzung. Hier ift gar keine andere Schlufsfolgerung möglich!

Wohl aber erklärt fich die allbekannte und von Müller mit Unrecht zu Gunften der biblifchen Anfchauung herbeigezogene Thatfache, dafs fich Stamm- und Sprachverfchiedenheiten nicht decken, dafs »verfchiedene Sprachen von einer Raffe oder diefelbe Sprache von verfchiedenen Raffen gefprochen werden kann«[1] einfach dadurch: dafs im Laufe der Gefchichte wohl keine neuen Urfprachen entftanden find,[2] aber verfchiedene Menfchenftämme die Sprachen anderer mit denen fie in Gemeinfchaft traten annahmen und ihre eigene, frühere, in Vergeffenheit gerathen liefsen — eine Erfcheinung von der wir noch unten ausführlicher handeln wollen.

Hier müffen wir nur noch die Thatfache der Vielheit der urverfchiedenen Sprachen felbft und die Stellung einiger hervorragender Sprachforfcher ihr gegenüber etwas näher in's Auge faffen.

---

[1] »Different languages therefore, may be spoken by one race, or the same language may be spoken by different races . . .« ib.

[2] »Im Laufe der Zeit gehen aber fort und fort Sprachen unter, neue entftehen nie . . .« Schleicher. Bed. d. Spr. 23.

Die urſprüngliche Vielheit der Urſprachen iſt genügend
erwieſen durch die Thatſache, daſs man zwiſchen den heute
bekannten Sprachen, Familien und Gruppen von Sprachen
unterſcheidet, zwiſchen denen eine ſo weſentliche Verſchiedenheit in all und jeder Beziehung herrſcht, daſs an eine
Verwandtſchaft derſelben oder gar an eine gegenſeitige
oder auch nur gemeinſame Abſtammung nicht gedacht
werden kann.

»Wenn auch die Gemeinſchaft der Sprachen, ſagt mit
Recht Joly, nicht immer einen ethnologiſchen Werth hat,
ſo gilt dieſs doch nicht von ihrer Unreducirbarkeit, das
heiſst von der Unmöglichkeit, ſie alle auf eine identiſche
und gemeinſame Urſprache zurückzuführen,

Dieſe Unreduzirbarkeit ſcheint namentlich
für die Mehrheit von Sprachſchöpfungscentren
Zeugniſs abzulegen. Niemand denkt z. B. daran, das
Chineſiſche von dem Hebräiſchen oder dem Sanskrit abzuleiten.

Dieſe Sprachen laſſen ſich in keiner Weiſe aufeinander
zurückführen. Es hat folglich nicht eine einzige Urſprache
gegeben: es wurden vielmehr mehrere Urſprachen von dem
Menſchen erfunden (»erzeugt« wäre beſſer geſagt) der hie-
durch einen der gebieteriſcheſten Triebe ſeiner Natur, dem
Mitheilungstriebe, gehorchte« [1]). Dieſe Anſicht theilen heute
die namhafteſten Sprachforſcher und man kann ſie als die
ſiegreiche und herrſchende bezeichnen. Nun handelt es
ſich nur noch um den Zuſammenhang zwiſchen aner-
kannter Urverſchiedenheit der Sprachen und der

---

[1]) Joly l. c. 382. Aehnlich Schleicher: » ... es iſt poſitiv
unmöglich alle Sprachen auf eine und dieſelbe Urſprache zurückzuführen.
Vielmehr ergeben ſich der vorurtheilsfreien Forſchung ſo viele Urſprachen als ſich Sprachſtämme unterſcheiden laſſen ... — ... Wir
müſſen demnach eine unbeſtimmbare groſse Anzahl von Urſprachen vorausſetzen.« Ueber die Bedeutung der Sprachen etc. S. 23, 24.

Einheit oder Verfchiedenheit der Menfchenftämme. Die Sprachforfcher beobachten in diefem Punkte ganz fo wie Max Müller die gröfste Referve. Um fich nicht unnöthigerweife in ethnologifche Polemik einzulaffen, betonen fie immer wieder, dafs die Sprachverfchiedenheit mit der Einheit oder Vielheit der Menfchheitsftämme nichts zu thun habe.

Wir erwähnten nun fchon, dafs diefer Satz nur in einer Richtung und zwar in der gefchichtlich — **abfteigenden**, nicht aber auch in der entgegengefetzten gefchichtlich — **auffteigenden**, Geltung hat. Das fühlen denn die Sprachforfcher die die **einzig mögliche** Confequenz aus der conftatirten Urverfchiedenheit der Sprachen zu ziehen Bedenken tragen, fehr wohl und verfchanzen fich hinter allerlei dialectifche Redewendungen und myfteriöfe Phrafen.

So fagt z. B. Max Müller, man müfste erft die »**Unmöglichkeit beweifen**, dafs alle Sprachen einen gemeinfamen Urfprung haben konnten, wenn man einen vielheitlichen Urfprung der Sprachen behaupten wolle« und fügt triumphirend hinzu: »Noch nie ift eine folche Unmöglichkeit erwiefen worden mit Bezug auf einen gemeinfamen Urfprung der arifchen und femitifchen Dialecte«[1]). Es ift

---

[1]) The problem if properly viewed, bears the following aspect: »If you wisch to assert that language had various beginnings, you must prove it impossible that language could have had a common origine. No such impossibility has ever been established with regard to a common origin of the aryan and Semitic dialects; while on the contrary the analysis of the grammatical forms in either family has removed many difficulties and made it at least intelligible (?) how, with materials identical or very similar, two individuals or two families or two nations, could in the course of time have produced languages so different as Hebrew and Sanskrit. l. c. 320. Dafs diefes letztere **nicht möglich** war, werden wir gleich zeigen. Hier wollen wir nur an die Worte Schleichers erinnern, dafs »diefe beiden Sprachftämme (femitifch und indogermanifch) obwohl

das nun freilich eine etwas ftarke Zumuthung an die Wiffenfchaft, fie folle einen folchen negativen Unmöglichkeitsbeweis führen und wenn man den Beweis wiffenfchaftlicher Thatfachen fpeciell auf dem Gebiete der fogenannten geiftigen Wiffenfchaften immer von einem folchen negativen Beweife, dafs das Gegentheil unmöglich ift, abhängig machen würde: dann gäbe es keine einzige erwiefene Thatfache!

Max Müller felbft unterhält uns fo oft und fo weitläufig mit den Nachweifen der Schickfale einzelner Worte und zeigt wie moderne Ausdrücke oft von längft todten Sprachen zu uns herüber gelangten. Was würde er nun fagen, wenn wir jede folche Darftellung als nicht erwiefen ablehnen würden, bis er uns »den Beweis liefert, dafs es **unmöglich ift**, dafs diefes oder jenes moderne Wort von irgend wo anders her und nicht von da wo er es herleitet, abftamme —? Eine folche mehr als fcholaftifche Einwendung könnten wir ihm auf jeder Seite feinen linguiftifchen Ausführungen entgegenfetzen und er würde dagegen gewifs lebhaft proteftiren.

Ift es nicht genug, wenn eine überaus gründliche Sprachwiffenfchaft, welche die entlegenften und weiteftreichenden Verwandtfchaften unter den Sprachen an den Tag gebracht und feftgeftellt hat bei Vergleichung anderer Sprachen und Sprachenfamilien den Ausfpruch thut: hier ift keine Verwandtfchaft! hier ift abfolut keine Analogie des Baues, nicht die entfernteste Aehnlichkeit der Wurzeln, keine denkbare Möglichkeit der Ableitung! Ift das alles nicht genug zur Feftftellung einer wiffenfchaftlichen Thatfache? Und warum gerade in diefem Punkte eine folche übertriebene Pedanterie und fcholaftifche Secatur feitens

---

fie zu einer und derfelben morphologifchen Claffe gehören, fich fo entfchieden gegenfätzlich gegeneinander verhalten, dafs an eine Verwandtfchaft beider nicht im Entfernteften zu denken ift.« (Deutfche Sprache S. 21)

Max Müllers? Weil es ihm beliebt an die falfch verftandene »Einheit der Menfchheit zu glauben« und weil er in dem groben Irrthum befangen ift, in Darwin's »Entftehung der Arten« die »Beftätignng« diefes Glaubens gefunden zu haben! [1])

Nein! bei aller Hochachtung und Werthfchätzung die man einem fo ausgezeichneten und genialen Forfcher und Denker wie Max Müller fchuldig ift, müffen wir es fagen, dafs uns aus diefer feiner Argumentation etwas anweht, was wir keineswegs als Max Müller'fchen Geift anzuerkennen vermögen — und was uns unwillkührlich als eine Conceffion an englifches Muckerthum erfcheint.

Da hat Schleicher den Darwinifmus beffer aufgefafst und hat es beffer verftanden, denfelben für die Erkenntnifs der Sprachen-Entftehung zu verwerthen. Wir können feine wahrhaft claffifche Ausführung über diefe uns hier befchäftigende Frage nicht übergehen da in derfelben zugleich eine entfchiedene Abfertigung aller entgegenftehenden durch unwiffenfchaftliche Scrupeln eingegebenen Verclaufulirungen enthalten ift.

Diefelbe lautet: »Ift die Sprache einmal entftanden, oder mehrere Male, d. h. ftammen alle Sprachen von einer Urfprache ab oder nicht? Da die Sprache ein wefentliches Attribut des Menfchen ift, der Menfch erft Menfch wird durch die Sprache, fo fällt diefe Frage im Wefentlichen zufammen mit der, ob alle Menfchen von einem Menfchen oder von mehreren abftammen. Die Natur-

---

[1]) I have been accused (mit Recht!) of having been biassed in my researches by an implicit belief in the common origin of mankind. I do not deny that i hold this belief, and, if it wanted confirmation that confirmation has been supplied by Darwins book »On the Origin of Species«. Dafs letzteres falfch ift, dafs der Darwinismus keineswegs den Monophyletifmus involvirt, haben wir fchon oben (S. 67. ff.) nachgewiefen. Vergleiche auch weiter unten (S. 131.) Dieffenbachs Worte·

philofophie dürfte fich wohl fürs letztere entfcheiden, da es nicht wohl denkbar ift, daß die Exiftenz eines fo wefentlichen Gliedes in der Kette der Organifmen von den Zufälligkeiten, die das Leben eines oder fehr weniger Individuen bedrohen, jemals abhängig gewefen fei, und da ferner, wenn der Menfch an einer Stelle der Erde fich entwickeln konnte nichts hindert, diefe Entwicklnng an vielen Punkten anzunehmen. Einen Menfchen oder ein einziges Paar zu fchaffen, wäre eine Zweckwidrigkeit gewefen, die im fchreiendften Gegenfatze zu allem ftünde, was wir von der Natur wiffen. Nach aller Analogie (da kommt der Darwinifmus!) hat fich der Menfch aus niederen Formen herausgebildet, und Menfch im eigentlichen Sinne wurden jene Wefen erft, als fie fich bis zur Sprachbildung entwickelten. **In der Befchaffenheit der Sprachen felbft liegt nichts, was zur Annahme eines gemeinfamen Urfprunges für alle nöthigte**, vielmehr **find ihre Verfchiedenheiten in den Lauten felbft** und vor allem im Verhältniffe der Laute zu dem was fie ausdrücken **fo bedeutend**, daß durch die Betrachtung der Sprachen ficherlich Niemand zur Annahme eines einzigen Ausgangspunktes für alle kommen kann. Vereinzelte Anklänge in verfchiedenen Sprachen können gegen die ganz enorme Abweichung der Wurzeln verfchiedener Sprachen von einander nicht geltend gemacht werden, denn es ift geradezu Regel, daß in verfchiedenen Sprachen dasfelbe Object mit verfchiedenen Lauten dargeftellt wird. Hätte man nicht zur Sprachwiffenfchaft die von der Jugend auf aus der hebräifchen uns geläufig gemachte Annahme der gemeinfamen Abftammung der Menfchen von einem Paare mit hinzugebracht, **kein Sprachkenner wäre jemals auf den abenteuerlichen Gedanken gekommen**, die verfchiedenen Sprachorganifmen fämmtlich von einer Urfprache abzuleiten.

»Wie follte auch jene Sprache befchaffen gewefen fein aus der fich z. B. Indogermanifch und Chinefifch, Semitifch und die Sprache der Cree-Indianer, Finnifch und Namaqua u. f. f. hätte entwickeln können. Es fehlen den beifpielsweife zufammengeftellten Sprachen alle Spuren eines gemeinfamen Urfprungs, die fich in den wirklich von einer Urfprache ausgegangenen Sprachen der wiffenfchaftlichen Erkenntnifs nicht völlig entziehen können. Es ift freilich eine von Manchen leider eingefchlagene Richtung, mit Hintanfetzung ftrenger Methode, fo viel Sprachen als möglich für verwandt zu erklären, gerade als triebe eine Macht dazu, der felbft auf Koften der Wiffenfchaftlichkeit Folge geleiftet werden mufs; wer aber folchen Dranges frei, mit ruhigem Blicke in der Welt der Sprachen fich umfieht, der gelangt weder zu der Annahme jener enormen Sprachkörper, die man hie und da aus den verfchiedenartigften, kaum morphologifch ähnlichen, in ihrer Lautmaterie aber ganz abweichenden Sprachen zufammengefetzt, noch viel weniger aber zu einer hiftorifchen Verwandtfchaft aller Sprachen, einer gemeinfamen Abftammung aller Sprachen von einer Urfprache. Hinweg alfo mit diefem Vorurtheile, das im Mithus, nicht aber in der Wiffenfchaft am Platze ift .... Wo Menfchen fich entwickelten, da entftund auch Sprache; zunächft wohl nur lautliche Reflexe der von der Aufsenwelt erhaltenen Eindrücke d. h. Abfpiegelung der Aufsenwelt im Denken, denn Denken und Sprache find ebenfo identifch wie Inhalt und Form. Wefen, die nicht denken find keine Menfchen; die Menfchwerdung beginnt alfo mit dem Hervorbrechen der Sprache, und wenn man will ift alfo mit dem Menfchen auch die Sprache gefetzt. Die Sprachlaute, d. h. die lautlichen Bilder für die dem Denkorgan durch die Sinne zugeführten Anfchauungen und die in demfelben gebildeten Begriffe, waren bei verfchiedenen Menfchen verfchieden, oder doch wohl bei wefentlich gleichartigen und unter gleichen Verhältniffen lebenden Menfchen diefelben. Auch im fpäteren Leben der Sprache zeigt fich eine analoge Erfcheinung: wefentlich gleichartige, unter denfelben Verhältniffen lebende Menfchen verändern ihre Sprache fammtlich auf diefelbe Weife innerem unbewufstem Triebe folgend; es ift alfo höchft wahrfcheinlich, dafs wie fpäter bei ganzen Völkern die Veränderungen der Sprache wefentlich gleichmäfsig vor fich gingen, fo auch in der Urzeit die Bildung der einfachften Bedeutungslaute in einer Anzahl nah zu einander ftehenden Individuen wefentlich gleichmäfsig ftattgefunden habe. Wie z. B. wir deutfchen für ein urfprüngliches k ein h fprechen, und für ein urfprüngliches d erft t, dann z eintreten liefsen (z. B. indogermanifche Urform dakan, deutfche Grundform tihan, dann hochdeutfch zehan, zehn) ohne dafs etwa ein Deutfcher auf die Idee folcher Sprachveränderung gekommen wäre, und fie bei feinen fämmtlichen Landsleuten durchgefetzt hätte, fo haben wir uns auch nicht zu denken, dafs ein einzelner Menfch auf die oder jene Bezeichnung der Dinge durch Laute verfallen fei und diefelbe Bezeichnung feiner nächften Umgebung mitgetheilt habe. Nichts fteht alfo der Annahme im Wege, dafs die Sprache in mehreren zufammengehörigen Individuen gleichmäfsig entftund; ebenfo nehmen wir an, dafs fie bei dem einen Theile der Urmenfchen in diefer, bei dem andern in jener, und bei einem dritten abermals in anderer Weife fich bildete, wie ja auch ihr fpäterer Verlauf bei verfchiedenen Völkern fich verfchieden geftaltete. Es gab alfo nicht eine Urfprache, fondern viele Urfprachen.« [1])

Wir können diefen Abfchnitt nicht beffer fchliefsen, wie mit den Worten Dieffenbachs: »Jedoch würde

---

[1]) Schleicher, deutfche Sprache S. 38—40.

selbst die Ununterbrochenheit (Continuität) des Zusammenhanges aller Wesensgattungen von einem ihrer Pole bis zum andern immer noch nicht ihre gemeinsame äusserliche und thatsächliche Abstammung von einem Wesen (Keime) beweisen, sondern zunächst nur den innern Zusammenhang ihrer Gestaltung, etwa wie der Gemälde der einander folgenden Kunstperioden, die ihrem Style nach zusammenhängen und fortschreiten, ohne dass darin eines wirklich dem andern nachgebildet und geradewegs daraus fortgebildet wäre. Ein solcher Zusammenhang der Gestalten und Wesen auf Erden beglaubigte also noch nicht die Einheit ihres Stammbaumes und Geschlechtsregisters, sondern vorerst nur das einheitliche Gesetz ihrer Entstehung und Ausbildung, ihrer Eigenschaften und Kräfte, mit griechischem Ausdrucke ihrer dynamischen Einheit in der Vielheit und die harmonische Gliederung in dem Leben des ganzen Planeten. Selbst die Herausbildung der Arten und Gattungen aus einander, wie sie am bestimmtesten Darwin annimmt, würde, so lange sie nicht überhaupt in äusserster Folgerichtigkeit auf eine Zahleinheit zurückgeführt wird, diese auch noch nicht gebieterisch für die Menschen und ihre Gattungen fordern, da eben so gut wie der erste und niedrigste Mensch aus dem vornehmsten Affen auch in gleicher Weise an verschiedenen Orten die ersten Menschen aus ihren jeweiligen Ahnen sich entwickeln konnten.

»Auf unserem heutigen Standpunkte — bereit, ihn morgen schon durch Gründe verrücken zu lassen — sagen wir: So lange die ursprüngliche Einheit der Sprachen unerwiesen bleibt, ja unerweisbar scheint, (wie namentlich Pott der Beherrscher so vieler Sprachen annimmt) halten wir es mit dem Menschen ebenso« — (Vorschule der Völkerkunde 1864. S. 19.)

21. Entwicklung der Menschheit und Entwicklung der Sprachen.

Halten wir nun diese zwei mit einander in einigem Zusammenhange von Ursache und Folge stehenden Thatsachen des Polygenismus der Menschheit und desjenigen der Sprachen zusammen, und fragen wir uns, wie sich im Laufe der geschichtlichen Entwicklung das Verhältnis der verschiedenen Menschengemeinschaften zu der Gesammtheit der Sprachen gestalten muste, so werden wir sehen, dass uns eine gesunde Logik nur eine einzige Antwort darauf ertheilen kann, und dass diese einzige Antwort durch die Thatsachen bekannter Geschichte glänzend bestätigt wird.

Erinnern wir vor allem daran, dass wir auch in der ganzen geschichtlichen Entwicklung uns keine andern Kräfte waltend denken dürfen als die, die wir täglich und stündlich im Leben der Menschen walten sehen — und die wir bei der Entstehung der Sprache als wirkend und thätig annehmen musten.

Als eine solche Sprachen schaffende und zeugende Kraft erkannten wir den unwiderstehlichen Trieb des Menschen, sich mit seinen nächsten zu verständigen — derselbe Trieb, der heutzutage die Menschen zur Erlernung fremder Sprachen antreibt.

Was muste nun erfolgen bei der aus was immer für Anlass herbeigeführten Berührung zweier oder mehrerer fremder Menschengemeinschaften mit einander? Offenbar dasselbe, was nothwendigerweise immer und überall und auch heutzutage unter ähnlichen Verhältnissen erfolgt. Die sprachfremden suchen sich mit einander zu verständigen und in Folge dessen nimmt, je nach Umständen und Verhältnissen, je nach der Zahlenstärke oder sonstigen Macht des einen oder andern Theiles — der eine ethnische Bestandtheil die Sprache des andern an, oder auch es bildet fich ein Amalgam aus den beiden Sprachen — was aber gewifs das Seltenere ift, wie Erfahrung und Gefchichte lehrt.

Die nothwendige Folge alfo des wachfenden Verkehrs unter den Menfchen, der fich bildenden gröfseren Gemeinfchaften, was zumeift durch das Mittel der Herrfchaft vor fich geht, ift, dafs einerfeits Sprachen untergehen und verfchwinden (eine Erfcheinung, für deren Natürlichkeit und Wirklichkeit zahlreiche Beifpiele aus Gefchichte und Gegenwart Zeugnifs ablegen) und andererfeits, dafs die in diefem »Kampfe ums Dafein«, wenn man es gerade Darwinifch ausdrücken will, obfiegenden und überlebenden Sprachen eben dadurch eine gröfsere Verbreitung erlangen. Diefer Procefs geht nun immer und immer wieder in's Unendliche fort und lebendige oder beffer gefagt todte Zeugen desfelben find die todten Sprachen, die uns die Literaturen des Alterthums aufbewahrt haben und jene anderen vor unfern Augen in fremden Welttheilen bei der Berührung mit mächtigern Völkern hinfterbenden und verfchwindenden Sprachen.

So mufs es fein und fo ift es nicht nur, fondern fo war es auch in Zeiten, von denen wir keine hiftorifche Kunde haben. Diefe Thatfache ift den Sprachforfchern bekannt, wenn fie diefelbe auch nicht ganz fo wie wir erklären: »In den offenbar fehr langen Zeiträumen vor der eigentlichen Gefchichte, fagt Schleicher, find höchft wahrfcheinlich unzählige Sprachen zu Grunde gegangen, während andere fich weit über ihr urfprüngliches Gebiet hinaus verbreiteten und fich dabei in eine Mannigfaltigkeit differenzirten.«[1]) Was nun das »Differenziren« anbelangt, wobei doch in erfter Linie an die zahlreichen Dialecte

---

[1]) Bedeutung der Sprache etc. S. 23.

der weitverbreiteten Sprachen gedacht werden muſs, ſo ſei uns hier noch eine Bemerkung geſtattet.

Nehmen Fremde eine neue, ihnen durch Umſtände und Verhältniſſe ſich darbietende oder anſgezwungene Sprache an, ſo werden ſie dieſelbe nie ſo ſprechen, wie diejenigen von denen ſie dieſelbe annehmen — vielmehr werden ſie aus der neu angenommenen Sprache einen Dialect oder gar indem ſie dieſelbe mit Ueberbleibſeln ihrer frühern Sprache vermengen einen Jargon bilden.

Dieſe Dialectbildung hat offenbar ihren Grund in der von der früheren Sprache der betreffenden Fremden her angewöhnten oder angeborenen Sprechweiſe, ja vielleicht ſogar in den ſchon originär anders angelegten Sprachwerkzeugen der Fremden, die die neue Sprache adoptiren.[1])

Das können wir an lebendigen Beiſpielen aus der Gegenwart genügend erhärten. Man denke z. B. nur an die Verſchiedenheit der Ausſprache des Deutſchen in Schleſien, wo es von einer urſprünglich ſlaviſchen Bevölkerung geſprochen wird, am Rhein und dann wieder in den verſchiedenen Alpenländern, wie z. B. Tirol und Steiermark, wo es wieder von anderen, urſprünglich nichtgermaniſchen Völkerſchaften geſprochen wird. Oder man denke an die durch Jahrhunderte ſich forterbende verſchiedene Sprechweiſe der ungebildeten Maſſe der Juden in allen europäiſchen Ländern.

---

[1]) Die Verſchiedenheit der Sprachen überhaupt iſt weniger eine Wirkung der allerdings wahrſcheinlichen Verſchiedenheiten in den Sprachorganen verſchiedener Stämme, wie das Dieffenbach, Vorſchule der Völkerkunde S. 49 und nach ihm Schleicher, Bed. d. Sprache S. 8, hervorhoben. Denn wir ſahen, wie dieſe Verſchiedenheit von vorneherein durch eine abgeſonderte Entſtehung gegeben iſt; dagegen müſſen Dialectbildungen gewiſs gröſstentheils auf dieſe »materiellen« Verſchiedenheiten zurückgeführt werden, »die ſich zur Zeit noch der unmittelbaren Wahrnehmung entziehen und die vielleicht auch nie zu Objecten directer Beobachtung gemacht werden können.« (Schleicher.)

Dasselbe war immer und überall der Fall. Wo immer wir daher sehr prägnante Dialecte finden, da können wir sicher sein, daß die dieselben redenden Volksbestandtheile einst andere Sprachen gesprochen haben, und daß sich in diesen Dialecten entweder die einstige Angewohnheit an die Sprechweise einer andern Sprache oder gar noch die originäre Verschiedenheit der Sprachwerkzeuge eines fremden Volksbestandtheiles erhalten hat. [1])

Wir können diesen Abschnitt nicht schließen ohne auf eine merkwürdige Analogie hinzuweisen, die uns die Entwicklung dreier verschiedenen Erscheinungen mit denen wir es hier zu thun hatten, darbietet. Vielleicht ist es nicht zu gewagt, wenn wir die Meinung aussprechen, daß uns diese dreifache Analogie in der natürlichen Entwicklung dreier zusammenhängender Erscheinungen einen Blick zu thun erlaubt in die geheime Werkstätte der Natur, in der wir, wie wir das oben (Seite 33) darlegten, nach dem Vorgange so vieler moderner Denker und Philosophen jene »Einheit des Gesetzes« oder besser gesagt, jenes einheitliche Gesetz des Werdens vermuthen, dessen Erkenntniß das höchste Ziel aller Wissenschaft ist.

---

[1]) Das ist die Antwort die wir auf die Renan'sche Frage geben: »Comment expliquer cette frappante homogénéité qui fait que, l'hebreu, le phenicien, le chaldéen, le syriaque, l'arabe, l'ethiopien semblent coulés dans le même moule; que les rameaux si nombreux de la famille indo-européenne ont d'un bout du monde à l'autre le même fond de racines, et, en un sens très-veritable, la même grammaires?« Und zu dieser Antwort berechtigen uns solche Thatsachen wie z. B. die, daß die Sprache der Römer in Frankreich zur Französischen geworden ist, weil sie eben von einem fremden Stamme, (meist Kelten) angenommen wurde, der seine frühere Sprache aufgab, aber seine frühere Sprechweise d. i. Aussprache und Sprachgewohnheiten beibehielt. So sind die verschiedenen romanischen Sprachen und ebenso die verschiedenen semitischen entstanden. Die Verbreitung einer siegenden Sprache über viele heterogene Stämme˙ das ist die Lösung des Räthsels.

Wir haben es als wahrscheinlich nachgewiesen, dafs die Menschheit in einer Unzahl von Urschwärmen ihren Anfang nahm, von denen bei steigendem Verkehr und sich ausbreitenden Beziehungen von meist feindlichem und gegenseitig ausbeutendem Charakter eine immer gröfsere Zahl den Schauplatz, dessen Behauptung ihre Kräfte nicht gewachsen waren und sind, räumen musste und noch räumen muſs, während andere sich immer mehr ausbreiten und das blutgedüngte Schlachtfeld der Erde behaupten.

Ein analoges Schauspiel stellen uns die Sprachen dar. Mit einer Unzahl von Ursprachen beginnt die Menschheit ihre Gedanken auszudrücken. Je mehr der gegenseitige Verkehr wächst und die Beziehungen sich ausbreiten, verschwinden die einen Sprachen spurlos oder werden zu den »todten« gelegt, während andere, überlebende, ihr Gebiet immer weiter ausdehnen und zu immer steigender Macht und Entfaltung gelangen.

Und was auf der Bühne der Geschichte im Grofsen mit Menschengemeinschaften vor sich geht, was unbemerkt und meist still mit den Sprachen sich vollzieht: dasselbe Schauspiel beobachtet die Sprachwissenschaft im Mikrokosmos jeder einzelnen Sprache. Mit einer grofsen Zahl von Wurzeln beginnt jede Ursprache und die Entwicklung der Sprache ist ein Kampf um's Dasein von Wurzeln und Formen. Die meisten von ihnen gehen zu Grunde und verschwinden — die überlebenden aber werden immer mächtiger an Geist und Bedeutung, so dafs schliefslich mit den dürftigen Ueberresten der einstigen Fülle der — Geist des Menschen eine früher ungeahnte Welt von Gedanken beherrscht. —

Welche Bedeutung nun immer diese Analogien haben, (und wir werden über dieses Thema noch sprechen) wollen wir nur noch bemerken, dafs wir die Reihe derselben keineswegs auf diese drei Erscheinungen beschränkt uns denken. Wir zweifeln nicht, dafs, wenn diefelben ein wenn auch entfernter und fchwacher Abglanz eines Naturgefetzes find, wir ihnen noch auf andern Gebieten der Natur und Gefchichte begegnen müffen — und der folgende Abfchnitt wird uns gleich wieder Gelegenheit geben, an diefelben zu erinnern.

22. Polygenifmus und Religionen.

Wir find von dem unmittelbaren Gegenftand unferer Unterfuchung mehr als es in unferer Abficht lag, abgewichen und haben uns eine vielleicht zu weite Abfchweifung in das fprachwiffenfchaftliche Gebiet geftattet. Nun wollen wir aber der Verlockung, wie grofs fie auch fein möge, widerftehen und eine ähnliche, demfelben Zwecke übrigens nicht minder dienliche Abfchweifung auf das Gebiet der Religionswiffenfchaft unterlaffen.

Denn ganz ebenfo wie die Betrachtung des Urfprungs und der Entwicklung der Sprachen, kann durch die Betrachtung des Urfprungs und der Entwicklung der Religionen, wenn nicht der Beweis des Polygenifmus verftärkt, doch mindeftens ein intenfives Streiflicht auf die von uns behauptete Richtung der Entwicklung der Menfchheit geworfen werden.

Wenn Schleicher die Sprache als ein »wefentliches Attribut des Menfchen« bezeichnet, fo hat er damit gewifs einen zu fchwachen Ausdruck gewählt. Wenn man die Sprache, wie es von Geiger fogar in zu hohem Grade gefchehen ift, in eine innige Verbindung mit menfchlichem Denken bringt, wenn man fie lediglich mit fo vielen andern Sprachforfchern und Philofophen, wie wir es thun, als eine nothwendige Confequenz des Denkens auffafst und fie, wenn auch nicht als Urfache doch als Folge mit dem Denken in ein Ganzes verfchmilzt: fo wird man nicht anftehen, diefelbe nicht fowohl als Attribut, fondern vielmehr als nothwendige Function des menfchlichen Organifmus zu betrachten.

Es ift das Verdienft der neueren Sprachforfchung und hier fpeciell Max Müllers, auf die wefentliche Aehnlichkeit in fehr vielen Stücken zwifchen Sprache und Religion hingewiefen zu haben. Insbefondere war es die Beobachtung einer gefetzmäfsigen Entwicklung in der man ebenfo wie in der Entwicklung der Sprache einen organifchen Charakter erkannte, welches auf die Vergleichung von Sprache und Religion führte. Und Max Müller hat mit vollem Recht auf diefe Beobachtungen hin es unternommen, eine eigene Religionswiffenfchaft zu gründen, die fich zu der bisherigen Theologie und fogenannten Religionsphilofophie als eine weitere Entwicklungsphafe oder gar als ganz neuer Zweig der Wiffenfchaft verhalten folle.

Was nun vor allem den Grund der Religion, die Urfache ihrer Entftehung anbelangt, fo fieht Müller diefelbe, fo wie er es bei der Sprache gethan, in einer »Fähigkeit zu glauben«. »Aehnlich wie es im Menfchen fozufagen eine Sprachfähigkeit gibt, unabhängig von allen hiftorifchen Formen, in welche fich die menfchlichen Sprachen kleideten: ähnlich liegt im Menfchen fozufagen eine Glaubensfähigkeit, unabhängig von allen hiftorifchen Religionen.«[1]

Ebenfo nun wie wir das Schleicher'fche Attribut als einen zu fchwachen Ausdruck erachteten, um mit demfelben die Entftehung der Sprache zu erklären: ebenfo halten wir es mit der »Glaubensfähigkeit«. Denn die Fähigkeit enthält in fich noch nicht die Nothwendigkeit der

---

[1] Max Müller, Vorlefungen über vergleichende Religionswiffenfchaft. 1. Vorlefung.

Ausübung derselben und läfst der falschen Anschauung Raum, als ob das »Sich-erheben zum Begriff des Unendlichen« und wie dergleichen Redewendungen immer lauten, ein »Verdienst« des Menschen sei, das ihn vor den Thieren auszeichnet.

Wissenschaftlich betrachtet, ist weder Glaube noch alles was mit demselben unter Umständen zusammenhängt, also das sogenannte »Gottesbewufstsein« »Ahnung des Unendlichen« ein Verdienst des Menschen: sondern einfach eine Function seines sinnlich-geistigen Organismus. Wir können in dieser Beziehung das Wesen der Religion nicht anders definiren, als wir es schon einmal an anderer Stelle gethan haben.

»Den Inbegriff der Vorstellungen, sagten wir dort, die sich im menschlichen Geiste über all die Dinge bilden, die er sinnlich wahrzunehmen nicht im Stande ist, die zu kennen aber ein unüberwindliches Bedürfnifs seines Gemüthes ihn drängt, nennen wir Religion. Die Folge dieser Vorstellungen ist, dafs er sein Leben und Handeln denselben vielfach anpafst, dafs er ihnen in all seinem Thun und Lassen Rechnung trägt — und zwar durch allerhand religiöse Handlungen wie Opfer, Gebete u. dgl.

»Es ist also Religion kein künstliches Erzeugnifs etwa der menschlichen Phantasie, sondern eine naturnothwendige Function seines endlichen und beschränkten Geistes den ein unstillbares Sehnen ewig über die ihm von der Natur gesetzten Schranken hinaustreibt.« [1])

Entsprang die Sprache wie wir sahen, dem unwiderstehlichen Bedürfnifs sich mit seines Gleichen zu verständigen, so entspringt die Religion, möchten wir sagen, dem nicht minder mächtigen Bedürfnifs des Menschen sich mit

---

[1]) Siehe unsere »Verwaltungslehre etc.« Innsbruck 1882. S. 393 ff

sich selbst zu verständigen, d. h. sich über unbekannte, mit den Sinnen und dem Verstande unmöglich wahrnehmbare Dinge (Ursachen von sinnlich wahrgenommenen Erscheinungen) klar zu werden — oder wenigstens die sich ihm über diese Dinge aufdrängenden Fragen, die er auf eine andere Weise nicht lösen kann, durch gewisse Annahmen und Vorstellungen zu beantworten, oder doch sein durch diese Fragen beunruhigtes Gemüth zu beruhigen und zu beschwichtigen.[1])

So aufgefasst aber stellt sich uns die Religion gleich der Sprache als Folge des Denkens dar; denn gäbe es kein Denken, wäre der Mensch nicht ein denkender Organismus, dann würde ihn auch das was auserhalb der Grenze seiner Sinne liegt, nicht beunruhigen, es würde seine Neugier nicht wecken, sein Denken nicht afficiren. Denn alle religiöse Vorstellung ist nur der geistige Reflex, hervorgerufen durch den Reiz den die nicht unter die Sinne fallenden Dinge oder besser gesagt das Unbekannte, Uebersinnliche, das was als jenseits der Grenze menschlicher Erkenntniss liegend vermuthet wird, auf das menschliche Denken üben.

Diese Auffassung der Religion ist keineswegs eine neue. Sie datirt unseres Wissens von Humes: Natural history of religion, der zuerst die Religion als nothwendigen Ausfluss der Gemüthsbeschaffenheit auffasst und die Entstehung derselben dem natürlichen Zusammenwirken der Gefühle des Menschen mit dessen Einbildungskraft zuschreibt. Die deutsche Philosophie hat nun in ihrer Weise seit Kant diesem Gedanken in den verschiedensten Formen Ausdruck gegeben.

Speziell Kant schreibt die Entstehung der Religion dem im menschlichen Geiste liegenden Triebe zu über das

---

[1]) Vrgl. darüber Pfleiderer: Die Religionen B. I. S. 1—70.

Endliche hinauszukommen und zum Unendlichen vorzudringen. Den einfachften und klarften Ausdruck fcheint uns aber diefem Gedanken Guizot gegeben zu haben in folgender Stelle: »Il y a dans la nature humaine, dans la destinée humaine, des problèmes dont la solution est hors de ce monde, qui se ratachent a un ordre de choses etranger au monde visible, et qui tourmente invinciblement l'âme de l'homme, qu'elle veut absolument resoudre. La solution de ces problèmes, les croyances, les dogmes qui la contiennent, qui s'en flattent du moins, tel est le premier objet, la première source de la religion.« [1])

Wir glauben nicht, dafs zwifchen diefer Auffaffung des Wefens der Religionen und den Refultaten der ebenfo gründlichen wie genialen Unterfuchungen Jul. Lippert's [2]) ein principieller Widerftreit beftehe.

Man kann Lippert vollkommen zuftimmen, infoferne er den Urfprung der Religionen im »Seelencult« nach-

---

[1]) Cours d'histoire moderne lect. 5. Minder zutreffend fcheint uns Hellwalds Erklärung wonach der Grund der Religionen in dem »urwüchfigen Trieb des Menfchen, Ideale zu bilden« liege; fiehe deffen Culturgefchichte S. 30.

[2]) »Der Seelencult in feinen Beziehungen zur althebräifchen Religion« Berlin 1881, und »die Religionen der europäifchen Culturvölker etc.« Berlin 1881. Das Refultat diefer Unterfuchungen fafst Lippert felbft in folgender Schlufsftelle zufammen: »So glaube ich denn ... nachgewiefen zu haben, dafs, wie heute noch unter uncivilifirten Völkern, fowie unter den Culturvölkern Oftafiens die Vorftellungen des Seelencultus deutlich erkennbar find, diefer felbft die Grundlage und der Ausgang fowohl der althebräifchen, wie der flavifchen, germanifchen, griechifchen und römifchen Religion gewefen ift, und dafs die betreffenden Mythologien, wenn fie in ihrer gefchichtlichen Erfcheinung erfafst werden follen, fernerhin auch in der Darftellung auf diefe Grundlage werden geftellt werden müffen. Es fehlt nur noch Weniges und die Nothwendigkeit und Möglichkeit, alle irdifche Religionsentwicklung unter allen Völkern und zu aller Zeit aus ein und derfelben Wurzel abzuleiten, wird inductiv nachgewiefen fein.« Religionen S. 484.

weifst; ja, man mufs fagen, diefer Nachweis ift Lippert ganz vorzüglich gelungen. Nichtsdeftoweniger aber giebt es erftens, auch noch andere geiftige Momente die auf die Ausbildung und Entwicklung der Religionen von Einflufs waren und wenn fie auch nur fecundär und in einem fpätern Stadium der Entwicklung hinzugetreten fein mögen, durch den von Lippert nachgewiefenen Urfprung nicht ausgefchloffen find und zweitens wurzelt ja der Seelencult felbft, wie das auch Lippert darftellt in der durch eine geheimnifsvolle Erfcheinung (Tod) und durch etwas Unbekanntes und Ueberfinnliches (die »Seele«) erzeugten Beunruhigung des menfchlichen Gemüthes und fällt fomit auch die Lippert'fche Erklärung als ein Theil unter das Ganze unferer obigen Auffaffung des Wefens der Religion. Damit foll aber das grofse Verdienft Lippert's den thatfächlichen hiftorifchen Urfprung der Religionen, ihren geiftigen Kern und ihre urfprüngliche Bedeutung nachgewiefen zu haben keineswegs gefchmälert werden.

Aus diefem Wefen nun der Religionen, fei es nach unferer weiteren oder nach der Lippert'fchen viel engeren Auffaffung folgt eine wichtige Erkenntnifs bezüglich der Urgefchichte derfelben. Denn offenbar mufste Religion immer und überall entftehen wo nur Menfchen vorhanden waren; und vom Standpunkt des Polygenifmus ift dann die urfprüngliche Vielheit und Mannigfaltigkeit der Religionen ebenfo wie die der Sprachen leicht erklärlich, ja felbftverftändlich.

Nun find gewifs fehr viele folcher urfprünglicher Religionen, eben fo wie es heutzutage mit den Religionen der Naturvölker gefchicht, mitfammt ihren Anhängern und den von ihnen gefprochenen Sprachen im Laufe der Gefchichte verfchwunden: doch haben fich eben fo gewifs viele andere mit der Verbreitung ihrer Anhänger und mit der immer größeren ethnifchen Verfchmelzung der Menfchheit, mit anderen Religionen vermifcht, woraus fich der Polytheifmus und die ungeheure Complicirtheit der Mythologien der hiftorifchen Völker erklärt. Denn die Neigung fremde Götter zu recipiren und fie den Einheimifchen in irgend einer Form (Rangftufen u. dgl.) beizugefellen, war immer bei allen Völkern vorhanden. So haben bekanntlich die Römer alle möglichen orientalifchen Götter der befiegten Völker bei fich gaftlich aufgenommen.[1]) Andererfeits hat keine bei irgend welchem Volke fiegreich eingeführte neue Religion die alte, angeftammte, je ganz ausrotten können, wie es ja von den europäifchen zum Chriftenthum bekehrten Nationen bekannt ift, dafs fie ihre alten Gottheiten unter veränderten Namen und Formen theilweife bis heutzutage beibehalten haben.[2]) Die religiöfen Vorftellungen führen eben ein viel zäheres Leben als die Sprachen; fie werden einerfeits von fremden Völkern leichter recipirt und verfchwinden fehr fchwer auch bei Annahme und Verbreitung einer neuen Religion.

Was fie aber leicht verlieren und abftreifen, das find ihre fprachlichen Abftammungsmerkmale in Folge deffen

---

[1]) »Zu diefen alt- und ächtrömifchen Göttern kamen nun aber im Verlauf der Jahrhunderte alle mögliche griechifche und fpäter fogar orientalifche Gottheiten hinzu. Die Tarquinier, welche fchon durch Verpflanzung etruskifchen Gottesdienftes nach Rom, die Einfachheit des alten Cultus aufhoben, legten auch den Grund zur Hellenifirung der römifchen Religion etc. etc.« Pfleiderer l. c. II. 165. Ueber die Einwanderung griechifcher Culte und Gottheiten in Rom vrgl. Lippert Religionen S. 462 ff.

[2]) Die Sache ift ziemlich bekannt, doch verweifen wir auf eine intereffante von Gobineau zur Illuftration derfelben mitgetheilte Thatfache: »Dans la catholique Bretagne, au siècle dernier, un évêque luttait contre des populations obstinées dans le culte d'une idole de pierre. En vain on jetait a l'eau le grossier simulacre, ses adorateurs entêtés savaient l'en retirer et il fallut l'intervention d'une compagnie d'infanterie pour le mettre en pièces. Voilà quelle fut et quelle est la longévité du paganisme.« L'Inégalité des races humaines. Paris 1853. I. 29.

es fehr fchwer, faft unmöglich ift in den grofsen hiftorifchen Nationalreligionen oder in den mannigfaltigen heutigen Mythologien der Völker die verfchiedenen, urfprünglich verfchiedenen ethnifchen Beftandtheilen angehörenden, Elemente und deren Herkunft zu erkennen. Dafs aber folche ethnifche Sonderelemente in den verfchiedenen Nationalreligionen des Alterthums enthalten waren, dafür fpricht aufser hiftoritchen Zeugniffen deutlich auch der Umftand, dafs es zu jeder Zeit in demfelben gewiffe Gottheiten gab, die nur an gewiffen Orten und von gewiffen fyngenetifchen Kreifen (Stämme, Gentilverbände in Rom) verehrt wurden. So finden wir in Egypten zu jeder Zeit in den verfchiedenen Theilen des Landes verfchiedene Gottheiten (Ra, Ptah, Ammon etc.) die ungefähr diefelbe Rolle fpielen aber unter verfchiedener Geftalt und verfchiedenen Namen verehrt werden. Ebenfo hatten die einzelnen Stämme der Griechen ihre fpeziellen Gottheiten.

Auch ift es fehr wahrfcheinlich, dafs die Sagen von der wechfelnden Herrfchaft verfchiedener Göttergefchlechter wie fie in der griechifchen und auch nordifchen Mythologie wiederkehren mit der Thatfache der nacheinander recipirten verfchiedenen Religionen im Zufammenhange ftehen: denn die Herrfchaft einer Gottheit ift ja immer nur von der Herrfchaft ihres betreffenden Stammes bedingt und in dem Vom-Thron-Stürzen der Götter ift gewifs oft die Spur der Ueberwältigung eines Stammes durch den andern enthalten, worauf eben die Götter des befiegten Stammes, als von denjenigen der Sieger geftürzte und der Herrfchaft beraubte, in der Erinnerung fortleben, ganz ebenfo wie es nach Einführung des Chriftenthums in Europa mit den früheren europäifchen Göttern gefchah.

Dafs alle diefe von uns hier aufgeftellten Behauptungen richtig find, darüber kann man fich aus Lippert's »Religionen« die vollfte Beruhigung verfchaffen — auf welches epochemachende Werk wir zu diesem Zwecke noch mit einigen Worten hinweisen müssen. Zuerst was die Entstehung des Polytheismus anbelangt.

Während noch Pfleiderer, sowie viele vor ihm die »zahllose Menge untergeordneter göttlicher Wesen« bei den Römern, aus dem Bedürfnifs »für alle und jede einzelne Existenz, Localität, Zuständlichkeit oder Thätigkeit eine besondere Schutzgottheit anzurufen — ein Bedürfnifs das aus einer superstitiösen Gemüths- und abstract-logischen Verstandesrichtung (?) zu gleichen Theilen hervorgieng« erklärt[1]): ergiebt es sich aus den Untersuchungen Lipperts, dafs dieses »Bedürfnifs« ein viel concentrirteres, einheitlicheres und spezielleres war und dasselbe an und für sich nie eine solche Fülle von Göttern erzeugt haben würde, welche vielmehr in der Amalgamirung zahlreicher Stämme und ethnischer Bestandtheile und folglich auch ihrer Gottheiten ihren Grund hat.

Denn all und jede Religion war zuerst ein »Seelencult« einzelner »genealogischer« Verbände und Gruppen, einzelner Stämme. So wie nun diese Gruppen und Stämme zu gröfseren Verbänden und Vereinigungen verschmolzen, übergiengen die vielen »Seelenculte« so zu sagen in den gemeinschaftlichen Besitz des neuen Verbandes, so dafs anstatt der einzelnen von den einzelnen Bestandtheilen des neuen Verbandes früher verehrten »Geister« nun eine ganze Menge gemeinschaftlicher »Geister« verehrt wurde, denen dann die Volksphantasie je einzelne Rollen zutheilte.

Auf diese Weise schuf die Phantasie der Völker (durch das Medium ihrer Dichter) aus den ursprünglichen Elementargottheiten der einzelnen ethnischen Bestandtheile ganze Götterhierarchien und umwob dieselben mit dem Sagengespinst der Mythologieen. Daher erklärt sich der

---

[1]) Pfleiderer Religion II 166.

Ausspruch Herodot's (II 53): »Woher aber ein jeder der Götter stammt und ob sie alle immer da waren und von welcher Gestalt sie sind, das wissen sie (die Hellenen) so zu sagen erst seit gestern und vorgestern. Denn Hesiod und Homer, die wie ich glaube, nur um vierhundert Jahre und nicht mehr älter sind als ich, sind es zunächst, welche den Griechen ihr Göttergeschlecht geschaffen, den Göttern ihre Namen gegeben, sowie Ehren und Künste unter sie vertheilt und ihre Gestalten bezeichnet haben.«[1] Den Vorgang selbst aber, wie nämlich die Gottheiten der einzelnen ethnischen Gruppen zum Gemeingut der aus ihnen sich bildenden größeren socialen Gestaltungen werden, schildert Lippert unter anderen wie folgt:

»Daß die zuhöchst verehrten Schutzgeister einzelner Stämme, (es ist die Rede von den Griechen) mit diesen selbst an Ansehen und Geltung gewannen, ist in der Sache selbst so begründet, wie die vielfachen Völkerschiebungen auf dem Gebiete des Ostbeckens des Mittelmeeres geschichtlich bezeugt sind. Nicht leicht haben sich irgendwo so viele kleine selbständige Stämmchen so bunt durcheinander gewunden (unserer Ansicht nach war das allerdings überall der Fall); überall tauchen solche auf und unter und die uns geläufigen Hauptgruppen stehen ungefähr zu jenen, wie die deutschen Sachsen und Franken zu dem Völkchen des Tacitus. Darüber verschwinden jene mythischen Pelasger wie unsere Herminonen und Ingävonen. Wenn wir aber bedenken, wie in der Vorstellung die Schutzgeister selbst Kriege führten, Schlachten gewannen und Völker unterwarfen, so kann eine solche nationale und politische Entwicklung unmöglich ohne Einfluß auf ein Zusammenwachsen religiöser Vorstellungen gedacht werden. Dazu kam noch als eine mehr friedliche Eroberung das Vor-

---

[1] Vrgl. Lippert Religionen 248.

dringen von Culten, die nicht von den erobernden Waffen, fondern von dem Anfehen und den Priefterfchaften getragen wurden, namentlich denen, die fich durch Orakelfpenden der rathlofen Menfchheit unentbehrlich machten.«[1])

Andererfeits aber vollzog fich die Umwandlung der urfprünglichen Gefchlechts- und Stammgötter in Volks- und Nationalgottheiten einfach auf die Weife, dafs aus dem urfprünglichen Gemeinnamen ein Individualname wurde; dafs alfo die Unzahl von Gefchlechts- und Stammgöttern die nur einen Gemeinnamen hatten (etwa mit Hinzufügung der gentilifchen Bezeichnung) dadurch, dafs man den Gemeinnamen zu einem Individualnamen machte, zu einem einzigen Nationalgott wurde. Dafs der griechifche Zeus einer folchen Wandlung feine alle andern Götter überragende Stellung in der griechifchen Mythologie verdankt, weift Lippert nach. Uns intereffirt dabei folgende Stelle: »Die Thatfache, dafs einft in zahllofen Gefchlechtern der Gefchlechts- oder Stammgott als ein Zeus bezeichnet wurde, lebt im Cult und in der Erinnerung fort. Zeugniffe diefer Erinnerung find die Sagen von fo vielen zeusentfproffenen Helden- und Königsgefchlechtern und die Mythen über die Jugendzeit des Gottes . . .«

Auch die Entwicklung der römifchen Mythologie geht auf der Grundlage der »Bildung eines ftädtifchen Gemeinwefens durch coordinirte Zufammenfchliefsung verfchiedener Stammeseinheiten«[2]) vor fich und kann nur von diefer Grundlage aus begriffen und gewürdigt werden. Denn eine folche ethnifche Grundlage erzeugte auch in Rom eine »Mannigfaltigkeit von Parallelculten« wie fie durch eine »locale Gemeinfamkeit und Einheit von Volkstheilen die nicht genealogifch verbunden find«[3]) bedingt ift. Die bezüglichen Detailnachweifungen über diefe Verhältniffe fehe

[1]) l. c. 340. [2]) Lippert l. c. 413. [3]) ib. 414.

man bei Lippert.¹) Hier möge nur noch Einiges hervorgehoben werden: »Das älteste Rom nach der Befestigung des neuen Capitols, das heißt jene, verschiedenen Volksstämmen angehörigen Geschlechter, welche einzelne Hügel im Umfange der späteren Stadt besetzt hatten, hinterließ uns die Kunde von vier Geschlechtsgöttern die hier walteten: Janus, Jupiter, Mars und Quirinus. Alle führen die Gesammtbezeichnung patres, Janus und Jupiter sind auch reges — sie führen sich somit zweifellos als dem betrachteten Systeme der Stammgottheiten angehörig ein.« ²)

Solche ursprünglich coordinirte Stammesgottheiten fügten sich mit der Zeit in eine den wirklichen socialen und Machtverhältnissen ihrer Stämme entsprechende Rangordnung oder übernahmen besondere Funktionen und Rollen in der sich bildenden Mythologie des Volkes. »Erst mit der Erweiterung des Gebietes und der Organisation des Staates und mit der Aufnahme immer neuer Volkselemente treten neue Culte aus der häuslichen Uebung in die öffentliche und wuchsen neue Götter zu, bis sich das Capitolium füllte. Das »Oeffentliche« ist die einzige unterscheidende Qualität des römischen Gottes engsten Sinnes. Dann wird allerdings die Welt der Vorstellungen, die diese Burg einschließt so groß, daß man nicht ohne Erfolg versuchen kann, die wirkliche Welt damit zu allegorisiren. Die Geschichte dieser Vorstellungen ist aber nicht die Religionsgeschichte, sondern die Geschichte des Unterganges der ältesten Religion der Menschheit.« ³)

Höchst interessant sind ferner bei Lippert die Nachweise darüber, wie eine beschränkte Gelehrsamkeit späterer Zeiten denjenigen Nationen, die durch die Einführung des Christenthums in der natürlichen Entwicklung ihrer »Reli-

---

¹) Z. B. S. 435, 440. ²) l. c. 443. ³) l. c. 353.

gionen« aufgehalten wurden und es daher zu keinen Götterhierarchien und fyftematifchen Mythologien gebracht
haben, folche hintendrein aufzuoctroyren bemüht war. Und
zwar bezieht fich das fpeciell auf die Slaven und Germanen.
Diefe Völkerfchaften wurden auf einer fehr frühen Stufe
der focialen und religiöfen Entwicklung vom Chriftenthume
überrafcht und hatten keine Zeit, die Vereinheitlichung
und Syftematifirung ihrer unzähligen Stammgottheiten in
eine einzige Nationalmythologie zu vollziehen.

Und fiehe da! fo grofs ift der Trieb des menfchlichen
Geiftes an den Anfang der Entwicklung immer die Einheit
zu fetzen und überall das genau begränzte Syftem fehen
zu wollen, dafs chriftliche Gelehrfamkeit (und auch be-
fchränkter nationaler Dünkel der den »Griechen und Römern« nicht nachftehen wollte) fich damit abmühten, eine
einheitliche germanifche und flavifche Mythologie zu fabri-
ciren, die nie exiftirte.

Auch hierüber fehe man die Detailnachweifungen bei
Lippert, aus dem wir nur folgende charakteriftifche Stelle
hervorheben: »Den Slaven blieb bis zur Chriftianifirung
nicht Zeit, fich gegenfeitig von Stamm zu Stamm fo
weit kennen zu lernen, um in wechfelfeitigen Götterverkehr
zu treten oder die Götter gegenfeitig aufzunehmen. Daher
war auch gar kein Anlafs, fie durch Dichtung zu verbinden und ihnen Genealogien zu fchaffen. Doch glaubte
die Nachwelt das Verfäumte nachholen zu müffen und fo
entftand namentlich in unferem Jahrhundert eine Mythologie, die um fich felbft zu ftützen hie und da felbft der
Fälfchungen von Urkunden nicht entrathen konnte. Der
Grundzug ihrer Methode war, die irgendwo entdeckten
flavifchen Götternamen unbefehen als ein Gemeingut aller
Slaven zu betrachten, dann in den zufälligften Dingen die
Analogie mit der griechifch-römifchen Mythe zu fuchen,
womöglich eine Namenswurzel von myftifchem Klange im

Sanskrit zu finden, drei grofse Götter herauszugreifen, Einen insbesondere voranzustellen und den Schwarm der Kleinen mit Aemtchen versehen nachfolgen zu laffen. Dafs fich gerade flavifche Gelehrte gern mit diefem Bau befaffen, dürfen wir ihnen im Hinblicke auf die Vorgänge in unferer eigenen Schmiede durchaus nicht übelnehmen....«[1])

Die Unterfuchungen und Ausführungen Lippert's find für uns in fo ferne wichtig, als fie aus dem Spiegelbilde der Religionen und ihrer Entwicklung ein klares Licht werfen auf den Gang der focialen Entwicklung der Menfchheit und in diefer Beziehung unfere oben entwickelte Auffaffung vollkommen beftätigen. Nur Eines finden wir an den Lippert'fchen Ausführungen auszufetzen, dafs er die Anfänge diefer Entwicklung nicht confequenterweife in einer folchen Unzahl felbftändiger focialer Gruppen fucht, fondern oft fich hergebrachterweife fo ausdrückt, als ob er eine urfprüngliche Einheit und fpätere Differenzirung annehmen würde — was offenbar eine Unconfequenz ift.[2]) In diefer hergebrachten Anfchauung fteckt er auch, wenn er die fortfchreitende Entwicklung der Religionen aus »Familien« zu »Gefchlechts-« und »Stammescult« und fodann erft zum Cult localer Verbände »comunaler und ftaatlicher« Organifationen darftellt.[3])

Denn es ift doch überhaupt eine höchft ungenaue Ausdrucksweife die eine Irreführung der Vorftellung zur

---

[1]) l. c. S. 105.

[2]) So z. B. S. 363 wo er die Griechen ein »Volk« nennt, »in welchem fich die urverwandten aber doch ftark differenzirten Bruchtheile fo mannigfaltig durchfetzten etc.« Für diefe Urverwandtfchaft giebt es keinen Beweis — das ift nur fo eine hergebrachte Anfchauung, ein gewohnter Schlufs aus fpäterer nationaler Einheit auf urfprüngliche Gemeinfamkeit.

[3]) So z. B. S. 321 »fo ftellte fich aber der Familiencult der des Gefchlechtes und des Stammes...« u. a. a. O.

Folge hat, wenn man den Begriff der ›Familie‹ in die Urzeiten verlegt und fie an die Spitze der Entwicklung ftellt. Das wird wohl Lippert felbft zugeben. Und an welche ›Familie‹ follte man denn dabei denken in den Zeiten, in denen es nach Lippert felbft noch kein Vaterrecht oder beffer gefagt kein Vaterthum im Sinne des Familienbegriffes gab und gar an welche Familie war zu denken in jener noch früheren Zeit, wo es wohl eine Mutterfchaft aber kein Mutterthum und kein Mutterrecht gab? Es ift alfo klar, dafs die fociale Urform in der der erfte Cult keimte keine ›Familie‹, fondern einfach ein fyngenetifcher Schwarm war — und dafs alle weitere Entwicklung nicht durch eine ›Differenzirung urverwandter Familien‹ fondern durch Amalgamirung ganz heterogener Schwärme vor fich gieng. [1])

Unferes Erachtens würden die fchätzbaren Refultate der Lippert'fchen Unterfuchungen erft in das rechte Licht gerückt werden, und ihr eigentliches Relief erft bekommen, wenn fie auf die Unterlage einer polygeniftifchen Auffaffung der Entwicklung der Menfchheit übertragen fein würden. Denn nicht aus ›Familienculten‹ einer ›urverwandten‹ Volksmaffe, fondern aus ganz heterogenen Hordenculten entwickelten fich die religiöfen Vorftellungen und ihre im Verlaufe der Gefchichte wachfende Annäherung, Vermifchung und Verbindung ift nur die Folge und der Reflex des parallelen focialen Entwicklungsganges der Menfchheit.

Daran wollen wir noch kurz eine Schlufsbemerkung über die Frage nach der Priorität und Zeitfolge des Monotheifmus und Polytheifmus knüpfen — da diefelbe mit unferem Thema nicht ohne Zufammenhang ift.

Je nachdem die einen in der Entwicklung der Menfch-

---

[1]) Siehe unfer »Rechtsftaat und Socialifmus«.

heit einen stetigen Fortschritt, die anderen eine stetige Degenerirung sehen (welche beiden Ansichten nebenbei gesagt, nichts anderes als Reflexe persönlicher Stimmungen sind, wovon an einer andern Stelle!) wird von den Einen die reine Gottesverehrung, der Monotheismus als das Ursprüngliche, der Polytheismus als der »Abfall vom wahren Gott«; von den Andern hingegen letzterer als das Ursprüngliche und der Monotheismus als der Fortschritt der Menschheit dargestellt. Keine dieser Behauptungen ist ganz richtig; etwas Wahres ist an jeder.

Zwei Thatsachen können uns Anhaltspunkte zur Lösung dieser Frage bieten. Die erste ist der unläugbare Zug des menschlichen Geistes zur Vereinfachung all und jeder Erklärung des Uebersinnlichen; die leicht erklärliche Tendenz des Menschengeistes die ihn umgebenden Räthsel immer auf ein minimum zu reduziren. Es ist dieselbe Tendenz, die wir immer und überall auch in Wissenschaft und Philosophie wahrnehmen; jener Zug, der die bekannte »Lebenskraft« schuf, der die Philosophen zur Aufsuchung des »Dinges an sich« drängt und der in seiner weiteren Consequenz schließlich zum Monismus führt. Die zweite Thatsache ist die auch von Lippert überall constatirte, daß die Amalgamirung heterogener ethnischer Bestandtheile die vornehmste Ursache des Polytheismus ist, indem die Gottheiten der einzelnen ethnischen Elemente untereinander, wenn auch in mannigfachen Unter- und Ueberordnungsverhältnissen sich erhalten.

Aus diesen zwei Thatsachen ergiebt sich nun der Schluss, daß wohl, entsprechend dem Zuge des menschlichen Geistes sich die Ursachen der Erscheinungen zu vereinfachen, in den ersten Menschenhorden nur einzelne Geister oder Gottheiten verehrt wurden, daß sich aber auch dieser Drang zur Vereinfachung immer und überall da manifestirt wo in Folge der Amalgamirung der ethnischen Bestandtheile fo zu fagen auf künftlichem Wege der Polytheifmus fich ausbreitete.¹)

Auf diefe Weife haben wir es auch auf dem Gebiete der Religionsvorftellungen nicht mit einer conftanten Richtung, weder mit einer fort- noch rückfchrittlichen, fondern ähnlich wie auf allen Naturprozefsgebieten (fiehe unten) mit einem ewigen Kreislauf zwifchen Mono- und Polytheifmus zu thun, der fich freilich in den verfchiedenften Formen manifeftirt. Gefchichtlich, d. h. fo weit unfere Gefchichtskenntnifs reicht, die allerdings fehr fpät beginnt, tritt uns überall mit den ethnifchen Amalgamen Polytheifmus entgegen, welcher Umftand die Meinung Humes und anderer Philofophen fcheinbar berechtigte; die erwähnte Tendenz aber des menfchlichen Geiftes, bricht fich Bahn und gelangt, freilich zuerft in bevorzugten und glücklich veranlagten Perfönlichkeiten eines Confucius, Buddha, Mofes, Sokrates und ähnlichen immer wieder zum Monotheifmus — der auch in der That fiegt, wiewohl er im Grunde immer nur die geiftig höher ftehende kleinfte Minorität der Menfchen ganz gewinnt, da fich die Maffen des Aberglaubens fchwer entfchlagen und jeder Monotheifmus bei ihnen immer wieder in einen Polytheifmus

---

¹) Wenn alfo Hume a. a. O. und nach ihm viele Gelehrte conftatiren, dafs je weiter wir in die Vergangenheit vordringen, wir deftomehr den Polytheifmus verbreitet finden: fo erklärt fich diefe allerdings unläugbare Thatfache daraus, dafs wir, fo weit unfere Gefchichtskenntnifs reicht, überall nur ethnifche Amalgame begegnen und zu jenen unvermifchten Urfchwärmen gar nicht vordringen können. Andererfeits ift eben der uns bei Völkern des graueften Alterthum fchon begegnende Polytheifmus die ficherfte Gewähr, dafs wir es da überall mit keinen elementaren ethnifchen Einheiten, fondern bereits mit ethnifchen Amalgamen zu thun haben. Wenn dagegen frömmelnde Philofophen einen urfprünglichen Natur-Monotheifmus annehmen von dem die lafterhafte Menfchheit abgefallen fei, fo haben fie dabei wohl nicht nach unferer oben zu entwickelnden Anficht, das Richtige gedacht, dasfelbe aber beinahe getroffen.

verschiedenster Form umschlägt — ja, der reinste philosophische Monotheismus oder Monismus den Massen ganz unverständlich bleibt.

So sehen wir denn auf diesem Gebiete einen ewigen Kampf zwischen vulgärem Polytheismus in den verschiedensten Formen und dem Monotheismus und Monismus der grofsen Religionsstifter und Philosophen.

Wenn es einmal dazu kommen sollte, dafs die sociale Entwicklung der Menschheit wirklich zu einer einheitlichen die ganze Menschheit umfassenden socialen Gestaltung gelangen sollte, dann, aber auch nur dann könnten die Worte des Evangeliums sich verwirklichen von einer Heerde und einem Hirten. Damit hat es aber noch seine guten Wege.

IV.

Der Naturprocess der Geschichte.

23. Der Begriff des Naturprozeſſes.

Haben wir auf dieſe Weiſe an Stelle der gangbaren irrthümlichen Vorſtellung über den Anfang des Menſchengeſchlechts und deſſen Fortentwicklung eine andere auf Thatſachen der Geſchichte und Erfahrung ſich ſtützende Vorſtellung geſetzt für die alle Gründe einer geſunden Logik einzig und allein ſprechen: ſo übergehen wir nun zu der zweiten Richtigſtellung, zur Correctur des Begriffes »Naturprozeſs« der von den modernen Sociologen wie wir das oben (S. 26) zeigten, zu eng gefaſst wurde und durch deſſen Anwendung auf die menſchheitliche Geſchichte in dieſem ſeinem allzu engen Umfange eine groſse Unklarheit und Begriffsverwirrung entſtand.

Erinnern wir uns hier, was wir oben von dem allgemeinen, ſo zu ſagen von dem Gattungsbegriff des Naturprozeſſes und von den vier Artbegriffen desſelben, dem ſyderiſchen, chemiſchen, vegetabiliſchen und animaliſchen ſagten, ſo iſt es klar, daſs wir es hier bei der Entwicklung der Menſchheit mit keinem dieſer bekannten Naturprozeſſe zu thun haben und daſs wir vielmehr gezwungen ſind, dieſen ganz eigenartigen Naturprozeſs als geſellſchaftlichen oder ſocialen, jenen vier Naturprozeſſen voranzuſtellen. Soll aber der allgemeine Eindruck den wir aus der Betrachtung dieſer menſchheitlichen Entwicklung empfangen, nämlich daſs wir es hier mit einem Naturprozeſs zu thun haben, der hoch über aller Willkühr und Freiheit der Menschen mit eherner Nothwendigkeit sich vollzieht, soll dieser allgemeine Eindruck sich zu einer wissenschaftlichen Ueberzeugung präcisiren: dann müssen wir in das We sen der Naturprozesse überhaupt näher eingehen, die konstitutiven Momente eines jeden derselben auffinden und die Art und Beschaffenheit der bewegenden Kräfte eines jeden derselben, sowie die wesentlichen Vorgänge die ihn bedingen, festzustellen suchen.

24. Die constitutiven Momente jedes Naturprozesses.

Zwei wesentliche Momente sind es, die sich bei jedem Naturprozesse beobachten lassen, die jeden Naturprozess konstituiren, nämlich heterogene Elemente und eine gegenseitige Einwirkung derselben, die wir gewissen natürlichen Kräften zuschreiben. Diese Momente beobachten wir bei dem syderischen Naturprozess, wo die verschiedenen Himmelskörper aufeinander gewisse Einwirkungen üben, die wir sei es einer Anziehungskraft, sei es einer Schwerkraft zuschreiben.

»Kein materielles Band knüpft den Planeten an die Sonne, aber die unmittelbare Wirksamkeit einer Elementarkraft, der allgemeinen Anziehungskraft, hält beide unsichtbar mit einer Elasticität ihres Wirkens zusammen . . .«[1]

Im chemischen Naturprozess beobachten wir die verschiedensten Elemente, die sich zu einander auf die verschiedenste Weise verhalten, einander anziehen oder abstossen, mit einander Verbindungen eingehen oder sich

[1] Lotze: Mikrokosmos I 77.

flichen, lauter Einwirkungen und Wirkungen, die wir auf gewiſſe, dieſen Elementen innewohnende Kräfte zurückführen.

Der vegetabiliſche und animaliſche Naturprozeſs beginnt ebenfalls mit dem Contact heterogener Elemente, die wir als geſchlechtsverſchiedene Keime bezeichnen und die auf einander eine gegenſeitige Einwirkung üben, womit ſie den vegetabiliſchen und animaliſchen Naturprozeſs in Thätigkeit ſetzen.

Wie ſehr die Wiſſenſchaft von der Anſchauung durchdrungen iſt, daſs zu einem Naturprozeſſe heterogene Elemente, die auf einander reagiren, nöthig ſind, beweiſst am beſten die atomiſtiſche Theorie.

Man glaubt offenbar den Urſprung aller Naturprozeſſe nicht beſſer erklären zu können, als indem man in den Körpern unſichtbare Theilchen annimmt, von denen jedes quaſi eine Sonderexiſtenz hat und die aufeinander reagiren.[1]

Dieſe ganze Hypotheſe iſt nur die Konſequenz des Begriffes eines Naturprozeſſes, wie ihn die Beobachtung der Natur im menſchlichen Geiſte erzeugt hat.[2]

---

[1] »Das einzelne Atom umgiebt der Raum nicht leer, ſondern an unzähligen Punkten durch andere, gleichartige oder verſchiedene Atome beſetzt. Zwiſchen ihnen allen, als Beſtandtheilen derſelben Welt, dürfen wir einen Zuſammenhang gegenſeitigen Füreinanderſeins vorausſetzen, aus welchem eine unmittelbare Wechſelwirkung ihrer inneren Zuſtände entſpringt« (Lotze l. c. I 39). So ungefähr denkt man ſich heute die Urſache der chemiſchen (und auch anderer) Naturprozeſſe.

[2] Auf einfache Verſchiedenheit und dadurch hervorgerufene Reagirung des Verſchiedenen aufeinander, führt auch Guyot (Earth and Man) den animaliſchen Naturprozeſs zurück: »Ueberall, ſagt er, bewirkt eine einfache Verſchiedenheit, ſei es des Stoffes, der Verhältniſſe oder der Lage, daſs die vitalen Kräfte offenbar werden und daſs ein gegenſeitiger Austauſch von Eigenſchaften unter den Körpern eintritt, indem einer dem andern giebt, was dieſer nicht beſitzt« und Carey bemerkt zu dieſer von ihm citirten Stelle, daſs »das Bild das hier von den Be-

Wenn wir nun auch den fociologifchen Prozeſs als einen eigenartigen, von obigen vier Naturprozeſsarten verfchiedenen auffaffen, fo müffen fich doch in ihm die zwei wefentlichen, den **Gattungsbegriff** des Naturprozeſſes konftituirenden Momente nachweifen laffen. Und das ift in der That der Fall. Denn die Unzahl von Menfchenfchwärmen, die fich uns als der Uranfang des Dafeins der Menfchheit ergab, konftituirt eben die grofse Mannigfaltigkeit **heterogener ethnifcher Elemente**, eine Mannigfaltigkeit, die mit der Entwicklung der Menfchheit und der Abnahme der Zahl der Horden und Stämme ebenfalls wenigftens in diefer Form abnimmt. Dafs wir es alfo auch auf diefem Gebiete mit ftammverfchiedenen, heterogenen Elementen zu thun haben, das muſs nach der ganzen obigen Auseinanderfetzung als ficher angenommen werden. Bleibt nur die Frage nach dem zweiten conftitutiven Moment eines Naturprozeſſes, nach den beftimmten **Einwirkungen** diefer Elemente aufeinander und zwar nach Einwirkungen denen der Charakter einer naturnothwendigen Regelmäfsigeit und ewigen Dauer zukäme. Offenbar müffen wir uns hüten, hier in irgend welche Analogie mit den gegenfeitigen Einwirkungen heterogener Elemente auf dem Gebiete der **andern** Naturprozeffe zu verfallen: fondern treu der inductiven Methode lediglich folche Einwirkungen in Rechnung ziehen die uns bekannte Thatfachen und wirkliche Erfahrung an die Hand geben. — Nun können wir glücklicherweife über gegenfeitige Einwirkung heterogener ethnifcher oder wenn man will ftammverfchiedener, focialer Elemente aufeinander eine Formel auftstellen, der eine **vollkommene**, faft **mathematifche Sicherheit und Allgemeinheit** gar nicht

---

wegungen der unorganifchen Welt gegeben wird, ebenfo wahr in Bezug auf die fociale ift.« Carey Socialwiffenfchaft I 68.

abgefprochen werden kann, weil fie immer und überall auf dem Gebiete der Gefchichte und lebendigen Gegenwart aufs unwiderleglichfte zu Tage tritt.

Diefe Formel lautet fehr einfach: Jedes mächtigere ethnifche oder fociale Element ftrebt darnach das in feinem Machtbereiche befindliche oder dahin gelangende fchwächere Element feinen Zwecken dienftbar zu machen. Diefe Thefe über das Verhältnifs der heterogenen ethnifchen und focialen Elemente zu einander mit allen aus ihr fich ergebenden Confequenzen, enthält in fich den Schlüffel zur Löfung des ganzen Räthfels des Naturprozeffes der menfchlichen Gefchichte. Wir werden diefe Thefe immer und überall in Vergangenheit und Gegenwart in den Verhältniffen der heterogenen, ethnifchen und focialen Elemente zu einander verwirklicht fehen und uns von ihrer Allgemeingültigkeit überzeugen können. In diefer letzteren Beziehung fteht fie in nichts folchen Naturgefetzen wie z. B. Anziehung und Gravitation, oder chemifche Verwandtfchaft, oder den Gefetzen des vegetabilifchen und animalifchen Lebens nach. Um aber diefes fociale Naturgefetz in feiner Allgemeingültigkeit beffer begreifen zu können, müffen wir dasfelbe in feinen verfchiedenen Confequenzen und in den verfchiedenen Formen, die es nach Umftänden und Bedingungen annimmt, kennen lernen.[1]

---

[1] Es foll hier nur die bekannte Thatfache angedeutet werden, dafs diefes Gefetz der Ausnützung des Andersartigen zu eigenen (Lebens-)Zwecken die ganze Natur durchzieht. Die Pflanzenwelt nützt die unorganifche auf eben folche Weife aus, wie die thierifche Welt die Pflanzenwelt. Und es ift ja bekannt, dafs die mannigfachften Krankheiten der Menfchen darin ihren Grund haben, dafs mikrofkopifche Pflanzen- und Thierorganifmen, denen fich der Menfch nur fchwer erwehren kann, ihn felbft zu ihren Lebenszwecken benützen.

25. Der fociale Naturprozefs.

Diefe Formen ergeben fich aus den verfchiedenen Möglichkeiten, wie das eine ethnifche oder fociale Element ein anderes als Mittel zu feinen Zwecken verwenden kann. Diefe Möglichkeit wieder ändert fich nach Zeit, Umftänden, Entwicklungsphafe und Befchaffenheit der untereinander in Contact tretenden heterogenen ethnifchen und focialen Elemente. Auf der niedrigften Stufe der Entwicklung, im Zuftande der urfprünglichen Wildheit kann der eine Menfchenfchwarm die andern ihm »blutsfremden« gar nicht anders zu feinen Zwecken verwenden, als indem er auf diefelben Jagd macht, die Mitglieder derfelben mordet und verzehrt. Ein folches Verhältnifs blutsfremder Schwärme, Horden und Stämme zu einander bezeugt uns fowohl die beglaubigte Gefchichte als zahlreiche Berichte von Reifenden über Naturvölker. Es ift auch höchft wahrfcheinlich, dafs die erfte Abnahme der urfprünglichen zahllofen Vielheit heterogener Menfchenftämme, das erfte »Ausfterben« vieler Menfchenvarietäten auf diefem Wege, einfach durch die Gefräfsigkeit mächtigerer Stämme erfolgte.[1]

---

[1] Die einftige Verbreitung des Cannibalifmus über die ganze Erde, die Uebung desfelben bei allen Menfchenftämmen ift heutzutage eine wiffenfchaftlich erwiefene Thatfache. (Vrgl. Otto Caspari: Die Urgefchichte der Menfchheit. Leipzig 1873. B. I S. 351. John Lubbock: Origins of civilifation etc. Chap. VII. Joly: Der Menfch vor der Zeit der Metalle. Leipzig 1880. S. 411.)

Von den Apachen zwifchen dem Rio Grande del Norte und dem Rio Colorado in Centralamerika erzält O. Schmitz: »Kanibalifmus habe ich nicht beobachtet, er mag aber früher exiftirt haben. Auf eine diesfallige Frage wurde mir erklärt, die Peinthas, ein Indianerftamm nördlich von ihnen fchmecken gefalzen und taugten defshalb nicht zum effen. Die Beweife, dafs die Indianerftämme Amerikas Antropofagen waren, find fowohl in den Traditionen wie in den zahlreichen Tumulis

Auf einer fpäteren Entwicklungsftufe bricht fich die Erkenntnifs Bahn, dafs man das fremde fociale Element beffer zu feinen Zwecken benützen kann, wenn man es zu den verfchiedenften Dienften verwendet. Das mächtigere ethnifche oder fociale Element trachtet alfo des fchwächeren **Herr zu werden um dasfelbe für fich arbeiten zu laffen.** Gelingt diefes, fo entfteht zwifchen den heterogenen ethnifchen Elementen ein **Herrfchaftsverhältnifs**, es

---

enthalten, in denen man neben andern Mahlzeitsreften Menfchenknochen und zwar aufgefpaltene vorfand aus denen alfo auch das Mark gegeffen wurde. »Durch die Unzahl menfchlicher Knochen, welche diefe Tumuli enthalten, fagt Appun, wird die Vermuthung, dafs an diefen Orten einft menfchenfreffende Indianerftämme ihre cannibalifchen Fefte hielten leider nur allzufehr beftätigt« (die Indianerftämme, Britifch Guayanas. Ausland 1871, S. 162.)

Die Erklärung der Entftehung der Anthropofagie aus religiöfen Vorftellungen wie bei Hellwald Culturgefchichte (1. Aufl. S. 26) fcheint uns zu künftlich und beruht auf einer Mifskennung der Natur des Wilden. Ebenfo wenn Lippert (Religionen S. 47 ff.) den Cannibalifmus auf gewiffe allen Menfchen als folchen im Urzuftande eigenthümlichen Vorftellungen (über die Seele) zurückführt, fo fcheint uns eine folche Erklärung nicht minder einfeitig. Denn die Vorftellung ift immer das Spätere; das prius davon ift die inftinctive, thierifche Uebung die nur das Bedürfnifs, aber keine Vorftellung zur Vorausfetzung hat. Erft diefe Uebung, diefe Thatfachen rufen Vorftellungen hervor, die dann freilich die Uebung befeftigen, diefelbe aber auch auf Abwege und Nebenwege drängen. So wird es auch mit dem Cannibalifmus gewefen fein. Geübt wurde er zuerft als einfacher thierifcher Akt, einem rohen Bedürfniffe entfprungen. Wenn fich dann gewiffe Vorftellungen über die Seele dazu gefellten, fo waren diefelben eine Art Rechtfertigung, ex poft, diefer Uebung; drängten aber auch den Cannibalifmus auf unnatürliche Wege (z. B. Verzehrung der Kinder und Greife etc.). Lippert fcheint uns überhaupt, wie wir das fchon oben beim Capitel »Religionen« gefehen haben, zur Einfeitigkeit zu neigen, für fociale Erfcheinungen immer nur eine einzelne Vorftellung verantwortlich zu machen, nur in einer einzelnen Vorftellung die Wurzel derfelben zu fehen: während diefelben, wenn fie fchon aus Vorftellungen als ihrer erften Quelle abgeleitet werden müffen, meift einem ganzen Kreis von Vorftellungen entfpringen.

erfolgt der grofse **Fortfchritt der Sklaverei** und der **Leibeigenfchaft**. Diefes Gelingen hängt aber auch noch von der Befchaffenheit des fchwächern focialen Elementes ab, denn dasfelbe mag wohl zu fchwach fein, das mächtigere Element von fich ferne zu halten und abzuwehren, trotzdem aber nicht fo fchwach um fich willenlos in die Sklaverei zu fügen. In diefem Falle können zweierlei Verhältniffe eintreten.

Entweder es beftehen folche Bedingungen die es den heterogenen Stämmen vortheilhaft erfcheinen laffen, einen **Bund zu fchliefsen** und **vereint** gegen andere fchwächere Elemente loszuziehen: in diefem Falle erfolgt mit der Zeit eine Amalgamirung der verbündeten Elemente. Oder das mächtigere Element widerftrebt einer folchen Verbindung, die auch oft dem fchwächeren unannehmbar fcheint und da das erftere nicht dazu gelangen kann, das letztere zu Sklavendienften zu zwingen, greift es zur **Ausrottung** desfelben.

Denn aufser dem Falle der, durch mannigfache Bedingungen phififcher und moralifcher Natur ermöglichten Amalgamirung gibt es zwifchen heterogenen Elementen **nur zweierlei denkbare Verhältniffe**: entweder läfst fich der fchwächere Stamm zur Befriedigung der Bedürfniffe des ftärkeren benützen — dann bleibt er am Leben, wo nicht wird er vernichtet und ausgerottet.

Das find die **natürlichen und naturnothwendigen** Beziehungen und gegenfeitigen **Einwirkungen** der heterogenen ethnifchen und focialen Elemente aufeinander, Beziehungen, deren Wirkfamkeit den ganzen Prozefs menfchlicher Gefchichte unterhält und fördert, die ganze Entwicklung der Menfcheit in Flufs erhält. Brauchen wir für diefe Behauptungen Beifpiele hinzuftellen? Die fogenannte Weltgefchichte ift nichts anderes als eine grofse Beifpielfammlung zur Begründung obiger Sätze. Was find die Kriege der Staaten und Völker anders als organifirte Raubzüge zum Zwecke der Ausbeutung des heterogenen ethnifchen oder focialen Elementes? Was unter primitiven Stämmen fogenannter »Naturvölker« in kleinem Mafsftabe fich vollzieht, das wiederholt fich auf einer fpätern Entwicklungsftufe unter »civilifirten Nationen« unter prunkhaften Namen und in »feineren« Formen. Die Sache bleibt diefelbe. Wenn die Apachen in Noth gerathen, fo organifiren fie fich unter einem gewählten Häuptling und unternehmen einen Raubzug zu den nächftwohnenden Stämmen um fich »Pferde und Efel zu holen«. (Das Fleifch diefer benachbarten Indianer felbft nämlich fchmeckt ihnen »zu gefalzen« wie wir wiffen.) [1] Von den Stämmen Mittelafiens erzählt Vambery: »Das Leben der Wüftenbewohner würde auch fanft dahinfliefsen, wenn der Hang zur Plünderung und Fehde nicht ihr Hauptcharakterzug wäre. Der Krieg, überall eine Plage, hat dort die fürchterlichften Folgen die man fich nur denken kann. Ohne die geringfte Urfache (? doch wohl Ausbeutungsfucht der Fremden!) fällt oft ein Stamm, der fich mächtiger fühlt über den andern, fchwächern her. Die Waffenfähigen fiegen oder fterben, die Weiber, Kinder und Heerden der Gefallenen werden als Beute vertheilt und wie oft ereignet es fich, dafs eine Familie die den Abend zuvor fich noch in gröfster Glückfeligkeit zur Ruhe begab, am nächften Morgen, ihrer Aeltern, Freiheit und Habe beraubt, weit von einander zerftreut lebt.« [2]

Ganz diefelben Verhältniffe herrfchen beifpielsweife unter den Stämmen der Albanefen, trotzdem wir es hier mit uralten Europäern, ja fogar meiftens mit Chriften zu thun haben. »Le tsethas ou razzia, erzählt Dumont von den Albanefen, est une autre consequence du caractère

---

[1] Vrgl. Ausland 1871. S. 347. [2] Skizzen aus Mittelafien. S. 64.

de ce peuple. Descendre chez la tribu voisine, surtout si elle est d'une autre religion, piller ses troupeaux est un plaisir qui assure de bons profits pour le temps du repos. La tsethas se retrouve chez toutes les tribus qui naissent à peine à la civilisation. Les pretextes d'attaques ne sont même pas necessaires: l'etranger, qui est l'ennemi naturel, ou plutôt l'indifferent envers lequel les obligations sont nulles, doit faire bonne garde: le coupable est celui qui se laisse surprendre.

Les querelles dans ce pays naissent sous le plus futile pretexte, surtout entre homme de differentes tribus. Des insultes ont en vient aux-armes: aussitôt que le sang a éte versé, le clan tout entier est solidaire de la famille de la victime. Les vendettas sont perpetuelles dans les montagnes. Comme à Cattaro et chez les Slaves de Bosnie, ce sont de veritables guerres ou les incendies et les meurtres se succèdent . . . «[1])

Im Grunde nun find die Kriege der civiliſirten Nationen nichts anderes als »höhere Formen« dieſer primitiven Raub- und Plünderungszüge. Nur ſind die Naturmenſchen aufrichtiger und offener und wollen nicht beſſer ſcheinen als ſie ſind; während die Kriege der civiliſirten Nationen unter dem Deckmantel aller möglichen Phraſen von »civiliſatoriſchen« und politiſchen »Ideen« geführt werden, für »Freiheit«, »Menſchlichkeit«, »Nationalität«, »Glauben« oder gar »europäiſches Gleichgewicht«! Freilich begnügt ſich eine ſiegreiche europäiſche Nation nicht mit einigen Pferden und Eſeln wie die Apachen, oder mit Rindviehheerden wie die Kirgiſen oder mit einigen Hammeln wie die Albaneſen — ein civiliſirter europäiſcher Sieger verſteht es gleich einige Milliarden bei dieſem Geſchäfte herauszuſchlagen. Das iſt der Unterſchied!

[1]) Revue de deux Mondes 1872 T. VI.

26. Die Geschichtsschreibung ist keine Wissenschaft sondern Kunst.

Oder will man uns vielleicht einwenden, daß das nur unsere subjektive Fantasie ist, daß das Behauptungen sind, die die Wahrheitsprobe nicht aushalten? Daß einzelne aus dem unendlichen Gebiete der Geschichte und Völkerkunde herausgegriffenen Beispiele jene Sätze noch bei weitem nicht beweisen? Wohlan, so zeige man uns eine Periode, nur einen Zeitpunkt in der Geschichte, der diese Theorie widerlegen würde. Blicken wir um uns, betrachten wir die Kriege der Gegenwart, sei es im »civilisirten« Europa, sei es im Norden und Süden Amerika's, im Nilthal oder im fernen Caplande — gibt es heute einen Punkt auf der ganzen Erde dessen Begebenheiten nicht als Beleg dienen könnten für diese unsere Behauptungen. Nein, nicht über unsere hier formulirten Sätze, nur darüber sollte man sich nicht genug wundern, daß diese stolze Geschichtswissenschaft die vielleicht die älteste aller Wissenschaften ist, und gewiß die größte Summe geistiger Arbeit in Anspruch genommen hat; daß diese Wissenschaft wie mit Blindheit geschlagen, so gedankenlos dasitzt »am Webstuhl der Zeit« und ohne Unterlaß webt und webt ohne zu wissen woran? ohne sich klar zu sein, was dieses ganze Gewebe bedeute, — was es ausdrücke und besage? Sie preist die Thaten großer Männer ohne zu ahnen, daß es nur Marionetten sind, die von geheimen Fäden eines ewigen Naturgesetzes hin und her geschoben werden — sie bewundert diese Marionetten statt jene geheimen Triebfedern anzustaunen, die geräuschlos in der Werkstatt der Natur seit Uranfang an ihre immer gleichen Bewegungen vollziehen und an ihrem eisernen Gängelbande die Menschheit immer dieselben Bahnen fort laufen laſſen — immer denſelben Kreislauf zwiſchen Tod und Leben zwiſchen Niedergang und Aufgang, zwiſchen Vernichtung und Verjüngung, mit derſelben ewigen Gleichmäſsigkeit und Gleichgültigkeit mit der Sonne und Mond kreiſen, mit der Tag und Nacht und die Zeiten des Jahres wechſeln. Für dies grofsartige Schauſpiel der Natur das ſich auf dem ſocialen Gebiete der Menſchheit abſpielt, hat die »Wiſſenſchaft« der Geſchichte keinen Sinn und kein Auge — ihr Sinn und ihr Auge haften an den kleinlichen Vorgängen des täglichen Lebens der Völker, das wie der Thau des Feldes im Farbenglanze wohl die Sonne ſpiegelt — doch nur eitel und vergänglich iſt — und das Bild der Sonne nur vielfach gebrochen und in millionenfacher Verkleinerung wiedergibt, über die koſmiſchen Geſetze aber ihres Daſeins und ihrer Bewegung uns nicht den mindeſten Aufſchluſs geben kann. In der That hat die übliche »Weltgeſchichte« ſo wie ſie von jeher getrieben wird gar nicht den Charakter einer Wiſſenſchaft, ſondern den einer K u n ſt. Denn mit dieſer hat ſie alle und die weſentlichſten Züge gemeinſam. Auch der Kunſt handelt es ſich um D a r ſt e l l u n g e n der Natur, die des Menſchen Gemüth erregen, auf ihn einen Eindruck machen, ſeine Gefühle wecken und ihm dadurch einen G e n u ſs verſchaffen. Nichts anderes bewirkt die übliche Behandlung der Geſchichte. Sie ſchildert die Begebenheiten, die auf unſer Gemüth einen Eindruck machen, ſie zeichnet uns Lebensläufe hervorragender Menſchen, ihr »Glück und Ende«, Kriege und Schlachten, Siege und Niederlagen — Schauſpiele die uns j e n a c h d e m S t a n d p u n k t den wir einnehmen bald vor Schrecken erbeben, bald vor Freude aufjauchzen machen. Dabei läfst faſt jeder Hiſtoriker ſeine ſubjective Anſicht über gut und böſe, über gemein und edel in die Darſtellung hinein ſpielen — Anſichten, die nur Ausdrücke ſeiner Subjectivität ſind. Ueber ein und dieſelbe Thatſache trauert der eine, jubelt der andere; ein und dieselbe Handlung preist der eine, verdammt der andere; ein und dieselbe That hebt der eine in den Himmel, zerrt der andere in den Koth; ein und dasselbe Ereigniſs nennt der eine eine himmliſche Wohlthat, der andere ein ſchreckliches Unglück — und alles das ſollte Wiſſenſchaft ſein? Nein, das iſt nichts als Kunſt — die freilich auch im menſchlichen Leben ihre groſse Rolle und Bedeutung hat, die ihre groſse Aufgabe erfüllt, doch mit Wiſſenſchaft nicht verwechſelt werden darf. Denn dieſe hat es immer und überall nur mit der Natur und ihren Geſetzen zu thun — ſie hat nur natürliche Entwicklungen zu betrachten und den ihnen zu Grunde liegenden Geſetzen nachzuforſchen. Freilich iſt eine ſolche rein wiſſenſchaftliche Forſchung auf dem Gebiete der Geſchichte erſt von dem Momente an möglich, wo man dieſelbe als einen Naturprozeſs erkennt, und ſich über das Weſen desſelben, über ſeine elementaren Faktoren und Träger und über die Kräfte und Strebungen, die zwiſchen dieſen walten, ein klares Bild gemacht hat.

27. Das Weſen des ſocialen Naturprozeſſes.

Wir ſuchten uns oben die Ueberzeugung zu verſchaffen, daſs wir es bei der Geſchichte der Menſchheit mit einem Naturprozeſſe zu thun haben und fanden in der That in der Geſchichtsentwicklung die zwei weſentlichſten Momente die wir bei jedem Naturprozeſſe begegnen, die zwei Momente die jeden Naturprozeſs als ſolchen conſtituiren, nämlich: heterogene Elemente und gewiſſe Beziehungen derſelben zu- und Einwirkungen aufeinander. Indem wir nun daran gehen, das Weſen dieſes Prozeſſes zu unterſuchen, auf die Frage zu antworten, worin befteht die Entwicklung diefes Prozeffes, welche Vorgänge find es die diefe Entwicklung tragen und fortleiten; wollen wir zuerft einen Blick werfen auf die Entwicklung aller anderen Naturprozeffe und uns darüber klar werden, worin dort überall diefe Entwicklung befteht?

Vor allem nun fällt uns bei jedem Naturprozefs eine allgemeine Erfcheinung in's Auge, ein Vorgang der fozufagen die allgemeinfte Form der Wirkfamkeit jener Kräfte zu fein fcheint, die in dem betreffenden Naturprozeffe engagirt find. Diefe allgemeinfte Erfcheinung ift ein **Kreislauf**, der einen fcheinbar immer gleichen Anfang und ein fcheinbar immer gleiches Ende hat. Die Himmelskörper drehen fich in ihren beftimmten Kreifen; auch die Wirkung der chemifchen Kräfte in der Natur weift vielfach ein Werden und Vergehen und nur ein Wiederauferftehen aus dem Verwefenen auf; noch deutlicher aber zeigt fich diefer Kreislauf im Lebensprozefs der Pflanze und des Thieres mit Einfchluß des Menfchen. Nun, über einen **Kreislauf menfchlicher Gefchichte** ift viel gefchrieben und gefprochen worden [1]; in der That laffen fich gewiffe kreislaufähnliche Bewegungen in der Gefchichte der Menfchheit bemerken, wir erinnern an den Untergang aller hochentwickelten Culturen und an die Entwicklung neuer an ihrer Stelle, an den ewig wechfelnden Aufgang und Niedergang der Staaten und Nationen — doch wollen wir hier diefe Frage nur berühren und uns ihre eingehendere Betrachtung für fpäter vorbehalten.

Hier erwähnten wir diefelbe nur zu dem Zwecke, damit uns diefer allerdings noch etwas unbeftimmte Gedanke vielleicht doch, wenn auch nur gleich einem fchwach flimmernden Leitftern den Weg zeige, den die Entwicklung

---

[1] Vrgl. Lafaulx Philofophie der Gefchichte. S. 104 und deffen: »Studien etc.« S. 63.

des Gefchichtsprozeffes von dem für uns wahrnehmbaren
Beginn der Wirkfamkeit der in demfelben waltenden Kräfte
an, möglicherweife einfchlägt. Von diefer Entwicklung
wollen wir nun handeln. Worin kann fie beftehen? Worin
kann überhaupt der Ablauf, das Sichabfpielen eines Naturprozeffes beftehen? Die Antwort ift nicht fchwer. Das
Walten derjenigen Kräfte, die wir als jenen urfprünglichen,
heterogenen Elementen innewohnend denken, das Walten
diefer Kräfte oder wie wir dies auch ausdrücken, die Einwirkungen jener elementaren Beftandtheile auf einander
äufsern fich produktiv, fie bringen gewiffe Geftaltungen hervor, die, fo wie fie felbft eine Combination
der elementaren Beftandtheile find, auch wieder gewiffe
uns als höher erfcheinende combinirte Kraftäufserungen in
Action fetzen oder anders ausgedrückt, Wirkungen üben,
die fich uns als complicirter als die der elementaren Beftandtheile darftellen. Diefer Vorgang fetzt fich dann unter
Hervorbringung immer höherer, mit höheren Kräften aus-
geftatteter Geftaltungen weiter fort, und eine Reihe folcher
Vorgänge bildet dann eben den Verlauf des Naturprozeffes.
Der grofse Fehler der bei der Ausführung diefes Gedankens
bisher immer begangen wurde ift, wie wir fchon erwähnten,
der, dafs man fich dabei von der Vorftellung — diefer
Naturprozefs fei eben ein folcher, wie einer der andern
bekannten, nie frei machen konnte. In Folge deffen
war man beftrebt, in dem focialen Prozefs, ftatt ihn in
feiner Eigenart zu erkennen, thatfächlich einen andern
Naturprozefs z. B. den vegetabilifchen oder animalifchen
nachzuweifen. Daher wollte man in den Geftaltungen, die
der fociale Prozefs erzeugt, vegetabilifche oder animalifche
Elemente oder Formen erkennen. (Organifche Staatslehre
u. dgl.) Nun ift es wohl richtig, dafs der foziale Prozefs
im Grunde wie jeder Naturprozefs verläuft, indem die in
feinen elementaren Beftandtheilen waltenden Kräfte ge-

wiſſe Geſtaltungen hervorbringen, die dann die Rolle der elementaren Beſtandtheile weiter führen — nur ſind das eben fociale Geſtaltungen, alſo weder Zellen, noch Pflanzen, noch Thiere und darf hier die Analogie nicht auf Irrwege führen, indem man die Gattungsmerkmale mit den Artenmerkmalen verwechſelt. Als Naturprozeſs hat der fociale mit allen andern Naturprozeſſen allerdings gewiſſe Gattungsmerkmale gemeinſam aber als focialer Prozeſs unterſcheidet er ſich um eine ganze Artverſchiedenheit von jedem andern. Die Geſtaltungen dieſes Naturprozeſſes ſind alſo weder Zellen noch Gewebe, noch Organe oder Organiſmen; nichts dergleichen!

Es ſind einfach fociale Gemeinſchaften, die ſei es auf einer Organiſation der Herrſchaft, ſei es auf einer Gemeinſamkeit gewiſſer materieller oder auch geiſtiger Merkmale, Intereſſen oder Errungenſchaften beruhen. Dieſe focialen Gemeinſchaften entſtehen im Laufe des geſchichtlichen Naturprozeſſes in den mannigfachſten Combinationen, bauen ſich übereinander auf, kreuzen und verſchlingen ſich vielfältig ineinander, je nach den verſchiedenen Complicationen der ihnen zu Grunde liegenden Intereſſen und Abhängigkeitsverhältniſſen. So wie aber einerſeits der geſchichtliche Naturprozeſs dieſe Gemeinſchaften erzeugt, ſo wird er andererſeits wieder von ihnen als ſeinen Trägern und Factoren unterhalten und gefördert.

28. Die ewige Weſensgleichheit der focialen Vorgänge.

Bevor wir nun zur directen Beobachtung dieſes geſchichtlichen Naturprozeſſes ſchreiten, müſſen wir über zwei formale Seiten deſſelben einiges vorausſchicken.

Erftens eine chronologifche Bemerkung.

Der Irrthum läge auf der Hand, wenn wir den Anfang diefes Naturprozeffes erft an den Anfang unferer Kenntnifs desfelben fetzen wollten, denfelben daher von dem Zeitpunkt der erften gefchichtlichen Tradition oder des erften autentifchen Gefchichtszeugniffes an datiren wollten.

Die bekannte ungefähr 6000 Jahre zurückdatirende gefchichtliche Entwicklung ift offenbar nur die kleinfte Spanne Zeit jenes grofsen focialen Naturprozeffes der fich feit den Uranfängen des menfchlichen Gefchlechts auf Erden abfpielte. Darüber laffen uns die unzweideutigften Beweife und Zeugniffe über das Dafein des Menfchen in den entlegenften vorhiftorifchen Zeiten gar keinen Zweifel. Nur die Erfindung der Schrift ermöglichte gefchichtliche Aufzeichnungen; diefe Erfindung ift im Verhältnifs zum Alter der Menfchheit fo zu fagen neueften Datums Ohne diefelbe aber wären wir auch heute neben fpärlichen und vergänglichen Denkmälern auf mündliche Tradition vergangener Zeiten angewiefen, ein fehr unzulängliches Mittel, in welchem fich allerdings die längfte Vergangenheit fo zu fagen condenfirt erhält, die wir aber aus diefer Condenfirung herauszufchälen nicht im Stande find. In das unbeftimmte Dunkel der Tradition, in die Räthfel der verfchiedenften Denkmale der Vergangenheit (zu denen vorzüglich die Sprache gehört) kann das Auge der Gefchichtsforfchung vorderhand wenigftens, nur auf die Entfernung von mehreren Taufend Jahren eindringen. Wie viele Hunderte und vielleicht Taufende — Taufende Jahre für uns verborgen liegen, können wir nur ahnen.[1]

---

[1] Der Ausfpruch Napoleons, dafs von den egyptifchen Pyramiden 40 Jahrhunderte herabfähen, corrigirt Ranke mit Recht dahin, dafs es ungezählte Jahrhunderte find, die von den Pyramiden auf die heutigen

Nach diefer chronologifchen Bemerkung gelangen wir zu einer zweiten Betrachtung. Ift die Entwicklung der Menfchheit ein Naturprozefs, alfo eine Folge von Vorgängen, die auf einem Naturgefetz beruht und von demfelben beherrfcht wird: fo müffen, wie wir das fchon oben (S. 62) betonten, die Vorgänge aus denen derfelbe befteht, immer und überall diefelben gewefen fein, die wir in der Spanne Zeit bekannter Gefchichte und in der Gegenwart an demfelben beobachten. Denn das oberfte Merkmal, die oberfte Eigenfchaft jedes Naturgefetzes alfo auch jedes Naturprozeffes ift: Allgemeinheit und Allgemeingiltigkeit.

Mit derfelben Gewifsheit alfo mit der wir den uns aus der kurzen Spanne Zeit gefchichtlicher Ueberlieferung und lebendiger Anfchauung bekannten Lauf der Geftirne, das Kreifen von Sonne und Mond, auch für die Millionen vergangener Jahre, aus denen wir darüber keinerlei Zeugnifs befitzen, annehmen; mit derfelben Gewifsheit mit der wir die Wirkfamkeit der uns bekannten chemifchen, vegetabilifchen und animalifchen Naturgefetze, wie z. B. die Wirkung der Wärme und Feuchtigkeit auf die Pflanzenwelt u. drgl. auch für jene unbekannte vorhiftorifche Zeit vorausfetzen über die wir gar keine Kunde haben: mit derfelben Gewifsheit müffen wir alle die Vorgänge auf dem Gebiete des focialen Naturprozeffes auch für jene, im Vergleich zu der Spanne Zeit bekannter Gefchichte, unendliche Vergangenheit als in fortwährender, ununterbrochener Entwicklung fich vollziehend und abfpielend anerkennen, für jene unendliche Vergangenheit aus der uns keinerlei Denkmal, keine Spur eines Zeugniffes, keine mündliche Tradition — nichts, nichts zurückgeblieben ift.

Gefchlechter herabblicken» Weltgefchichte I S. Vrgl. auch Joly, der Menfch vor der Zeit der Metal'e S. 215.

Und zwar müssen wir diese socialen Vorgänge auch für jene unendliche Vergangenheit als **wesentlich derartige** anerkennen, wie sie sich seit den ersten Zeiten bekannter Geschichte und in der lebendigen Gegenwart vor den Augen der historischen Menschheit und vor unsern Augen abspielen. Denn es konnten das offenbar gar keine andern keine **wesentlich** verschiedenen Vorgänge sein, als die welche sich in der Zeit bekannter Geschichte und in der Gegenwart auf socialem Gebiete vollziehen. Diese Anerkennung ist nichts mehr als die nothwendige Consequenz des Begriffes: Naturprozess.

Wenn wir nun jene stets gleich wirkende Ursache, welche die Vorgänge sowohl auf dem Gebiete der Natur, als auch auf dem des socialen Naturprozesses immer und ewig **wensgleich** sich vollziehen läst der, Kürze wegen das **Gesetz der ewigen Wesensgleichheit der socialen Vorgänge** nennen wollen: so können wir sagen, dass uns dieses Gesetz den Schlüssel liefert zur Erkenntnis jener unendlich langen Reihe von Vorgängen auf dem Gebiete des socialen Naturprozesses die sich **zwischen den Uranfängen des menschlichen Geschlechts auf Erden und dem ersten Aufdämmern bekannter Geschichte** zugetragen haben.

Mit dem Schlüssel dieses Gesetzes versehen, werden wir nach genauer Betrachtung und Erforschung des Wesens der geschichtlichen und gegenwärtigen politischen und socialen Vorgänge uns auch über das Wesen jener, in dem unvergleichlich gröfseren vorhistorischen Zeitraum vor sich gegangenen socialen Ereignisse und Evolutionen eine beiläufige Vorstellung machen können. — [1]

---

[1] Die grofsen Fortschritte und Erkenntnisse auf dem Gebiete der Geologie datiren seit der Aufstellung des Grundsatzes, dafs »die jetzt auf und in der Erde wirkenden Kräfte nach Art und Maafs dieselben sind

29. Die Einzelvorgänge des Geschichtsprozesses.

Worin bestehen nun diese Vorgänge auf dem Gebiete des socialen Naturprozesses in geschichtlicher Vergangenheit und in der lebendigen Gegenwart? Geschichte und Gegenwart bieten uns ein Bild fast ununterbrochener **Kriege** von Stämmen gegen Stämme, Völkern gegen Völker, Staaten gegen Staaten, Nationen gegen Nationen.¹) Zweck aller Kriege ist immer der gleiche, wenn er auch unter verschie-

---

wie die, welche in den entlegensten Zeiten geologische Veränderungen herbeigeführt haben, welche Aufstellung das unsterbliche Verdienst Charles Lyells ist.

In der Sprachwissenschaft proclamirt diesen methodologischen Grundsatz Schleicher. »Das spätere Leben der Sprachen kennen wir zum Theile aus unmittelbarer Anschauung. Dieselben Lebensgesetze, die wir wirklich beobachten können, nehmen wir auch für die Zeiträume als im Wesentlichen giltig an, die sich der unmittelbaren Beobachtung entziehen, also auch für die erste Entstehung der Sprachen, die ja auch nur als im Werden gedacht werden kann.« (Ueber die Bedeutung der Sprache für die Naturgeschichte des Menschen. S. 24.)

» . . . die oben entwickelte Methode vom Bekannten aus auf das Nichtbekannte zu schliefsen, gestattet uns auch, für die der unmittelbaren Beobachtung entrückte Vorzeit andere Gesetze des Lebens vorauszusetzen, als die sind, welche wir in dem unserer Beobachtung zugänglichen Zeitabschnitte wahrnehmen.« Auch Lazarus Geiger hat durch Beobachtung desselben Grundsatzes die Sprachwissenschaft gefördert.

¹) Einseitigen und engen »culturhistorischen« Auffassungen der Geschichte gegenüber betont Ranke (Weltgeschichte S. VIII) mit Recht, dass »keineswegs allein auf Culturbestrebungen beruht die geschichtliche Entwicklung. Sie entspringt noch aus Impulsen von ganz anderer Art, vornehmlich dem Antagonismus der Nationen, die um den Besitz des Bodens und um den Vorrang unter einander kämpfen. In diesem Kampfe, der allzeit auch die Gebiete der Cultur umfasst, bilden sich historische Weltmächte, welche unaufhörlich um die Herrschaft mit einander ringen, wobei dann das Besondere von dem Allgemeinen

denen Formen angeftrebt und erlangt wird — nämlich **fich des Feindes als Mittels zur Befriedigung eigener Bedürfniffe zu bedienen.**

Ob diefer Zweck im primitiven Zuftand durch körperliche Verfpeifung des Feindes, ob er durch deffen perfönliche **Knechtung und Unterjochung**, ob er durch Einverleibung des feindlichen Gebietes unter Auferlegung von Dienften, Leiftungen, Steuern u. drgl. auf die Bewohner desfelben, oder ob er endlich durch eine blofs einmalige auferlegte Contribution erlangt wird bleibt fich im Hinblick auf das **Wefen** des Naturprozeffes gleich. Diefer Zweck nun ift die Folge jener uns fchon bekannten **Beziehungen** der heterogenen ethnifchen Elemente zu einander; der Krieg felbft, eine Aeufserung jener in den heterogenen Elementen waltenden **Kräfte und Strebungen**. Er ift daher zwifchen heterogenen Elementen ebenfo **natürlich und unvermeidlich** wie die ewige Wirkfamkeit der verfchiedenen Kräfte auf dem Gebiete aller andern Naturprozeffe. [1])

---

umgeftaltet wird, zugleich aber auch fich gegen dasfelbe behauptet und reagirt.

.... Es giebt ein hiftorifches Leben, welches fich fortfchreitend von einer Nation zur andern, von einem Völkerkreis zum andern bewegt. Eben in dem Kampfe der verfchiedenen Völkerfyfteme ift die allgemeine Gefchichte entfprungen, find die Nationalitäten zum Bewufstfein ihrer felbft gekommen . . .«

Auch Lafaulx läfst dem Krieg seine culturhiftorifche Bedeutung indem er betont, »dafs faft jeder grofse geiftige Fortfchritt im Leben der Völker durch einen grofsen Völkerkrieg bedingt ift« (Philofophie der Gefchichte S. 80). Ueber Wefen und Bedeutung des Krieges vrgl. auch unfere: »Verwaltungslehre etc.« Innsbruck 1882. S. 59.

[1]) Vrgl. Gobineau (I 44) der fich den focialen Naturprozefs, wo er fich entwickelt ebenfalls auf diefe Weife entwickeln läfst: »Nous laissons donc ces tribus insociables de côté et nous continuons la marche ascendante avec celles qui comprennent que, soit par la guerre, soit par la paix, si elles veulent augmenter leur puissance et leur bien-être, c'est

Erreicht nun der Krieg feinen Zweck, fo entfteht zwifchen den heterogenen Elementen ein Verhältnifs der Abhängigkeit refp. Herrfchaft des einen oder der verbündeten Elemente der Sieger, über die andern, welche befiegt und unterjocht wurden.[1]) Sind die Sieger über die Stufe des Cannibalifmus bereits hinaus und trachten fie die erlangte Herrfchaft dauernd zu erhalten, fo fchreiten fie zu einer folchen Organifirung derfelben, welche ihnen die dauernde Ausnützung des gegründeten Herrfchaftsverhältniffes geftattet. Diefs gefchieht mittelft ftaatlicher Einrichtungen.[2]) Wo nun diefelben einmal gegründet werden, wo nur ein Staat entfteht, da fehen wir eine immer und überall wefensgleiche, gefetzmäfsige Entwicklung desfelben die fich daraus erklärt, weil es immer und überall diefelben Bedürfniffe der Herrfchenden find, aus denen diefe Einrichtungen hervorgehen und im Grunde immer diefelben Reactionen der Beherrfchten denen fich diefe Einrichtungen immer gleicherweife anpaffen müffen. Aus diefen gegenfeitigen Verhältniffen entftehen im Laufe der ftaatlichen Entwicklung immer diefelben wefensgleichen Gebiete der Sitte, des Rechts, der Volkswirthfchaft. Daneben aber entwickelt fich auch unter den Einwirkungen diefes ganzen ftaatlichen Lebens der menfchliche Geift oder deutlicher gefagt der Geift derjenigen Menfchen, die von der Noth des Lebens nicht abforbirt und erdrückt, in freieren Stel-

---

une absolue nécessité que de forcer leurs voisins d'entrer dans leur cercle d'existence. La guerre est bien incontestablement le plus simple de deux moyens. La guerre se fait donc; mais la campagne finie, quand les passions destructives sont satisfaites, il reste des prisonniers, ces prisonniers deviennent des esclaves, ces esclaves travaillent; voilà des rangs, voilà une industrie, voilà une tribu devenue peuplade.« Vergleiche auch Hellwald l. c. S. 44.

[1]) Siehe unten Cap. 32.
[2]) Vrgl. unfer philofophifches Staatsrecht Wien 1877 S. 20 ff.

lungen und bei natürlichen Anlagen fich der Verbefferung und der Verfchönerung des Lebens widmen können und natürlichen Neigungen folgend, fich geiftigen und künftlerifchen Arbeiten widmend, Werke der Technik, der Wiffenfchaft und Kunft fchaffen.

Die Gefammtheit aber all diefer im Staate und durch ihn allein ermöglicht, entftehenden und gefchaffenen Gebiete der Sitte, des Rechts, der Volkswirthfchaft, der Technik, der Kunft und Wiffenfchaft nennen wir Cultur. Das find nun die immer und überall fich wiederholenden Vorgänge und Ergebniffe des gefchichtlichen Naturprozeffes. Wollen wir aber denfelben feinem innerften Wefen nach genauer kennen lernen, fo müffen wir feine einzelnen Momente der Reihenfolge nach einer Beobachtung unterziehen. Wir müffen alfo zuerft fo zu fagen die Subjecte desfelben, die Darfteller des hiftorifchen Dramas, die ethnifchen Elemente und ihre focialen Verbindungen und Combinationen; fodann die Actionen und Bewegungen derfelben, den Kampf und Krieg, mit fammt der Staatengründung- und Entwicklung; endlich das Entftehen der Cultur, die Entwicklung derfelben auf ihren einzelnen Gebieten, einer Prüfung unterwerfen und alle diefe Momente des gefchichtlichen Naturprozeffes ihrem Wefen nnd ihrer Bedeutung nach zu ergründen trachten.

---

30. Sociale Gemeinfchaften.

Wenn wir nun nicht in den Fehler der modernen Sociologen verfallen follen die ganz unbeftimmt von »Gefellfchaft« oder »Gemeinfchaft« reden, ohne fich über diefen Begriff klare Rechenfchaft zu geben: fo müssen wir vor allem die verschiedenen, als natürliche Einheiten wirklich existirenden oder wirklich vorhanden gewesenen socialen Gruppen und Gemeinschaften in's Auge fassen.[1])

Wenn wir uns nun nach diesen socialen Einheiten, nach diesen Gemeinschaften umschauen, die, selbst Gestaltungen des socialen Naturprozesses, denselben als dessen Träger und Factoren weiter fördern und fortleiten: so treten uns in erster Linie, aus der uns umgebenden lebendigen Gegenwart die Staaten entgegen, das ist die organisirten Gemeinschaften von Menschengruppen, welche wir

---

[1]) Den Anfang die Gesetzmäfsigkeit der Massenbewegungen zu beobachten machten die Statistiker seit Süfsmilch's »göttlicher Ordnung in den Veränderungen des menschlichen Geschlechts« (1742). Nun fassten aber die Statistiker als einheitlichen Beobachtungsgegenstand die erste beste politisch umgrenzte Bevölkerungsmasse also die Bewohner einer Stadt, oder eines Staates. Die Erfolglosigkeit der statistischen Untersuchungen mit Rücksicht auf die Auffindung allgemein gültiger Gesetze hat nun ihre Ursache zum grofsen Theile gewifs darin, dafs diese Beobachtungsgegenstände keine natürlichen socialen Einheiten sind. Freilich hat seither die Statistik die Tendenz ihre Beobachtungen zu spezialisiren, d. h. für dieselben die natürlichen Bestandtheile dieser politischen Gemeinschaften aufzusuchen. Auf diese Tendenz ist die Wendung von der Staatenstatistik zur sogenannten ethnographischen Statistik (Wappäus, Czörnig, Adolf Ficker) zurückzuführen. Quetelet hat diesen Fortschritt nicht gefördert, indem er immer nur den nebelhaften, ganz unbestimmten Begriff »Gesellschaft« im Sinne hat und in Folge dessen zur Aufstellung des »mittleren Menschen« gelangt, welcher doch nur ein Rechnungsresultat und nichts anderes ist. Seine Beobachtungen stellt Quetelet aber thatsächlich nicht an einer (nichtexistirenden) »Gesellschaft« sondern an politischen Gemeinwesen wie Städte und Staaten an. Daher kann er auch zu gar keinen andern Resultaten gelangen, als zu den chimärischen Gesetzen denen der »mitt'ere« Mensch unterliegt. Das sind aber gar keine Gesetze. Freilich ist auch die neuere ethnographische Statistik erst ein Uebergang zu derjenigen, welche die wirklichen ethnischen oder socialen Einheiten zu ihrem Gegenstande nehmen wird, und erst auf diese Weise zur Aufstellung wirklicher Gesetze des Massenlebens und der Massenbewegung wird gelangen können.

eben in Rückficht auf ihre einheitliche Zufammenfaffung im Staate Völker nennen.

Die Staaten find daher diejenigen Formen der Zufammenfaffung einer Bevölkerung, in denen diefe letztere als Factor des Gefchichtsprozeffes thätig auftritt. Denn als Staaten führen die Völker Kriege mit einander, als Staaten kämpfen fie auch im Frieden durch friedliche Mittel für ihre mannigfachen Sonderintereffen — kurz als Staaten machen die Völker Gefchichte.

Können wir aber diefe »Staatsvölker« als unabänderliche, fefte und dauernde ethnifche Elemente anfehen, die den Naturprozefs der Gefchichte durch ihre Action in Flufs erhalten? Keineswegs! denn eine nähere Betrachtung zeigt uns, dafs die Staaten und ihre Völker felbft nur Producte und Refultate gefchichtlicher Entwicklung find, dafs fie felbft aus heterogenen ethnifchen Elementen entftehen, welche in ihnen nur zu einem fcheinbaren Ruhepunkte und zu einer einheitlichen Zufammenfaffung behufs weiterer gefchichtlicher Action gelangt find. Es giebt gar keinen Staat und hat nie einen gegeben, deffen Bevölkerung nicht aus heterogenen ethnifchen Elementen beftehen würde und diefe Thatfache gehört fo zum innerften Wefen des Staates, dafs wir uns ohne diefelbe keinen Staat denken können.[1]

Allerdings liegt bei einigen Staaten (Oefterreich, Rufsland, England u. f. w.) die Heterogeneität ihrer ethnifchen Beftandtheile noch ganz offen vor unfern Augen, während in andern, die man heutzutage als »Nationalftaaten« bezeichnet diefe ethnifche Heterogenität nur der hiftorifchen Forfchung bekannt und fichtbar ift, im Leben der Gegen-

---

[1] Ueber diefe Befchaffenheit des Staates, fodann über die Begriffe Stamm, Volk, Nation fiehe unfer Philofophifches Staatsrecht §§. 8—12. Ferner unfer »Recht der Nationalitäten etc.« Innsbruck 1879. Anhang A.

wart aber, wenigftens für die oberflächliche Betrachtung und von ferne gefehen, fich fcheinbare Homogeneität herausgebildet hat bei der uns nur noch leicht in einander übergehende und verfchwimmende Claffen- und Standesgegenfätze an einftige ethnifche Heterogeneität erinnern. So z. B. in Frankreich,[1]) Italien, Deutfchland (mit Ausnahme feiner öftlichen Provinzen), Spanien u. f. w. Und diefe Verhältniffe find durchaus nicht eine Eigenthümlichkeit der europäifchen Staaten; wir finden fie in allen andern Welttheilen. Wer kennt nicht aus Reifeberichten und ethnographifchen Schilderungen die bunte Mifchung heterogener ethnifcher Beftandtheile der Bevölkerungen der Staaten, fowohl Nord- als Südamerikas? Doch wird man vielleicht geneigt fein, diefe letztere Thatfache als eine abnormale Erfcheinung, die durch die Eroberung und Colonifirung Amerikas durch die Europäer »künftlich« herbeigeführt wurde, aufzufaffen. Bietet uns aber Afien und Afrika ein anderes Bild?

Man betrachte die bunte Mifchung der Bevölkerung Indiens, wo im Bereiche der englifchen Herrfchaft die verfchiedenften ethnifchen Beftandtheile über 130 verfchiedene Sprachen fprechen; oder Egypten, deffen Bevölkerung fich aus Fellah's, Kopten, Beduinen, Nubier und Sudaner, Türken und Griechen u. f. w. zufammenfetzt. Oder will man diefe Verhältniffe nur als für die »civilifirten Staaten« zugeben und diefelben nur auf Rechnung der »Cultur« fetzen, dagegen die »Naturftaaten« als von folchen »unnatürlichen« Mifchungen frei hinftellen? Aber auch die »Naturftaaten« Afrika's bieten daffelbe Bild. —

Und wenn wir uns endlich jenen Territorien zuwenden wohin ftaatliche Einrichtungen und ftaatliche Ordnungen noch fehr wenig oder gar nicht vorgedrungen find, fteigt

---

[1]) Vrgl. übrigens weiter unten die Note.

die Vielheit der heterogenen ethnifchen Beftandtheile in's Unglaubliche. »Noch vor nicht langer Zeit unterfchied man über hundert verfchiedene Völker und Volksgemeinfchaften im Kaukafus die mehr als 60 Sprachen und Dialecte redeten« berichtet Kefsler.[1])

Ungefähr diefelben Verhältniffe finden wir, wenn wir die Wohnfitze der afiatifchen Völkerfchaften, z. B. der Turkmenen und Kirgifen überblicken — überall diefelbe Vielheit von Stämmen und nicht minder von Sprachen, obwohl die letzteren leichter ausfterben als die erfteren; diefelben Verhältniffe endlich zeigen fich uns in den kaum entdeckten Territorien Inner-Afrikas und in den von wilden Indianerftämmen durchfchweiften Ländereien Nord- und Süd-Amerikas.[2])

Wir fehen alfo, dafs die Vielheit der heterogenen ethnifchen Einheiten und Elemente um fo gröfser wird, je primitiveren focialen Zuständen wir uns nähern oder je weiter wir in die Vergangenheit der Staaten zurückgreifen.

Dafs übrigens die Zahl der heterogenen ethnifchen Elemente im Laufe der Gefchichte nicht zu- fondern abnimmt, indem früher heterogene Elemente mit einander verfchmelzen und in einander übergehen: dafür fpricht ja auch der Umftand, dafs es wohl Stämme und Völkerfchaften giebt die ihre urfprüngliche Sprache und Eigen-

---

[1]) Verhandlungen der Gefellfchaft für Erdkunde in Berlin B. VIII Seite 39.

[2]) »Dafs von den Negern Afrika's und den Indianern Amerika's eine Unzahl von Sprachen gefprochen wird und dafs fie in eine beinahe unglaubliche Menge von Völkern zerfallen dies ift ein Factum, welches durch das übereinftimmende Urtheil aller Miffionäre und Reifenden über allen Zweifel erhoben ift. Und auch die Wiffenfchaft war, trotz den anfehnlichen Hilfsmitteln, welche ihr zu Gebote geftellt waren, nicht im Stande, die Einheit diefer Sprachen und Völker, fo gerne fie es gethan hätte (!) zu erweifen.« Müller Ethnographie S. 15.

thümlichkeiten aufgaben und mit andern ethnifchen Einheiten eine gemeinfchaftliche Sprache und Cultur annahmen, dafs aber die bekannte Gefchichte keinen Fall einer neu entftehenden Sprache kennt. »Es giebt, fagt Schleicher, kein hiftorifches Beifpiel einer fich bildenden Sprache.« [1])

Mit diefen Thatfachen der Gefchichte, die uns den Entwicklungsgang der Menfchheit als einen ewigen Verfchmelzungs- und Amalgamirungsprozefs urfprünglich heterogener Elemente zeigen, (fiehe oben S. 62) fteht aber in grellftem Widerfpruche die Hypothefe, dafs die heutzutage vorhandenen Varietäten von Menfchen aus einer urfprünglichen Gleichheit fich herausdifferenzirt haben und dafs diejenigen Gruppen und Gefammtheiten von Menfchen, die wir heute als Menfchheitsftämme oder Raffen bezeichnen, Refultate eines folchen Differenzirungs-Prozeffes wären. Nach diefer Hypothefe nämlich wäre der Entwicklungsgang der vorhiftorifchen Menfchheit ein umgekehrter als derjenige, den wir in der gefchichtlichen Zeit beobachten können, es wäre ein Entwicklungsgang nicht der Affimilirung des Heterogenen, fondern der Differenzirung des Homogenen. Nun, das von uns oben aufgeftellte Gefetz der ewigen Wefensgleichheit im Zufammenhalte mit der bekannten Gefchichte läfst eine folche Hypothefe nicht zu. Denn die darnach nothwendig fich ergebende Annahme, als ob von Uranfang des Menfchengefchlechts auf Erden bis zum Zeitpunkt bekannter Gefchichte fich ein Differenzirungsprozefs — von da aber angefangen der umgekehrte, nämlich der Affimilirungs- und Verfchmelzungsprozefs abfpielte, wäre offenbar ein Unfinn.

Bezeugt uns die bekannte Gefchichte der Menfchheit den Affimilirungsprozefs des Heterogenen

---

[1]) Schleicher, Zur vergleichenden Sprachgefchichte S. 16.

fo müffen wir uns denfelben, kraft des Gefetzes der ewigen
Wefensgleichheit focialer Vorgänge, von den erften Uranfängen des menfchlichen Gefchlechts, von jenen urfprünglichen Menfchenfchwärmen an, als wirkfam und continuir-
lich fich abfpielend denken.

So hat fich uns denn, indem wir von der ethnifchen
Analyfe der heutigen Staaten ausgiengen, eine unendliche
Perfpective nach rückwärts eröffnet, bis in die dunklen
Anfänge der Entftehung der Menfchheit auf Erden. Es
ift nun klar, dafs feit jenen Anfängen bis zum Zuftand
der hiftorifchen und gegenwärtigen Staatenbildungen die
Menfchheit eine grofse Zahl auf mannigfaltigfte Weife
combinirter focialer Gemeinfchaften und Geftaltungen durchmachte, und dafs diefe Entwicklung mit den heutigen
Staaten noch nicht abgefchloffen fein kann. Da nun diefe
ganze Entwicklung offenbar eine ftreng gefetzmäfsige ift,
fo follten fich, wohl unter den vielen focialen Gemeinfchaften die im Laufe derfelben fich herausbildeten und
dann wieder in neuen focialen Geftaltungen aufgiengen,
gewiffe **Typen** unterfcheiden laffen, die unter ähnlichen
Umftänden entftanden, in ihrem Wefen und Character
uns gewiffe Analogien und Aehnlichkeiten bieten.

Diefer Gegenftand nun, die verfchiedenen **Arten
focialer Gemeinfchaften** ift, leider von der Wiffenfchaft faft ganz unbeachtet gelaffen oder doch nur fehr
ungenügend gewürdigt worden.

Das erhellt fchon aus dem Umftand, dafs uns für die
unendliche Mannigfaltigkeit focialer Gemeinfchaften und
Einheiten eine fo kleine Zahl von Bezeichnungen und Begriffen zu Gebote fteht, und dafs die Forfcher gezwungen
find, diefelbe Bezeichnung abwechfelnd für die verfchiedenften Begriffe focialer Gemeinfchaften zu gebrauchen,
was die gröfste Unklarheit und Verworrenheit zur Folge
hat und jede wiffenfchaftliche Operation zu der vor allem

klare Begriffe und präcife Bezeichnungen nöthig find, auf
diefem Gebiete erfchwert.[1]) Man denke nur an die ge-
bräuchlichen Bezeichnungen: Stamm, Raffe, Volk, Völkerfchaft, Völkerfamilie, Nation, Nationalität. Keinem einzigen
diefer Worte entfpricht ein klarer Begriff, jedes wird von
den verfchiedenften Forfchern und auch im täglichen Leben
abwechfelnd für die verfchiedenften Begriffe focialer Gemeinfchaften gebraucht. Uebereinftimmung herrfcht über
keinen diefer Begriffe: was unter Volk zu verftehen fei,
was Raffe zu bedeuten habe, was man fich unter Stamm
denken folle, was Völkerfchaft, was Völkerfamilie, was
Nation und Nationalität heifse — weifs heute niemand mit
Beftimmtheit zu fagen und es wäre unfererfeits Vermeffen-
heit angefichts diefes allgemeinen Schwankens der Begriffe
eine apodiktifche Erklärung derfelben den Lefern aufoc-
troyiren zu wollen, zumal ein abfoluter Mangel an taug-
lichen und entfprechenden Benennungen und Bezeichnungen
auch uns leicht in die Lage bringen kann ein und dasfelbe
Wort oft in verfchiedener Bedeutung gebrauchen zu müffen.
Ein Grund diefer Unbeftimmtheit und diefes Schwankens
liegt unter anderem freilich auch darin, dafs diefe Begriffe
im ewigen Strom der Entwicklung ftehen; dafs, was vor
Jahrhunderten Stämme waren, fich heute in Völker und
Nationen verwandelt hat; dafs, was einft fremde Völkerfchaften waren, zwifchen denen ein förmlicher Raffenhafs

---

[1]) Es fei hier an folgende richtige Bemerkung Thomaffen's erinnert: »Für die höchften und tiefften Unterfuchungen find unfere Sprachen
noch immer änferft unvollkommen. Die Mathematik würde niemals zu
ihrer heutigen Ausbildung gelangt fein, wenn für fie nicht eine befondere
Sprache wäre erfunden worden. Das läfst fich bei der Mathematik durch-
führen für andere Gebiete, z. B. jenes der Philofophie, find bis jetzt die
Schwierigkeiten unüberfteiglich. Indeffen raftet und ruht Nichts in der
Welt, auch hier wird der Fortfchritt noch unermefslich Vieles bringen«
Gefchichte und Syftem der Natur (1874) S. 250.

herrſchte wie z. B. zwiſchen Griechen und den ſie umgebenden Barbaren heutzutage ſich zu einer Raſſe zählt u. ſ. w. Dieſer ewige Wechſel der Dinge, das ewige Ineinanderfliefsen und die ewigen Verwandlungen des Weſens und der Formen erſchweren die Bildung feſter Begriffe.

Auch der Umſtand, daſs das menſchliche Auge ſich erſt lange üben muſs, um Verſchiedenheiten menſchlicher Typen zu unterſcheiden, trägt viel dazu bei, daſs wir oft Raſſen und Stammeseinheit dort wahrzunehmen glauben, wo ſie thatſächlich nicht exiſtirt. Für das ungeübte Auge des Europäers ſind alle Bewohner Chinas ein Menſchenſchlag und gewiſs ſcheinen umgekehrt alle Europäer den Chineſen ein Menſchenſtamm zu ſein.

Als die Spanier Amerika entdeckten, erſchienen ihnen alle Indianer des neuen Welttheiles als eine Menſchenfamilie. Pedro Cieça de Leon ſchrieb damals: »Dieſes Volk, Männer und Frauen obgleich es in eine ſo bedeutende Menge von Stämmen oder Nationen, welche die verſchiedenſten Klimate bewohnen zerſplittert iſt, erſcheint nichts deſtoweniger als nur von einer einzigen Familie abſtammend«. Nach neueren Unterſuchungen exiſtiren aber unter den Indianerſtämmen über 500 verſchiedene Sprachen — trotzdem ſo viele Sprachen mitſammt den ſie redenden Stämmen ſchon untergegangen ſind. [1]

Daher herrſcht denn auch bezüglich keiner andern wiſſenſchaftlichen Frage eine ſolche heilloſe Verwirrung und Zerfahrenheit, wie bezüglich der Frage der Eintheilung der Menſchheit in Raſſen und Stämme. Hier iſt alles Willkühr und ſubjectives Scheinen und Meinen: nirgends ein feſter Boden, nirgends ein ſicherer Anhaltspunkt und auch nirgends ein poſitives Reſultat.

---

[1] Vergleiche Appun: Die Indianerſtämme etc. in Ausland 1871, 1872.

Die Sprachwissenschaft theilt die **Menschheit** nach den verschiedenen Sprachen ohne zu bedenken, daß diese Eintheilung nur den Sinn haben kann, daß diese Menschengruppen **heute** diese Sprachen sprechen — und daß diese Eintheilung der **Sprachen** mit der ethnischen Eintheilung der **Menschheit** nichts zu schaffen hat.

Nicht besser ist der Vorgang der Historiker und Ethnographen. Sie theilen die Menschheit nach verschiedenen Kriterien die sich aus der Geschichte und Culturentwicklung, im Zusammenhalte mit der Sprache ergeben.

Eine solche Eintheilung ist z. B. die in Arier, Semiten und Turanier. So pflegen die Historiker des orientalischen Alterthums immer wieder die Frage aufzuwerfen nach der »Zugehörigkeit« der einzelnen Völker zu den großen »Stämmen« in denen man die Menschheit zu theilen beliebte. Man fragt bei Aegyptern, Medern, Persern, Baktrern, Scythen u. drgl. ob sie Arier, Semiten oder Turanier seien und entscheidet sich bald für die eine, bald für die andere Gruppirung unter steter und allseitiger Festhaltung gewisser Völker als Hauptrepräsentanten und characteristischer Typen der besagten drei »Stämme«. Es gibt nun nichts Irrthümlicheres und mehr Falsches als dieser ganze Vorstellungskreis dessen Genesis wir hier kurz darlegen wollen.

Wir müssen dabei an jene Denkgewohnheit anknüpfen, von der wir oben (f. S. 27) handelten, die im Monogenismus ihren Ausdruck findet und die existirende Vielheit der Menschen auf eine einheitliche Wurzel zurückführt. Wenn nun diesem primitiven Denken neben der **Vielheit der Menschen** eine **Verschiedenheit** derselben und zwar eine Verschiedenheit der einzelnen Menschengruppen und Stämme entgegentrat: **so gab es für dasselbe gar keine andere Möglichkeit der Erklärung** dieser Thatsache als die Zurückführung der Abstammung dieser verschiedenen Menschenstämme auf verfchiedene Spröfslinge des einen Elternpaares. Eine folche Erklärung war die nothwendige Confequenz jener monogeniftifchen Anfchauung, eine nothwendige Vorftellung jenes primitiven Denkens, das noch mit den einfachften Elementen menfchlicher Denkthätigkeit arbeitete. Als eminentes Beifpiel folch primitiver Vorftellungen können die bekannten Völkertafeln der Bibel dienen. [1]) Wenn die damaligen Hiftoriker eine Verfchiedenheit der Menfchengruppen und Stämme bemerkten, wenn der Sprachgebrauch der Zeit die einen als die Sem's, die andern als die Cham's, die dritten als die Japhet's bezeichnete: fo ergab fich für das damalige Denken nothwendigerweife die Erklärung, dafs es einmal einen Stammvater gab, der drei **verfchiedene** Söhne hatte die Sem, Japhet und Cham hiefsen und die Stammväter der betreffenden Menfchengruppen wurden — welche letzteren mit der Zeit auch **verfchiedene** Sprachen annahmen. [2])

Wir find nun heute fo weit die Naivetät diefer Denkoperation einzufehen. Ift aber, fragen wir, die Gefammtheit der Menfchen, ift unfere heutige Intelligenz, ja ift das Gros der heutigen Hiftoriker über die Art und Weife des Denkens, welche jenen biblifchen und andern fagenhaften Erklärungen zu Grunde lag, hinaus? Im Wefentlichen keineswegs. In etwas veränderter Form werden für die-

---

[1]) Auch Berofus Babilonifche Berichte, die heiligen Schriften der Inder, der Perfer, die Traditionen der Skythen, der Griechen u. f. w. enthalten folche »Völkertafeln«, vrgl. darüber Lafaulx Philofophie der Gefchichte S. 87. ff.

[2]) Auf demfelbem primitiven Standpunkt befand fich das Denken der Germanen zur Zeit des Tacitus: Mannotris filios assignant e quorum nominibus proximi Oceano Ingaevones medii Herminones, ceteri Istaevones. Auch die volksthümliche Gefchichtserzählung der Slaven hat die Verfchiedenheiten zwifchen Lechen, Czechen und Ruffen auf die drei Brüder Lech, Czech, Russ zurückgeführt. Immer diefelbe Denkoperation zur Erklärung derfelben Erfcheinung.

felben Erscheinungen der Menschheitsgeschichte von der Denkthätigkeit unserer Zeit dieselben Erklärungen hervorgebracht wie vor 2000 und 3000 Jahren.

Während man sich nämlich lange Jahrhunderte (und theilweise noch heute!) mit der biblischen Erklärung zufrieden stellte und in der ganzen Menschheit nur die Nachkommen dieser unglückseligen Brüder Sem, Japhet und Cham sah, hat man heutzutage diese Anschauung nur sehr unwesentlich und nur theilweise geändert. Das kam aber folgendermafsen. Die Entdeckung des Sanskrit als der Quelle der europäischen Sprachen brachte die total unberechtigte und falsche Vorstellung auf, dafs alle die europäischen Völker deren Sprachen vom Sanskrit abstammen, von jenem Volke abstammen müssen, welches sich des Sanskrits bediente. Da sich nun jenes Sanskritvolk »Arier« nannte, so war man bald dabei alle die Völker die sich der vom Sanskrit abstammenden Sprachen bedienten »arisch« zu nennen. Da die Sprachwissenschaft nun neben diesen arischen Sprachen noch zwei andere, auf das arische nicht zurückführbare Sprachgruppen aufstellte, nämlich die Semitische und Turanische (Mongolische), so bildete man darnach einen »semitischen« Menschenstamm und einen »turanischen.« Diese Eintheilung der Menschheit hat ganz denselben Werth wie jene biblische Genealogienbildung von Sem, Japhet und Cham, wie die von Tacitus überlieferte germanische von den drei Brüdern Ingaev, Istäv und Hermin oder die slavische Czech, Lech, Rufs. Sie ist nichts mehr als der Ausdruck einer momentan waltenden Vorstellung die sich aus einer **in der gegebenen Zeit existirenden Verschiedenheit der Menschengruppen** ergibt; sie ist eine natürliche Erklärungs-Art der **existirenden, aus ganz andern socialen, politischen und historischen Factoren und Prämissen sich ergebenden** sogenannten »Rassen«-Unterschiede. Eine wirkliche ethnologische Thatsache liegt diesen Eintheilungen keineswegs zu Grunde — wie denn auch diese Eintheilungen fortwährend wechseln und über dieselben unter den Forschern nie eine Einigkeit erzielt werden kann. (Man denke nur an die, die obige Eintheilung in arisch und semitisch durchkreuzende Aufstellung der Gruppen »indogermanisch«, »kaukasisch« etc.) So würden zum Beispiel die Griechen des Alterthums gewiss nicht zugegeben haben, dass sie mit den »Barbaren« des Nordens Stammesbrüder seien — was ihnen die heutigen »gelehrt und civilisirt« gewordenen Barbaren Europa's hintendrein, auf Grund von Sanskritforschungen imputiren, ohne zu bedenken, dass jeder Schluss von der Sprache der Völker auf ihre Abstammung ein vollkommen grundloser und ungerechtfertigter ist.

Nichtsdestoweniger haben solche jederzeit je nach dem socialen Bedürfnisse und dem Zustand der Vorstellungen auftauchende Eintheilungen der Menschheit in einige wenige Hauptstämme, welche im Grossen und Ganzen eine nothwendige Consequenz der monogenistischen Anschauung sind, nichts destoweniger sagen wir, haben diese Eintheilungen eine grosse Zähigkeit und Stabilität und ändern sich nur langsam nach Jahrhunderten mit vollkommenem Umschwung der ihnen zu Grunde liegenden socialen Verhältnisse. So haben z. B. im europäischen Mittelalter die adeligen Stände sich als Japhetiten, dem Landvolke als Chamiten entgegengesetzt. — Heute, nachdem auf socialem Gebiete seit dem 18. Jahrhundert ein Umschwung eingetreten ist, liess man die Spaltung in Japhetiten und Chamiten fallen und hält sich schon Gottlob für stammverwandte Arier.

Wie werthlos aber alle diese Eintheilungen der Menschheit sind, dürfte aus Obigem zur Genüge erhellen.[1])

---

[1]) Zur Beurtheilung der Methode und zur gebührenden Würdigung der Hohlheit biblischer Völkertafeln und Genealogien (die im Grossen

Und auch nicht glücklicher als Linguiſten und Hiſtoriker ſind in dieſer Frage die eigentlichen Anthropologen, welche die Menſchheit nach phyſiologiſchen und anatomiſchen Kriterien in Stämme und Raſſen eintheilen wollen. Welche traurige Rolle alle die antropologiſchen Meſſungen von Schädel u. dgl. ſpielen, wird jeder ermeſſen, der je ſich aus dieſen Unterſuchungen über die verſchiedenen Typen der Menſchheit Rath erholen wollte. Alles geht durcheinander, die »mittleren« Zahlen und Maaſse geben gar kein greifbares Reſultat. Was der eine Antropologe als Germaniſchen Typus beſchreibt, das paſst nach dem andern ganz auf die Slaven. Es gibt mongoliſche Typen unter den »Ariern« und man kommt jeden Augenblick in die Lage, nach »anthropologiſchen« Kriterien »Arier« für

---

und Ganzen heute noch maſsgebend ſind!) möge folgende Stelle aus Movers über die bibliſchen Canaaniter dienen: »Wenn die vorisraelitiſchen Bewohner Paläſtinas, deren Benennung Canaaniter von dem Landesnamen Canaan abgeleitet iſt, von einem einzigen aus dem Landesnamen Canaan abſtrahirten Stammvater abgeleitet werden, ſo liegt darin freilich ein gewichtiges Zeugniſs, daſs dieſe Völker ſeit langer Zeit einander nahe geſtanden; allein wer die Art dieſer Genealogien kennt und für den vorliegenden Fall ſie erwägt, wird nicht in Abrede ſtellen, daſs alle von den Alterthumsforſchern daraus gezogenen Conſequenzen und Vorausſetzungen von einer urſprünglichen Einheit der nur in einem weiteren und uneigentlichen Sinne des Wortes von den Israeliten ſo genannten Canaaniter, von einer gleichzeitigen Einwanderung derſelben, von der Vertreibung oder Unterjochung angeblicher Urbewohner u. ſ. w. im Grunde keine beſſere Baſis haben als z. B. der Name Hellen und Hellenen für derartige Hypotheſen und Combinationen bieten würde. Unterwerfen wir die Sache einer näheren Prüfung, ſo kann nach den bibliſchen Angaben nichts deutlicher ſein, als daſs die vorisraelitiſche Bevölkerung des paläſtiniſchen Binnenlandes, welche im alten Teſtamente im übertragenen Sinne des Wortes Canaaniter heiſst in der Urzeit keinen einzigen eng verbundenen Volksſtamm gebildet hat . . .« (Die Phönizier II S. 62.) Und doch werden ſie als von einem gemeinſamen Stammvater Canaan abſtammend dargeſtellt!

Semiten zu halten und umgekehrt. Wir haben es eben bei dem in phyſiſcher Beziehung wirr durcheinandergehenden gordiſchen Knoten der Menſchheit mit einem auf phyſiſchem Gebiete unlösbarem Problem zu thun — und können uns nur an die thatſächlichen ſocialen und nationalen Gruppen halten, auf deren Bildung ganz andere, nicht phyſiſche Momente den entſcheidenden Einfluſs übten.

Darnach ſehen wir im Laufe der Entwicklung der Menſchheit immer und überall aus heterogenen Gruppen die wir einfach Raſſen nennen wollen, höhere Gemeinſchaften entſtehen, die ſich wieder im Gegenſatz zu andern heterogenen Gruppen und Gemeinſchaften als Raſſen darſtellen. Denn ebenſo wie es genau genommen, im naturwiſſenſchaftlichen Sinne heutzutage gewiſs keine Raſſen mehr gibt; da es heutzutage keine Menſchenſtämme gibt die ſich im primitivſten Zuſtande der Einheitlichkeit der Urſchwärme befänden: ſo kann man andererſeits alle die heterogenen ethniſchen ja ſogar ſocialen Gruppen und Gemeinſchaften die im Kampfe mit einander die Träger des Geſchichtsprozeſſes ſind, ſehr wohl als Raſſen bezeichnen.

Denn die Raſſe kann heutzutage gar nie und nirgends blos ein naturwiſſenſchaftlicher Begriff im engern Sinne des Wortes ſein, ſondern ſie iſt überall nur mehr ein geſchichtlicher Begriff; ſie iſt nicht das Produkt eines bloſsen Naturprozeſſes in der bisherigen Bedeutung dieſes Wortes, ſondern ſie iſt ein Produkt des Geſchichtsprozeſſes der allerdings auch ein Naturprozeſs iſt. Die Raſſe iſt eine im Laufe der Geſchichte, in und durch die ſociale Entwicklung entſtandene Einheit — und zwar eine Einheit, die ihren Ausgangspunkt wie wir das ſehen werden, in geiſtigen Momenten (Sprache, Religion, Sitte, Recht, Cultur etc.) findet und erſt von da aus zu dem mächtigſten phyſiſchen Momente, zu dem wahrhaften Kitt der ſie zuſammenhält, zu der Einheit des Blutes gelangt.

In dem Maaſse nun, in welchem ſich heterogene ethniſche Einheiten durch gröſsere oder geringere Zahl geiſtiger oder körperlicher Gemeinſamkeiten weiter oder näher oder vollkommen fremd gegenüber ſtehen, in dem Maaſse gibt es gröſsere oder kleinere **Raſſengegenſätze**. Aber auch der geringſte Raſſengegenſatz iſt ſchon genügend um unter Umſtänden Kampf und Krieg hervorzurufen.

Ob es aber weiter von einander abſtehende oder ſich durch die eine oder andere Gemeinſamkeit berührende Raſſen ſind, das ändert nie etwas an der Natur des Kampfes und Krieges. Denn Kampf und Krieg haben **ihre beſondere zwingende Natur**, ihr beſonderes blutdürſtiges Geſetz das ſich immer und überall den Kämpfenden allgewaltig aufdrängt und jeden Kampf heterogener ethniſcher und ſocialer Elemente zu einem »**Raſſenkampfe**« macht, möge nun der Gegenſatz dieſer Raſſen ein gröſserer oder geringerer ſein. In dieſer Bedeutung nun bezeichnen wir die Kämpfe der verſchiedenſten und mannigfaltigſten heterogenen ethniſchen und ſocialen Einheiten, Gruppen und Gemeinſchaften die das **Weſen des Geſchichtsprozeſſes** ausmachen als »Raſſenkämpfe« und werden im Nachfolgenden uns beſtreben, das Weſen derſelben, die Art und Weiſe ihres Verlaufes, ihre Bedeutung für den Naturprozeſs der Geſchichte, ihre Begleiterſcheinungen und ihre Reſultate kennen zu lernen.

31. Der Stamm.

Wir wollten **ſociale Gemeinſchaften** betrachten kamen aber nur dazu, einen ewigen Wechſel von Erſcheinungen und ewig trügeriſche Bezeichnungen zu conſtatiren.

Gibt es denn aber wirklich keinen feften Pol in diefer Erfcheinungen Flucht? Gibt es keine Gemeinfchaft, die wir als feften Typus betrachten könnten, um fie fozufagen als einheitliches Maafs für die fociale Bewegung und Entwicklung gebrauchen zu können. Allerdings ift der Staat ein folcher Typus — doch wie wir gefehen haben erft für ein fehr vorgefchrittenes Stadium der Entwicklung, da er felbft bereits ein fehr complicirtes und vielfach ethnifch zufammengefetztes Gemeinwefen ift. Nun, wir können dem Staate ein viel einfacheres, primitiveres Gemeinwefen entgegenftellen, das fich zu ihm wie ein chemifches Element zu einem vielfältig zufammengefetzten Körper verhält — und das auf einer primitiveren focialen Entwicklungsphafe und auf einer niedrigeren Culturftufe faft diefelbe Rolle fpielt, wie auf einer fpäteren der Staat. Diefe ethnifche oder vielleicht fociale Gemeinfchaft ift der Stamm, jener fyngenetifche Kreis der die gewöhnlichen unterften Gruppen bildet in welche wilde und culturlofe Völkerfchaften fich theilen — und welche im öffentlichen Leben und der Gefchichte diefer Völkerfchaften (fo viel man eben von Gefchichte auf einer noch ftaatslofen und vorftaatlichen Stufe fprechen kann) jene felbftändige Rolle fpielen, welche in Culturwelten den Staaten zukommt. Nun wäre es gewifs intereffant das Wefen und die allgemeinen Merkmale des Stammes kennen zu lernen: leider aber hat fich foviel uns bekannt, die Wiffenfchaft mit diefem Gegenftande faft gar nicht befchäftigt.

Weder in Ethnographien, noch in Antropologien, weder in Geographien oder Statiftiken und am allerwenigften in Gefchichtswerken finden wir Antwort oder Auskunft auf die Frage was ein Stamm fei und welches feine Merkmale find, wenn wir uns nicht mit jener abgedrofchenen, alten, als felbftverftändlich fich gebenden Erklärung begnügen, dafs fich »durch Vermehrung der Familien der Stamm bilde.« Da aber für uns eine folche Erklärung fchon defshalb weil fie nur eine Confequenz der monogeniftifchen Anfchauung ift, keinen Werth hat: fo bleibt uns nichts übrig als uns aus den zerftreuten Nachrichten über die Stämme verfchiedener Völker felbft das Wefen des Stammes klar zu machen.

Wäre der Stamm in der That nur eine ausgewachfene Familie, oder eine durch natürliches Anwachfen erfolgte Vermehrung von Familien, wie käme es dann, dafs die Stämme fich durch Jahrhunderte und Jahrtaufende fo fcharf von einander unterfcheiden und fich als blutsfremd und feindlich gegenüberftehen? Wenn fich die Stämme nur auf dem Wege der natürlichen Vergröfserung der Familienzahl gebildet hätten, woher kämen plötzlich jene unüberbrückbaren Klüfte, jene unüberfteiglichen Scheidewände und Grenzen die in ein und derfelben Völkerfchaft den Stamm vom Stamme fcheiden? Ift es denkbar, dafs von einem Urfprung abftammend, der wachfende Strom der Gefchlechter an einem Punkte plötzlich alle Gemeinfamkeit vergeffend fich in Zweige fpalte die für Jahrhunderte und Jahrtaufende nur ewige Feindfchaft auf Tod und Leben gegen einander hegen? Nein! wer das Wefen diefer Gruppen nüchtern betrachtet, der mufs zur Ueberzeugung kommen, dafs wir es bei den Stämmen mit Reften urwüchfiger Horden- und Menfchenfchwärme zu thun haben, die von jeher fich als blutsfremd, als verfchiedenartig, gegenüberftanden. Der Hafs und die Leidenfchaft der Stämme untereinander ift kein gewordener fondern ein urfprünglicher, und möge das Menfchenmaterial diefer Stämme antropologifch noch fo gemifcht fein, fo ift doch der Geift derfelben fo zu fagen ein originärer, und hat feine Befonderheit und Originalität allen andern Stämmen gegenüber aufrechterhalten und diefem Geift der einzelnen Stämme affimilirt fich all dasjenige Materiale, welches aus andern Quellen ſtammend (alſo etwa aus hexogamen Ehen) im Stamme aufgeht. Gewiſs alſo haben wir heute auch bei den primitivſten Völkerſchaften keine phyſiſch reinen, ungemiſchten Stämme mehr: dem Geiſte nach aber haben ſich in vielen Völkerſchaften gewiſs noch die urſprünglichen, originären ethniſchen Einheiten in dieſen Stämmen erhalten. Denn an dem Geiſte der ethniſchen wie auch der ſocialen Einheiten, an ihrer Eigenthümlichkeit, bringt Blutmiſchung keine merkliche Aenderung hervor — das fremde Blut taucht in dem geiſtigen Blutskreiſe des Stammes unter wie die Süſswaſſerſtröme im Meere ohne das Meerwaſſer merklich zu ändern.

Wenn es ſich alſo darum handelt, die Geſetze des gegenſeitigen Verhaltens, ſo zu ſagen die Kräfte, Reactionen und Beziehungen der ethniſchen Elemente zu einander zu beobachten: ſo kann uns das Leben und Weben der Stämme wo wir daſselbe in der Gegenwart noch antreffen oder wo daſselbe aus geſchichtlicher Vergangenheit bekannt iſt, einen unſchätzbaren Beobachtungsgegenſtand abgeben.

Was uns nun vor allem am Leben dieſer Stämme auffällt iſt die Thatſache, daſs ſich daſselbe, wo wir es finden, ziemlich unverändert ſeit den älteſten Zeiten erhält. Nur im Staat ſcheint das urſprüngliche Leben der Stämme von Grund aus einer Umwandlung unterlegen zu ſein — nur der Staat konnte daſselbe von Grund aus ändern. Wo dieſer es nicht that oder nicht vermochte, da beſitzt das Leben der Stämme eine derartige zähe Stabilität, daſs es ſich heutzutage noch in denſelben Formen vollzieht wie vor Jahrtauſenden — ja! daſs es ſich mitten in der chriſtlichen Culturwelt Europa's im weſentlichen von demjenigen nicht unterſcheidet das ſich mitten in der Culturwelt des Islams erhalten hat und ebenſowenig von dem welches in ungeſchwächter Kraft noch heute bei den wilden

Indianerftämmen am Red River oder am Amazonenftrom fortdauert. Wir wollen dafür einige Beifpiele citiren. »Das Leben der Wanderftämme in Nordarabien wie im Innern des Landes (Arabien), fo refumirt Dunker die zahlreichen einschlägigen Berichte, hat wenig Veränderung erlitten; bis auf den heutigen Tag find nicht allzu grofse Abweichungen von den Sitten und Zuftänden der alten Zeit eingetreten . . . .

»An der Spitze des Stammes fteht das Haupt der älteften Familie, von welcher die übrigen ihren Urfprung ableiten; alle Abkömmlinge des Stammvaters, der dem Stamm den Namen gegeben hat, gehorchen willig deffen nächften Nachkommen, denn das Recht der Erftgeburt ift heilig . . . **Die Mehrzahl der Stämme fteht fich ftolz und feindfelig gegenüber. Sie überfallen einander, plündern die Zelte, rauben Weiber, Kinder und Knechte und treiben die Heerden fort** . . . In folcher Lebensweife, **welche feit Jahrtaufenden bis heute im Ganzen diefelbe geblieben ift**, übten die Araber der Wüfte die Tugenden der Ehrfurcht, Pietät und Anhänglichkeit für ihre Stammeshäupter . . .«[1])

Neben diefes Bild aus Arabien ftelle man nun jenes von Vambery aus dem Leben der (ebenfalls islamitifchen) Völkerfchaften der mittelafiatifchen Wüften (f. ob. S. 165). Dazu noch was derfelbe Schriftfteller, von den Schrecken des Steppenbrandes fprechend, erzählt: »Oft wird diefs (der gelegte Steppenbrand) als **eine Waffe von einem Stamme gegen den andern** angewandt und die Verwüftung foll eine fchreckliche fein.«[2])

Dafs in noch primitiveren Zuftänden das Verhältnifs der heterogenen ethnifchen Beftandtheile, der verfchiedenen

---

[1]) Dunker I 251, 252.
[2]) Vambery Skizzen aus Mittelafien S. 64.

Stämme zu einander noch viel graufiger fich geftaltet, erwähnten wir fchon früher. So erzählt — um dafür noch ein Beifpiel anzuführen — der Afrikareifende Schweinfurt von den Monbuttu, dafs fie aus zwei heterogenen Volksbeftandtheilen beftehen, von denen der eine ein nomadifches Leben führt, der andere anfäfsig ift. Jene Nomaden nun find die herrfchende Claffe und verfpeifen die letzteren. Das freilich gefchieht heute nur noch bei den wildeften Naturvölkern.

Aber hat andererfeits das Chriftenthum es vermocht, dem Leben der Stämme wo es fich inmitten feiner Culturwelt noch erhalten hat, einen humanen Character aufzuprägen — den ewigen, graufamen und wilden Kriegen und Fehden zwifchen den einzelnen Stämmen ein Ende zu machen? Hören wir was Dumont von den Albaniern erzählt: Les Albanais des montagnes n'ont jamais été soumis à personne. Ils forment des clans, phars et tschetas, mots qui signifient foyer ... Il n'y a pas de lien entre les differentes tribus d'Albanie ... En temps de paix chacune d'elles reste isolée dans sa montagne; leurs pays est divisée en clans qui s'adminiftrent comme il leur plait ou plutôt — car le mot administrer est faux — qui vivent a leur guise. (Vrgl. dazu ob. S. 165, 166.)

Nachdem Dumont die Albanefen als Nomaden und Räuber gefchildert die jede fchwerere friedliche Arbeit fcheuen, in welcher Beziehung fie feiner Anficht nach den homerifchen Helden gleichen: fpricht er von dem Hafs der Stämme gegeneinander und wie trotz des grofsen religiöfen Indifferentifmus, die Religion (griechifcher und römifcher Ritus!) oft den Vorwand abgeben mufs zu Kriegen und Fehden; »ce qui fait qu'une tribu croit à son dieu, c'est la haine de la tribu voisine.«

Schliefslich macht Dumont die ganz richtige allgemeine Bemerkung, dafs »en dehors de tout caractère de races, le même état primitif impose des mœurs semblables.« [1])

Und ganz denfelben Character wie das Leben der Stämme in Arabien, in Mittelafien und in Europa trägt das Leben der unzähligen Indianerftämme Amerikas. Von dem Stamme der Warrans, welcher der zahlreichfte von allen ift, erzählt Appun, dafs er »in ftrenger Abfonderung von jedem andern Indianerftamme« lebt. Ihre Hauptfeinde find die Cariben, ein anderer Indianerftamm, »welche öfters kriegerifche Einfälle in ihr Gebiet machen, fie nach Indianerweife bei Nacht überfallen und fie ohne Unterfchied des Gefchlechts und Alters tödten.« »In früheren Zeiten, erzählt Appun von diefen Cariben, unternahmen fie häufige Raubzüge in das Innere Guyanas und verhandelten die dabei gemachten Gefangenen als Sklaven an die Holländer und Engländer, behielten aber die fchönften der erbeuteten Frauen und Mädchen für fich . . .« [2]) Aehnliche Verhältniffe wie zwifchen Warrans und Cariben finden aber zwifchen den meiften Indianerftämmen ftatt und wir wollen dafür ftatt weiterer Beifpiele hier nur noch das Zeugnifs A. Humboldts anführen: »Die wilden Nationen find in eine grofse Menge von Stämmen abgetheilt die fich einander tödtlich haffen und die fich nie unter einander verbinden. . .« [3])

Fragen wir nun nach der ungefähren numerären Gröfse eines Stammes fo fehlen uns freilich in diefer Beziehung all und jede Spezialunterfuchungen, doch glauben wir nach gelegentlichen Bemerkungen von Reifenden fagen zu dürfen, dafs in normalen Zuftänden ein Stamm aus 500 bis 1500 Seelen befteht — wobei wir daran denken, dafs

---

[1]) Revue de deux Mondes 1872 B. VI. 120.
[2]) Appun, die Indianerftämme Guyanas. Ausland 1871. S. 162, 182.
[3]) Reifen in Centralamerika Wien 1825 IV 79.

wohl fehr viele Stämme der Zahl nach kleiner werden und auch ganz ausfterben, daß aber andererfeits dem Wachsthum der Stämme gewiffe natürliche Grenzen gezogen find, fo daß im Zuftande des Stammeslebens kein Stamm über ein gewiffes Maximum hinauskommt.

Als Anhaltspunkte für unfere beiläufige Abfchätzung der Größe eines Stammes dienten uns unter anderen folgende Bemerkungen. Appun fagt von den Indianerftämmen: »Meift bewohnen mehrere Familien ein und diefelbe Hütte ..« »Die Niederlaffungen der Mitglieder eines Stammes beftehen meiftens aus 6—10 Hütten ..« Wenn wir alfo im Durchfchnitt eine Familie mit 5 Seelen annehmen und unter mehreren Familien fünf durchfchnittlich verftehen fo entfällt auf eine Hütte im Durchfchnitt 25 Seelen; es wird alfo eine Niederlaffung von 10 Hütten ungefähr 250 Seelen betragen — doch wäre es gewiß ein Irrthum einen Stamm nur aus einer folchen Niederlaffung beftehen zu laffen — häufiger befteht ein Stamm gewiß aus einigen folchen Niederlaffungen.

Eine andere Angabe über die Zahlenftärke eines Stammes finden wir bei Pieffe aus Anlaß der Schilderung von Algier und Tunis.

Nachdem er den arabifchen Stamm als eine Vereinigung von Familien gefchildert die fich von einem gemeinfamen Urfprung ableiten und die Verhältniffe zwifchen diefen Stämmen ganz fo fchildert, wie die oben von uns angeführten Schriftfteller meint er, daß die Zahlenftärke eines Stammes von 500—40.000 Seelen fchwanke, doch fügt er hinzu, daß die Zahl der Mitglieder jedenfalls kleiner ift als das Territorium auf welchem der Stamm fich befindet, ernähren könnte (?) [1]

---

[1] C'est la reunion de famille qui se croient generalement issues d'une souche comune qui forme la tribu arabe. Ce qui distingue cette

Wir erwähnten fchon oft, daß wir den Stamm, fo wie wir ihn heute zumeift finden oder fo wie er uns aus gefchichtlichen Zeugniffen entgegentritt keineswegs für ein Urgebilde, für eine primäre Bildung, fondern daß wir ihn bereits als eine ethnifch zufammengefetzte, alfo fociale Geftaltung anfehen. Den Grund dazu fehen wir in der focialen und herrfchaftlichen Organifation des Stammes. Denn auch bei den meiften uns in Gegenwart und gefchichtlicher Vergangenheit entgegentretenden Stämmen finden wir eine Theilung der Arbeit zwifchen den Herren und den Knechten — welche letzteren aus Kriegsgefangenen, gekauften oder geraubten Sklaven etc. beftehen.

Diefe Unterfcheidung der Herkunft, der Abftammung wird auch bei fehr primitiven Stämmen ftreng aufrechtgehalten.

Der Syngenifmus hält auch im Stamme felbft die Unterfcheidung zwifchen den vollbürtigen Angehörigen des Stammes, dem Adel und den Fremden, die dienftbar geworden find aufrecht. So berichtet der erwähnte franzöfifche Berichterftatter über die große Rolle die der Adel in dem Berberftamme Algeriens fpielt. Alle adeligen Familien des Stammes betrachten fich untereinander als näher verwandt den nichtadeligen, den Gemeinen, gegenüber.[1]

---

petite société c'est l'esprit de solidarité et d'union contre les voisins qui, de son berceau a passé à ses derniers descendants et que la tradition et l'orgueil, aussi bien que le souvenir des perils éprouvés en commun, tendent encore à fortifier . . . Le sort des tribus a été extrêmement variable; quelques-unes sont entièrement éteintes; d'autres sont très reduites; d'autres encore sont restées puissantes et nombreuses; on peut dire que le nombre des individus formant une tribu varie de cinq cents à quarante mille; il est en tout cas fort inférieur au chiffre de la population que les terres occupées par la tribu pouvaient nourrir. . .« Itineraire histor. et descr. de l'Algerie, de Tunis et de Tanger par L. Piesse. Paris.

[1] Ainsi toutes les familles nobles d'une tribu se regardent comme

Von diefer Seite betrachtet, als Herrfchaft der einen Klaffe über die andere, ftellt uns der Stamm fchon die beginnende Organifation des Staates dar — und er unterfcheidet fich von letzterem nur noch durch die geringere Complicirtheit der focialen Unterfchiede und den Mangel der Sefshaftigkeit und Stabilität des Ganzen. Man könnte den Stamm als das noch frei umherfchweifende Embryo des Staates bezeichnen — an dem fchon die Umriffe der künftigen ftaatlichen Organifation fichtbar find.

Nur bei wenigen, noch ganz primitiven Stämmen Afrikas, Amerikas und des höchften Nordens von Afien treffen wir jene fociale Unterfchiedslofigkeit und ethnifche Gleichartigkeit und Gleichheit feiner Mitglieder die uns ein Bild des menfchlichen Urfchwarmes bietet.

Aber die unvergleichlich gröfste Mehrzahl der gefchichtlich nachweisbaren oder gegenwärtig noch in Stämmen lebenden Völkerfchaften ftellt uns eine fociale Complicirtheit dar, die noch auf einem anderen als den oben berührten Umftand der Zweitheilung in Herren und Knechte in Voll- und Minderbürtige beruht. Es ift das diejenige Complicirtheit die in Folge von Bündniffen und Vereinigungen von gleichmächtigen Stämmen untereinander erfolgt. Diefe Bündniffe und Vereinigungen auf Grundlage gleicher Rechtsftellung, alfo Gleichberechtigung, find eine der ewig wiederkehrenden Formen des focialen Naturprozeffes die fich unter gewiffen natürlichen Umftänden überall, bei den Völkerfchaften aller Welttheile wiederholt; ja, diefe Bündniffe und Vereinigungen fcheinen eine nothwendige Durchgangsphafe zu einer höhern culturellen Stufe, insbefondere aber auch ein Uebergangsftadium zu ftabileren, ftaatlichen Zuftänden zu fein.

---

unies plus particulièrement par les liens du sang, alors même qu'a des epoques tres reculées elles auraient eu des souches très distinctes. Piesse l. c.

Wie wir das aus den Vorgängen der bekannten Geschichte und der Gegenwart fchliefsen können: entfteht ein Bündnifs immer da wo fich zwei ethnifche oder fociale Gemeinfchaften als »ebenbürtig« d. h. als gleich mächtig erkennen.

Wenn die beiderfeitigen Verfuche fich gegenfeitig zu bezwingen und zu unterjochen mifslangen, dann drängt fich unausbleiblich jedem Theile die Ueberzeugung auf, dafs es vortheilhafter wäre im Bunde mit dem gleichmächtigen Gegner fich auf dritte, den verbündeten Kräften nicht gewachfene Stämme zu werfen. Diefe Erwägung fchafft immer und überall Bündniffe und fie wird diefelben auch gewifs zwifchen primitiven, fich das Gleichgewicht haltenden Stämmen aller Zeiten und Zonen gefchaffen haben.

Der günftige Erfolg aber eines erften Doppelbündniffes wird, das ift klar, mit der Zeit zu ausgedehnteren, zu Trippel- und Quadrupelalianzen u. f. w. geführt haben — kurz — die Bündniffe und Unionen zwifchen gleichmächtigen Stämmen zu Eroberungszwecken, bilden neben der Unterjochung der fchwächeren durch die ftärkeren Stämme, eine weitere Serie von Vorgängen deren Refultate zu immer complicirteren focialen Geftaltungen und gefchichtlichen Entwicklungen führen.

Dafs aber diefes durch Bündniffe und Unionen potenzirte Eingreifen der Stämme es ift, welches dem focialen Naturprozefs feine mächtigften und nachhaltigften Impulfe gibt darüber belehrt uns ein Blick auf die Gefchichte. Die wichtigften Culturvölker des Alterthums treten uns in ihren erften Anfängen als eine Mehrheit von, zu Eroberung und Herrfchaft verbündeten Stämmen entgegen; fo die indifchen Arier, die Meder und Perfer, die Phönizier, die Juden, die Griechen und Römer, die Araber.[1]) Und auch

---

[1]) Es kann gar keinem Zweifel unterliegen, dafs die zwölf Stämme

die mittelalterliche Völkerwanderung in Europa zeigt uns überall **verbündete Stämme** auf kriegerische Unternehmungen ausziehen — so die Cimbern und Teutonen, die Skythen und Sarmaten, die Vandalen, Alanen und Sueven; die Heruler, Rugier, Turcylinger; die Franken und Alemannen, Markomannen und Quaden, Gothen und Gepiden, Geten und Daken u. s. w. u. s. w.

---

32. Staaten, Stände und Berufsclaffen.

Schon der Umstand, dass wir immer und überall seit den älteften Zeiten die Bevölkerungen der Staaten aus heterogenen ethnifchen Beftandtheilen beftehend finden: beweift, dafs wir es hier nicht mit einer zufälligen oder »künftlichen«, fondern mit einer Erfcheinung zu thun haben, die **nothwendigerweife** aus dem Wefen des gefchichtlichen Naturprozeffes folgt. Es handelt fich nur darum, die Nothwendigkeit diefer Erfcheinung zu begreifen, ihren caufalen Zufammenhang mit dem gefchichtlichen Prozefs aufzudecken.

Zur Erkenntnifs diefes Zufammenhanges wird uns die Betrachtung folgender Thatfachen führen.

Die Art und Weife des Zufammenfeins der heterogenen ethnifchen Beftandtheile im Staate ift keineswegs eine regel- und gefetzlofe: im Gegentheile befinden fich die verfchiedenen ethnifchen Beftandtheile eines Staates

---

der Juden eine folche Verbindung heterogener Stämme zur Eroberung und Herrfchaft darftellen; in der Kaaba, dem Centralheiligthum der Araber, waren die Götzen aller **herrfchenden** arabifchen Stämme vertreten.

immer und überall, nach ihren Gefammtheiten und gruppenweife in einem ganz beftimmten Verhältnifs zu einander, nämlich in dem Verhältnifs der Herrfchaft der einen über die anderen.[1]) Diefes Herrfchaftsverhältnifs ift aber gleichzeitig auch immer ein Verhältnifs der Theilung der volkswirthfchaftlichen Arbeit unter die einzelnen Beftandtheile.

Wenn wir nun den Gründen diefer letzteren Erfcheinung nachgehen, fo wird uns der erwähnte Zufammenhang zwifchen der ethnifchen Zufammenfetzung der Staaten und dem Naturprozefs der Gefchichte klar werden.

Sehen wir zunächft von den fogenannten Nationalftaaten ab, von denen wir wiffen, dafs eine allen ihren urfprünglich heterogenen Beftandtheilen mehr oder weniger gemeinfam gewordene Cultur die frühere Heterogeneität derfelben verdeckt, ja theilweife ganz verwifcht hat.

Wenden wir uns den Staaten mit »national gemifchter« Bevölkerung zu. Hier finden wir überall die Thatfache, dafs fich die heterogenen ethnifchen Beftandtheile zu einander entweder in dem Verhältniffe der Unter- und Ueberordnung der einen über die andern alfo im Herrfchaftsverhältnifs, oder dafs fie fich im Kampfe um die Herrfchaft oder endlich in dem Zuftand mehr oder weniger momentanen Gleichgewichtes befinden, der durch irgend ein ftaatsrechtliches Compromifs erhalten wird. Dabei verfteht es fich aber von felbft, dafs von vollkommen gleichen Verhältniffen nicht in zwei Staaten der Erde geredet werden kann: vielmehr ftellt jeder Staat ein ganz eigenthümliches, individuelles Gepräge dar und es kann ebenfo

---

[1]) Ueber das Wefen des Staates vrgl. aufser unfere oben bereits citirten zwei Schriften noch: Rechtsftaat und Socialifmus Innsbruck 1880 und »Verwaltungslehre« Innsbruck 1882.

wenig zwei ganz gleiche Staaten geben, wie es überhaupt auf keinem Gebiete der Natur zwei ganz gleiche Individuen gibt.[1]) Ueberall entscheidet die Beschaffenheit der ethnischen Bestandtheile, die verschiedenen Bedingungen in denen sie sich befinden, der verschiedene Entwicklungsgang der gegebenen Herrschaftsorganisation, über Beschaffenheit und Form der einzelnen Staaten-Individualität.[2]) Ueberall aber müssen wir, wenn wir den geschichtlichen Entwicklungsprozefs eines gegebenen Staates ins Auge fassen, anerkennen, dafs dessen gegenwärtige Beschaffenheit und Gestalt, oder um es mit einem verständlichen Ausdruck zu bezeichnen, dessen Verfassung, nur ein Moment eines nie stillstehenden Entwicklungsprozesses darstellt, einen Durchgangspunkt, zu dem der betreffende Staat durch eine unendlich lange Kette vergangener Herrschaftsumwälzungen gelangte und von denen aus er einer unendlich langen Kette künftiger Herrschaftsumwälzungen entgegeneilt. Viele Länder nun, gleichviel ob sie sogenannte selbständige Staaten oder Territorien und nur Theile von Staaten sind, stellen uns in ihrer noch ganz offen daliegenden ethnischen Schichtung diesen fortwährenden Entwicklungsprozefs dar, wo ein herrschender

---

[1]) Vrgl. philosophisches Staatsrecht § 14.

[2]) Aus diesem Grunde betrachten wir es auch als eitle Scholastik, wenn sich, wie das neuerdings geschieht, Staatsrechtslehrer den Kopf darüber zerbrechen, was denn Oesterreich eigentlich sei: Bundesstaat, Staatenbund, Staatenstaat, Staatenreich, Einheitsstaat, Zweiheitsstaat und wie diese leeren Bezeichnungen alle lauten. Wir fragen, was wäre damit gewonnen wenn es auch gelänge, ein allgemeines Einverständnifs auf irgend welche dieser Bezeichnungen zu erzielen? Oesterreich würde nichts destoweniger keinem zweiten Bundesstaat oder Staatenbund oder Staatenstaat u. dgl. der ganzen Welt gleichen, es würde trotz der Annahme irgend einer dieser Bezeichnungen doch nur Oesterreich d. h. eine wie jeder andere Staat eigene und keiner andern ähnliche Staatindividualität bleiben.

Stamm von ehedem felbſt wieder der beherrſchte geworden iſt.

So z. B. wurden die Angelſachſen, welche England eroberten und die daſelbſt angetroffenen Einwohner unterjochten, ihrerſeits wieder von den Normannen beſiegt und unterworfen, die angelſächſiſchen Herrſcher von ehedem mufsten fich der normanniſchen Herrſchaft beugen. Ein ähnliches Verhältnifs liegt in Britiſch-Indien vor. Schon das alte Indien ſtellt uns eine Herrſchaftsorganiſation auf Grundlage heterogener ethniſcher Schichtung dar — und über die oberſte Schichte der dort Herrſchenden befeſtigten die Engländer ſeit dem vorigen Jahrhundert wieder ihre Herrſchaft.[1]

Wo nun eine gemeinſame Cultur, eine durch die Arbeit von Jahrhunderten errungene gemeinſame »Nationalität« das urſprüngliche ethniſche Gefüge eines Volkes nicht verdeckt, da werden wir überall die ſociale Schichtung der herrſchenden Claſſen über mehr oder weniger abhängige und beherrſchte finden. Aber auch da wo eine dauernde Herrſchaftsorganiſation einer ſocialen Gemeinſchaft ein mehr einheitliches Gepräge aufdrückte, tritt uns eine Claſſenſchichtung entgegen, die fich im Grofsen und Ganzen durch erbliche Berufe und Beſchäftigungen erhält, und die wir bei einigermafsen eingehender hiſtoriſcher Analyſe als mit einſtigen, heterogenen ethniſchen Gegenſätzen zuſammenhängend erkennen müſſen. So finden wir in allen auch den national einheitlichſten Staaten Europas in deutlicher Unterſcheidung die drei Claſſen des Adels, der Bürger und der Bauern und dieſe drei Geſellſchaftskreiſe auf deren mehr oder weniger bedeutende Unterabtheilungen und Nuancirungen wir vorderhand nicht ein-

---

[1] Weitere Beiſpiele für dieſe wechſelnden Herrſchaftsverhältniſſe ſiehe weiter unten in dem Abſchnitt V: »Geſchichtliche Hinweiſungen«.

gehen — find im grofsen Ganzen was ihre Angehörigen anbetrifft, durchaus gegeneinander abgefchloffen und erhalten fich mehr weniger in diefer Abgefchloffenheit durch Vererbung von Vermögen, Beruf und gefellfchaftlicher Stellung. Gegen diefe Thatfache helfen keine Verfaffungsparagraphen von gleichen Bürgerrechten die feit der franzöfifchen Revolution in Europa Mode geworden find; und weit entfernt gegen diefelbe zu fprechen beftätigen diefe Thatfache vielmehr die feltenen, von aller Welt bewunderten und angeftaunten Ausnahmsfälle, wenn es einmal ein Bauer zu hohen Ehren und Würden bringt oder einige bürgerliche Advocaten und Profefforen eine Minifterbank garniren. Trotz jener Paragraphe und diefer wenn auch noch fo häufigen »Ausnahmen« bleibt die Gliederung der modernen europäifchen Gefellfchaft in die drei Stände des Adels, der Bürger und Bauern und die zwifchen denfelben beftehenden ziemlich fchroffen Abftände eine wichtige fociologifche Thatfache.

Wenn wir nun aber auf die hiftorifchen Anfänge und Vorausfetzungen diefer focialen Gliederung zurückgehen und denfelben nachforfchen, fo finden wir überall die Thatfache der heterogenen ethnifchen Zufammenfetzung des Volkes in Folge einer, urfprünglich von einem fremden Stamm, meift über Eingeborne, gegründeten Herrfchaft. Freilich laffen fich diefe Verhältniffe aus Mangel an glaubwürdigen hiftorifchen Zeugniffen, noch mehr aber in Folge der Entftellung der Thatfachen durch tendentiöfe Gefchichtfchreibung nicht überall mit derfelben Evidenz nachweifen: wenn wir es uns jedoch einmal klar gemacht haben, dafs wir es bei dem focialen Naturprozefs, wie bei jedem andern mit Erfcheinungen zu thun haben, die von ein- und denfelben Kräften und Strebungen hervorgebracht, überall nach denfelben Gefetzen verlaufen; dann werden uns gefchichtliche Lücken und tendentiöfe Entftellungen der Thatfachen bei einem oder dem andern Volke nicht irre machen. Was wir als Ausdruck und Bethätigung eines allgemein gültigen Gefetzes bei fo und fo vielen Völkern und Staaten erkannt haben werden, das werden wir ohne gefchichtlichen Nachweis oder trotz eines tendentiöfen Zeugniffes keineswegs als Ausnahme von der Regel gelten laffen. Vielmehr werden wir mit Hilfe der einmal erlangten Kenntnifs des naturgefetzlichen und nothwendigen Vorganges auf dem Gebiete des focialen Naturprozeffes: die gefchichtliche Lücke ausfüllen, das tendentiöfe Zeugnifs richtig ftellen. Was nun die erwähnte Gliederung der europäifchen Völker in drei Berufsftände anbelangt, fo beruht diefelbe in Ländern von jüngerer Cultur, alfo im Often Europas noch ganz deutlich und klar erkennbar, auf einer ethnifchen Heterogeneität — diefe drei grofsen, gefellfchaftlichen Kreife ftellen in den Ländern des europäifchen Oftens noch ganz unläugbar befondere »ftammverwandtfchaftliche« Kreife dar. Den Mittelftand, die handel- und gewerbetreibenden Städter bilden hier meift überall Deutfche, fo in Ungarn, Polen, Rufsland, auch in Böhmen noch fichtbar, unter und über welchen fich zwei Gefellfchaftsclaffen befinden, die der Bauern und des Adels, die fich von jeher als zwei befondere Blutskreife fremd gegenüberftanden.

In allen Culturländern des weftlichen Europas ift diefe Congruenz der Berufsclaffen mit ethnifcher Verfchiedenheit heute nicht mehr fo fichtbar — doch hat fich auch da überall der adelige Grofsgrundbefitz bis in unfere Tage von dem bäuerlichen Kleingrundbefitz als vornehmer und befferer Blutskreis ferngehalten und was die Städte anbelangt, fo lehrt uns die Gefchichte die ftammfremden Anfänge und Gründungen derfelben. (Vrgl. unten V. Cap. 46.)

Nun wird man uns vielleicht entgegenhalten, dafs wir einzelne zufällige gefchichtliche Erfcheinungen ungerechtfertigter Weife zu Gefetzen verallgemeinern; dafs man aus dem Umstande, daſs in einigen Ländern die socialen Claſſengrenzen mit ethniſchen Unterſcheidungen zuſammenfallen, oder daſs uns in andern Ländern geſchichtliche Ueberlieferung einen ſtammfremden Urſprung einer ſocialen Claſſe bezeugt, daſs man daraus noch nicht folgern könne, daſs dieſe Congruenz etwa in der Natur der Sache begründet, daſs ſie naturnothwendig und naturgeſetzlich ſei. Darauf erwiedern wir, daſs dieſes letztere allerdings der Fall iſt da eingehende Betrachtung uns zur Erkenntniſs bringt, daſs dieſe hiſtoriſchen Thatſachen nur eine **nothwendige Conſequenz** aus der Natur der Dinge ſind, und daſs jenes Zuſammentreffen ethniſcher Unterſchiede mit ſocialen Berufsclaſſen in den Anfängen der Entwicklung keine zufällige, ſondern eine tief im Weſen der Sache wurzelnde Erſcheinung iſt, was wir in Folgendem zu erweiſen hoffen.

33. Die Raſſengegenſätze in den Berufsclaſſen.

Die Coincidenz der Berufsclaſſen- und Stände mit ethniſchen und Raſſenunterſchieden der Bevölkerung eines Staates iſt nämlich ein Ausfluſs des Umſtandes, daſs die den Staat conſtituirende Organiſation der Herrſchaft **nur zum Zwecke der volkswirthſchaftlichen Arbeitstheilung gewaltſam durchgeführt werden muſste.**

Sollte nämlich der Ackerbau einen gröſseren und lohnenderen Ertrag liefern, ſollte er ein frei und ſorgenlos anderen Beſchäftigungen oder der freien Muſse gewidmetes Leben ermöglichen: dann muſste die Benützung oder wie die Socialiſten es nennen »Ausbeutung Vieler durch Wenige« Platz greifen. Nun liegt es wie wir geſehen haben und wie wir das noch weiter unten erörtern werden, in der Natur der Menſchen, daſs, wo eine »Ausbeutung« anderer Menſchen Platz greifen muſs, dieſelbe immer ihre Opfer auſserhalb ihres ſyngenetiſchen Kreiſes fucht. Es ift das eine der vielen Aeußerungen des Princips das wir Syngenifmus¹) nennen und welches als ftets wirkfame Triebfeder menfchlicher Handlungen fowohl hinter den Couliffen der Gefchichte, wie des täglichen Lebens fich bethätigt. Mufsten einmal zum Zwecke einer lohnenden und reichlicheren Ertragserzielung aus dem Ackerbau, Menfchen als Arbeitsvieh benutzt werden (und diefe Nothwendigkeit ftellte fich auf einer der erften Entwicklungsftufen der Menfchheit bald heraus) mufsten einmal Menfchen in grofsen Maffen zu diefem Zwecke »ausgebeutet« werden (und diefe feiner Zeit neue und nicht gerade unrichtige wirthfchaftliche Idee konnte nur einer begabten Minorität aufdämmern) fo konnte es nach dem Princip des Syngenifmus gar keinem Zweifel unterliegen, dafs zu diefem Ausbeutungsobjecte ein fremder Stamm, irgend welche fremde Bevölkerung auserwählt werden mufste. Das ift der tiefere in der Natur der Sache liegende Grund warum überall wo eine höhere Stufe landwirthfchaftlicher Entwicklung erreicht wird, uns gleichzeitig die zwei ethnifch-heterogenen Berufsclaffen der Bauern und Herren entgegentreten.

In engem Zufammenhange mit den obigen Verhältniffen fteht aber die Thatfache, dafs auch der europäifche Mittelftand, der Stand der Handel- und Gewerbetreibenden fich urfprünglich ebenfalls aus Elementen recrutirte, die weder mit dem Herren- noch mit dem Bauernftande ethnifch verwandt waren — alfo aus fremden Elementen. Denn die Bauern waren ja an die Scholle gebunden; fie waren Eigenthum der Herren, welche gewifs eiferfüchtig über ihr lebendes Inventar wachten, das doch ein Theil ihres Vermögens war. Der Bauer alfo mufste bei feinem oder vielmehr bei feines Herren Acker verbleiben; durfte den-

---

¹) Vrgl. unten S. 240 u. ff.

felben und die auf demfelben dem Herrn zu leiftenden Dienfte nicht verlaffen. Nun werden aber die Herren durch die Arbeit der Bauern mächtig und vermögend und daher confumtionsfähig; es konnte alfo nicht fehlen, dafs fie ihre über das tägliche Brod hinauswachfenden Bedürfniffe auch befriedigen wollten; diefe Befriedigung konnte ihnen zuerft nur durch den **fremden Kaufmann** werden der die Erzeugniffe anderer Zonen ihnen zuführte. Zeigte fich eine Ausficht auf ein dauerndes Gefchäft, fchien die herrfchende Claffe ein ftets zahlungsfähiger Confument zu fein — dann fchritt die fremde, auswärtige Handelswelt zu ftabilen Colonien und Anfiedlungen die natürlich unter dem Schutze der herrfchenden Claffen, deren Bedürfniffen fie entgegenkam, fich vollzogen. Das war überall in Europa der Anfang des Handels und der Gewerbe; allerdings fetzte fich an diefe fremden Keime der Handels- und Gewerbeclaffen mit der Zeit einheimifches Bevölkerungselement an, das fich theils aus dem Landvolk, theils aus den herrfchenden Claffen recrutirte: aber diefe allerfeits hinzufchiefsenden Elemente die in's **ftädtifche Leben** übergingen nahmen vorwiegend überall das Gepräge ihres neuen Berufes an, gaben mit ihren verlaffenen Lebensftellungen auch ihre früheren Sitten und Gebräuche auf und amalgamirten fich geiftig und fittlich mit der — Mittelclaffe, mit dem Stande der Handels- und Gewerbsleute. Auf diefe Weife bildete fich im Grofsen Ganzen überall in Europa zwifchen den **gefchiedenen Blutskreifen** der Landbevölkerung und des Adels der für fich wieder gefonderte Blutskreis des Mittelftandes, der ftädtifchen Bürger. Und diefe fociale Gefondertheit ift gerade fo recht der Boden auf dem Handel insbefondere gerne gedeiht.

Denn feinem innerften Wefen und auch wie wir gefehen haben feinem gefchichtlichen Urfprunge nach ift der Handel eine Ausbeutung der Fremden und als folche ift er immer mit Vorliebe gegen ein heterogenes ethnifches oder fociales Element, gegen eine neue fremde Raffe gerichtet. Denn urfprünglich war aller Handel vorwiegend ein auswärtiger, und auch heutzutage hat der gröfsere Handel immer die Tendenz ein auswärtiger zu werden. Die Auswärtigkeit ift eigentlich der letzte Zielpunkt, die Krone alles Handels — weil er eben feit jeher immer die Tendenz hat die Fremden, das Ausland auszubeuten. Diefen Character und diefe Tendenz hatte der Handel im Alterthume wie heutzutage immer und überall. Man denke nur an den Handel den feit den älteften Zeiten Culturvölker mit Naturvölkern führen — man denke daran wie diefer Handel betrieben wird ohne die beiderfeitigen Parteien focial einander näher zu bringen; man denke an jenen Vorgang, wo die Kaufleute des handeltreibenden Volkes an den Küften und Grenzftrichen wilder Naturvölker ihre Waaren niederlegen und fich entfernen und wie dann diefe Wilden, die jede Annäherung an die Fremden fcheuen, die verlaffenen Waaren in Empfang nehmen und ihre Gegenwerthe an derfelben Stelle zurücklaffen. Jede der beiden Partien betrachtet die andere als die übervortheilte und ausgebeutete, wobei aber das Bewulstfein, dafs es Fremde find die man ausbeutet, jede Gewiffensregung zum Schweigen bringt. Ein folcher Handel ift urfprünglich im Kreife eines Stammes, einer ftammverwandten Gruppe gar nicht möglich. Freilich begünftigt auch der Umftand des Befitzes der verfchiedenartigen Artikel, welche die verfchiedenartigen Bedürfniffe entfernter Völkerfchaften befriedigen den Eintritt der Handelsbeziehungen. Aber diefe natürliche Thatfache trifft merkwürdig zufammen mit dem zweiten, den Handel fo fehr begünftigenden Umftande, dafs es immer Fremde find, von denen man einen Gewinn zieht, der ohne Zweifel in den Augen jeder Partei als ein unredlicher, und nur den Fremden gegenüber erlaubter erscheint. Und spielt sich denn dieser characteristische Zug des Handels nicht auch im auswärtigem Handel des heutigen Europa mit uncultivirten Völkern z. B. Afrikas oder Ostasiens ab? Ist es nicht im Grunde immer eine Ausbeutung der Unwissenheit jener Völker die da so schwunghaft betrieben wird. Ja, und ist diese Ausbeutung noch obendrein nicht eine im höchsten Grade gewissenlose, wenn jenen Völkern für die Erzeugnisse ihrer gesegneten Länder Artikel in Tausch hintangegeben werden, an deren giftigen und mörderischen Eigenschaften sie zu Grunde gehen? (geistige Getränke.) Und was beschwichtiget das Gewissen der Europäer bei diesem höchst unredlichen Handel? doch offenbar nur der Gedanke, daß es nur »Wilde«, nur Asiaten und Afrikaner sind, an denen man so handelt. So liegt denn in der Natur des Handels ein Zug zur Ausbeutung der Fremden und dieser ist es, der uns die immer und überall vorkommende ethnische Verschiedenheit des Handelsstandes erklärt. Aber ebenso wie die Hauptberufsclassen der Staaten, der Herren- oder Kriegerstand, der Bauernstand und der Handelstand ursprünglich sich überall aus heterogenen ethnischen Elementen bildeten: ebenso sehen wir in den später in den Staaten entstehenden Berufsclassen immer eine Tendenz zur kastenmäßigen Abschließung, d. h. zur Rassenbildung. Auch heutzutage ist das tägliche Leben reich an Beispielen für diese Behauptung; aber gewiß in viel höherem Grade und erfolgreicher trat diese Tendenz zur Kasten- und Rassenbildung in den Berufsclassen früherer Jahrhunderte hervor. Und diese Beispiele wo sich notorisch neu gebildete und entstandene Berufsclassen zu Kasten abschlossen, haben eben dazu verleitet auch die drei Hauptberufsclassen des Staates wo sie sich als ethnisch-heterogene Kreise darstellten als ursprünglich geeinigte und erst später getrennte sociale Schichten aufzufassen.

Auf diese Weise entstand die gewöhnliche Ansicht, die sich die Entstehung dieser Hauptberufsclassen auf eine ganz hausbackene Weise durch das Bedürfniß nach Arbeitstheilung, dem die Menschen in zweckmäßiger Weise durch freiwillige Ergreifung verschiedener Berufe entgegenkamen erklärt. Auch die größten Denker kamen über diese wirklich naive Erklärung nicht hinaus. »Bei der Vermehrung der Menschen, so ungefähr lautet diese Argumentation, stellte sich das Bedürfniß nach Theilung der Arbeit heraus; nun wurden die einen Bauern, die Andern Handels- und Gewerbetreibende und die dritten wurden Herren.« [1]) Es liegt ein beneidenswerther Optimismus in solchen Erklärungen die sich diese Berufsclassentheilung als ein Werk friedlicher Uebereinkunft, als eine Art contrat social vorstellen. Man unterläßt dabei ganz, sich die Frage zu beantworten, wie denn die Mehrheit der Menschen in jenen frühen Jahrtausenden zu der philantropischen Resignation käme, sich freiwillig mit schweren Berufszweigen zu belasten, und bequemere, angenehmere Berufszweige andern zu überlassen. Wer würde heute z. B. bei einer solchen freien Uebereinkunft für sich den Beruf eines Sklaven übernehmen, oder auch den eines Gewerbetreibenden um Andern die Rolle von Herren zu überlassen? Und geschieht etwa heute die Berufswahl in vollkommener Freiheit? Ist es etwa in unserem »freien« Jahrhundert ein Act freien Entschlusses? Nein, auch heute möchte so mancher Bauer, wenn schon nicht selbst es werden wollen, doch wenigstens seinen Sohn lieber zum Minister oder

---

[1]) Dieser Gedanke begegnet uns in unzähligen Variationen bei Historikern, Philosophen, Ethnografen und Sociologen. Auch ein so nüchterner Beobachter wie Lotze wiederholt ihn in folgenden Worten: » .. die engere Zusammendrängung der Völker, der Uebergang zum sefshaften Leben entwickelte neue Bedürfnisse und verlangte neue Arbeiten die zu andern geselligen Ordnungen führten« Mikrokosmos III 251.

wenigſtens zum Grofsgrundbeſitzer beſtimmen? Iſt ihm das möglich, iſt ſein Wunſch realiſirbar? Darauf hören wir die Antwort: heute wäre es allerdings anders; heute hätten ſich gewiſſe Verhältniſſe herausgebildet, die den Einzelnen zwingend umgeben und deren eiſerne Schranken es nur ſeltenen Ausnahmen zu durchbrechen gelingt. Nun, man tröſte ſich — in dieſer Beziehung iſt die Gegenwart nicht ſchlimmer, ja vielleicht gar etwas beſſer als die früheſte Vergangenheit. Was ſich da auf ſocialem Gebiet abſpielt, dieſe »zwingenden Verhältniſſe« die den Einzelnen bei ſeiner Geburt erfaſſen und bis zum Grabe geleiten, ſie ſind nur der Ausdruck, die Aeuſserung eines jener ſocialen Naturgeſetze, die nur die Form ändern, deren Weſen ſich ſeit Jahrtauſenden nicht änderte. Mögen uns dieſe zwingenden Verhältniſſe heute als Standes- und Claſſenverhältniſſe- und Schranken entgegentreten, einſt waren es Stammesverhältniſſe- und Schranken — die Form hat ſich vielleicht geändert, der Kern blieb derſelbe. Heutzutage erſcheint uns der Zwang, der den Einzelnen im Groſsen und Ganzen in ſeiner ſocialen Sphäre feſthält nicht als ein phyſiſcher, auch nicht als rechtlicher — wir nennen ihn einen »geſellſchaftlichen« Zwang — die Sache iſt dieſelbe. Nie und nimmer hat ſich die ſogenannte ſociale »Arbeitstheilung«, die Scheidung der Berufszweige freiwillig vollzogen. Immer und überall waren es theils phiſiſcher Zwang, theils natürliche, zwingende Verhältniſſe, die dieſe ſociale Arbeits- und Berufstheilung herbeiführten. Gewalt oder Liſt brachten ſie zu Wege — ſonſt würde ſie heute noch nicht exiſtiren. Kein Menſch würde je ſich freiwillig dazu entſchlieſsen für einen »Herrn« Sklavendienſt zu leiſten; kein Volk würde je, ohne daſs es überliſtet wurde, ſich von einem fremden handeltreibenden Volke »ausbeuten« laſſen. Freiwillig und nicht überliſtet — würden ſie alle lieber die »Entwicklung der Menſchheit« auf ihrer erſten primitivſten Stufe feſtgebannt haben — Zwang und Liſt muſste angewendet werden, ward **naturgeſetzlich und naturnothwendig angewendet**, um dieſer Entwicklung immer weiter Bahn zu brechen. Und das iſt noch der einzige ſchöne Zug in der menſchlichen Natur daſs dieſer »ausbeutende« Zwang immer nur gegen **Fremde** geübt ward — fremde Stämme unterjochte man und zwang ſie zur Sklavenarbeit — fremde Stämme beutete man durch Handel und Gewerbefleiſs aus. So ruhen denn im Hintergrunde dieſer ganzen Menſchheitsentwicklung ſo zu ſagen naturgeſetzliche Triebfedern, die, durch die nothwendige Vorausſetzung der Vielheit blutsfremder urſprünglicher Menſchengruppen, mit ihren unſichtbaren Faſern in dem Geheimniſs der Schöpfung wurzeln.

---

34. Herrſchafts-Gewinnung. Ordnung und Erhaltung.

Was die heterogenen ethniſchen Elemente von Uranfang an, und die heterogenen ſocialen Beſtandtheile, in der weiteren Entwicklung der Geſchichte zuſammenführt, was ſie aufeinander anweiſt und bezieht und auf dieſe Weiſe den ſocialen Naturprozeſs in Bewegung ſetzt: das iſt, wie wir geſehen haben, die ewige Ausbeutungs- und Herrſchſucht der Stärkeren und Ueberlegeneren. Der **Raſſenkampf um Herrſchaft** in allen ſeinen Formen, in den offenen und gewaltthätigen, wie in den latenten und friedlichen, iſt daher das eigentlich **treibende Princip, die bewegende Kraft der Geſchichte**. Die Herrſchaft ſelbſt aber iſt das Pivôt an dem alle die Vorgänge des Geſchichtsprozeſſes hängen, die Achſe um die ſie ſich drehen. Denn ſociale Amalgamirungen, Cultur, Nationalität, und alle die höchſten Erſcheinungen der Geſchichte, ſie treten nur zu Tage in Folge und durch das Mittel von Herrfchaftsorganifationen.

Wollen wir daher alle diefe Erfcheinungen fo zu fagen von hinter den Couliffen betrachten, ihre innere Struktur und Entftehung kennen lernen, fo müffen wir das Wefen der Herrfchaft, die Modalitäten ihrer Begründung, ihrer Ordnung und Einrichtnng, endlich ihrer Erhaltung in's Auge faffen.

Jede Herrfchaft ift immer das Refultat eines Krieges — denn jeder Krieg, wenn er nicht ein blofser Raubzug ift, hat den Zweck, dauernde Herrfchaft zu begründen.[1]) In der Herrfchaft gelangen die Kräfte des Krieges zum Gleichgewicht, indem die Sieger Herrfcher bleiben und die Befiegten vom kriegerifchen Widerftand ablaffen. Aber der Kampf, das Effentielle des Krieges, hat in der Herrfchaft nur die Form des Krieges abgelegt um latent zu werden — und diefer latente Zuftand des Kampfes ift es der zwifchen Herrfchenden und Beherrfchten eine ewige Spannung der Kräfte erhält, die in Ruhe und Gleichgewicht zu erhalten, die höchfte Kunft jeder Regierung ift.

Nun liegt es im Wefen jeder Herrfchaft, dafs fie nur von einer Minderheit geübt werden kann. Die Herrfchaft einer Mehrheit über eine Minderheit ift undenkbar, weil ein Widerfinn. Ebenfo wie es in der Natur der Sache liegt, dafs eine Pyramide auf einer breiten Bafis ruhen mufs, von der fie immer fich verengernd zur Spite fich erhebt, und wie es ein Ding der Unmöglichkeit wäre eine Pyramide auf die Spitze zu ftellen und die Bafis in der

---

[1]) Auch der Raubzug begründet eine Herrfchaft doch nur über die geraubten Perfonen und Sachen. Der Krieg bezweckt dagegen eine dauernde Abhängigkeit der befiegten Menfchengruppe, des befiegten Volkes.

Luft fchweben zu laffen: ebenfo liegt es in der Natur der
Herrfchaft, daß fie nur beftehen kann als eine Macht-
übung einer Minderheit über eine Mehrheit. Diefe Natur
fchöpft die Herrfchaft aus der Natur der Menfchen —
daher ift fie überall die gleiche und waren und find immer
und überall die Herrfchaften nach denfelben Prinzipien
organifirt.

In diefer ihrer Modalität zeigt fich auch die innere
wefentliche Verwandtfchaft der Herrfchaft mit dem Kriege.
Denn auch der Krieg kann feiner Natur nach nur unter
Anführung eines Einzelnen oder fehr Weniger unternommen
werden; und diefem dringenden Gebote feiner Natur unterliegen die Kriegszüge immer und überall auch bei den
wildeften Horden — ja fogar bei den Thieren. Wie aber
die Herrfchaft nur das Refultat eines Krieges fein kann,
ein weiteres Stadium und friedlicher Schluß desfelben, fo
geht meift die Organifation des Krieges unmittelbar in die
Organifation der Herrfchaft über. Daraus erklärt fich
das gleiche Vorkommen der Einherrfchaft, welche Namen
und Formen fie auch hat, und der Herrfchaftshierarchie,
in allen Zeiten und bei allen Völkern.

Nun hat es oft Lehrmeinungen gegeben, daß die
Herrfchaft nicht durchaus mittelft des Krieges und kriegs-
ähnlicher Organifation einer Minderheit gegenüber einer
Mehrheit, fondern auch durch freiwillige Uebereinkunft
zwifchen den Mitgliedern eines Gemeinwefens begründet
werden könnte — ja, und was noch mehr, man wollte
fogar aus der Gefchichte Thatfachen zur Unterftützung
diefer Meinung beigebracht haben. Als auf eine eclatante
Thatfache berief man fich insbefondere auf die Gründung
der Nordamerikanifchen Staaten. Diefe Meinungen find
eben fo falfch wie die angeführten Thatfachen; bleiben wir
um diefelben noch einmal zu widerlegen bei der Gründung
der Nordamerikanifchen Union. Sehen wir ganz davon

ab, daß die europäifchen Einwanderer die amerikanifchen Völkerfchaften fyftematifch ausbeuteten um fich im neuen Lande Subfiftenzmittel zu verfchaffen; fehen wir davon ab, daß, als fich die amerikanifchen Völkerfchaften zur ftabilen Beherrfchung nicht eigneten, fie von den Europäern verdrängt und ausgerottet wurden; fehen wir endlich davon ab, daß man, in Folge deffen um eine arbeitende Bevölkerung zu haben (als Bafis der Pyramide) feit 1620 fich Negerfklaven aus Afrika importiren mußte. Betrachten wir nur unter welchen Modalitäten denn die Colonifation und Befiedlung des neuen Continent's durch die Europäer vor fich gieng?

Die Europäer übertrugen einfach ihre heimifchen Herrfchafts-Organifationen auf den neuen Continent; fie kamen bereits hin als Befehlende und Abhängige, als Herrfchende und Beherrfchte — und nur auf diefe Weife konnten fie dort eine dauernde Herrfchaft gründen. Ja! die Formen in denen fie dort die neuen Herrfchaften gründeten unterfchieden fich im Wefen gar nicht von denjenigen in denen überhaupt bei Eroberungen und Landnahmen Herrfchaft begründet wurde [1]) und in denen einige Jahrhunderte früher die Normanen ihre Herrfchaft in England gründeten — nur daß die neuen Herrfchaftsbegründer in Amerika fich ihre Untergebenen nicht mit dem Degen in der Hand erft unterwarfen, fondern diefelben als bereits **kraft der heimifchen Herrfchaftsorganifation von ihnen Abhängige**, und zwar als **Schuldner**, mit hinüber brachten und daß ftatt der mittelalterlichen Ritter mächtige Kaufherren und Verwaltungsräthe der von den englifchen Königen conceffionirten Gefellfchaften an der Spitze diefer Herrfchaftsorganifation ftanden.

Hören wir z. B. wie **Friedrich Ratzel** diefe erfte

---

[1]) Vrgl. »Rechtsftaat und Socialifmus« §§. 12—30.

Herrfchaftsbegründung und Organifation in Amerika fchildert: »Die Conceffion für Ausbeutung und Befiedlung Virginiens erhielt eine Londoner Gefellfchaft, an deren Spitze unter anderen der bekannte Geograph Richard Hakluyt ftand ... Diefe Conceffion fchuf übrigens weiter nichts als eine Gefellfchaft für Handel, Pflanzung und Fifcherei, die das Land das fie in Befitz nahm, vom König zu Lehen hatte, der ein Director und ein Rath der Actionäre in London und ein Präfident nebft Rath am Ort der Anfiedlung vorftand und welche vollkommen freie Hand hatte in allem, was nicht den Gefetzen des Mutterlandes widerfprach; fie hatte das Recht alle Unterthanen des Königs, die auswandern wollten, als Anfiedler aufzunehmen und diefelben follten derfelben Freiheiten fich erfreuen wie die Engländer des Mutterlandes; fchwere Vergehen durften nicht an Ort und Stelle fondern mufsten in England abgeurtheilt werden; **aber die politifchen Rechte waren den Anfiedlern vorenthalten, fie hatten keinen Einflufs auf die Zufammenfetzung weder des Colonial- noch des obern Rathes ...** Auch zahlreiche weifse Einwanderer kamen nach Virginien, welche nicht die Mittel hatten, ihre Ueberfahrt zu zahlen und daher bis zur Tilgung der für diefelbe eingegangenen Schuld **in einer zeitlichen, der Sklaverei übrigens fehr ähnlichen Gebundenheit (indented servants nannte man fie) für einen Herrn arbeiten mufsten** und es gefchah auf diefe Weife, dafs eine ftarke Arbeiterbevölkerung fich in der Colonie anfammelte, aus welcher verhältnifsmäfsig **wenig gröfsere Landbefitzer** fich hervorhoben. Unter diefen letzteren waren jüngere Angehörige englifcher Adelshäufer nicht felten und der reiche Pflanzer der auf feiner weiten Domäne fafs, wo er nur Diener und Sklaven um fich fah, während Tagreifen ihn von feinesgleichen trennten, fast selbstverständlich Vertreter in der Legislatur, Friedensrichter, Führer der Miliz seines Bezirkes wurde das Ebenbild des altenglischen Squire.« [1])

Wir sehen also wie die Natur der Herrschaft sich immer gleich bleibt und wie die letztere, in welch verschiedenen Formen sie auch gewonnen, erworben und begründet wird, im wesentlichen immer und überall diejenige Gestalt und Organisation erlangt, die ihrem innersten Wesen entsprechend ist.

Anders wie sie hier geschildert ist, konnte auch bei gewaltsamer Eroberung und Landnahme keine Herrschaft sich gestalten, und welche »constitutionellen« und »republikanischen« Formen auch die nordamerikanischen Gemeinwesen später annahmen, es wäre naiv zu glauben, dass unter diesen Formen das Wesen der Herrschaft sich je und bis heutzutage im mindesten änderte.

Aus diesem überall gleichen Wesen der Herrschaft als einer Abhängigkeit Vieler von Wenigen erklärt sich die im Princip und in den Grundzügen überall gleiche Art und Weise der Einrichtung, die Organisation derselben. Ueberall nämlich erfordert es die Natur der Sache, dass zwischen den obersten Wenigen und der untersten Masse sich eine Mittelschichte solcher herausbildet die im Interesse der Obersten, die Untersten in den Cadres der Organisation festhalten und nach oben und unten vermittelnd die kräftigste Stütze des ganzen Baues werden. Möge sich ein solcher »Mittelstand« auf welche Art und Weise immer nach wechselnden Verhältnissen und Umständen herausbilden, aus inneren oder äußeren Elementen, aus einheimischen oder heterogenen, in welch letzterem Falle er sich oft in mehrere Stände und Berufe cristallisirt, immer wird er dieselbe für die ganze Organisation heilsame Aufgabe

---

[1]) Ratzel, Amerika II 53.

erfüllen; der Mangel aber diefer heilfamen Zwifchenbildung würde fich durch häufige Erschütterungen, durch eine gewiffe Gebrechlichkeit und Gefährlichkeit des ganzen Baues kundgeben und oft den allzufrühen Zufammenfturz desfelben verfchulden.

Denn der fchwächfte Punkt jeder Organifation der Herrfchaft befteht eben darin, daſs der nothwendige Gegenfatz zwifchen Herrfchenden und Beherrfchten auch abgefehen von jedem coincidirenden ethnifchen, wirthfchaftlichen, intellectuellen, fittlichen oder fonft welchen Gegenfatz fehr leicht zu jeder Zeit den Krieg, dem die Herrfchaft feinerzeit ein Ende machte, wieder entzündet und die ganze Herrfchaftsorganifation wieder in Frage ftellt.

Diefe in der Natur der Sache liegende und fie ftets bedrohende Gefahr ift den Herrfchenden inftinctiv immer mehr oder weniger bekannt und diefes inftinctive Gefühl der drohenden Gefahr führt die Herrfchenden immer und überall zu einer fo zu fagen reflexiven Handlungsweife, welche diefer Gefahr vorzubeugen beftimmt ift und die den Inhalt all und jeder Regierungspolitik der herrfchenden Minorität gegenüber der beherrfchten Majorität bildet.

So wie aber diefe ganze Handlungsweife und die Gefammtheit der zu derfelben gehörenden Maſsregeln im Groſsen und Ganzen reflexivifch erfolgt, d. h. in der Art von Reflexivbewegungen, fo ift es klar, daſs diefelbe uns immer und überall ein und denfelben eigenartigen Naturprozeſs darftellt, der den Gegenftand eines befonderen Theiles der Staatswiffenfchaft und zwar die Verwaltungswiffenfchaft bildet. In diefem Sinne haben wir das Wefen und den Character diefes Theiles des grofsen focialen Naturprozeſſes in einem befonderen Buche darzuftellen uns bemüht auf das wir hier nur verweifen,[1] indem wir uns begnügen

---

[1] S. unfere »Verwaltungslehre etc.« Innsbruck, Wagner 1882.

zur Characterifirung der Tendenz diefer »Verwaltung«
einiges hervorzuheben, was ihren Zufammenhang mit dem
grofsen focialen Naturprozefs in befferes Licht fetzen foll.

Wenn man häufig den Satz wiederholt, dafs jede Herrfchaft durch diefelben Mittel erhalten wird, durch die fie gegründet wurde fo ift daran fo viel richtig, dafs keine Herrfchaft ihre wahre Abftammung, die Gewalt, verläugnen darf und dafs fie durch fortwährende Pflege uud Aufrechthaltung und eventuell Geltendmachung ihrer Macht diefer ihrer Herkunft und ihrem Urfprunge immer treu bleiben mufs. Andererfeits aber befagt obiger Satz zu wenig in fo ferne die Anwendung blofs materieller Gewalt keineswegs hinreicht eine gewonnene Herrfchaft auch zu **erhalten** und dazu vielmehr ein Syftem von Mafsregeln und die Entwicklung einer Thätigkeit erforderlich ift von der bei der Gründung der Herrfchaft nicht die Rede fein konnte. Und damit werden wir bei dem Punkte angelangt fein, wo der Strom jeder einzelnen Herrfchaftsentwicklung durch das von ihm hervorgebrachte ihm eigenthümliche Culturgebiet hindurchfliefsend in das Meer der Gefchichte mündet.

Die Tendenz nämlich jener Mafsregeln und Thätigkeit der die Herrfchaft Uebenden geht ganz reflexivifch dahin, den urfprünglichen ethnifchen Gegenfatz zwifchen ihnen und den Beherrfchten zu mindern und dadurch jene ewige Gefahr des wiederausbrechenden Krieges zu befeitigen. Am handgreiflichften und erkennbarften tritt aber diefer Gegenfatz in der Verfchiedenheit der Sprache auf. Die Sieger fprechen eine andere als die Befiegten. Diefe Verfchiedenheit mufs weichen, wenn die Laft der Herrfchaft nicht unnöthigerweife durch den auf jedem Schritt und Tritt fich entgegendrängenden ethnifchen Gegenfatz noch vergröfsert und verbittert werden foll. Eine der Sprachen mufs der andern den Platz räumen und Herrfcher und Beherrſchte müſſen im Intereſſe der erſteren in einer Sprache verkehren, und durch die Gemeinſamkeit der Sprache verbunden werden. Welche Sprache ſiegt nun ob? die der herrſchenden Minderheit oder die der beherrſchten Mehrheit? Nach vielen Beiſpielen zu urtheilen, ſcheint das Letztere der Fall zu ſein. So haben um nur einige Fälle zu citiren die erobernden Warägen die Sprache des unterjochten ruſſiſchen Volkes; die erobernden germaniſchen Longobarden die des unterjochten italieniſchen Volkes; die erobernden Normanen zuerſt die Sprache der unterjochten Franzoſen, ſodann die der unterjochten Angelſachſen angenommen. Dieſer Vorgang iſt auch ſonſt am leichteſten zu erklären. Denn erſtens iſt es begreiflich, daſs die Minorität die Sprache der Majorität annimmt insbeſondere da die Organiſation der Herrſchaft es mit ſich bringt, daſs die einzelnen Familien aus der herrſchenden Klaſſe im täglichen Leben räumlich weit von einander entfernt in ſtetem Contact und in der Umgebung ihrer andersſprachigen Untergebenen ſich befinden, und daſs ſie auf dieſe Weiſe in ihrer angeſtammten Sprache wenig, in derjenigen ihrer Untergebenen viel verkehren. So geräth langſam die angeſtammte Sprache der herrſchenden Minorität außer Uebung und in Vergeſſenheit und die Sprache der beherrſchten Majorität ſiegt ob. Und noch ein zweiter Grund trägt dazu bei. Die Herrſchenden kennen nur ein Intereſſe — das der Erhaltung ihrer Herrſchaft. Dieſes geht ihnen über alles. Daſs ſie practiſche, geiſtig überlegene Leute ſind, das bewieſen ſie durch die That. Sie kennen in der Politik keine Sentimentalität; die überlaſſen ſie den Beherrſchten und haben an derſelben ihre Freude. Sprache iſt ihnen nur ein Mittel der Verſtändigung — ſie erlernten leicht die Sprache des unterjochten Volkes und ihrer geiſtigen Ueberlegenheit kommt es auf die Formen des Ausdrucks in denen ſie ſich offenbart, nicht an. Die practiſchen Intereſſen alſo des täglichen Lebens und das Intereſſe der Herrſchaft einerſeits; eine überlegene nonchalance die das Gefühlsmoment der Anhänglichkeit an die angeſtammte Sprache überwindet — führen zur Annahme der Sprache der beherrſchten Majorität.

Es gibt aber auch Beiſpiele des umgekehrten Vorganges, wo eine ſiegreiche Minorität der unterworfenen Majorität ihre Sprache aufoctroyirte.

Ebenſo inſtinctiv und reflexiviſch wie die Beſeitigung der Verſchiedenheit der Sprache, erfolgt, wenn auch in längerem auf zäheren Widerſtand ſtoſsenden Prozeſſe die Beſeitigung der Verſchiedenheit der Religion.

Während der Menſch an der Sprache ſeiner Gemeinſchaft als an etwas Liebgewordenem hängt, woran ihn nur das Gefühlsmoment der Anhänglichkeit feſthält: iſt es mit den angeſtammten Religionsvorſtellungen ſchon etwas ganz anders. Das Feſthalten an der Religion wird durch Momente der Furcht und des Aberglaubens unterſtützt. Den Abfall von den angeſtammten Göttern betrachtet man als ſchwere Verſündigung die nicht ohne Strafe bleiben kann. Gegen die neuen Götter hegt man tiefes Miſstrauen. Da geht nun die Verſchmelzung ſchwerer vor ſich. Doch iſt auch hier die herrſchende Minorität zu Compromiſſen geneigter,[1]) läſst auch wohl dem unterworfenen Volke ſeine

---

[1]) Dieſen geſunden Herrſchaftsinſtinct findet man nicht nur bei Herrſchenden unter Culturvölkern, ſondern auch unter Halbwilden. So erzählt Holub von dem König des Bakwenaſtammes Seſehele: Derſelbe wurde in ſeiner Jugendzeit Chriſt, »als er aber bemerkte, daſs die Mehrzahl ſeines Stammes am Heidenthum hielt, ſein Bruder Khoſilintſohi von dem Volke ſehr geachtet wurde und durch ſeine (Seſcheles) Bekehrung die von ihm aufgegebenen heidniſchen Gebräuche, deren Leitung dem jeweiligen Könige zufielen und mit dem Genuſs der erſten Feldfrüchte und der Regenmacherei etc. verbunden waren, nunmehr von ſeinem Bruder geleitet und vollſtrekt wurden und dieſer in der Gunſt des Volkes

Götter als untergeordnete Mächte und begnügt fich mit der Proclamirung der eigenen als der oberen und mächtigeren. So entfteht denn langfam eine gemeinfame Religion in der man noch lange die urfprünglichen Elemente unterfcheiden kann. Und auch die mit den religiöfen Vorftellungen in Verbindung ftehenden Sitten und Gebräuche vermifchen fich zu einem gemeinfamen Complex. Das Ende aber diefes Prozeffes ift meift das Schwinden der Verfchiedenheit der Religion zwifchen Herrfchenden und Beherrfchten und nur da wo diefs erfolgt, können die erfteren ihre Herrfchaft auch an die feften Pfeiler der Religion anlehnen — was immer für jede Herrfchaft ein mächtiges Element der Erhaltung, eine ftarke Gewähr des Beftandes bildet.

Die Gemeinfamkeit diefer zwei Momente, der Sprache und der Religion, ift die unerläfslichfte Vorbedingung jedes weitern gedeihlichen Ausbaues und immer gröfserer Befeftigung der Herrfchaft — erft auf diefen Grundlagen können ein einheitliches Recht, eine gewiffe Gemeinfamkeit wirthfchaftlicher, politifcher und nationaler Intereffen fich entwickeln und die urfprünglichen heterogenen ethnifchen Elemente die fich in dem Gegenfatz von Herrfchenden und Beherrfchten fortfetzten, fich in eine bis zu einem gewiffen Punkte nicht nur fcheinbare Einheit verwandeln, die als folche ihre in der Natur der menfchlichen Gemeinfchaften tief wurzelnden Bedürfniffe der kriegerifchen und ausbeutenden Bewegung nach auswärts auf Koften anderer ähnlicher und auch ähnlich zu Stande gekommener Einheiten zu befriedigen fucht.

---

ftieg, entfchlofs fich Sefchele wohl bis zu einem gewiffen Punkte, fo z. B. den Befuch der Kirche, der Taufe feiner Kinder u. f. w. Chrift zu bleiben fonft aber, foweit dies mit feiner Macht als Herrfcher zufammenhieng, die heidnifchen Gebräuche auszuüben und theilweife auch zu leiten.» (Afrika I 405.)

Damit will offenbar nicht gesagt sein, dass mit der Beseitigung dieser zwei wichtigsten trennenden Momente, mit der Herstellung politischer, sprachlicher und religiöser Einheit jene Gefahr der innern Kriegsausbrüche und Erschütterungen für immer beseitigt ist; es bleiben der trennenden Gegensätze zwischen Herrschenden und Beherrschten noch immer genug, Gegensätze die nicht nur in der Thatsache der Herrschaft selbst, sondern in unvermeidlichen, wirthschaftlichen, gesellschaftlichen, intellectuellen und culturellen Unterschieden wurzeln: doch ist ohne jene sprachliche und religiöse Einheit der feste Ausbau der Herrschaft und die **ruhige Entwicklung des Staates** noch viel schwieriger, wenn nicht vielleicht ganz unmöglich. [1])

---

[1]) Wenn es eines Beispieles bedarf, dass auch in den ausgesprochensten »Nationalstaaten« der einstige tiefe, auf ethnischer Heterogeneität beruhende Gegensatz gleichsam unter der Asche fortglimmt und noch immer nicht aufgehört hat ein Element der Gefahr zu sein das bei socialen Umwälzungen und Revolutionen immer noch mächtig hervorbrechen kann, so möge das höchst interessante Zeugniss Gobineaus über das Verhältniss des französischen Landvolkes zum französischen Adel und Bürgerthum hier Platz finden. Nachdem Gobineau den weiten Abstand zwischen den »civilisirten« Ständen Frankreichs und dem Landvolke hervorgehoben, von der tiefen Kluft gesprochen die zwischen den obern 10 Millionen und den untern 26 Millionen in Frankreich herrscht, von dieser »tacurnité qui dans toutes nos provinces, est le caractère le plus marqué du paysan vis-a-vis de ce qu'il appelle le bourgeois« und von der »ligne de demarcation si infranchissable entre lui el les propriétaires les plus aimés de son canton« fährt er fort: »Et enfin avec quelle ténacité ils continuent à regarder tout ce qui n'est pas, comme eux, paysan, sous le même aspect que les hommes de la plus lointaine antiquité consideraient l'etranger! A la vérité, ils ne les tuent pas, grâce à la terreur, même singulière et mystérieuse, que leur inspirent des lois qu'ils n'ont point faites; mais ils le haïssent franchement, s'en défient, et, quant à ce qui est de le ranço̊nner, s'en donnent à coeur joie, lorsqu'ils le peuvent sans trop de risques. Sont ils donc méchants? Non, pas entre eux; on les voit échanger de bons procédés et des complaisances. Seulement ils se regar-

Nur diefe von uns als Vorbedingung jeder gedeihlichen ſtaatlichen Entwicklung hingeſtellte ſprachliche und religiöſe Gemeinſamkeit zwiſchen Herrſchenden und Beherrſchten gibt die Möglichkeit einer Entwicklung der Geſammtheit zu nationaler Einheit — ein Factor, der von unberechenbarer moraliſcher Tragweite iſt, zum Zwecke der

---

dent comme une autre espèce, espèce, à les en croire, opprimée, faible, qui doit avoir son recours à la ruse, mais qui garde aussi son orgueil très-tenace, très-meprisant. Dans quelques-unes de nos provinces, le laboureur s'estime de beaucoup meilleur sang et de plus vielle souche que son ancien seigneur ... Qu'on n'en doute pas, le fond de la population française n'a que peu de points communs avec sa surface; c'est un abîme au-dessus du quel la civilisation est suspendue et les eaux profondes et immobiles, dormant au fond du gouffre, se montreront quelque jour, irrésistiblement dissolvantes. Les événements les plus tragiques ont ensanglanté le pays, sans que la nation agricole y ait cherché une autre part que celle qu'on la forçait d'y prendre. Là, où son intérêt personnel et direct ne s'est pas trouvé en jeu, elle a laissé passer les orages sans s'y mêler, même par la sympathie. Effrayées et scandalisées à ce spectacle, beaucoup de personnes ont prononcé que les paysans étaient essentiellement pervers; c'est tout à la fois une injustice et une très-fausse appréciation. Les paysans nous regardent presque comme des ennemis. Ils n'entendent rien à notre civilisation, ils n'y contribuent pas de leur gré, et, en tant quils le peuvent, ils se croient autorisés à profiter de ses desastres. Si on les considère en dehors de cet antagonisme, quelque fois activ, le plus souvent inerte, on ne revoque plus en doute que de hautes qualités morales, quoique souvent très-singulièrement appliquées ne résident chez eux. J'applique à toute Europe ce que je viens de dire de la France.. (Gobineau l. c. I 165 ff.) Wir ſtimmen in Letzterem Gobineau vollkommen bei und wenn er ſeine obigen Behauptungen auf eigene Beobachtungen in den weſtlichen Ländern Europas ſtützt, ſo können wir aus unſern Beobachtungen im Oſten Europas denſelben vollkommen beitreten. Doch glauben wir noch mehr ſagen zu können; wir glauben, daſs es nur genauer Beobachtungen in den Staaten der andern Welttheile bedürfte, um dieſe Verhältniſſe als die überall gleichen zu conſtatiren. Es ſind das eben Verhältniſſe die aus der überall gleichen Natur des ſocialen Prozeſſes entſpringen.

Erhaltung der einheitlichen Herrfchafts-Organifation und zur moralifchen Kräftigung derfelben für die unvermeidlichen und jedem politifchen Gemeinwefen auch nothwendigen Kämpfe nach Aufsen, fei es in Angriff oder Vertheidigung.

In weiterer Linie fcheint aber eine folche Einigung und Herftellung einer grofsen auf Gemeinfamkeit der Cultur gegründeten Nationalität in dem Zuge des menfchlichen Gefchichtsprozeffes zu liegen der auf diefem Wege, und wie es fcheint nur auf diefem Wege, zur Herftellung eines eigenartigen grofsen Culturgebietes gelangen kann.

35. Herrfchaftsorganifation und Cultur.

Wir haben fchon oben (S. 179) darauf hingewiefen, dafs die Entwicklung des Staates und aller der durch ihn gefetzten Verhältniffe zur Cultur führen. Auch fahen wir, dafs uns im Laufe der Gefchichte als Producte des focialen Naturprozeffes Culturerfcheinungen entgegentreten, die auf gewiffen territorialen Gebieten fich entwickeln und als deren Subftrate oder Subjecte wir Culturvölker oder Culturnationen anerkennen müffen, die im Laufe diefer Culturentwicklung zum mindeften einmal in einem politifchen Gemeinwefen, in einem Staat ihren politifchen Einigungspunkt gefunden haben.[1]) Cultur ift nun vorwiegend eine fogenannte geiftige Erfcheinung. Sie befteht nämlich in einem Complex von durch Erkenntniffe gewonnenen Aufchauungen und in einer diefen Anfchauungen gemäfs geftalteten Lebensordnung zu welch letzterer auch die entfprechende Anwendung der Wiffenfchaften und Künfte zur Verbefferung und Verfchönerung des gefammten Lebenswandels gehört.

---

[1]) Vrgl. unfer »Recht der Nationalitäten etc.« S. 289.

Solcher Culturen hat es feit bekannter Gefchichte viele gegeben und gibt es noch heutzutage viele. Da keine derfelben fich je über den ganzen Erdball ausbreitete noch auch heutzutage ausbreitet, fondern jede immer nur ein gewiffes territoriales Gebiet und die auf demfelben wohnenden Menfchen (in höherem oder geringerem Grade) umfafst, fo fprechen wir mit Recht von verfchiedenen Culturgebieten. Eine hohe Cultur ift der Qualität nach das Höchfte was die fociale Entwicklung hervorbringt. Die Befchreibung der verfchiedenen auf einander folgenden oder neben einander beftehenden Culturen hat fich in neuefter Zeit die Culturgefchichte zum Gegenftand genommen. Aber Sache der Sociologie ift es das Wefen und die Beftandtheile diefer Culturen zu unterfuchen, zu erforfchen auf welche Weife, durch Wirkung welcher Factoren im focialen Leben die Entftehung der Culturen und Culturgebieten vor fich geht, fodann wie fich die einzelnen Culturen zu einander verhalten, ob in ihrem Auf- und Niedergang welche Wechfelwirkung und welcher Zufammenhang ftattfindet?

Das Effentielle der Cultur liegt keineswegs in der Ausbildung einer einzigen geiftigen Richtung, fondern die Gefammtheit der geiftigen Gebiete die ein Volk bei fich entwickelt hat, bildet deffen Cultur. Solche Gebiete find, wie wir fchon erwähnten, Volkswirthfchaft, Wiffenfchaft, Kunft, Recht, Sitte u. f. w.

Je nachdem ein Volk einige oder mehrere diefer Gebiete vorwiegend bearbeitet und pflegt, je nachdem es auf einem oder mehreren oder auch auf allen diefen Gebieten Gröfseres oder minder Bedeutendes leiftet oder geleiftet hat, fpricht man von einer bedeutenden oder minder bedeutenden, von einer hohen oder fehr hohen Cultur und wie diefe Gradbeftimmungen fonft noch lauten mögen.

Wie bei all und jeder natürlichen Entwicklung ift man

auch bei der Cultur nicht im Stande und nicht berechtigt, einen genauen Punkt anzugeben, eine beftimmte Grenze zu fetzen, wo Cultur anfängt und jenfeits welcher Culturlofigkeit herrfcht.

Denn auch überall da wo wir von gänzlichem Mangel einer Cultur fprechen, liegen gewiß fchon Keime, ja gewiffe Anfänge derfelben vor — die fchliefslich auch fchon Cultur find, wenn auch eine fehr primitive. Eines aber darf wohl mit Recht behauptet werden, dafs jede Cultur ein Zufammenleben einer gröfseren Anzahl von Menfchen, eine wenn auch noch fo geringe fociale Gemeinfchaft zur Vorausfetzung haben müffe. Ohne Vergefellfchaftung keine Cultur!

Während aber eine Vergefellfchaftung überhaupt, fei es auch die primitivfte, die nothwendigfte Vorausfetzung, die conditio sine qua non jeder Cultur bildet: fo wirkt andererfeits die Cultur in höherem Sinne vergefellfchaftend, und zwar nationalifirend und raffebildend auf ihre Träger und Erzeuger zurück. So fehen wir denn in jedem mächtig entwickelten Staatswefen durch die Mitwirkung all der Factoren politifcher Zufammengehörigkeit und focialer Gemeinfamkeit eine immer gröfsere Culturgemeinfchaft fich entwickeln, welche die einft heterogenen Elemente der urfprünglichen Vergefellfchaftung einer immer gröfseren nationalen Homogeneität entgegenführt.[1]

---

[1] Mit Recht daher fetzt fich Niebuhr in feiner römifchen Gefchichte (Seite 9) die Aufgabe, zu zeigen, »wie römifche Herrfchaft die Nation fchuf.« Gobineau fchildert diefen Entwicklungsprozefs im allgemeinen folgendermafsen: »Mais certaines autres (agrégations d'hommes) de beaucoup plus imaginatives et plus énergiques comprennent quelques choses de mieux que le simple maraudages; elles font la conquête d'une vaste terre, et prennent en propriété non plus les habitants seulement, mais le sol avec eux. Une véritable nation est dès lors formée. Souvent

Ist es nun aber der Staat, also die Herrschaftsorganisation, welche auf Entstehung und Entwicklung der Culturen den mächtigsten Einfluss übt: so frägt es sich, ob zwischen diesen zwei Thatsachen, zwischen Staat und Cultur, ein Causalnexus obwaltet? Denn würden diese zwei Thatsachen nicht zusammen gehören, so könnten sie nicht als Momente eines Naturprozesses aufgefasst werden. Dieses hat nur dann eine Berechtigung, wenn wir zwischen diesen zwei Thatsachen einen wirklichen und nothwendigen Causalnexus nachweisen können. Letzteres ist nun allerdings der Fall.

Der wichtigste Unterschied nämlich zwischen den meisten Thieren und dem Menschen ist der, dass die ersteren es nicht verstehen, andere Wesen oder ihresgleichen zu ihren Diensten zu verwenden; mit andern Worten, dass sie zur Herrschaft unfähig sind. So lange nun ein syngenetischer Menschenschwarm nur auf sich selbst angewiesen ist (wobei er seine Genossen, seine Stammverwandten

---

alors, pendant un temps, les deux races continuent à vivre côte à côte sans se mêler; et cependant, comme elles sont devenues indispensables l'une à l'autre, que la communauté de traveaux et d'intérêts s'est à la longue établies, que les rancunes de la conquête et son orgueil s'émoussent que, tandis que ceux qui sont dessous tendent naturellement à monter au niveau de leurs maîtres, les maîtres rencontrent aussi mille motifs de tolérer et quelquefois de servir cette tendence, le mélange du sang finit par s'opérer et les hommes des deux origines, cessant de se rattacher à des tribus distinctes, se confondent de plus eu plus« l. c. I 45. Ranke (Weltgeschichte S. IX) gibt nur zu, dass »nicht durchaus naturwüchsig sind die Nationen. Nationalitäten von so grofser Macht und so eigenthümlichem Gepräge wie die englische, französische, die italienische sind nicht wohl Schöpfungen des Landes und der Rasse als der grofsen Abwandlungen der Begebenheiten.« Wir sehen nicht ein, warum das was von französischer, englischer und italienischer Nationalität gilt, nicht ebenfalls von Assirischer, Babylonischer, Persischer, Egyptischer, Chinesischer Nationalität gelten sollte — und auch von griechischer, römischer und deutscher?

doch nicht benützt), so lange der ursprüngliche Menschenschwarm aus vollkommen **gleichen** und **gleich freien** Individuen besteht, von denen jedes der Befriedigung seiner eigenen Bedürfnisse, sei es vereinzelt oder gemeinschaftlich nachgeht: so lange kann von einer Cultur keine Rede sein. Denn auch die geringste Cultur, die ersten und primitivsten Entwicklungsphasen derselben sind durch eine **Theilung der Arbeit** bedingt, kraft deren dem Einen die niedrigeren und schwereren, dem Andern die höheren und leichteren Arbeiten (zu denen auch das Befehlen gehört) zufallen.

Das Wesen einer solchen Theilung der Arbeit liegt aber darin, daſs **die Einen für die Andern arbeiten;** nur eine **solche** Theilung der Arbeit setzt diejenigen für die gearbeitet wird in die Lage, ihren Geist höheren Gegenständen zuzuwenden, über höhere Dinge nachzudenken und einem »menschenwürdigen« Dasein nachzustreben.

Würden alle Menschen, gleich den Thieren, nur darauf angewiesen sein, ihres Lebens Nothdurft sich selbst zu besorgen: sie würden ewig in thierähnlichem Zustande verbleiben. Sollen sie sich über denselben erheben, so müssen die Einen von ihnen den drückendsten Arbeiten und Sorgen durch die Arbeit der Andern enthoben werden.

Nun wissen wir (s. ob. S. 217), daſs Niemand freiwillig sich in das Joch des andern spannt; daſs niemand freiwillig die drückenden und niedern Arbeiten auf sich nimmt, um dem andern Bequemlichkeit, ja oft geradezu Möglichkeit des Müſsiganges zu verschaffen. Wäre dieser erste Schritt auf der Bahn des Fortschrittes und der Cultur von der Opferwilligkeit der Einen für die Andern, etwa vom Comte'schen »Altruismus« abhängig: er würde nie gemacht worden sein. Weder eine solche Opferwilligkeit für unbekannte höhere Zwecke, noch weniger aber eine prophetische Einsicht und Voraussicht künftigen gemeinsamen Wohlergehens kann von dem Menſchen überhaupt und den rohen Naturmenſchen insbeſondere erwartet werden. Nur auf den **unmittelbaren Vortheil, auf die unmittelbare Befriedigung** ſeiner **Bedürfniſſe** auf die **unmittelbare Bequemlichkeit** bedacht; würde jeder immer die Rolle des **Herrn** und Niemand die Rolle des Arbeiters und des Sklaven wählen. Hienge es von der **Einſicht** und dem **guten Willen** der Menſchen ab, wir ſtünden heute noch auf der Stufe auf der wir die Feuerländer an der Südſpitze Südamerika's finden.

Glücklicherweiſe hängt der Naturprozeſs der Geſchichte nicht vom Belieben der Einzelnen ab; die **Natur** ſcheint ſich, wie in vielen andern Dingen, ſo auch in dieſem Punkte vorgeſehen zu haben. In die Bruſt der Menſchen legte ſie gewaltige, unwiderſtehliche **Triebe**, die dieſen Prozeſs ebenſo unterhalten und ſeine Entwicklung ohne Unterlaſs fördern, wie die verſchiedenen phiſiſchen **Kräfte** die ſyderiſchen, chemiſchen vegetabiliſchen und animaliſchen Prozeſſe unterhalten und fördern.

Nachdem die Menſchheit in unzähligen ſyngenetiſchen Schwärmen die Erde bevölkerte, brachte der Selbſterhaltungstrieb und der Egoiſmus der einzelnen Schwärme einerſeits und der tiefe Abſcheu und mitleidsloſe Haſs gegen die heterogenen Schwärme andererſeits, jenen groſsen Naturprozeſs der Geſchichte in's Rollen. Die Frage: wer für den andern arbeiten, wer dem andern Dienſte leiſten, wer die Unterſtufe bilden ſolle, damit die Anderen eine höhere Staffel cultureller Entwicklung beſteigen können, brauchte nicht vom **freien Willen,** von **einverſtändlicher Wahl** abzuhängen. Dieſe Frage war mit Naturnothwendigkeit bald entſchieden. Im »**Raſſenkampf**« um **Herrſchaft** entſchied der ſtärkere Schwarm dieſe Frage zu ſeinen Gunſten.

Daſs dieſer Vorgang auf einem Naturgeſetze beruht, das können wir ebenſogut aus dem ganzen Verlauf bekannter Geſchichte und den Begebenheiten der Gegenwart erweiſen wie der Chemiker das vor Aeonen Jahren vor ſich gegangene Verdampfen des Waſſers unter dem Einfluſs der Sonne aus der täglichen Anſchauung der Gegenwart erweiſen kann.

Auch daſs Selbſterhaltungstrieb und Egoiſmus der einen ſocialen Gruppe mittelſt Gewalt und Uebermacht die ſchwächere Gruppe ihren Zwecken dienſtbar macht, ihrer Herrſchaft unterwirſt und gewaltſam eine Theilung der Arbeit dictirt und regelt, iſt ein Vorgang, deſſen Ausnahmsloſigkeit und Naturgeſetzmäſsigkeit wir immer und überall zur Genüge beobachten können.

Denn ſchließlich iſt **Herrſchaft nichts anderes als eine durch Uebermacht geregelte Theilung der Arbeit** bei der den Beherrſchten die niedrigeren und ſchwereren, den Herrſchenden die höheren und leichteren (oft nur das **Befehlen und Verwalten**) zufällt. **Wie aber ohne Theilung der Arbeit keinerlei Cultur denkbar iſt, ſo iſt ohne Herrſchaft keine gedeihliche Theilung der Arbeit** möglich, weil ſich, wie geſagt, freiwillig niemand zur Leiſtung der niedrigeren und ſchwereren Arbeiten hergeben wird.

Und nun gelangen wir zu einem Punkt wo wir, wenn wir die Natur teleologiſch auffaſſen wollen, ihre große »Weisheit« in der Ergreifung der richtigſten und entſprechendſten Mittel zu ihren Zwecken, bewundern können.

Wenn nämlich ſchon heutzutage, inmitten unſerer ſo ſehr vorgeſchrittenen Cultur zur Anordnung und Regelung der Theilung der Arbeit eine gewiſſe Strenge und Hartherzigkeit unumgänglich ſind, wenn man oft die eckelhafteſten und ſchwierigſten Arbeiten von **Menſchen** ausführen laſſen muſs: wie viel mehr muſste das in jenen Urzeiten der Fall fein, wo der Menfch den rohen Gewalten der Natur gegenüber fo fchutz- und wehrlos, ohne paſſende und entfprechende Werkzeuge und Maſchinen, ohne Mittel die Thierwelt zu beherrfchen, daſtand. Welcher Graufamkeit und welch herzlofer Aufopferung von Menfchen bedurfte es in den Urzeiten der Menfchheit um fo manches Werk ausführen zu laſſen, das heutzutage mittelſt kunſtvoll erfonnener Maſchinen leicht hergeſtellt wird. Würden die Menfchen »menfchlich« fühlen, würden fie in jedem Menfchen einen »Bruder« fehen, fo manches grofse Culturwerk würde gar nicht in Angriff genommen, gefchweige denn ausgeführt werden können.

Diefe Klippe nun, die ein »menfchliches« Fühlen jeder Culturentwicklung entgegenſtellen würde, hat die Natur gar klug und weife umfchifft. — Wohl begabte fie auch den Urmenfchen mit »menfchlichem« Fühlen doch nur **gegenüber den Mitgliedern feines eigenen Schwarmes**. Diefes fyngenetifche Gefühl, oder um es mit einem Worte zu bezeichnen, der Syngenifmus, iſt wieder eines jener ewigen focialen Naturgefetze, deren Exiſtenz uns Gefchichte und Erfahrung immer und überall wenn auch in den verfchiedenſten Culturſtufen und focialen Geſtaltungen angepafsten Formen nachweiſt. Aber neben diefem Syngenifmus wurzelte tief in der Natur des Menfchen der Fremdenhafs, der Abfcheu gegen das fremde Blut, die vollkommene Gefühllofigkeit gegen die Leiden der heterogenen focialen Gruppe. Und nur diefer Fremdenhafs ermöglichte die Anbahnung der Cultur durch gewaltfame Regelung der Arbeitstheilung, wobei den Fremden, nachdem man geiſtig fo weit vorgefchritten war, dafs man fie nicht mehr verfpeiſte, all die fchweren Arbeiten, welche zur Anbahnung eines Culturlebens und zur Herſtellung von Culturwerken nöthig find, auferlegt wurden.

Auf diefe Weife nun erleichterte und ermöglichte die Natur durch die urfprüngliche Heterogeneität der ethnifchen Elemente und die zwifchen diefen Elementen obwaltenden feindlichen Gefühle die Organifation der Herrfchaft der Einen über die Anderen, welche eine conditio sine qua non einer gedeihlichen Arbeitstheilung war, welche letztere wieder den Caufalnexus herftellt, zwifchen den Herrfchaftsorganifationen und der Entwicklung menfchlicher Cultur.

Betrachten wir nun etwas näher das Wefen der gewaltfamen Arbeitstheilung, fo ftellt fich uns diefelbe allerdings als eine »Ausbeutung« der Einen durch die Andern dar und zwar als eine Ausbeutung der Arbeitenden und Beherrfchten durch die Befehlenden und Herrfchenden jedoch nicht ohne eine gewiffe Gegenleiftung der Letzteren an die Erfteren. Diefe Gegenleiftung befteht in der Aufrechthaltung der herrfchaftlichen oder ftaatlichen Ordnung deren fortfchrittliche Entwicklung fchließlich auch den fcheinbar Ausgebeuteten gewiffe Vortheile bringt, indem fie denfelben mannigfach an den durch diefe Ordnung und deren Entwicklung erlangten Culturgütern und Wohlthaten theilhaftig werden läfst.

Neben der gewaltfamen Arbeitstheilung läuft aber paralell durch die gefchichtliche Entwicklung eine zweite, nicht gewaltfame Arbeitstheilung die man eine freiwillige nennen könnte, wenn fie nicht ebenfalls gleich der erfteren beim Zufammentreffen gewiffer hiezu paffenden heterogenen ethnifchen Elemente mit Naturnothwendigkeit fich vollziehen würde.

Es ift das diejenige Arbeitstheilung, vermöge welcher die einen urfprünglich ebenfalls heterogenen ethnifchen Elemente die andern, wenn auch nicht mit Gewaltmafsregeln zwingen, ihnen im Taufch und Handel Dienfte zu leiften, oder für ihre freiwillig angebotenen Dienfte andere Güter als Lohn zu geben — mit andern Worten, es ift der Handel, das Gewerbe, die Induftrie. Und fo wie jene gewaltfame Arbeitstheilung einerfeits fich uns als Ausbeutung darftellt, ebenfo das Gewerbe, die Induftrie und der Handel, (ob. S. 213) trotzdem auch diefe den fcheinbar Ausgebeuteten fchliefslich gewiffe Vortheile bieten und fie in gewiffem Maafse an den Gütern und Wohlthaten fteigender Cultur theilnehmen laffen.

36. Syngenifmus.

Wir betrachteten bis jetzt vorwiegend die focialen Gruppen in ihrem gegenfeitigen Verhältnifs; wir fahen wie der durch natürliche Gefühle der Fremdheit, des Haffes und Abfcheus gefchürte und immer rege erhaltene Raffenkampf um Herrfchaft jene ganze fociale Entwicklung zu Wege brachte, die wiederum durch die mannigfaltigften focialen Gemeinfchaften und Herrfchaftsordnungen hindurchgehend auf den verfchiedenften Punkten der Erde und in den verfchiedenften Zeitaltern die grofsartigften Culturerfcheinungen erzeugte.

Dabei haben wir aber vorwiegend fo zu fagen die auswärtigen Verhältniffe diefer focialen Gruppen und Gemeinfchaften ins Auge gefafst; wir fahen nur ihr gegenfeitiges Einwirken aufeinander — nur die Kräfte und Strebungen, die fie in ihrem wechfeitigen Verkehr untereinander geltend machen.

Nun wollen wir aber in das Innere diefer Gruppen eindringen; wir wollen jetzt jene Kraft näher betrachten, die wir Syngenifmus nannten, und von der wir gelegentlich bemerkten, dafs fie je die einzelne Gruppe zu einer folchen macht, d. h. dafs fie diefelbe zu einer Einheit, zu einer »Raffe« zufammenfchliefst.

Dabei wollen wir uns ebenfalls der erprobten Methode bedienen, zuerst Thatsachen der Geschichte und des wirklichen Lebens zu beobachten und aus der Regelmäßigkeit und Stetigkeit ihres Erscheinens und ihrer Wiederkehr auf das ihnen zu Grunde liegende Gesetz oder Princip zu schliesen. Wenn wir nun die politischen und gesellschaftlichen Zustände und Vorgänge der Gegenwart in welchem Lande immer genau betrachten, so werden wir bemerken, dass alle Handlungen der Einzelnen immer den Gesinnungen gewisser, ihnen nahestehender Kreise und Gruppen entsprechen, dass die Einzelnen quasi immer nur Vollstrecker und Executoren der Absichten dieser Kreise und Gruppen sind; dass diese Einzelnen bei ihren Handlungen die Interessen dieser Kreise und Gruppen, in deren Mitte sie stehen und zu denen sie gehören, in Schutz nehmen und fördern. Was immer im öffentlichen Leben geschieht, empfängt seinen Impuls und entspringt aus den Interessen, Gefühlen und Gesinnungen solcher socialen Kreise und Gruppen. Und wenn das öffentliche Leben einen fortwährenden Kampf der entgegengesetzten Interessen und Strömungen darstellt, so können wir bei genauer Betrachtung konstatiren, dass diese Interessen und Strömungen ihre Quell- und Springpunkte in solchen socialen Kreisen und Gruppen haben. Diese letzteren sind nun verschiedenartig, sowohl was Umfang und Größe, als auch was die sie bildenden Grundlagen und sie zusammenhaltenden Interessen betrifft. So sehen wir die mannigfachsten Abstufungen von kleinen Coterien und Familienkreisen, die, sei es an Höfen von Machthabern, sei es in Städten und Dörfern das eigentliche Regime führen, ihre Angehörigen poussiren und beschützen, die ihnen Fremden von jedem Einfluss und jeder Bedeutung fern zu halten suchen. Wir sehen sodann ganze Geburtsstände, die anderen Ständen und Classen gegenüber, gewisse eigene Sitten und Anschauungen haben, sich anderen Ständen und Classen gegenüber einer gewissen Gemeinsamkeit der socialen Stellung und gewisser Interessen bewust sind, und sich womöglich auch ihren Blutskreis von den Blutskreisen der andern Stände und Classen rein zu erhalten bestreben. An dem öffentlichen Leben nehmen sodann solche socialen Kreise (Stände, Classen etc.) durch ihre Angehörigen Theil, die bei ihnen jederzeit Unterstützung und Hilfe finden und dagegen in all ihren Handlungen und Thaten das Interesse derselben wahren und fördern. Dafs in Staaten, wo seit längerer Zeit stabile Zustände herrschen, solche Verhältnisse vorhanden sind, kann gar keinem Zweifel unterliegen. Mustern wir die Verhältnisse an irgend einem europäischen Grofsstaat, der längere Zeit keinen bedeutenderen politischen und socialen Umwälzungen ausgesetzt war, z. B. Rufsland und wir werden finden, dafs die oberste Macht in gewissen syngenetischen Kreisen ruht, die sich um die herrschende Dynastie gruppiren. Einflufs und Macht geht da im Grofsen und Ganzen von Vater auf den Sohn über, pflanzt sich in denselben Familien fort, und ein, enger oder loser geschlossener Kreis von Familien steht jederzeit an der Spitze der Regierung. Nun sind solche Verhältnisse aber keineswegs etwa **Despotien** oder **absoluten Monarchieen** eigenthümlich: auch in **Republiken** die längere Zeit sich einer Stabilität der öffentlichen Zustände erfreuen, finden wir ganz dieselben Verhältnisse. Neben dem nordischen Colofs möge die Zwergrepublik in den Pyrenäen, **Andorra**, uns als Gegenstück die Wahrheit unserer Behauptung bekräftigen. In einem Zeitungsberichte über diese Republik lesen wir: »Sämmtlicher Besitz befindet sich in Andorra in den **Händen einiger weniger Patrizierfamilien**, deren Mitglieder auch zu allen Ehrenstellen berufen werden. Die Regierung wird durch einen auf Lebenszeit gewählten Syndicus ausgeübt, dem ein aus 24 Mitglieder caps grossos

(Grofsfchädel) d. h. aus den erſten Familien auf 4 Jahre gewählter Gemeinderath zur Seite ſteht.« Die Verhältniſſe liegen aber nicht anders, man möge die ganze Stufenleiter kleinerer und gröſserer Staaten zwiſchen Andorra und Ruſsland noch ſo genau muſtern. Nur dort, wo eine plötzliche Umwälzung, eine politiſche oder ſociale Kataſtrophe den normalen Entwicklungsgang unterbrochen hat, ſehen wir freilich auch dieſe ſyngenetiſchen Kreiſe zerſtört und zerriſſen. Wir können aber ganz ſicher ſein, daſs hier überall dieſe ſyngenetiſche Tendenz ſich bald zeigen, und wenn der neue Zuſtand ſich erhält, auch ſiegreich zur Geltung gelangen wird. Eine Revolution brachte Napoleon I. zur Herrſchaft: doch kaum ſtabiliſirten ſich die Zuſtände einige Zeit, ſo war der Emporkömmling bald mit dem ganzen ſyngenetiſchen Kreiſe ſeiner nähern und weitern Verwandten umgeben und geleitet vom richtigen Inſtinct, bemüht, ſich ſelbſt in den ſyngenetiſchen Kreis der europäiſchen Herrſcher einzuſpinnen.

Doch haben wir es gewiſs nicht nöthig, Beiſpiele für den Syngeniſmus als wirkende Kraft in der Geſchichte und im politiſchen Leben anzuführen. Braucht man doch nur dieſe Thatſache zu nennen und jedem nur einigermaſsen mit Geſchichte und Politik vertrauten werden ſich unzählige Beiſpiele aus Vergangenheit und Gegenwart von ſebſt in den Sinn drängen.

Etwas anderes aber iſt's was uns dabei intereſſirt.

Iſt die Geſchichte ein Naturprozeſs, entſprechen die in ihr immer und überall ſich wiederholenden Erſcheinungen feſten unabänderlichen Geſetzen, ſo muſs auch der Syngeniſmus d. i. die Erſcheinung, daſs ſich überall im ſocialen Leben gewiſſe Menſchengruppen, die unter einander eine nähere Zuſammengehörigkeit fühlen, als einheitlicher Factor im Kampfe um die Herrſchaft geltend zu machen ſuchen, ſo muſs, ſagen wir, auch dieſe immer und überall ſich wiederholende Erfcheinung einem folchen ewigen unabänderlichen Naturgefetze entfprechen.

Wollen wir diefes letztere kennen lernen, fo müffen wir zuerft die Erfcheinung felbft ihrem Wefen nach genau unterfuchen, wir müffen trachten diefelbe auf ihren naturgefchichtlichen Grund zurückzuführen, ihre natürlichen Wurzelfafern die fich in die einzelnen Individuen verzweigen oder vielmehr die diefe Individuen umklammern und fefthalten, diefe Wurzelfafern des Syngenifmus müffen wir blos zu legen trachten.

Was kann nun der Grund des Syngenifmus als einer objectiven im Leben und Gefchichte uns entgegentretenden Erfcheinung fein? Offenbar nur ein Gefühl der Einzelnen, vermöge deffen diefelben fich an die eine Menfchengruppe enger angefchloffen und näher angezogen fühlen als an andere Menfchengruppen. Es kann nun keinem Zweifel unterliegen, dafs diefes Gefühl, wie alle menfchlichen Gefühle, irgend eine Urfache, eine Vorausfetzung haben mufs, als deren Folge es auftritt, eine Quelle aus der es fliefst. Denn ein folches Gefühl kann unmöglich ein angebornes, es kann nur ein anerzogenes, ein angewöhntes fein, das uns freilich durch Erziehung und Gewohnheit, (zweite Natur!) als ein **natürliches** und fogar **angeborenes erfcheint**.

Suchen wir nun in Erfahrung und Gefchichte die reale Grundlage, fozufagen die phififche Unterlage diefes Gefühles. Das primitivfte gewifs vor aller focialen Entwicklung fchon vorhandene Gefühl das den Syngenifmus erzeugt hat, ift das der Zufammengehörigkeit des **Schwarmes**. Es ift nicht gerade Blutsverwandtfchaft, die aus gemeinfamer Abftammung entfteht, es ift einfach das Bewufstfein der gemeinfamen Schwarmangehörigkeit. Auf der unterften Stufe der Entwicklung ift diefelbe gewifs nicht viel von dem Gefühl oder Bewufstfein verfchieden,

welches die Mitglieder einer Elephantenheerde haben und
welche fie unter einander enger verbindet als einem Rudel
anderer Thiere. Auf diefer unterften Stufe ift diefes Gefühl ein Gefühl der Gleichheit der Mitglieder der einen
Gruppe im Gegenfatz zu den Mitgliedern der andern
Gruppe. Ein folches Gefühl befeelt überall die menfchlichen Horden, und feftigt und erhält ihre Einheit im Gegenfatz zu andern Horden und Stämmen. Diefes urfprüngliche, fyngenetifche Gefühl hat fich in feiner
ganzen Natürlichkeit und Kraft bis heutzutage
erhalten. Es verbindet die Glieder blutsgemeinfchaftlicher Kreife und folche Menfchengruppen, die ein Bewuftfein oder doch ein Glaube an eine gemeinfame Abftammung erfüllt. Seiner Natur nach ift es ein Gefühl natürlicher Gleichheit, ein Gefühl der Identität des Wefens,
welches von jeher und Kraft eines natürlichen Triebes,
einer natürlichen Sympathie, alle andern menfchlichen, focialen Gefühle an Stärke übertrifft. Die Unterlage diefes
Gefühles ift die wahrgenommene Thatfache der phififchen
und auch geiftigen Aehnlichkeit und die daraus fich entwickelnde Idee der Gleichheit.

Im Laufe der focialen Entwicklung der Menfchheit
haben wir jedoch Gelegenheit, ähnliche Gefühle des nähern
Zufammengehörens, der wärmeren Sympathie zwifchen
den einen Menfchengruppen als Gegenfatz zu anderen zu
beobachten, Gefühle, die fchon eine andere als die foeben
angedeutete phififche Unterlage haben. Wir bemerken
nämlich, daß verfchiedene Momente, mehr geiftiger als
phififcher, mehr cultureller als blutsverwandtfchaftlicher Natur
die einen Menfchengruppen im Gegenfatz zu den andern
mehr mit einander verbinden, näher aneinander fchliefsen.
So ift es eine fehr allgemeine Erfcheinung, dafs fich die
Mitglieder eines Staatswefens anderen Völkern gegenüber
mehr folidarifch fühlen, und dafs fie diefe Solidarität durch

irgend welche gleichen höhern Eigenschaften zu begründen suchen. Diese Begründung entspricht dem natürlichen Drange für jede Erscheinung eine Erklärung zu suchen. So pflegten sich die meisten Völker als besonders edle, ausgezeichnete, als »auserwählte« den andern Völkern gegenüber zu setzen und durch diese höhere Eigenschaft die gröfsere Solidarität ihrer Volksgenossen untereinander, ihre syngenetischen Gefühle für die Mitglieder ihrer Volksgemeinschaft zu begründen; so setzten sich die Juden als auserwähltes Volk den Nichtjuden, die Griechen als höher begabte und edlere Menschen den Barbaren der ganzen Welt solidarisch entgegen; ähnlich verfuhren die Römer, die das »römische Bürgerthum« enger mit einander verknüpfte; das Christenthum endlich setzte seine des Seelenheils theilhaftig werdenden Gläubigen den Ungläubigen entgegen, was übrigens die Mohamedaner und andere Religionsgenossenschaften ganz ebenso thaten. Kurz wir sehen, es gibt aufser den uns als natürliche erscheinenden, auch gewisse culturelle Momente, die eine den uns als ursprünglich erscheinenden syngenetischen Gefühlen ähnliche und analoge Solidarität gewisser kleinerer und gröfserer Menschengruppen erzeugen, welche Solidarität dann in der Geschichte der socialen Entwicklung durch das Zusammenschliefsen der einen Menschengruppen gegen die andern im Rassenkampfe um Herrschaft eine ähnliche Rolle spielt, wie jener ursprüngliche Syngenismus der uns auf rein natürlicher Grundlage der Blutsgemeinschaft sich entwickelt zu haben scheint.

Wir sehen also den Syngenismus überall — doch in den mannigfaltigsten Abstufungen, Formen und Arten — worüber nur noch einige Worte.

Wenn es immer und überall irgend ein Grund ist, der eine gröfsere Anzahl von Menschen enger aneinander schliefst, im Gegensatz und im ewigen Kampfe gegen andere

Menschen, so muss es nach der Verschiedenheit dieses Grundes verschiedene Arten und Formen des Syngenismus geben.

Von diesen Gründen erscheinen uns die einen, wie wir das soeben ausführten, als mehr oder minder natürlich andere als mehr oder minder historisch oder culturell. Tritt uns eine Gruppe entgegen, die sich irgend einer näheren Verwandtschaft, einer Blutsverwandtschaft bewusst ist, so scheint uns das durch ein solches Bewusstsein, oder einen solchen Glauben erzeugte syngenetische Gefühl ein natürliches.

Sehen wir sociale Gemeinschaften, die durch irgend welches höhere geistige Interesse z. B. eine gemeinsame Religion, oder gemeinsame Cultur verbunden sind, so erscheint uns das aus einem solchen Interesse entspringende Zusammengehörigkeitsgefühl als ein höheres, moralisches, culturelles.

Eines aber haben alle diese syngenetischen Gefühle gemeinsam, nämlich dass sie die Menschen zu socialen Gruppen verbinden. Je nach der Art nun, der Zahl und Stärke jener Gründe ist das syngenetische Gefühl schwächer oder stärker, verbindet bald eine größere oder geringere Anzahl loser oder enger mit einander und bildet so die mannigfachsten socialen Gemeinschaften, die Stämme, Völker, Nationen und Rassen, welche, wie wir sahen, die Träger, Subjecte und Substrate des socialen Naturprozesses sind.[1]

---

[1] Von diesem Punkte unserer Erörterungen aus zweigt sich ein Seitenweg ab, den wir heute nicht betreten wollen, da wir uns denselben für eine spätere Zeit vorbehalten. Es ist der so einladende Weg der Durchforschung des Verhältnisses des Einzelnen zu seiner syngenetischen Gruppe — ein Weg der unserer Ansicht nach für die Individualpsychologie eine sehr bedeutende Ausbeute liefern kann. Die bisherige Psychologie baut meist auf der Natur des Individuums und auf sein Verhältniss zum »Nebenmenschen«, zum »Mitmenschen«, zum »Nächsten«, wie man das nennt. Aber dieser »Nebenmensch«, »Mitmensch« und »Nächster« scheint uns eine idealistische Abstraction. In der Wirklichkeit

37. Materielle und moralische Unterlage des Syngenismus.

Betrachten wir nun etwas genauer, erftens die verfchiedenen Gründe oder fo zu fagen die materiellen und moralifchen Unterlagen diefer fyngenetifchen Gefühle und zweitens die ihnen entfprechenden focialen Gemeinfchaftsbildungen. Als folche Gründe treten uns aus Leben und Gefchichte die mannigfaltigften Momente entgegen, von denen wir als die wichtigften folgende bezeichnen können: 1) der gemeinfchaftliche Blutsumlauf der durch ungehindertes Connubium vermittelt wird (Blutsgemeinfchaft); 2) Sprachgemeinfchaft; 3) Religionsgemeinfchaft mitfammt der an diefelbe fich knüpfenden Gemeinfchaft der Sitten und Gebräuche; 4) Cultur- und Bildungsgemeinfchaft; 5) Gemeinfchaft der materiellen Intereffen. Jedes diefer Momente an und für fich befitzt die Kraft mittelft eines fyngenetifchen Gefühles eine fociale Gruppe zu bilden. Nun ift es aber klar, dafs je nach der Anzahl diefer Momente eine fociale Gruppe durch ftärkere oder minder ftarke fyngenetifche Gefühle mit einander verbunden fein kann. Denn es gibt Gemeinfchaften und Gruppen die bald durch das eine, bald durch das andere, bald durch mehrere diefer und auch anderer Momente und zwar in den verfchiedenften Combinationen verbunden find. Im Allgemeinen

---

ift er nicht da. In der Wirklichkeit gehört jeder Menfch irgend einer fyngenetifchen Gruppe an und wenn die Pfychologie nur jenes »Nebenmenfch«-Abftractum in Betracht zieht fo rechnet fie mit einer ganz unbeftimmten Gröfse und kann zu keinen pofitiven Refultaten gelangen.

Hingegen würde unferer Anficht nach die Betrachtung des Verhältniffes des Einzelnen zu feiner Gruppe und zu den fremden Gruppen die Grundlage für Erkenntniffe liefern die einen wichtigen Theil einer pofitiven Individual-Pfychologie bilden könnten. Doch davon ein andermal.

läfst fich aber der Satz anfstellen, dafs die Gröfse und Ausdehnung der Gruppen im umgekehrten Verhältnifs fteht zu der Zahl der ihnen gemeinfamen fyngenetifchen Momente, fo dafs je gröfer an Menfchenzahl die Gruppe ift, defto weniger fyngenetifche Gefühle ihr gemeinfam find. Die ftärkften, fo zu fagen concentrirteften fyngenetifchen Gefühle, die auf der gröfsten Anzahl gemeinfamer fyngenetifcher Momente beruhen, verbinden die kleinften Gruppen — je gröfser die Gruppen werden, defto fchwächer werden diefe Gefühle da fie auf einer immer geringeren Anzahl folcher fyngenetifchen Momente beruhen.

Am ftärkften find alfo jene primitivften Menfchengemeinfchaften fyngenetifch miteinander verbunden, die neben gemeinfamem Blutsumlauf, gemeinfame Sprache, Religion und alles was damit zufammenhängt, alfo Sitten, Gebräuche, Lebensweife, befitzen. Je ftärker fie aber untereinander verbunden find, defto gröfser wird ihr Hafs und Abfcheu gegen jede fremde Gruppe fein, mit der fie keines diefer Momente gemeinfam haben und die daher naturnothwendig ihr nicht als Menfchen, fondern als »Gefchöpfe« erfcheinen, die eben nur dazu gut find bei der erften fich darbietenden Gelegenheit ausgerottet zu werden. Und diefes Verhältnifs ift im gegebenen Falle fo naturnothwendig, dafs keine Religion, nicht einmal das Chriftenthum (der Maffen) hier eine Aenderung hervorbringen kann. Die chriftlichen Boers in Südafrika betrachteten die Bufchmänner und Hottentotten, da fie mit ihnen eben kein einziges der erwähnten fyngenetifchen Momente gemeinfam hatten als »Gefchöpfe« die man wie das Wild des Waldes ausrotten darf.

Nicht beffer verfuhr die allerchriftlichfte Nation der Spanier mit den Eingebornen Amerikas. Die Maffen ftehen eben unter der Herrfchaft der focialen Naturgefetze und nicht unter dem der »Moralgefetze« — und es macht in dieser Beziehung keinen Unterschied ob es heidnische, oder »gläubige« Massen sind.[1])

Dieser ursprüngliche Gegensatz zweier heterogenen ethnischen Elemente erleidet nun aber eine langsame Wandlung von dem Augenblicke an, wo der offene Kampf auf Tod und Leben in einen latenten friedlichen Kampf der Interessen mittelst der Organisation der Herrschaft übergeht. Der Contact der Sieger und Herren mit den Sklaven an denen sie ein Interesse haben, macht nothwendigerweise im Laufe der Zeit die frühere unüberbrückbar geschienene Kluft zwischen den heterogenen Elementen immer kleiner und läst sie am Ende vielleicht ganz verschwinden. Das erste was dem gemeinsamen Interesse der Herren und Sklaven zum Opfer fällt, ist die Besonderheit der Sprache. Jener in den Uranfängen der Menschheit schon wirkende spracherzeugende Trieb der gegenseitigen Verständigung macht sich nun zwischen Herren und Sklaven geltend — und hat eine Verständigung zur Folge, die auf irgend eine Weise immer zu einer gemeinsamen Sprache führt — meist durch das Verschwinden der einen und Obsiegen der andern Sprache.

Damit ist aber zur Vermenschlichung des Verhalt-

---

[1]) Bei griechischen Dichtern und Prosaikern finden wir oft Aeusserungen, dass Hellenen mit Barbaren nie Freundschaft schliessen können. Rocholl l. c. 17. Von den Türken sagt Lepsius: »Sie haben eine angeborne Verachtung gegen alles was nicht zu ihrer Nation gehört.« (Briefe über Aegypten 72.) Die Eingebornen Australiens im Innern des Landes werden von den Weissen gefürchtet, »denn sie sollen die Lagerfeuer derselben, namentlich in der Nähe der Goldfelder beschleichen und die Schlafenden tödten. Auf der andern Seite sind aber die bewaffneten Goldsucher auch sofort mit Büchse und Revolver bei der Hand, wenn sie einen dunkelfärbigen Menschen in den Büschen gewahr werden, so dass dort ein Vernichtungskrieg der ärgsten Art sich abspielt, dem die Eingebornen in nicht gar zu langer Zeit völlig zum Opfer fallen werden.« (Ausland 1882 S. 1037.)

nisses zwischen diesen ethnisch-heterogenen Elementen ein unendlich wichtiger Schritt gethan. Denn gemeinsame Sprache nähert die Menschen einander, und erst die gegenseitige Verständigung läst die Menschen sich gegenseitig als **Menschen** erscheinen. Dieses Verhältniss bleibt sich immer und überall dasselbe und wir können es in tausendfachen Formen noch im Leben der Gegenwart, auch unter civilisirten Völkern beobachten.

Das zweitnächste Moment, dessen Verschiedenheit die socialen Gruppen trennt und dessen Vergemeinsamung sie einander näher bringt ist die Religion und alles was damit in Zusammenhang ist (Sitten, Gebräuche, Lebensweise etc.) Dieses Moment hat nun aber eine viel grössere Zähigkeit als das erstere. Denn die Besonderheit liegt hier in den Vorstellungen der Menschen die sich in den einzelnen Gruppen von Generation auf Generation mittelst Erziehung und gemeinschaftlichen Lebens fortpflanzen.

Zudem fehlt es hier an dem so mächtigen zur Vergemeinsamung zwingenden Trieb des Sich-Verständigens und hängen auch die Menschen mit grösserer Hartnäckigkeit an dieser mit ihrem innersten geistigen Wesen eng verknüpften Welt der »wahrsten Vorstellungen«. Erfolgt aber einmal die Vergemeinsamung der Religion, dann ist wieder eine gewaltige Scheidewand zwischen Mensch und Mensch gefallen, ja, die gemeinsame Religion ist ein Mittel, grosse Völkermassen, auch verschiedensprachige, zu gemeinsamen geschichtlichen und culturellen Actionen zu verbinden.

Das dritte Moment, der gemeinsame Blutsumlauf ist seiner Natur nach so zu sagen das conservativste. Denn wenn auch die Vergemeinsamung der Religion meistens das formal-rechtliche Hinderniss des gemeinsamen Blutumlaufs aus dem Wege räumt, so überdauert doch die Tendenz der Abschliessung desselben in kleinere Kreise alle anderen Vergemeinfamungstendenzen und liegt in diefem dritten Momente fo zu fagen die Gewähr, dafs die Bäume der Menfchheitsverbrüderung nicht in den Himmel wachfen. Diefes ift um fo mehr der Fall, da auf die Abfchliefsung der Blutskreife eine Menge anderer materieller und Machtintereffen von beftimmendem Einfluffe find, wie denn überhaupt diefe letzteren Intereffen die Sorge dafür übernehmen, dafs die Menfchheit in die mannigfachften fyngenetifchen und focialen Kreife gefpalten bleibt, dafs der ewige Kampf aus diefen mannigfaltigen Spaltungen immer neue Nahrung zieht, und dafs der oft geträumte und prophezeite Verbrüderungsprozefs der Gefammtheit (wenn ein folcher im Plane der Natur liegt, was wir nicht wiffen können) noch lange, lange ein unrealifirbares Ideal bleibt.

Wir haben hier in kurzen Zügen Prozeffe angedeutet, deren Verlauf Jahrhunderte und Jahrtaufende in Anfpruch nimmt; Prozeffe, deren Darftellung Aufgabe einer Wiffenfchaft ift die erft im Entftehen begriffen; nenne man fie Gefchichtswiffenfchaft, Sociologie oder Naturgefchichte der Menfchheit. Material für diefe Wiffenfchaft liefert wohl in Fülle die bisherige Gefchichtsfchreibung und Ethnographie. Doch ift diefes Material bisher unferes Erachtens nicht nach den richtigen Gefichtspunkten geordnet, nicht auf die wahren Zielpunkte der Wiffenfchaft angelegt und gerichtet.

Zumeift wird bisher alle Gefchichtsfchreibung von befchränkten ethnocentrifchen Gefichtspunkten beherrfcht. Jeder Hiftoriker will etwas verherrlichen und meift dasjenige, was ihm am nächften fteht, alfo feine Partei, fein Volk, feinen Staat, feine Claffe u. f. w. Man kann getroft fagen, dafs der gröfste Theil der Gefchichtsfchreibung bisher überhaupt nur diefem fubjectiven Bedürfniffe der Menfchen entfprang, ihr Eigenes und Nächftes zu verherrlichen und dabei das Fremde und Fernftehende zu erniedrigen und zu verunglimpfen. Daher kommt es, dafs die europäifche Gefchichtsfchreibung Europa als die Krone der Schöpfung und den Gipfelpunkt der gefchichtlichen Entwicklung bezeichnet — die chinefifche Gefchichtsfchreibung dasfelbe von China behauptet, die amerikanifche von Amerika — und dasfelbe thut im Bereiche von Europa wieder jede Nation in Bezug auf fich felbft, und fofort jedes Volk, Völkchen und Stämmchen. Aber für die objective Darftellung der Gefetze des gefchichtlichen Naturprozeffes ift bisher von der Gefchichtsfchreibung blutwenig gethan.

---

38. Wie die Amalgamirung vor fich geht.

Wir haben die Einzelvorgänge des gefchichtlichen Naturprozeffes in ihren Umriffen kennen gelernt; wir haben den Kampf der ethnifchen Elemente der zum Staate führt, und im Staate unter veränderten Formen fich fortfetzt, gefehen; wir haben auf jene, die einzelnen focialen Beftandtheile zufammenhaltende Kraft, den Syngenifmus hingewiefen, der in diefem Kampfe fo zu fagen die verfchiedenen Heerkörper bildet, die Schlachtreihen ordnet und zufammenhält; wir haben endlich als letztes Refultat der Staatsentwicklung die Bildung von Culturgebieten conftatirt.

Nun haben wir noch ein wichtiges Mittelglied in diefem ganzen Prozefs etwas eingehender zu betrachten, eine Erfcheinung, die von fehr complicirter Natur ift.

Wir haben nämlich bei der Betrachtung der heutigen Staaten fociale Beftandtheile conftatirt, von denen keines eine wirkliche ethnifche, etwa auf gleicher Abftammung beruhende Einheit darftellt. Aus dem ganzen Gange unferer Unterfuchungen vielmehr hat es fich ergeben, dafs jedes diefer focialen Beftandtheile bereits das Refultat eines vorhergegangenen Amalgamirungsprozeffes ift. Und daffelbe was von den heutigen Staaten gilt, gilt wie wir wiffen auch von den Staaten der hiftorifchen Vergangenheit, fo weit unfer forfchender Blick nur in das Dunkel vergangener Jahrhunderte vordringen kann. Sowohl die uns in den hentigen Staaten, als auch die in den Staaten der hiftorifchen Vergangenheit uns entgegentretenden ethnifchen und focialen Beftandtheile find immer bereits höhere Einheiten, die in fich früher einfache heterogene Elemente zufammenfchliefsen und fo geht es fort bis fich unfer Blick in undurchdringliches Dunkel vorhiftorifcher Zeiten verliert.

Auf Grund diefer Beobachtungen und Thatfachen conftatirten wir es daher fchon oben, dafs fich durch die ganze Gefchichte der Menfchheit ein fortwährender Amalgamirungsprozefs hindurchzieht, der von den kleinften primitiven fyngenetifchen Gruppen ausgehend, nach irgend einem uns unbekannten raffebildenden Gefetz die einen heterogenen Gruppen immer mehr zu grofsen Gefammtheiten, zu Völkern, Nationen und Raffen zufammenfchliefst und amalgamirt und fie immer gegen andere ebenfo zufammengefchloffene und amalgamirte Völker, Nationen und Raffen in den Kampf und durch denfelben zu immer neuen Herrfchafts- und Culturgebieten führt, die wieder das Heterogene zufammenfchmelzen und amalgamiren.[1]

---

[1] »Durch den immer mehr vervielfältigten Contact der Raffen und Nationen wird eine immer vollftändigere Mifchung des Blutes herbeigeführt und es werden gewiffe Erfindungen, Werkzeuge und Sitten nach und nach allgemein bekannt und über die ganze Erde verbreitet; die Nationen erhalten ein immer mehr übereinftimmendes Gepräge, wie ein folches fchon jetzt den fämmtlichen Culturvölkern der weifsen Raffe aufgedrückt ift, welche fo viele Aehnlichkeiten in ihren Sitten und Einrichtungen und eine gewiffe allgemeine Form der Bildung bei aller Verfchie-

Dabei können wir die Beobachtung machen, dafs anscheinend ethnifche Einheiten, die fich vor einigen Jahrhundert als fremd gegenüberftanden und bis auf's Blut befehdeten: nach einigen Jahrhunderten als **einheitliche ethnifche Gemeinfchaften im Kampfe gegen neu aufgetretene andere ethnifche Gemeinfchaften** zufammenftehen. Man denke nur an die Kämpfe der Römer mit italifchen Völkerfchaften und dann an ihre nationale Verfchmelzung und gemeinfamen Kampf gegen Gallier oder Germanen; man denke an die Kämpfe zwifchen Franken und Sachfen unter Karl dem Grofsen und einige Jahrhunderte fpäter an ihren gemeinfamen Kampf als Deutfche gegen Franzofen; oder an die Kämpfe der Angelfachfen gegen die Normanen und einige Jahrhunderte fpäter an ihre gemeinfamen Kämpfe als Engländer gegen andere Nationen.

Nun gelangen wir zur allerwichtigften Frage: was ift es, das die zuvor heterogenen ethnifchen Elemente immer wieder zu homogenen umwandelt, oder, da man diefe homogenen ethnifchen Elemente kurzweg **Raffen** nennt, (z. B. germanifche Raffe, flavifche Raffe, romanifche Raffe) **was ift es, das die hiftorifche Raffe conftituirt?** was ift es, das die Raffengegenfätze der Vergangenheit in Raffeneinheit der Gegenwart umwandelt und das nach demfelben immer gleich wirkenden Gefetz die Raffengegenfätze von heute in die Raffeneinheit der Zukunft unter Umftänden umwandeln kann?

Die Antwort auf diefe Frage die uns den wichtigften Schlüffel zur Löfung des Problems des gefchichtlichen Naturprozeffes in die Hand gibt, haben wir bereits durch das im vorigen Abfchnitt über Syngenifmus und die natürlichen und politifchen Unterlagen defselben Gefagte vor-

---

denheit erkennen laffen, die hiftorifche Verhältniffe und Klima bedingen mögen.« Perty Ethnographie 1859 S. 299.

bereitet. Daſs es nicht einheitliche Abſtammung, etwa von einem oder mehreren Urpaaren iſt, welches das Bindemittel der in der Geſchichte auftretenden ethniſchen Einheiten iſt, und ihrer Einigung zu Grunde liegt, darüber belehrt ein nach welcher Richtung immer geworfener Blick auf die hiſtoriſchen und gegenwärtigen Raſſenkämpfe. Niemand wird die gegen die Deutſchen im Jahre 1870 kämpfenden Franzoſen in dieſer Bedeutung als ethniſche Einheit auffaſſen — noch die im Kampfe gegen die Oeſterreicher im Jahre 1859 geeinigten Italiener — und ebenſo wenig die Römer die gegen die Carthager oder die Griechen die gegen die Perſer kämpften.

Worin aber das ideale Moment das dieſe ethniſchen Einheiten zuſammenhält und ſie uns als Raſſen erſcheinen läſst liegt, das wiſſen wir bereits.

Wir haben es ſchon kennen gelernt was denn eigentlich den urſprünglichen Menſchenſchwarm oder auch den primitiven Stamm eines Naturvolkes wie wir ſie z. B. in Amerika oder Afrika finden, als ethniſche Einheit conſtituirt. Wir ſahen, daſs es in erſter Linie der freie Kreislauf des Blutes innerhalb dieſer Gemeinſchaft iſt, welcher ſie von jedem fremden Schwarm oder Stamm ſondert und die Grundlage der natürlichen ſyngenetiſchen Gefühle im Gegenſatz zu dem ebenſo natürlichen Fremdenhaſs bildet.

Wir haben geſehen, daſs es ferner die Gemeinſamkeit jener ſinnlich-geiſtigen Erzeugniſſe die wir als Ausfluſs der natürlichen ſocial ſich vollziehenden Function des menſchlichen Organiſmus kennen lernten, alſo der Sprache, der Religion mit allem was daran hängt, alſo der Sitten und Gebräuche u. ſ. w. iſt, welche dieſe Einheit conſtituirt.

Wo immer nun alle dieſe Momente (Blutumlauf, Sprache, Religion, Sitten nnd Gebräuche) zuſammentreffen, da haben wir eine ethniſche Einheit vor uns der man meiſtens die

Bezeichnung Raſſe gibt und für welche wir dieſe Bezeichnung gerne acceptiren.

Nun iſt aber nach allen unſeren vorhergehenden Ausführungen klar, daß wir es bei dieſen **natürlichen Merkmalen der Raſſe** mit lauter Momenten zu thun haben die alle natürlich und geſchichtlich oder mit einem Wort, **naturgeſchichtlich geworden ſind.** Daher iſt die oft wiederholte Behauptung vollkommen richtig, daß es heutzutage keine Raſſe auf der Welt gibt in jener (allerdings naiven) Bedeutung der einheitlichen **Abſtammung.** Solche Raſſen hat es aber vielleicht nur **einmal**, und in hiſtoriſchen Zeiten gewiß **nie** gegeben.

Dagegen beſteht aber in der **Raſſenbildung** d. h. in der Bildung ethniſcher Einheiten in dem von uns oben erwähnten Sinne der **wichtigſte Inhalt der Geſchichte der Menſchheit** — dieſe Raſſenbildung mit allen ihren Begleiterſcheinungen iſt der weſentlichſte Kern der ſogenannten Weltgeſchichte der aber freilich von der ſo ſich nennenden Wiſſenſchaft ganz überſehen wird, wie wohl ſie unbewußt und andern Geſichtspunkten folgend, vieles behandelt was zu dieſer eigentlichen Weltgeſchichte gehört.

Wenn nun aber dieſe Raſſenbildung der weſentlichſte Kern der »Weltgeſchichte« iſt, ſo liegt es uns ob die Grundzüge dieſes Bildungsprozeſſes darzulegen, um unſere Behauptung zu rechtfertigen, daß die Darſtellung desſelben Beruf und Aufgabe der Geſchichtswiſſenſchaft zu bilden habe. Das wollen wir auch weiter unten verſuchen.

Zu jeder ſolchen Raſſenbildung gehören als Vorausſetzung vor allem mindeſtens zwei heterogene Beſtandtheile oder wenn man will, zwei **früh ere Raſſen** — die dann in der neuen aufgehen ſollen.

Es frägt ſich nun, wie geſchicht dieſe Bildung — d. h. dieſe Amalgamirung zweier Raſſen zu einer?

Diefe Frage ift die intereffantefte von allen, denn fie
bezieht fich unmittelbar auf die Art und Weife wie die
Natur bei dem wichtigften Act des focialen Prozeffes vor-
geht, auf die Mittel deren fie fich dabei bedient, auf die
Politik die fie dabei beobachtet. Und wir werden fehen,
dafs diefe letztere fehr fchlau ift — in fo ferne es fich um
Erreichung gewiffer Zwecke handelt (wenn man fich diefes
Ausdruckes bedienen darf) aber auch fehr graufam und
rückfichtslos gegenüber den Menfchen, die als Mittel und
Werkzeuge zu der Erreichung jener Zwecke dienen müffen.

Denn der zukünftigen Amalgamirung der heterogenen
Raffen, die die Natur offenbar anzuftreben fcheint (da fie
es in fehr vielen Fällen bereits erreichte), fteht der uns
fchon bekannte natürliche Antagonifmus, die natürliche An-
tipathie der heterogenen Raffen im Wege.

Auf welche Weife kommt nun diefe Amalgamirung
zu Stande? Von friedlichen Mitteln kann hier vorerft nicht
die Rede fein. Denn der Einzelne wurzelt ja mit feinem
ganzen Wefen tief im Wefen feiner Raffe. Er ift fich des
gemeinfamen Blutumlaufs bewufst — er fühlt fich daher
als ein Tropfen im gemeinfamen Kreislauf des Blutes; und
fcheut »von Natur« die Vermifchung mit dem fremden
Blute. An feiner eigenen Raffe hängt der Einzelne durch
das Band der gemeinfamen Sprache; und es ift ein theures
Band. Angeboren faft und von Kindheit angelernt fcheint
ihm die Sprache fein geiftiges Blut — fein geiftiges Wefen.
Seine ganze geiftige Natur hängt daran, die theuerften
Erinnerungen feines Lebens. An ihr rankte von niederem
Keime fein Geift immer höher fich empor — was wäre
er ohne diefe Stütze? Und ift's ein Wunder, wenn man
denen die diefe Sprache fprechen einen höheren Grad von
Sympathie entgegenbringt, gewiffe wärmere Gefühle für
fie hegt als für jene »Barbaren« denen diefe fchönfte aller
Sprachen fremd, ja die diefe Sprache gar verachten!

Und nun Religion, Sitten nnd Gebräuche! Wie muſs man diejenigen haſſen, die das Theuerſte was man im Gemüthe bewahrt, den Glauben an den »Gott der Väter« nicht theilen. Sind denn das auch noch Menſchen — die kein moraliſches beſſeres »Ich« beſitzen — die an ſelbſterdachte »falſche« Götzen glauben — deren Sitten und Gebräuche abſcheulich, unvernünſtig und eckelhaft ſind?

Das ſind die natürlichſten, einfachſten Geſinnungen und Gefühle die der naive und gläubige Einzelne in der Religion, den Sitten und Gebräuchen ſeiner Raſſe wurzelnde Menſch den Menſchen — nein! den »niedern Geſchöpfen« der fremden, andersgearteten Raſſe entgegenbringt.

Und all dieſe natürlichen und naturnothwendigen, aus der Thatſache und dem Bewuſstſein abgeſonderten Blutumlaufs, eigener Sprache, Religion, eigner Sitten und Gebräuche ſtammenden Gefühle bilden das, was wir ſchon oben als Thatſache kennen gelernt haben — den Raſſenhaſs, den Abſcheu gegen das heterogene ethniſche Element. Und ſo beſchaffen, mit ſolchen gegenſeitigen Antipathien ausgeſtattet, treffen dieſe heterogenen Elemente immer wieder und immer wieder aufeinander um — entweder ſich zu amalgamiren oder das ſchwächere, nicht amalgamirungsfähige Element vom Erdboden zu vertilgen. Sprechen wir von der erſten Eventualität.

Würde man es beim erſten feindlichen Zuſammenſtoſs den Mitgliedern der einen Raſſe ſagen worauf die Natur es abgeſehen hat, auf ihr Verſchmelzen mit ihren Feinden — alle edleren Gefühle in ihnen würden ſich hoch aufbäumen, ihr ganzes beſſeres Ich würde laut gegen eine ſolche Zumuthung proteſtiren. Denn nur aus der Gebundenheit an ihre Raſſe entſpringen ihre edelſten Gefühle. Das Einſtehen für ihren eigenen Blutskreis iſt ja der Patriotiſmus — der Cultus der eigenen Sprache, der eigenen

Religion und was damit zufammenhängt (Sitten und Gebräuche) ift die edelfte Erhebung ihres Geiftes, der Auffchwung zum Ideal — was wären fie ohne diefes? Das alles ftempelt fie ja zu Menfchen in der höchften Bedeutung diefes Wortes — das erhebt fie über das Thier.

Und doch — fo ift's befchloffen im Rath der Götter! Wie kommt nun aber diefe Amalgamirung zu Stande?

Nur im ewigen Raffenkampfe, in Krieg und »Frieden« — es geht nicht anders. Der Menfch müfste aufhören Menfch zu fein — er müfste — wenn er es überhaupt könnte — fich deffen entäufsern wozu ihn die Natur machte: wenn er freiwillig verzichten follte auf die »höchften Güter« die er auf die Welt mit fich brachte — auf fein »edelftes Blut«, auf feine »fchönfte Sprache«, auf feine »wahrfte Religion«, auf feine »vernünftigften ehrwürdigften Sitten und Gebräuche«. Und doch find fie auf einander angewiefen, und müffen eins werden — fo will es der Plan der Natur.

Und fo beginnt denn der Kampf — der feine friedliche und rechtlich-werdende Form in der Organifation der Herrfchaft, im Staate findet. Der Prozefs ift ein langer, jahrhunderte-langer. Der Antagonifmus zweier Naturgefetze, von denen das eine den Menfchen, das andere die Menfchheit beherrfcht liefert den Boden für die Tragödie des Lebens, für das blutige Drama der Gefchichte — liefert den köftlichften Stoff für den Dichter, Künftler und »Gefchichts-« oder eigentlich Gefchichtenfchreiber.

Wir erwähnten es fchon, dafs in diefem Kampfe der Raffen um Herrfchaft, das was zuerft der künftigen einheitlichen Raffenbildung zum Opfer fällt, die Sprache ift.

Welcher allgewaltige Factor dabei beftimmend ift, das haben wir oben gefehen. Nur die im offenen Kriege befindlichen Raſſen können jedes gemeinſamen Verſtändigungsmittels entbehren. Sobald aber der friedliche Kampf, die Herrſchaft oder der gemeinſame wirthſchaftliche Verkehr beginnt — da ſtellt ſich das Bedürfniſs einer gegenſeitigen Verſtändigung unvermeidlich ein und eine Sprache muſs Siegerin bleiben. Welche Sprache aber Siegerin bleibt, das hängt von Umſtänden und Verhältniſſen ab in deren Analyſe wir hier nicht eingehen können.

Die obſiegende Sprache verhilſt ſodann leicht den mit ihr organiſch zuſammenhängenden Sitten, Gebräuchen und religiöſen Vorſtellungen zum Sieg, ſo daſs man annehmen kann, daſs der Annahme der Sprache nicht lange die der Sitten, Gebräuche nnd Religion folgen muſs.

Dann iſt aber auch, wie wir geſehen haben, die tiefe Kluft zwiſchen den heterogenen Raſſen ſchon überbrückt, und nun kann durch das thatſächlich geübte oder wenigſtens rechtlich und ſittlich mögliche Connubium ihre endliche Ausfüllung erfolgen. Auch dieſe letzte Phaſe hat ihre ſchweren Geburtswehen. Zahlloſe Tragödien des Lebens legen den Grund. Die Dichter wiſſen davon viel zu ſingen und zu ſagen. Gebrochene Herzen, perſönliches Miſsgeſchick, verfehlte Lebensläufe, traurige Schickſale, zu Grunde gerichtetes Erdenglück — alles das muſs hoch ſich aufthürmen, ehe dieſe Kluft ausgefüllt wird.

Doch endlich geſchiehts und der Blutumlauf iſt hergeſtellt — der letzte Ring, das letzte Glied in der Kette iſt angefügt — die Raſſe iſt gebildet.

Iſt ſie aber einmal gebildet, dann muſs ſie ja der Natur der Sache nach all diejenigen Eigenſchaften haben, jene ganze Beſchaffenheit und Qualität die jedes ihrer Beſtandtheile in ſeinem früheren einheitlichen Zuſtande hatte. Denn dieſe Beſchaffenheit iſt ja bedingt durch den freien ungehemmten Blutumlauf, durch die Gemeinſchaft der Sprache, Religion und Cultur. Hat aber die neue Raſſe diese Beschaffenheit, so muſs naturnothwendig und unausbleiblich zwischen ihr und jeder andern mit der sie in Berührung kommt derselbe Kampf beginnen der einst zwischen ihren eigenen Elementen wüthete.

Nun könnte man meinen die Entwicklung der Menschheit müſste zu einem Punkte gelangen, wo die einzelnen Raſſen auf ihren tellurischen Standorten sich consolidiren und in keine weiteren näheren Berührungen mit einander kommen, daher die Kämpfe aufhören müſſen.

Einer solchen Stagnation steht aber ein **ewiges Bewegungsgesetz** entgegen, vermöge deſſen die Raſſen in **fortwährendem Kreisen um den Erdball** begriffen sind und vermöge deſſen die consolidirte Raſſe von dem Punkte auf dem sie sich befindet auf die oder jene Weise **in Strömung geräth** und den Standort der fremden Raſſe **aufsucht** um mit derselben in neue Berührung zu kommen und den Kampf der zu erlöschen und in Stagnation zu gerathen drohte von neuem wieder zu beginnen. Dieses ewige Kreisen der Raſſen und dieſs ewige Suchen der fremden Raſſen mag in verschiedenen Zeiten in etwas veränderten Formen vor sich gehen. Einst und örtlich wohl auch noch heute spielt es sich ab in Form von **Wanderzügen** nomadischer Stämme — sodann in **Kriegszügen und Eroberungen mit Landnahmen**, endlich in **Colonisationen** und langsamen **Migrationen** wie heutzutage z. B. aus Europa nach Amerika, Asien und Auſtralien. Aber die Sache bleibt dieselbe; es duldet die einheitlich gewordenen Raſſen nicht am Orte **wo der Raſſenkampf in Stagnation zu verfallen droht** — es treibt sie fort zu neuen Berührungen mit fremden Raſſen und zu neuen Kämpfen.

Dieses Bewegungsgesetz mit allen seinen Consequenzen ist die eigentliche Seele der Geschichte — denn in immer neuem Kreislauf bringt es **Raſſenkampf, Sprachen-**

einheit, gemeinfame Cultur und breitet die lebensfähigen Elemente immer weiterhin aus unter fortwährender Verdrängung vom Erdboden der nicht lebensfähigen.

Nun muſs man freilich, wenn man diefe Tendenz der Gefchichtsbewegung in's Auge faſst zum Schluſſe kommen, daſs es einſt »nur eine Heerde« geben wird: doch liegt nach dem bisherigen Gang der Gefchichte in diefer Beziehung, ein folcher Zeitpunkt in fo unabfehbarer Ferne, daſs wir heutzutage noch füglich den »ewigen« Raffenkampf als das Gefetz der Gefchichte und den »ewigen« Frieden« als den Traum der Idealiften bezeichnen können ohne zu fürchten je durch Thatfachen widerlegt zu werden.

V.
Geschichtliche Hinweisungen.

39. Aegypten.

Wir haben bisher die Gefchichte der Menfchheit als Naturprozefs, die Art und Weife wie fich derfelbe abfpielt, die Gefetze nach denen er verläuft, die Formen in denen diefer Verlauf in Erfcheinung tritt und die Vorgänge aus denen er fich zufammenfetzt, darzuftellen verfucht. Wir wollen nun unfere obige Darftellung fozufagen illuftriren indem wir es unternehmen an einigen Beifpielen zu zeigen, dafs die uns bekannte »Weltgefchichte« in der That nichts anderes zur Erfcheinung bringt, als die von uns behaupteten natürlichen und naturnothwendigen immer und überall nach denfelben Gefetzen fich abfpielenden Vorgänge.

Freilich können diefe unfere Hinweifungen nicht die ganze Weltgefchichte in ihrer uns bekannten Vollftändigkeit umfaffen — denn wir müften eben eine »Weltgefchichte« fchreiben was hier nicht unfere Abficht fein kann; vielmehr müffen wir uns auf einige Hauptzüge der gefchichtlichen Vorgänge befchränken, und diefelben fozufagen nur als Stichproben vorführen.

Nach den gangbaren Vorftellungen, wonach die Menfchheit von einem Schöpfungscentrum ihren Ausgang genommen haben follte, dachte man fich auch die Entwicklung der Gefchichte als von einer einzigen »Wiege« der Cultur ausgehend — und alle Gefchichtsdarftellungen begannen daher immer von einer folchen vermeintlichen

Wiege die man nach Umftänden in das Binnenland am Ganges oder was öfter gefchah an die Ufer des Nil fetzte. Sodann war man beftrebt, womöglich den einheitlichen Entwicklungsftrom menfchlicher Gefchichte von diefem feinem Urfprunge, an in feinen Verzweigungen und Veräftelungen bis zu unfern Zeiten darzuftellen.

In Wahrheit kennen wir keinen Zeitpunkt, und wenn wir auch unfern Blick noch fo weit zurückwenden, wo die Gefchichte der Menfchheit an einem Punkte hervorbrechen würde: vielmehr leuchten uns durch das Dunkel des grauelten Alterthums bereits von vielen Punkten her zugleich viele Culturcentren entgegen — eine Thatfache die gewifs mit dem polygenetifchen Anfang des Menfchengefchlechts in allen Theilen der bewohnbaren Erde im Zufammenhange fteht.

Wenn man jedoch die uns erhaltenen oder beffer gefagt die bis heute aufgefundenen hiftorifchen Denkmäler nach ihrem Alter ordnet, fo dürften vielleicht die älteften fich auf Aegypten beziehen und das Voranftellen diefes Landes in den chronologifch geordneten Gefchichtsdarftellungen rechtfertigen.

Aber diefe erften hiftorifchen Denkmäler zeigen uns noch immer keinerlei Anfang — fondern führen uns offenbar in medias res — denn fie zeigen uns Aegypten bereits als ein von vielen heterogenen Menfchenftämmen umftrittenes Land wo offenbar alte Staatenordnungen bereits den Verfuch machen, den Kampf der heterogenen ethnifchen Elemente in friedlichen Bahnen zu erhalten.[1]

---

[1] Vrgl. Duncker Gefchichte des Alterthums 3. Aufl. I 28. Treffend gibt Perrot den Eindruck wieder den man empfängt, wenn man mit unbefangenem Blicke in die immer weiter und tiefer vor der gefchichtlichen Forfchung fich aufthuende Vergangenheit fich verfenkt. Indem er die neueften egyptologifchen Entdeckungen befpricht die uns das älteste Aegypten bereits als auf einer hohen Culturftufe befindlich erfcheinen

»Das reiche, fich felbft genügende Aegypten, erzählt Ranke, reizte die Habgier benachbarter Stämme, welche andern Göttern dienten. Unter dem Namen der Hirtenvölker haben fremde Dynaften und Stämme Aegypten Jahrhunderte lang beherfcht.«

Fürwahr, die Darftellung der »Weltgefchichte« konnte mit keinen characteriftifcheren Worten begonnen werden, als es hier Ranke thut. Denn in diefen vom älteften Aegypten ausgefagten Worten fpiegelt fich fozufagen die Quinteffenz der ganzen Menfchheitsgefchichte. Wir fragen, wo und wann im Laufe der Gefchichte könnten diefe Worte nicht zur Anwendung kommen? Immer waren es doch nur reiche und gefegnete Fluren um die man kämpfte — und immer waren es »benachbarte Stämme, welche andern Göttern dienten« d. h. fremde Stämme, die um folche Länder ftritten. Ob wir chinefifche, indifche, griechifche, italienifche Gefchichte erzählen immer und überall werden wir uns obiger Worte Ranke's bedienen können — es ift diefelbe Situation die fich immer und überall wiederholt.

Und zugleich mit den Jahrtaufende alten Staatsordnungen, die uns fchon beim erften Dämmerlicht egyptifcher Gefchichte durch die Kaften eben fo wohl, wie durch die Pyramiden bezeugt werden: tritt uns im Nillande ein unentwirrbares ethnifches Problem entgegen, an deffen Löfung alle Verfuche moderner Wiffenfchaft fcheitern müffen. Nur fo viel fteht feft, dafs wir es da fchon in dem grauefien Alterthum mit einem Völkergemifch zu thun

---

laffen, bemerkt er: Quelque haut que l'on remonte dans le paffé dont les profondeurs comme celle d'un gouffre béant, donnent le vertige à l'imagination, toujours on trouve l'Egypte déja formée, adulte déja et pourvue des tous ses organes, maitresse des pensées quelle developpera et penetrée des croyances dont elle vivra durant tant des siècles.« Rev. d. d. M. 1879.

haben, welches Jahrtaufende alte Kämpfe und Amalgamirungsprozeffe vorausfetzt.

Und auch diefes fcheint ficher zu fein, dafs in diefen Jahrtaufende langen Kämpfen und Amalgamirungsprozeffen die einftigen Urbewohner des Landes theils verfchwunden theils durch andere Volksftämme aufgefaugt wurden — denn darüber gibt es unter den Gelehrten keinen Streit mehr, dafs auch die älteften von der Forfchung im Nillande nachgewiefenen Bewohner nicht mehr Autochtonen des Landes find.[1]

Von diefen erften hiftorifch nachweisbaren Bewohnern des Landes rühren die grofsartigen Baudenkmale her die noch heute das Staunen der Reifenden erwecken. Diefe Denkmale laffen einen Schlufs ziehen auf die Beherrfchung grofser geknechteter Maffen durch eine ebenfo hochgebildete wie prunkliebende und kunftfinnige Minorität. Aber die Stunde diefer ftolzen Pyramidenbauer fchlug einft — ihre Herrfchaft wurde von Nomadenftämmen, die von

---

[1] »Nun find aber die Aegypter keine Autochtonen des Nillandes, fondern find wie fich beweifen läfst, aus Afien dort eingewandert.« Friedrich Müller Ethnographie I 31. Aber auch andere »chamitifche Stämme« welche alle den Norden und Nordoften Afrikas bewohnen, find nach Müller lange vor den Aegyptern dort eingewandert. l. c. 32. »Die egyptifche Bevölkerung . . . war durch die fyrifche Wüfte aus Afien gekommen, um fich hier im Nilthale niederzulaffen.« Lenormant der diefe Thatfache als eine wiffenfchaftlich entfchiedene hinftellt, glaubt, dafs man die frühere Annahme »das egyptifche Volk ftamme von einer afrikanifchen Raffe ab« mit derfelben nur auf diefe Art in Uebereinftimmung bringen kann, wenn man annimmt: die civilifirte Raffe, welche von Afien her in das Nilthal kam, mufste hier eine afrikanifche, noch ganz im Zuftande der Barbarei lebende Bevölkerung vorfinden, die fich unterwarf, aber deren Blut fich nur bis zu einem gewiffen Grade mit dem der neuen Ankömmlinge vermifchte.« Das halten wir allerdings für das Wahrfcheinlichfte. Vrgl. Lenormant Anfänge der Cultur I 121 (Jena 1875) vrgl. auch Duncker Gefchichte des Alterthums I S. 11.

Often über Aegypten hereinbrachen, geſtürzt. »Unerwartet zogen aus den öſtlichen Gegenden von Geſchlecht unangeſehene Menſchen mit kühnem Entſchluſs heran und nahmen das Land mit Gewalt und ohne groſse Mühe. Sie bemächtigten ſich der Herrſchenden, verbrannten grauſam die Städte und zerſtörten die Heiligthümer der Götter. Gegen die geſammte Einwohnerſchaft handelten ſie auf das Feindſeligſte (wahrſcheinlich aber nicht anders als einſt die Vorfahren der Pyramidenerbauer gegen die Autochtonen oder ſonſtigen in Aegypten angetroffenen Inſaſſen?) indem ſie die einen niedermachten, die Weiber und Kinder der Andern in die Knechtſchaft führten. Endlich machten ſie auch einen aus ihrer Mitte zum Könige, deſſen Namen Salatis war. Dieſer nahm ſeinen Sitz zu Memphis, erhob Tribut aus dem obern und untern Lande und legte Beſatzungen an die geeignetſten Orte . . . Salatis ſtarb nachdem er 19 Jahre regiert hatte. Ihm folgten (hier folgen fünf Namen).

Dieſe ſechs waren die erſten Herrſcher; ſie führten Krieg und ſuchten die Wurzel Aegytens immer mehr auszurotten . . .«

So ſchildert Manetho eine der früheſten hiſtoriſch bekannt gewordenen Epiſoden dieſes ewig ſich gleichenden Prozeſſes. Wahrlich, auf welchen Krieg des Mittelalters und der Neuzeit könnte man nicht Manetho's Schilderung anwenden? Wie oft iſt ſeit der Zeit, blühenden Culturen nicht der Garaus gemacht worden von politiſchen Parvenu's von »Barbaren« oder wie Manetho ſie nennt von »Menſchen unangeſehen von Geſchlecht doch mit kühnem Entſchluſſe!«

Und auch der Umſtand iſt charakteriſtiſch, daſs dieſe Barbaren der Wüſte die ſoeben eine blühende Cultur zu Boden traten, nichtsdeſtoweniger die Kunſt zu herrſchen bald gewiſs in nicht minderem Grade ſich aneigneten, als es je bei ihren Vorgängern im Nilthale der Fall war.

»Sie erhoben Tribut, befestigten die Städte und legten Besatzungen in die geeignetsten Orte.« Wir sagen, auch das ist für den ganzen Naturprozeſs der Geschichte charakteristisch; denn so wie bekanntlich »mit dem Amt« meistens der Verstand kommt, so haben es immer noch die culturlosesten Barbaren verstanden, wenn sie einmal Sieger wurden auch Herrscher zu sein.[1]) Freilich, ewig diese Herrschaft zu erhalten war ihnen ebensowenig gegeben wie ihren Vorgängern — das brachten aber im Laufe der Geschichte auch die civilisirtesten und tapfersten Völker nicht zu Stande — denn das scheint gegen das Naturgesetz der Geschichte zu verstoſsen. Rund tausend Jahre herrschten sie — und ihre Zeit war um. Für den Amalgamirungsprozeſs aber mit dem Stamm ihrer Vorgänger, der gestürzten Pyramidenerbauer, mit den »alten« Aegyptern die ihrerzeit im Nillande nicht weniger neu und fremd waren, für diesen Amalgamirungsprozeſs der bei all diesen Herrschaftsumwälzungen, der Natur das Wichtigſte zu sein scheint, sorgten nach Ausrottung der wehrhaften Männer des vordem herrschenden

---

[1]) Es mag hier daran erinnert werden, was Lepsius von den modernen Beherrschern Aegyptens, den Türken sagt: »Diese Kawas, welche ein eigenes Chor von Unteroffizieren des Paſcha bilden, sind hier zu Lande (in Aegypten) eine ganz besondere und wichtige Claſſe von Leuten. Nur Türken werden dazu genommen und diese besitzen schon durch ihre Nationalität ein angebornes Uebergewicht über jeden Araber. Es mag wenig Völker geben die so viel Anlage zum Herrschen haben, wie die Türken, die wir uns doch oft als halbe Barbaren, roh und formlos zu denken pflegen ... Ein türkischer Kawas jagt ein ganzes Dorf Fellah's oder Araber vor sich her und imponirt entschieden selbst noch den stolzern Beduinen. Der Paſcha gebraucht das Corps dieser Kawas zu besonderen Sendungen und Commiſſionen im ganzen Lande. Sie sind die obersten ausführenden Diener des Paſcha und der Gouverneure der Provinzen ...« So werden auch die Hykſos einſt über Aegypten geherrscht haben und so herrschen immer und überall die siegenden Minoritäten über die besiegten Maſſen.

Volkes jene »Kinder und Weiber der Andern die in die Knechtſchaft geführt wurden« wie Manetho berichtet. Auch dieſer Vorgang iſt typiſch — und ſpeziell ſcheinen es immer in erſter Reihe die Weiber zu ſein die das Blut des beſiegten Stammes in das der Siegenden hinüber leiten.

War die Herrſchaft der »alten« Aegypter von Oſten her geſtürzt worden, ſo ereilte die Herrſchaft der Hykſos ihr Schickſal von Süden her. Dort oben am Oberlauf und an den Quellen des Nil's wimmelte es und wimmelt bis heute von den verſchiedenartigſten Stämmen. Einer derſelben unter König Raskenen gab den Hykſos den erſten tödtlichen Stoſs; ſeine Nachfolger vollendeten das Werk und gründeten wieder ein »neues« Reich. Und wenn auch berichtet wird, daſs die Hykſos den Boden Aegyptens verlieſsen und gen Oſten zogen und zwar angeblich 240.000 Mann, ſo iſt das gewiſs nur ein Häuflein von »Intranſingenten« wie ſie immer und überall zu finden ſind, und die im ſchlimmſten Falle es vorziehen »Emigranten« zu ſein als ſich der neuen Ordnung der Dinge zu fügen. Der Auszug dieſes Häufleins hat aber gewiſs wie nie und nirgends auch damals in Aegypten die Thatſache nicht ändern können, daſs das »neue« Volk alle ethniſchen Elemente des vorhergegangenen Geſchichtsprozeſſes, die Hykſos nicht ausgenommen, in ſich vereinigte und ſo mit vermehrten und nun neu belebten ethniſchen Impulſen ausgeſtattet, einem neuen Amalgamirungsprozeſſe und neuer Culturentwicklung entgegengieng.

Und zwar iſt es dieſmal die »glänzendſte Periode« der egyptiſchen Geſchichte die durch den Einbruch eines friſchen Stromes »äthiopiſchen« Blutes in das bisherige Völkergemiſch Aegyptens angebahnt wurde und es iſt gewiſs bedeutſam für den Charakter dieſes ganzen Umſchwunges, daſs der eigentliche Beſieger der Hykſos und der entfcheidende Begründer des »neuen« Reiches feinen Thron mit einer »fchwarzen« Ehehälfte theilte.

Spielte fich die bisherige Gefchichte Aegyptens, fo viel fie uns bekannt ift dadurch ab, dafs auswärtige ethnifche Elemente in's Land einbrachen und mit den hier angefeffenen den Kampf um Herrfchaft unterhielten: fo ift das »neue« Reich vielleicht in Folge des langen Amalgamirungsprozeffes in fo weit kraftvoll in fich felbft, dafs es für eine geraume Zeit kein neues Eindringen fremder Elemente duldet, hingegen aber mächtig nach auswärts ftrebt und feine überfprudelnde Kraft in gewaltigen Eroberungszügen nach allen Weltgegenden geltend macht und auf diefe Weife den weitern Gefchichtsprozefs fördert. Denn, um es hier gleich einzufchalten, für das gefchichtliche Leben eines Landes kann es nur zwei Möglichkeiten geben — entweder es erhält die ethnifchen Impulfe durch das Eindringen fremder Elemente von aufsen oder es holt fich diefelben durch Expanfionsbewegungen nach aufsen. Entweder erobert werden oder erobern, das ift die unvermeidliche Alternative die jedem Staatswefen geftellt ift; ift es kräftig fo tritt es erobernd auf, ermangelt es der genügenden Kraft zu Eroberungen, fo mufs es fremder erobernder Kraft unterliegen. Denn der allgewaltige Naturprozefs der ethnifchen Amalgamirung bricht fich Bahn für jeden Fall — ob es die Völker wollen oder nicht — ja in der Regel fogar gegen ihren Willen. Und fo duldete es die neuen Herrfcher Aegyptens nicht ruhig in ihrem Lande — die friedliche Arbeit im Nillande mit all den unfinnigen Riefentempelbauten erfchöpfte noch immer nicht ihre Thatkraft. Hinaus ftrebten fie, immer fremde Völker zu beherrfchen, Gefangene zu machen, in Form von Tribut fremden Schweifs und fremdes Blut zu trinken und last not least fchöne Sklavinnen aus der Fremde heimzuführen.

Die blinden Werkzeuge eines allgewalltigen Naturgeſetzes! — mögen ſie wüthen und »grofse Thaten« vollbringen — auch ihre Stunde kommt wo ſie die Rolle des Hammers wieder mit der des Ambofs vertauſchen müſſen.

Weit hinaus über die Grenzen Aegyptens und Afrikas trugen die Herrſcher der nun folgenden Dynaſtien ihre ſiegreichen Waffen. Der eine von ihnen (Thutmoſis III.) unterwarf ſich die aſiatiſchen Länder und Völker bis an den Euphrat, bis wohin er die Grenzen ſeines Reiches erweiterte; ja, eine Inſchrift erwähnt ſogar, daſs ihm ein Volksſtamm des öſtlichen Meſopotamiens Tribut zahlen muſste — während eine andere Inſchrift bezeugt, daſs ihm ſein Statthalter in Gold, Ebenholz und Elfenbein den Tribut von Völkern Aetiopiens und Nubiens einſchickte. Dieſe groſsen Thaten zuſammenfaſſend preiſst ihn eine gleichzeitige Hyeroglypheninſchrift als denjenigen, der die »ganze Erde gezüchtigt.« [1])

Lange noch dauerte dieſe Eroberungspolitik. Sie feierte groſse Triumphe unter Sethos I., Ramſes II. und III. Aſſyrer, Meder, Perſer, Baktrer und die fernen bereits europäiſches Land bewohnenden Skythen fühlten die ſchwere Hand der ägyptiſchen Eroberer — ebenſo die Libyer im Weſten und die Aethiopier im Süden Aegyptens.

Dieſe ſiegreichen Eroberungszüge, die Tribute der beſiegten Völker und die Schaaren heimgeführter Gefangenen ſetzten die Herrſcher Aegyptens in den Stand, neue Rieſenbauten zu vollführen die ihren Ruhm verewigen, ihre Kriegsthaten ſpäten Jahrtauſenden überliefern ſollten. Der Palaſt von Luxor, die Sphynxenallee von Luxor bis Karnak, das »Haus des Amenophis« und zahlreiche ähnliche Denkmale zeugen noch heute von dem Reichthum und der

---

[1]) Duncker I 107.

Macht, welche diefe ägyptifchen Eroberer auf ihren weiten Zügen in drei Welttheilen erwarben und von den Schätzen die fie da zufammenraubten und nach Aegypten brachten.

Doch der langen Periode des Auffchwunges und der Macht folgte naturnothwendig wieder eine Zeit der Erfchlaffung und des Niederganges, während zugleich die Reichthümer Aegyptens fremde Völker anlockten, die theils als friedliche Coloniften wie die kleinafiatifchen Griechen, theils als Eroberer wie Perfer und Macedonier das Land der Pharaonen zum Gegenftand ihrer Ausbeutung wählten. Nun ward Aegypten nacheinander perfifche, macedonifche und fchliefslich römifche Provinz und das Land das einft unter kräftigen Herrfchern fo viele fremde Nationen zu feinem Vortheil ausbeutete, ward nun die Beute fremder Eroberer und nacheinander von perfifchen, macedonifchen und römifchen Satrapen, Confuln und ihren Helfershelfern ausgefogen. Und auch der Fall des römifchen Reiches brachte Aegypten noch immer keine Erlöfung.

Arabifche Herrfchaft im Mittelalter, türkifche in der Neuzeit fetzten das Werk der Perfer, Macedonier und Römer fort. Und kaum neigt fich die türkifche Herrfchaft in unfern Tagen zum Fall, fo ftreckt fchon England feine gewinnfüchtige Hand nach dem Nillande aus und englifche Lords berechnen bereits, welchen Gewinn fie aus dem Befitze diefes fruchtbaren uud fo günftig gelegenen Landes ziehen können.

Als bewegendes Princip aber durch diefe vieltaufendjährige Gefchichte zieht fich der ewige Kampf um Herrfchaft von Raffe gegen Raffe und zugleich vollzieht fich ein fortwährender Umfchmelzungs- und Amalgamirungsprozefs aus dem fchon heute ein neues Aegyptervolk hervorzugehen fcheint. — Was für die fremden Eroberer und Coloniften eine folche neue Raffenbildung bedeutet, das haben wir an den Maffacres von Alexandrien im Sommer 1882 fchaudernd miterlebt. Die »Fremden« wurden wie die Hunde mit Knütteln todtgefchlagen und es ertönte der Schlachtruf »Aegypten den Aegyptern«. Aber auch die fiegenden Engländer machten mit den »ägyptifchen Hunden« kurzen Prozefs. Und fo geht es mit Grazie fort — Raffe gegen Raffe, Kampf um Herrfchaft — doch ftehen fich immer neue Raffen entgegen von denen jede ein taufendfaches ethnifches Amalgam ift; der ewige Kampf aber vermindert die Zahl der Raffen und fchafft den fiegenden immer gröfsere Verbreitung. Ein ewiges Naturgefetz fcheint ganz andere Ziele zu verfolgen als die kurzfichtigen Beftrebungen der Menfchen; jene fcheinen auf dem Gebiete der Völkeramalgamirung zu liegen, während diefe um kleinliche Befitz- und Herrfchaftsintereffen fich drehend fchliefslich dem grofsen Naturgefetze dienen müffen.

40. Babylon.

Als das zweitältefte Culturcentrum das uns aus grauestem Alterthum entgegenleuchtet dürfte wohl dasjenige bezeichnet werden, das fich in den Niederungen des Euphrat und Tigris entwickelte. Für uns beginnt die Gefchichte diefer Landfchaften felbftverftändlich von dem Zeitpunkte, bis zu welchem die erhaltenen oder neuentdeckten Denkmäler hinaufreichen. Was die diefem Zeitpunkte vorhergehende Gefchichte anbelangt, find wir auch hier nur auf Ausdeutung und Enträthfelung dunkler Sagen und auf Analogiefchlüffe angewiefen.

Das uns erhaltene Bruchftück einer einheimifchen Quelle, das Fragment des Berofus leitet die Gefchichte Babyloniens mit einer Darftellung der Menfchenfchöpfung ein, die nach alten Sagen im Gegenfatz zur Bibel eine polygenetifche Vorftellung enthält. Darnach bildete einer der Götter aus dem mit Erde gemengten Blute des höchften Gottes Bel, Menfchen.

Gleich darauf zur Schilderung hiftorifcher Begebenheiten übergehend erzählt Berofus, dafs es »eine grofse Menge von Menfchen verfchiedenen Stammes« gab die Chaldäa bewohnten. Diefe »Menfchen verfchiedenen Stammes« aber lebten »ohne Ordnung wie die Thiere« bis fie von einem »Meerungeheuer« Namens »Oan« in allen Künften des Friedens unterrichtet und zu Zucht und Ordnung angeleitet wurden.[1]

Es ift durchaus keine gewagte Interpretation, fondern entfpricht vollkommen der in demfelben Sinne auch anderwärts vorkommenden Sage und ihrer hiftorifch erwiefenen Bedeutung, wenn man unter diefem Meerungeheuer, das hier wie auch anderwärts die Rolle des Staatsgründers fpielt, einen überfeeifchen Erobererftamm verfteht, der fich die an den Niederungen des Euphrat und Tigris wohnenden Stämme unterwarf und unter fein Herrfchaftsjoch beugte.[2]

---

[1] Duncker Alterthum I 195. »Diodor berichtet, dafs Belos eine Colonie aus Aegypten nach Babylonien geführt, dafs er fich am Ufer des Euphrat niedergelaffen und die Priefter, welche die Babylonier Chaldäer nannten, ähnlich wie in Aegypten, von allen Steuern und öffentlichen Leiftungen befreit habe ..« (Dafelbft.) Wenn auch diefe Erzählung nicht wörtlich richtig zu fein braucht fo ift fie doch ein genügendes Zeugnifs für die fremde Herkunft der herrfchenden Claffe in Babylon, deren Beftandtheil jedenfalls diefe »chaldäifchen Priefter« waren.

[2] Aehnlich fchreibt die altmexikanifche Tradition die Einführung höherer Cultur und Civilifation einem grofsen Propheten Quetzalcoatl zu, der zu Schiffe an der Küfte von Panuco ankam. Er ward Priefter, Gefetzgeber und König im Reich der Tolteken. Er fchaffte die Menfchenopfer ab, lehrte Himmelskunde, ordnete die Jahresfefte u. dgl. Nach einer langen Wirkfamkeit im Toltekenreiche kehrt er zu feinem von Schlangen umwundenen Schiffe zurück und verläfst fpurlos das Land.

Aber diese erste nur durch die Sage uns vermittelte
Eroberung und Staatsgründung fällt in vorhistorische Zeiten
— dagegen muss diejenige staatliche Ordnung die wir beim
Lichte der ersten historischen Ueberlieferung an den Niederungen
des Euphrat und Tigris erblicken, auf eine andere
Eroberung zurückgeführt werden und zwar auf die, der
von Norden her eingewanderten Chaldäer; denn diese
sind es die wir in dem Anfange der Geschichte Babyloniens
daselbst als »herrschenden Stamm« antreffen. [1]

Andererseits dagegen wird uns wieder von einer
Eroberung Babylons durch die Meder berichtet, die zu
einer Zeit vor sich gieng als in Sinear (so nannte man
diese Gegend) bereits ein Culturleben existirte. Denn mit
Recht bemerkt Duncker, dass »zu einem Angriff auf das
Niederland am Euphrat und Tigris, die Hirtenstämme des
iranischen Hochlandes doch erst Veranlassung hatten, wenn
das Leben in Sinear zu einiger Blüthe gediehen war, wenn
das Land gut angebaut war und den Hirten Aussicht auf
Beute und Ueberfluss gewährte.« [2]

Wenn man sodann von der blühenden Cultur Babylons
vernimmt, und von der hohen Entwicklung dieses
Staatswesens, dabei immer von dem Stamm der Chaldäer
als dem Priester- und Gelehrtenstand der aber auch gelegentlich
Herrscher auf den Thron setzte und stürzte: so
liegt die Vermuthung nahe, dass sich Chaldäer und Meder
auf diese Weise in die Herrschaft theilten, dass die ersteren

---

Bastian geogr. und ethnol. Bilder S. 36. Uebrigens sei hier noch
daran erinnert, dass die Sage sehr oft Menschen mit Thieren vergleichend
verschiedene Thiere nennt, wo sie an Menschen denkt und von Menschen
spricht. So hat es Szainocha zur Evidenz bewiesen, dass in den Chroniken
des europäischen Continents zwischen dem 9 und 12 Jahrhundert
von Mäusen die Rede ist wo man an Seeräuber denkt und von Seeräubern
spricht. Vrgl. Szainocha Szkice historyczne B. II S. 165.

[1] Duncker I 203. [2] Duncker l. c. 205.

die Priefter- die letzteren die Kriegerkafte in diefem Staate bildeten. Diefe Vermuthung ift um fo mehr berechtiget, da wir auch abwechfelnd von einer medifchen und chaldäifchen Dynaftie Kunde haben. Characteriftifch aber für die Stellung der »Meder« als Kriegerkafte in Babylon darf wohl der Umftand angefehen werden, dafs der einzige expanfive und nach Aufsen ftark aggreffive Auffchwung der uns aus der bekannten Gefchichte Babyloniens überliefert ift (Nabopolaffar) auf ein Bündnifs mit den Medern unter deren König Kyaxares zurückgeführt wird. Ein folches Bündnifs wird verftändlich, wenn man an einen ftammverwandtfchaftlichen Zufammenhang der in Babylon herrfchenden medifchen Kriegerkafte und dem in ihrer einftigen Heimat blühenden medifchen Reiche denkt.

Im Ganzen aber fcheint es, dafs uns die gefchichtlichen Daten über Babylon nur aus der Zeit des Niederganges des Babylonifchen Reiches bekannt find, und dafs der Auffchwung desfelben unter Nabopolaffar nur ein letztes Aufflackern des einft viel mächtigeren Staatswefens darftellt, nach welchem es bald in gänzlichen Verfall geräth. Denn während es Thatfache ift, dafs von Babylon aus die Gründung Affurs erfolgte, dafs Babylon die ältere, Affur die jüngere Culturwelt ift[1]: fo fällt doch bald nach dem erften Zeitpunkt bekannter Gefchichte das einft tonangebende und vorherrfchende Babel unter die Botmäfsigkeit Affurs und kommt feit der Zeit nur noch als Provinz, welche die wechfelnden Gefchicke des Affirifchen Reiches theilte, in Betracht.

---

[1] »Die Infchriften, welche die Trümmer Niniveh's uns erhalten haben, zeigen mit geringen Abweichungen diefelbe Schrift und laffen diefelbe Sprache erkennen, welche in Babylon gefchrieben und gefprochen wurde. Hier wie dort gilt diefelbe Art der Zeitrechnung, diefelbe Technik und Kunft« etc. Duncker l. c. 436. Vrgl. auch dafelbft S. 437.

41. Affur.

Aus Anlafs der Urgeschichte Affur's macht Ranke die treffliche, nach unsern Ausführungen selbstverständliche Bemerkung, dafs sich der »allgemeinen Geschichte« »...überhaupt Anfangs nicht grofse Monarchien, sondern kleine Stammesbezirke oder staatenähnliche Genoffenschaften darstellen, welche eigenartig und unabhängig neben einander beftehen.« Demgemäfs conftatirt Ranke, dafs »im 10. und 9. Jahrhundert vor unserer Aera diesfeits und jenseits des Euphrat und des Tigris sowie in dem Quellenlande der beiden Ströme eine grofse Anzahl unabhängiger kleiner Reiche beftanden« die alle »in gegenseitigen Feindfeligkeiten und kleinen Kriegen beschäftigt« waren.[1] Erinnern wir uns hier daran, was Berofus von der »Menge Menschen verschiedenen Stammes« die Chaldäa bewohnten erzählt und an ähnliche uns überall in der Urzeit entgegentretende Verhältnisse, so wird der Analogieschlufs gestattet sein, dafs diese grofse Anzahl kleiner Reiche mindeftens eine ebensolche Vielheit heterogener ethnischer Elemente darstellte.

Wenn wir dann plötzlich von einem gewaltigen Herrschaftscentrum eines grofsen Affyrischen Reiches hören, von mächtigen Herrschern die Riesenbauten aufführen, deren Ruinen wir heute noch anftaunen: fo ist es einleuchtend, dafs diese Monarchie wie so viele andere später (man denke an Rom) durch ein kräftiges Zusammenfassen jener Anzahl von Stämmen unter der Führung und Herrschaft des mächtigsten und glücklichsten unter ihnen entftand, der fich zum »herrschenden Stamme« aufwarf.

---

[1] Ranke l. c. I 88, 89.

Damit hätte sich in Assur nur ein Prozess vollzogen, wie ihn Niebuhr als characteristisch für das staatliche und politische Leben des Orients hinstellt und wie er unserer Ansicht nach immer und überall vor sich geht. »Ueberall finden wir in der Geschichte des Orients, sagt nämlich Marcus Niebuhr, ein herrschendes Volk. Dieses Volk mag seinen Fürsten gegenüber noch so unfrei sein, so ist es den Unterworfenen gegenüber doch herrschend; der Fürst gebietet über die unterthänigen Völker gewissermassen durch das Mittel seines Stammes ex titulo seiner Herrschaft über diesen.«[1)]

Dass die Bildung des assyrischen Staates auf diese Weise, d. i. durch die Uebermacht eines Stammes über eine Anzahl anderer benachbarter vor sich ging, dafür lässt sich auch ein Beweis ex post schöpfen, wenn man die immer steigende Entwicklung des assyrischen Reiches beobachtet und dabei an die ewige Wesensgleichheit der Vorgänge des geschichtlichen Prozesses denkt. Denn nicht anders als durch fortwährende Eroberungen und Unterjochungen aller, erst der näheren und dann der immer ferneren in allen Richtungen der Windrose es umgebenden Völker und Staaten geht die Entwicklung des assyrischen Reiches vor sich. Und auf die Kraft und Energie mit der einst der am Mittellauf des Tigris auftretende assyrische Stamm die rund um ihn her ansässigen oder, was wahrscheinlicher herumschweifenden Stämme sich unterworfen haben mochte: kann aus der Kraft und Energie geschlossen werden mit der das immer wachsende assyrische Reich seine kriegerischen und meist siegreichen Unternehmungen nach allen vier Weltgegenden ausführte. In der That ist Assur eine der ersten »Weltmonarchieen« die wir kennen lernen. Ein unaufhörliches, unersättliches Streben nach Weltherrschaft beseelt die assyrischen Monarchen.

[1)] Marcus Niebuhr: Assur und Babel S. 18.

Ihre Eroberungszüge reichen im Nordwesten bis an das ägäische Meer, südwestlich bis nach Phönicien[1]) und Paläftina; nach Aegypten, ja fogar bis nach Aethiopien follen fie gelangt fein — Syrien, Arabien und Mefopotamien waren ihnen lange unterthan — die Völker und Stämme des armenifchen Hochlandes zahlen ihnen Tribut und über das iranifche Hochland, wo fie die Meder unterwarfen gelangten fie bis nach Indien. Im Süden aber überwältigten fie jenen älteren Culturftaat, dem fie ihre Bildung, ihre Kunft, ihre ganze Civilifation verdankten. Als Barbaren fielen fie über Babylon her und es dauerte lange bis es letzterem gelang fich zeitweife dem affyrifchen Joche zu entwinden.

Hand in Hand mit diefen grofsen Eroberungszügen Affyriens (ebenfo wie mit den früheren und fpäteren Babyloniens) geht eine ftaunenerregende Thätigkeit im Aufführen von Prachtbauten die, Jahrtaufende in tiefem Schutt begraben, in unferer Zeit neu entdeckt wurden. Sowohl diefe Bauten wie die auf ihnen erhaltenen hiftorifchen Zeugniffe geben uns eine Idee von der hohen Cultur diefer Völker. Und wenn wir nach den Factoren fragen die eine fo hohe Cultur erzeugen konnten fo müffen wir neben jenen grofsartigen fiegreichen Eroberungszügen noch auf ein anderes Moment unfere Aufmerkfamkeit lenken, welches gewifs zum geiftigen Auffchwung diefer Völker das feine nicht minder beigetragen hat — wir meinen die grofsartigen Völkerverpflanzungen und Ueberfiedlungen die jedesmal jenen fiegreichen Eroberungszügen auf dem Fufse folgten.

So rühmt ein affyrifcher Herrfcher des achten Jahrhunderts (Sargon II) von fich, dafs er nach der Einnahme Samarias »27,280 ihrer Einwohner in die Gefangenfchaft

---

[1]) Vrgl. Movers Die Phönizier II. 1. S. 257—297.

führte« worauf er gleich erklärend hinzufügt »die Menschen, welche meine Hand bezwungen, ließ ich inmitten meiner Unterthanen wohnen.« Derselbe Sargon verpflanzte aus Gaza 9000 Einwohner nach Affyrien. Einer feiner Nachfolger, Affarhadon, verpflanzt Elamiten aus dem unterworfenen Babylonien nach dem eroberten Paläftina — nachdem die Juden aus Paläftina nach Babylon, Affyrien und Medien überfiedelt worden waren.

Gewiß find folche gewaltfame Völkerwanderungen und Ueberfiedlungen von den Herrfchern Affyriens und Babyloniens nur in ihrem unmittelbaren Herrfcherintereffe vorgenommen worden, fo wie das etwa in neuefter Zeit vielfach in Rußland gefchah; man betrachtete folche gewaltfame Ueberfiedlungen als die befte Vorfichtsmaßregel gegen etwaige Empörungen und Abfallsverfuche: nichtsdeftoweniger aber dienten die Herrfcher Affyriens und Babyloniens dadurch dem großen Gefetze der ethnifchen Amalgamirung der Völker und förderten mächtig den weltgefchichtlichen Zug zur Völkermifchung. So hat immer und überall in der Gefchichte der Drang des Eigenintereffes der Verwirklichung großer hiftorifcher Gefetze Vorfchub geleiftet — und die einzelne hiftorifche Handlung bewußt zu unmittelbaren perfönlichen oder »Staatszwecken« unternommen, hat unbewußt höheren gefchichtlichen Gefetzen Geltung verfchafft und ihnen zum Durchbruch verholfen.

Wir können von Babel und Affur nicht fcheiden ohne auf diefe Erfcheinung aufmerkfam zu machen die uns hinfort durch die ganze Gefchichte der Menfchheit begleiten wird d. i. auf die regelmäßige Aufeinanderfolge ftarker Völkergemifche und großer Culturentwicklung. Ob zwifchen diefen beiden Umftänden ein Caufalzufammenhang befteht wollen wir vorerft nicht entfcheiden. Nur auf die Thatfache müffen wir hindeuten, daß während wir noch heutzutage Naturvölker finden, die offenbar unvermifcht zugleich aber im primitivften thierähnlichften Zuftande leben: wir andererseits nirgends eine blühende Cultur conftatiren können, wo wir nicht zugleich eine vorhergegangene ftarke ethnifche Amalgamirung nachweifen könnten.¹) Wie gefagt, wir ziehen keine voreiligen Schlüffe — aber fehr frappant ift doch der Umftand, dafs fich diefe zwei Erfcheinungen, ethnifche Amalgamirung und Culturentwicklung, fo regelmäfsig in der Gefchichte folgen, während unvermifchte Naturvölkerhorden culturlos bis in die Gegenwart hineinvegetiren. — Für einen caufalen Zufammenhang diefer zwei Erfcheinungen fpricht aber das was wir oben (S. 231. ff.) über Herrfchaftsorganifation, Arbeitstheilung und Cultur fagten.

Jedenfalls darf als ficher angenommen werden, dafs eine grofse Heterogeneität der Volksbeftandtheile die wirkfamfte Förderung, ja die natürliche Grundlage einer weitgehenden volkswirthfchaftlichen Arbeitstheilung ift, aus der fich die Entwicklung einer bedeutenden Cultur leicht erklärt. Schwieriger allerdings ift das Problem, warum jede hochentwickelte Cultur wenn fie bis zu einem gewiffen Höhepunkte gediehen, weder weiter fich entwickelt noch auf

---

¹) Dafs eine folche Amalgamirung nie freiwillig vor fich geht, fondern immer nur durch Krieg und Gewalt zu Wege gebracht wird, haben wir fchon oft erwähnt. Daraus folgt allerdings, dafs Krieg und Gewalt ein nothwendiges Moment in der Culturentwicklung der Menfchheit bilden. Diefe Wahrheit gefteht Ranke mit Widerftreben zu wie aus folgender Stelle erfichtlich: »Es könnte als ein Mifsbrauch des Wortes (?) erfchienen, wenn man ein durch die mannigfaltigften Gewaltfamkeiten zufammengebrachtes Reich wie das Affyrifche als ein wefentliches Moment in der Cultur des Menfchengefchlechts betrachtet. Aber fo verhält es fich doch!« (Weltgefchichte I 120.) . Das Gefetzmäfsige und Nothwendige diefer zufammenhängenden Erfcheinungen fcheint Ranke jedoch nicht anzuerkennen und ftellt den Einzelfall vielmehr als Ausnahme dar.

der erlangten Höhe sich erhalten kann, sondern wie von innerer Schwäche befallen, zu sinken beginnt und meistens unter den Todesstreichen auswärtiger Barbaren verendet. Und doch kehrt diese Erscheinung in der Geschichte mit derselben Regelmäßigkeit wieder mit der dem Zusammenfassen ethnischer Bestandtheile im Staate das Aufblühen menschlicher Cultur auf dem Fuße zu folgen pflegt.

Dasselbe Schauspiel des Unterganges und Verfalles das uns Aegypten und Babel darbot wiederholte sich bei Assur.

42. Meder.

Während in den Niederungen des Euphrat und Tigris die assyrische Grofsmacht ihre eigenartige Cultur begründete, trieben sich in dem Nordwesten des iranischen Hochlandes Völkerstämme umher, unter denen die Meder als die kriegerischesten hervorragen und sich bereits als solche den Babyloniern bekannt gemacht haben. Wenn auch über die heimische Vorgeschichte der Meder wenig bekannt ist so deutet doch ihr ausgebildetes Religionswesen, ihre reiche Sagenliteratur, und der Umstand, dafs sie mit grofser Macht aus ihrem Hochgebirge Kriegszüge und Einfälle nach dem mächtigen Babel wagten darauf hin: dafs dieser kriegerische Stamm lange bevor er gegen Assur auftrat, eine Herrschaft über die vielen Völkerstämme des nordwestlichen Iran begründet haben mufste. So lange aber Assur ein mächtig aufstrebender Staat war, wagten es die Meder nicht aus ihren Bergen hervorzubrechen. So lange die Assyrer »nach allen Seiten hin die Gewalt an sich brachten, schützten sie zugleich die gebildete Welt vor dem Eindringen fremder Elemente« sagt mit Recht Ranke und unter diesen fremden Elementen müssen wir in erster Reihe an die Meder denken.

Der Zeitpunkt in dem die Meder gegen das assyrische Reich anstürmten war, wie es in der Natur der Sache liegt und wie es seither immer und überall der Fall war, durch die beiderseitigen Verhältnisse gegeben. Einerseits ein roher und naturkräftiger Stamm, vom nomadischen Hirtenleben zu kriegerischem Handwerk übergehend, in letzterem erstarkt und durch Unterwerfung nachbarlich herumschwärmender Stämme zu einer Macht gelangt: andererseitts ein alter Culturstaat in Behaglichkeit und Bequemlichkeit auf seinen Lorbern ruhend, friedlichen Genüssen sich hingebend und in der Anspannung seiner Kräfte nachlassend; zugleich aber durch seinen Reichthum, Pracht und Luxus den Neid und die Habsucht der wilden Horden anstachelnd — wie oft hat seither dieselbe Situation, naturnothwendig müssen wir sagen, dieselben Folgen erzeugt! Und wie es immer und überall später sich wiederholte, wie es vordem zwischen Babel und Assur sich zugetragen — so musste es auch zwischen Assyrern und Medern kommen und so kam es auch!

Nachdem die Meder sich die meisten Stämme des nordwestlichen Irans unterworfen und viele den Assyrern unterthänige Völker und Gebiete bis weit nach Kleinasien hinein unter ihre Botmäsigkeit brachten, endlich um sicherer vorzugehen mit den im südöstlichen Iran herrschenden Persern und den das assyrische Joch unwillig tragenden Babyloniern verbündet hatten, erfolgte der entscheidende Schlag gegen Niniveh, die Hauptstadt Assurs. Und heute noch zeugen die blossgelegten Trümmer der assyrischen Residenz deutliche Spuren der durch Feuersbrunst erfolgten Verwüstung und Zerstörung — und mit scheuer Ehrfurcht sammeln jetzt eifrige Forscherhände die verkohlten Reste einer grossartigen Culturwelt die hier von barbarischen Horden in frevelhaftem Uebermuthe zu Grunde gerichtet wurde — ein Loos, wie es bis heutzutage noch keiner Culturwelt erspart worden ist.

43. Perser.

Doch war es den Bezwingern Assur's nicht lange beschieden, sich der Früchte ihres barbarischen Sieges zu freuen. Der ihnen verbündete Stamm der Perser, der ihnen zum Siege verhalf, forderte bald den Lohn für diese Hülfe. Auch scheint es, dafs die Meder zum Zerstören mehr geeignet waren, als zum Aufbau und zur Erhaltung. Nach kurzer Dauer ihrer Herrschaft über Assur wurden sie von den Persern besiegt die auf den noch frischen Trümmern des assyrischen Weltreiches ihr eigenes aufrichteten.

Die Perser verstanden es besser als die Meder eine dauernde Weltmacht zu gründen. Den ganzen Witz der Staatskunst: die mannigfachsten ethnischen Elemente in eine einheitliche Interessengemeinschaft zu verbinden, die Eigenthümlichkeiten der einzelnen Elemente so weit zu schonen, so weit dieselben dem Bestande des Ganzen nicht im Wege stehen — das alles haben die Perser vorzüglich begriffen. Ja, sie übertrafen darin bei weitem die Assyrer.

Nachdem sie die Grenzen ihres Reiches einerseits bis an die Westküste Kleinasiens, andererseits bis an den Indus erweiterten und vom Jaxartes, Kaukasus und Ister (Donau) im Norden bis nach Aethiopien herrschten: bildeten sie im Innern ein Verwaltungssystem aus, welches man als mustergiltig bezeichnen mufs. Das Reich war in Satrapien getheilt, denen Perser oder gut persisch gesinnte Beamte anderer Nationalität als Satrapen vorstanden — das Communicationswefen war überaus finnreich organifirt — ein grofses ftehendes Heer bildete die Kraft des Reiches.

Diefer grofsartige Saugapparat functionirte vortrefflich über 200 Jahre (550 — 330 v. Chr.) Die Lebensfäfte unzähliger Stämme und Völker wurden in Form von Tributen und Abgaben durch ein Netz von Satrapen aufgenommen nach deren Abmäftung der Ueberfchufs an den Hof des Machthabers, des Königs der Könige, abgeführt wurde. Dort aber brachte der Zufammenflufs der Reichthümer und Schätze eine »Blüthe« hervor, wie fie die ftaunende Welt gefehen zu haben fich nicht erinnerte. Alle Pracht und aller Glanz des raffinirteften »orientalifchen« Luxus entfaltete fich am Hofe der Perferkönige — und die zwei fchöngeiftig-literarifchen Völker des Alterthums, Griechen und Juden, pofaunten in die Welt hinein die Gröfse der perfifchen Machthaber. Denn immer und überall ift es die Eigenthümlichkeit der Poefie und der »fchönen Geifter«, dafs fie die Leiden der Maffen überfehen und nur Augen haben für den Glanz der Höfe und der Machthaber. Dem Xenophon war Cyrus ein Vater feiner Völker — den jüdifchen Dichtern »an den Waffern Babels« ein »Gefalbter Gottes«. Nur jener »wilden« Maffagetenkönigin war er ein graufamer Tyrann, deffen abgehauenen Kopf fie in einem blutgefüllten Napf tauchte damit er fich daran fättige wornach er fein Leben lang immer dürftete.

Und wenn auch diefe That der Tomiris nicht hiftorifch ift — fo ift es doch die echte, von falfchen Idealen nicht angekränkelte Volkspoefie, die Sinn für die Leiden der Menfchen hat, die mit diefer Sage ihr Verdict fällte über den, von höfifcher Poefie der Griechen und Juden zum Himmel erhobenen Tyrannen.

44. Indien.

Wohl sagten wir es oben (S. 179), daſs das Reſultat des ſtaatlichen Lebensprozeſſes wo derſelbe normal verläuft und nicht vorzeitig untergeht immer eine Cultur ſei die aus der Organiſation der Herrſchaft und der auf derſelben baſirten Theilung der Arbeit oder wenn man will, aus der dadurch ermöglichten Organiſirung der Volkswirthſchaft hervorgeht. Doch haben wir bei Aegypten und den vorderaſiatiſchen Staaten und Nationen dieſe aus dem ſtaatlichen Entwicklungsprozeſſe hervorgegangenen Civiliſationen und Culturen nur angedeutet ohne auf ihr Weſen und ihren Zuſammenhang mit dem ſtaatlichen Leben näher einzugehen. Dieſes zu thun behielten wir uns bei Indien vor und zwar aus doppeltem Grunde. Denn erſtens tritt uns in Indien eine Nationalität und ein Staatencomplex entgegen, die ſich voll und ganz auslebten; eine ſtaatliche und nationale Entwicklung die wir von den erſten Stadien des Naturlebens bis zu den letzten Conſequenzen eines durch und durch raffinirten Culturlebens verfolgen können und zweitens ſind wir bei Indien ſo glücklich über dieſen ganzen Verlauf des ſtaatlichen und nationalen Lebensprozeſſes genügende Zeugniſſe und Denkmale zu beſitzen und zwar in einer ſolchen Fülle, wie es bei den bisher von uns beſprochenen Staaten und Nationen keineswegs der Fall war.[1]

Zwei Welten von unzähligen Menſchenſtämmen ſind es die uns bei der erſten für uns aufgehenden Dämmerung indiſcher Geſchichte, (ungefähr 3000 v. Chr.) in den weiten, weiten Gebieten vom Pamir-Plateau bis hinab zum Cap

---

[1] Das Hauptwerk über Indien iſt Chriſtian Laſſen's: Indiſche Alterthumskunde 2. Auflage. Leipzig 1867. Viel Quellenmaterial verarbeitete ferner Heinrich Zimmer: Altindiſches Leben, Berlin 1879. In beiden dieſen Werken findet man reichliche Literaturangaben.

Comorin und der Infel Ceylon entgegentreten. Wenn man nach einem gemeinfamen Merkmal für jede diefer Welten von Menfchenftämmen fucht um fie von einander zu unterfcheiden, fo kann man die eine die von Norden her in Bewegung gerathene die der weifsen, die andere die vom Fünfftromland und dem Ganges füdwärts anfäfsigen die der dunklen Stämme nennen.

Der feindliche Zufammenftofs nun diefer zwei Welten ift das erfte grofse Ereignifs, das uns an der Schwelle der uns bekannten Gefchichte Indiens begrüfst.

Was jede diefer grofsen Gefammtheiten unzähliger Menfchenftämme vor diefsem Zufammenftofse, alfo die »Arier« auf ihrem Hochplateau an den Quellen des Oxus und Indus und die Dravida's im eigentlichen Indien und im Dekhan trieben: darüber find uns nur wenige und karge Andeutungen erhalten.[1]) Sie genügen jedoch um uns zu belehren, dafs die unzähligen Stämme der Arier in fortwährenden Kriegen miteinander begriffen, ihr künftiges Handwerk frühzeitig lernten und darin fchon in ihrer Heimath fich übten und vervollkommneten und wir würden nicht fehlgehen, wenn wir aus ihren fpäter fich documentirenden grofsen organifatorifchen Herrfcherfähigkeiten den Schlufs ziehen, dafs auch ihren Kriegen untereinander die

---

[1]) Von den arifchen Jndern in ihrer Urheimat fagt Laffen: Obwohl das Hirtenleben in der älteften Zeit vorherrfchend gewefen fein mufs, fo darf man bei den alten Indern, wie überhaupt bei den indogermanifchen Völkern, nicht ein Nomadenleben im ftrengeren Sinne des Wortes, wie es von den alten Skythen berichtet wird und bei den türkifchen, mongolifchen und andern Reitervölkern erfcheint, annehmen; fondern ein Wandern mit ihren Heerden und einen Anbau des Landes, wo fie verweilten (l. c. I 966). Aus letzterer Thatfache darf man den Schlufs ziehen, dafs diefe Stämme bereits dienende und beherrfchte Stämme mit fich führten, die fie zum Ackerbau benützten; fich alfo bereits in ihrer nordifchen Heimath auf einer höhern focialen Entwicklungsftufe befanden.

mannigfachften Herrfchaftsverhältniffe und Organifationen folgen mufsten. Eines wenigftens fteht feft, dafs fie zur Zeit da fie fich zu einem grofsen Eroberungszuge gegen Süden in Bewegung fetzten ihre gegenfeitigen fo zu fagen völkerrechtlichen Beziehungen in einer Art von Bundesverfaffung geordnet hatten. Denn nicht eine Armee war es, ein ganzes Staatenfyftem rückte im dritten Jahrtaufend unferer Zeitrechnung, dort wo der Indus fich nach Süden wendend die Gebirgsketten zwifchen dem Hindukufch und dem Hymalaia durchbricht, in das Fünfftromland ein, um fich von da immer weiter nach Often und Süden auszubreiten — und es fich im fremden Haufe bequem zu machen.

Und nun begann das grofse, vielbefungene und hochgefeierte Heroenzeitalter der Inder. Die Einwohner des fchönen Tropenlandes, die unzähligen »fchwarzen« Stämme, fetzten fich zur Wehre; aber »Indra der grofse Gott der Arier kämpfte« auf Seite der Eindringlinge — und die »fchwarze Haut« ward theilweife ausgerottet, theilweife unterworfen.[1])

Das waren nun keineswegs primitive Horden die fich da ein neues Vaterland erkämpften; fie waren es ebenfo wenig wie 1000 Jahre fpäter die Stämme Israels, als fie

---

[1]) » . . . man darf nicht bezweifeln, fagt Laffen, dafs das Gemüth der alten Inder (der arifchen) von diefer neuen Welt gewaltig angeregt worden ift, und wenn man erwägt, dafs die Urbewohner des Landes (Indiens), wo fie fich felbft überlaffen bleiben, noch auf der tiefften Stufe der Cultur ftehen und die reichen Schätze von denen fie umgeben find, nicht zu benützen gelernt haben, darf man für die arifchen Inder jener frühen Zeit das Verdienft in Anfpruch nehmen, den Werth diefer Erzeugniffe entdeckt und ihren Gebrauch fich angeeignet zu haben. Es dient zur Beftätigung diefer Anficht, dafs die Sage einem ihrer Heroen die Stiftung des Ackerbaues und die Entdeckung der Benützung der Palmen zufchreibt.« (I 967.)

Paläſtina eroberten oder 3000 Jahre ſpäter die germaniſchen Stämme die ſich jenſeits der Alpen und Pyrenäen mit Feuer und Schwert eine neue Heimat gründeten.

Denn ein Eroberungszug an und für ſich zeugt bereits von einer vorhergehenden hohen Entwicklungsſtuſe des erobernden Volkes — er zeugt an und für ſich von einer vorhergegangenen Zuſammenfaſſung vieler Stämme in eine geordnete, wenn auch auf der Wanderung begriffene ſtaats- und völkerrechtliche Bundesverfaſſung. In einer ſolchen befanden ſich die Stämme Israels als ſie Paläſtina eroberten, in einer ſolchen die aus vielen Stämmen zuſammengeſetzten Schaaren der Gothen und Lombarden als ſie Spanien und Italien mit ihrer Macht überzogen. In einer ähnlichen Verfaſſung müſſen wir uns die Arier denken als ſie das Fünfſtromland zum erſten Mal betraten. Und wenn man auch die ſpäteren hiſtoriſchen Zeugniſſe, die von ihrem Einbruch erzählen und ſie uns als hoch entwickeltes Krieger- volk darſtellen nur als einen Spiegel ſpäterer Cultur an- ſehen wollte der auf frühere Zeiten übertragen wurde: ſo beweiſt doch die von den Ariern über die einheimiſche Bevölkerung errichtete Herrſchaft mit der groſsen Com- plicirtheit ſocial-politiſcher Einrichtungen (Kaſtenweſen) die wir in Indien ſchon ſehr frühe antreffen: daſs dieſes Volk ſich ſelbſt zu organiſiren und über Fremde zu herrſchen verſtand.[1]

---

[1] »Die Arier bilden das vollkommener organiſirte, unternehmendere und ſchaffendere Volk, es iſt daher das jüngere, wie die Erde erſt ſpäter die vollkommenſten Gattungen der Pflanzen und Thiere zu Stande ge- bracht hat.« (Laſſen I 614.) Letzterer Gedanke iſt etwas gewagt, denn es ſollte ſcheinen, daſs ältere Stämme und Völker in Folge ihrer längeren Entwicklung jüngeren überlegen geworden ſind. Doch hat auch Laſſen's Gedanke der von der Vorausſetzung eines verſchiedenen kos- miſchen Alters der verſchiedenen Stämme und Völker auszugehen ſcheint, wenigſtens eine unbeſtrittene naturwiſſenſchaftliche Thatſache für ſich. —

Freilich beruhte auch diefe Organifation der Arier unter fich auf mannigfachen urfprünglichen ethnifchen Verfchiedenheiten.¹) Wenigftens treffen wir fie fchon im Fünfftromland, ihrer erften Station in Indien in Kaften getheilt, denen Standesunterfchiede zu Grunde lagen.

Schon in jener frühen Zeit und an der Schwelle ihres neu zu erobernden Gebietes finden wir bei ihnen eine Priefter- (Brahmanen-), eine Krieger- (Kfatrya-) und eine Ackerbauerkafte (die Vaycyas), eine Eintheilung, welche beweift, dafs den Arias fchon in ihrer vorindifchen Heimat ethnifche Verfchiedenheiten die Organifirung der Herrfchaft erleichtert hatten. Letzteres war nun in ihrem neu eroberten Lande am Indus und Ganges in noch viel höherem Maafse der Fall.

Wenn nun auch die Eroberer untereinander aus einer grofsen Zahl von Stämmen beftanden die einft nicht minder in Krieg und Fehde lebten: und andererfeits die »Urbewohner« Indiens in eine Unzahl von einander in Sprache, Sitte und Lebensweife wildfremder Stämme zerfielen:²) fo fchuf doch die Thatfache der Eroberung hier wie überall fpäter einen einzigen grofsen Gegenfatz der fich im Grofsen und Ganzen an den Unterfchied der Hautfarbe anlehnte und zwifchen die weifsen Arja und die dunkelfarbigen Dafyu (auch Mlekha »die Wälfchen« genannt) eine anfcheinend unüberfteigliche Kluft öffnete. Der allergröfste Raffengegenfatz den der Naturprozefs der Gefchichte nur aufweifen kann, ein folcher wie er in einem fpäteren Jahrtaufend zwifchen den Europäern und den Eingebornen

---

¹) ».... die vielen kleinen Stämme, in welche das arifche Volk urfprünglich zerfiel ..« Laffen I 258. Dafelbft S. 468 ff. Die ethnographifche Ueberficht der arifchen Inder. Dafelbft S. 657. »Als es (das arifche Volk) von Nordweften ankommend mit feinen vielen Stämmen, in welche es getheilt war, das Gebiet der fünf Flüffe erfüllt hatte etc.«

²) Dafelbft S. 421 ff.

Amerikas beftand und theilweife noch befteht, trennte die Arier von den Dafya. Unverwifchbare Verfchiedenheit des phyfifchen Aeufseren, fremde Sprache, Religion und Sitten machten zwifchen den Arias und den Dafyu jede menfchliche Rückficht, jedes menfchliche Mitgefühl verfchwinden. Die Arja's fielen über die Dafyu her, wie über Thiere, wie über böfe Dämonen — erbarmungslos wurde allerorten der Krieg geführt und die befiegten Dafyu's mufsten in der neu gegründeten und vom eingenommenen Gangesland immer mehr nach Süden fich ausbreitenden Herrfchaftsorganifation fich die niedrigften Rollen der Sklaven und niedrigften Arbeiter gefallen laffen.

Wenn wir nun hören, dafs auch unter diefen Dafyus fich ein Unterfchied herausbildete, refpective von den Arias gemacht wurde, je nachdem die einen von ihnen fich den ihnen von den Siegern aufgelegten harten Bedingungen unterwarfen und die von ihnen verlangten Dienfte und Arbeiten leifteten; die andern aber in die Wälder flüchteten und es vorzogen in wilder, wenn auch elender Freiheit zu leben, als fich in's Joch der Sklaverei einfpannen zu laffen: fo drängt fich uns nach Taufenden von Analogien der Gedanke auf, dafs diefer Unterfchied aus einer verfchiedenen Befchaffenheit und geiftigen Qualität diefer verfchiedenen Gruppen der Dafyu's, alfo aus einer Stammesverfchiedenheit derfelben herrührte. Die einen werden eben mehr die Natur von afrikanifchen Negern, die andern die der amerikanifchen Rothhäute gehabt haben.

In der brahmanifchen Staats- und Gefellfchaftstheorie aber fand diefer Unterfchied innerhalb der unterworfenen Stämme der Eingebornen feinen Ausdruck in der Statuirung einerfeits der vierten Kafte, der Sudra, andererfeits in der Gleichftellung der Candala und Paria mit den Thieren des Waldes.

So entftanden im Grofsen und Ganzen fünf Kaften,

denen allen (mit Ausnahme etwa der Brahmanen?) ethnifche Unterfchiede zu Grunde lagen. Wir fagen im Grofsen und Ganzen; denn es wäre eine Täufchung zu glauben, dafs jener grofsen Zahl ethnifcher Gruppen in den Gebieten des Indus und Ganges, und weit hinunter im Dekhan bis nach Ceylon nicht mehr als diefe fünf Kaften entfprachen. Die Unzahl der vorftaatlichen Stämme mufs fich freilich im Rahmen der Herrfchaftsorganifation des Staates in verhältnifsmäfsig wenige Berufsftände theilen: weil die Zahl diefer Berufsftände durch die Natur der volkswirthfchaftlichen Arbeit eine fehr befchränkte ift: doch zeigt der Umftand, dafs es noch heutzutage in Indien über 40 erbliche Kaften giebt, dafs die von der vorftaatlichen Zeit her beftandenen ethnifchen Unterfchiede fich **innerhalb der einzelnen Berufftände** der Priefter, der Krieger, der Gewerbetreibenden und Sklaven erhielten und in engern focialen Kreifen und Gefchlechtsverbänden mit befonderen Sitten, Gebräuchen, Befchäftigungen und Lebensführungen forterbten.

Die auf monogeniftifcher Anfchauung beruhende Gefchichtsfchreibung fieht die Sache freilich anders an. Da fie jede thatfächliche, in der Wirklichkeit ihr entgegentretende Vielheit und Verfchiedenheit von einer urfprünglichen Einheit und Einheitlichkeit ableiten mufs: fo fieht fie in aller Kaftenvielheit ein Zerfallen der urfprünglich einheitlichen Volksgefammtheit und in der noch heutzutage vorgefundenen Raffenvielheit ein **Refultat der Kafteneinrichtung**![1]) Für diefe Anfchauungen der Hiftoriker

---

[1]) Eine folche Anfchauung liegt auch den Laffen'fchen Unterfuchungen durchwegs zu Grunde. Er läfst die »indogermanifchen Völker« ihrer »Sprachverwandtfchaft« wegen aus »gemeinfchaftlichen Urfitzen« hervorgehen wo fie in der Urzeit noch nicht »abgefonderte Völker«, fondern nur erft »Zweige eines Stammes waren«. Erft in Folge des Auseinandergehens nach allen Weltgegenden erwuchfen diefe »Zweige

mag das Resumé als Beispiel dienen, welches Weber in seiner (grossen) Weltgeschichte darüber giebt: »So wurde, heisst es da, die indische Menschheit sowohl durch den Gang der geschichtlichen Entwicklung und durch die Natur, Sitte und Herkommen, als durch äufsere Gesetzgebung im Laufe der Jahre unter das Joch eines Kastenwesens gebeugt worin sich Standes- und Berufsverschiedenheit zu einem Raffenunterschied steigerte und ein unduldsamer Sondergeist alle menschlichen Regungen erstickte, alle Triebe der Humanität niederhielt.« [1]) Und ferner: »So konnte denn die Scheidung der indischen Menschheit zu der abenteuerlichen Höhe geführt werden, dafs heutzutage über 40 erbliche Kasten neben einander bestehen, im Auseinanderfallen der Menschengattungen, das zuletzt den Blutumlauf völlig zu unterbinden, das pulsirende Leben zu hemmen drohte.« Wie gesagt, Weber giebt in diesem Satze getreulich denjenigen Anschauungen Ausdruck, die wir bei allen »Welthistorikern« und auch in den Fachwerken über Indien, bei Lassen, Zimmer, Haug, etc.

---

eines Stammes« zu besondern Stämmen und Völkern. Mit dieser monogenistischen Anschauung stimmt auch bei Lassen wie überall eine ganz idillische Vorstellung über die Art und Weise dieser ersten Verbreitung jener »Zweige eines Stammes«. »Für die älteste Zeit der Völkerverbreitung, als noch weite Strecken der Erde frei und unbesetzt waren (?) darf man wohl eine friedliche (!) Verbreitung der Völker annehmen. So wie die Nachkommen zahlreicher wurden, die Geschlechter zu Stämme heranwuchsen, wurden Answanderungen nöthig; diese waren leicht, so lange die Völker vorzüglich vom Ertrage ihrer Heerden lebten, nur wenig Ackerbau hatten und überall wo fie hinkamen, frischen Boden für ihre Aussaat fanden.« (I 656, 640). So idillisch verlief die Sache nicht, schon aus dem einfachen Grunde, weil wie wir das schon oft erwähnten, der Boden allein die Einwanderer nie befriedigt hätte — zum Boden suchten sie vielmehr immer die Knechte die ihn bearbeiten sollten — und deshalb spielte sich die Besitznahme neuen Landes nie so harmlos ab, wie es Lassen und alle Historiker schildern.

[1]) Weber II 257.

finden. Diese Anschauungen, nothwendige Consequenzen der einen monogenistischen Grundanschauung, sind irrthümlich.

Die »indische Menschheit« war in den Urzeiten viel mehr gespalten als sie es in späteren Jahrhunderten war, und als sie es heute ist; nicht das durch »äufsere Gesetzgebung« eingeführte Kastenwesen hat den »Rassenunterschied gesteigert« und ein »Auseinanderfallen der Menschengattungen« herbeigeführt: sondern das Kastenwesen ist ein Denkmal einstiger Rassenunterschiede und erhält dieselben theilweise; die Menschheit aber fällt nicht in Gattungen auseinander, sondern schmilzt immer mehr zusammen und die geschichtliche Entwicklung Indiens, wie jedes andern Staates hat durch jahrtausendealten socialen Amalgamirungsprozefs nicht das Auseinanderfallen, sondern das Zusammenschmelzen befördert — freilich hat letzteres eine Grenze und der Staat kann im strengen Sinne des Wortes nie ein einziger syngenetischer Kreis werden wie ihn Socialisten und Communisten träumen und wie er als ideale Anschauung den Lehren Buddha's und Christi zu Grunde liegt.

Was aber den »unduldsamen Sondergeist« anbelangt der angeblich ein Resultat des Kastenwesens sein soll und alle »menschlichen Regungen erstickt« so war derselbe in der Urzeit gewifs viel mächtiger — weil er da zwischen den unzähligen menschlichen Horden und Schwärmen herrschte und in den Verhältnissen zwischen diesen einzelnen Gruppen überhaupt keine »menschlichen« Regungen aufkommen liefs: man sah sich gegenseitig als Thiere an und behandelte sich ganz darnach. Das Kastenwesen ist nur noch ein Rest jener Verhältnisse und der Sondergeist der Kasten die im Staate und in der volkswirthschaftlichen Arbeit von einander abhängen und aufeinander angewiesen sind und ihr Kampf mit einander im Staate, sind himmlifche Harmonie im Vergleiche mit dem einftigen thierifchen Hafs und Abfcheu der einzelnen vorftaatlichen Stämme und dem ewigen thierifchen Vernichtungskrieg diefer Raffen gegen einander.

Dafs aber diefe urfprünglichen Verhältniffe im Staate nicht ganz fchwinden können, rührt daher, weil fie eben tief in der Natur der Menfchen und der Raffen begründet find: doch ift der Staat diejenige Inftitution, welche, fo viel diefs die Natur der Sache zuläfst, jene urfprünglichen thierifchen Verhältniffe der Raffen zu einander mildert.

Aber befangen in falfchen monogeniftifchen Anfchauungen und den fich aus denfelben ergebenden irrthümlichen Auffaffungen der ftaatlichen Inftitutionen: find die Hiftoriker Indiens geneigt für das indifche Kaftenwefen mit all den, die Sonderung der Kaften von einander fchützenden Normen und Satzungen, die brahmanifche Gefetzgebung verantwortlich zu machen. »Das alles hatten die Brahmanen, das Gefetz Manu's verfchuldet.« Nichts ift irrthümlicher als diefe Behauptung. Die brahmanifche Gefetzgebung, unter dem Schutze der am Ganges gegründeten und zur Blüthe gelangten Herrfchaftorganifationen zu Stande gekommen, ift nichts mehr als eine treue Photographie der durch die gefchichtliche Entwicklung und die realen Verhältniffe entftandenen Lebensordnungen. Die Brahmanen und Manu haben nichts feftgefetzt: fie haben nur das fich feftgefetzte aufgezeichnet. Allerdings werden fie ihren Codex der Sitte in eigenem Intereffe aufgezeichnet haben, damit fie die gewordene Ordnung, die ihnen günftig war, womöglich ftabilifiren: dafs fie aber damit die treibenden Mächte des Lebens nicht bannen, dafs fie die gewaltige Strömung der Gefchichte nicht zurückftauen konnten, das beweift ja am beften erftens die fortwährende Mifchung der Kaften, die nach ihrem Gefetz wie vor demfelben immer thatfächlich vor fich ging und die gewordenen Ordnungen immer durchbrechend, immer neue Ordnungen fchuf; und zweitens das Auftreten Buddha's, eine Erfcheinung, welche ihrem Wefen nach für ein gewiffes vorgefchrittenes Stadium der Entwicklung jedes Staatswefens und jeder Culturwelt typifch ift, wenn fie auch nach Zeit und Umftänden verfchiedene Formen annimmt.

Was die fortwährende Mifchung der Kaften anbelangt, fo find daraus freilich nach den Satzungen der Brahmanen neue Mifchkaften entftanden, deren Verhältniffe zu den andern Kaften minutiös feftgefetzt waren: doch ift es leicht einzufehen, dafs fortgehende Mifchung zwifchen den verfchiedenen Kaften und Mifchkaften fchliefslich trotz aller priefterlichen Satzung das grofse Naturgefetz der Amalgamirung zur Geltung bringt und dafs, wenn auch die Kaftenform und die Scheidung gefetzlich aufrechterhalten wird mit dem immer weitern Kreife und heterogene Elemente durchfliefsenden Blutftrome auch ein gemeinfamer Geift neue weitere Kreife befeelt und die Nation mit einer Schichte von Intelligenz bedeckt die fo zu fagen das Haupt derfelben bildet — für diefelbe denkt und handelt und jene geiftigen Werke fchafft, die als Nationalwerke das Andenken der Nation verewigen.

Und nun gelangen wir zum Zenith der alten Gefchichte Indiens — zu Buddha.

Die höchfte Cultur die nur ein Volk in einem geordneten Staatswefen erreichen kann, war erreicht. Gefetz und Recht regelten das Leben der Staatsgenoffen. Die Gliederung des Volkes in Kaften zeichnete jedem die Bahn feines Lebens. Den Thron der Fürften umgab Pracht und Luxus — die Kafte der Priefter und die der Krieger ftanden neben dem Throne und führten ein behagliches Leben, allerdings auf Koften des Volkes; doch hatten die Kaften der Gewerbe-, Handel- und Ackerbautreibenden ihre gefetzlich ihnen garantirten Rechtskreife, innerhalb welcher fie fich frei bewegen konnten. Wohl gab es zahlreiche niedrige, dienende Kaften, deren Leben ein Arbeiten für Andere war — doch ward auch diefen Kaften ein Troft in religiöfen Verheifsungen, fo dafs auf die Noth ihres Lebens hie und da ein Strahl der Hoffnung, ein Götterfunke der Freude fiel.

Was nun in einem folchen Staatswefen nicht ausbleiben kann, trat auch in Indien ein. Immer weitere Kreife ergriff die Erkenntnifs der Wahrheit. Der Geift erwachte — die Aufklärung dämmerte. Ihr Schein erhellte die ungleiche Vertheilung der Glücksgüter; fie weckte Afpirationen die nicht erfüllt werden können; fie zeigte den Mächtigen die Eitelkeit und Leerheit ihres Glückes, den Armen die Fruchtlofigkeit ihres Strebens. Eine tiefe Gährung der Unzufriedenheit und des Weltfchmerzes bemächtigte fich der Gemüther — ein tiefes Sehnen nach Erlöfung ergriff die Fühlenden und Denkenden in Palaft und Hütte — es kam jener immer wiederkehrende Moment und jene Stimmung, wo eine geiftige Umwälzung, eine Revolution unausbleiblich ift — wo ein Erlöfer erfcheinen mufs, weil alle nach ihm fich fehnen und ihn erwarten, wo eine erlöfende Idee auftauchen mufs, weil alle Geifter fie herbeiwünfchen.

Eine folche Stimmung kann zweierlei Erfcheinungen hervorbringen, je nach dem der unwiderftehliche Drang nach Erlöfung fich mit der optimiftifchen Anfchauung, mit der Hoffnung vereint einen befferen Zuftand der »Gefellfchaft« herbeiführen zu können, mit der Energie die es unternehmen will ein befferes Dafein hier auf Erden zu gründen und zu ftiften; (franzöfifche Revolution, Socialifmus, Communifmus) oder mit der Erkenntnifs des wahren Grundes des Uebels, mit der Erkenntnifs der Unzulänglichkeit der nothwendigen Bedingungen des menfchlichen Lebens behufs Erreichung des Glückes und mit der Refignation auf diefes Leben felbft und feine Güter als einzigen Mittels fich Ruhe und Frieden zu verfchaffen und das Glück des Lebens leichter entbehren zu können.

Letzteres war in Indien der Fall; und die Verkörperung diefer Erfcheinung war Buddha. Ihn und feine Anhänger befeelte »das lebendig gefühlte und in klarem Ausdruck befeftigte Bewufstfein, dafs alles irdifche Sein voller Leiden ift, und dafs es nur eine Erlöfung vom Leiden giebt, Entfagen und ewige Ruhe.« [1])

Dahin hatte es die glänzende Culturentwicklung des indifchen Staatswefens gebracht. Alle Gebiete geiftigen Lebens waren der Reihe nach durchkoftet — hohe Sitte, durchgebildetes Recht, Wiffenfchaft und Kunft hatten geblüht und abgeblüht — und aus allen diefen Quellen geiftiger Erkenntnifs erwuchs die Lehre Buddha's von dem »Erlöfchen des Begehrens, vom Aufhören des Verlangens, vom Ende, von Nirvana.«

Diefe Lehre war nun in ihren Confequenzen und in ihrer Anwendung eine entfchiedene Oppofition, eine Verläugnung des brahmanifchen Staatswefens; was durch Jahraufende auf blutdurchtränkten Gefilden erbaut, was mit dem »Schweifs der Edelften« errungen wurde: das follte nun aufgelöft werden und in Nichts zerfliefsen. Denn alfo lautet Buddha's Lehre: »Ihr Jünger, wie die grofsen Ströme fo viel ihrer find, die Ganga, die Jamuna, die Aciravati, die Sarabhu, die Mahi, wenn fie den grofsen Ocean erreichen, ihren alten Namen und ihr altes Gefchlecht verlieren und nur den einen Namen führen, »der grofse Ocean«, fo auch ihr Jünger, diefe vier Kaften, Adlige und Brahmanen, Vaycja und Cudra, wenn fie nach der

---

[1]) Hermann Oldenburg: Buddha. Bd. 1881. Einl.
[1]) l. c. S. 122 aus Mahâvagga I 5. 2.

Lehre und dem Gefetz das der Vollendete verkündet
hat, ihrer Heimath entfagen und in die Heimathlofigkeit
gehen, verlieren fie den alten Namen und das alte Gefchlecht und führen nur den einen Namen, Asketen, die
dem Sohne des Sakyah anhangen.« ¹)

Für eine folche Lehre war der Boden gut vorbereitet
— Schaaren von Jüngern ftreuten die Keime über weite
Gebiete aus — der Grundfatz der Gleichheit aller
Menfchen, der Nächftenliebe und Mildthätigkeit gegen
Alle ward gepredigt und überall hin verkündigt; das
Rein-Menfchliche, nein! das Rein-Seelifche und Geiftige
ward auf den Thron erhoben — die Kraft des in-
difchen Staates war gebrochen. ²) Nun begann die

---

¹) Dafelbft S. 154.

²) Wir deuteten es fchon an, dafs folche »Lehren« wie die Buddhas auf einer gewiffen Entwicklungsftufe jeder Nation fich aus den Verhält-niffen mit Nothwendigkeit ergeben und daher immer wiederkehren. Solche Verhältniffe waren es, unter denen in Judäa die Lehre Chrifti auftauchte; die arabifche Welt begrüfste in einem ähnlichen Momente ihrer Ent-wicklung die Lehre Mohameds und Europa die »Prinzipien der grofsen Revolution«. Eine andere Frage freilich ift es ob diefe immer bei gleichen welthiftorifchen Veranlaffungen wiederkehrenden Lehren von der Gleich-heit der Menfchen, von der »Einkindfchaft Gottes« u. dgl. wirklich von Dauer und Beftand und nachhaltiger Wirkfamkeit find? Letzteres ift nun keineswegs der Fall und zwar aus dem einfachen Grunde, weil diefe Lehren der thierifchen Natur der Maffen zuwider laufen, daher ihre Herr-fchaft im beften Falle nur nominell bleibt — und im der Praxis fich fortwährend zu Conceffionen an die wildeften Inftincte der Maffen ver-ftehen mufs. Diefe letzteren aber find im Grunde für alle »Heilslehren« taub und kehren fie immer in ihr Gegentheil um indem fie aus denfelben nur den Vorwand zur Ausrottung der »Ungläubigen« nehmen. Denn nichts wurzelt fo tief in der Natur der Maffen wie die gegenfeitige Mord-luft, und der unfinnigfte Vorwand wird immer als genug ftichhältig und vernünftig anerkannt, wenn er diefem Bedürfniffe der Maffen entgegen-kommt. Nichts aber ftachelt die Mordluft fo nachhaltig an, nichts be-ruhigt dabei fo fehr das Gewiffen der Maffen als die Vorftellung einer Raffenverfchiedenheit in der vulgären, falfchen Bedeutung diefes Wortes

innere Auflöfung, der politifche Niedergang des altindifchen Staatswefens, ein Niedergang der fich gewifs fchneller vollzogen haben würde, wenn nicht die gefchützte geographifche Lage Indien für fremde Eroberer fo fchwer zugänglich gemacht hätte.

als einer heterogenen Abftammung, namentlich wenn diefe vermeintliche Thatfache geftützt und aufrechterhalten wird durch fociale oder nationale Verfchiedenheit. Eine folche Vorftellung liefert daher den Maffen immer den beften Vorwand fich gegenfeitig todtzufchlagen — und zwar mit beftem und ruhigftem Gewiffen. Trotzdem alfo feit Jahrhunderten bei Juden, Chriften und Mohamedanern der Monogenifmus und feine ethnifchen Confequenzen (Gleichheit, Brüderlichkeit, Nächftenliebe etc.) kirchlichofficiell die herrfchende Lehre ift: fo ift doch im gefchichtlichen Leben der (officiellen) Bekenner diefer Lehren nichts, aber auch gar nichts, von deren Beherzigung und Befolgung zu bemerken. Man betrachte die Dinge unparteiifch und vorurtheilsfrei! Ift nicht jedes Blatt der Gefchichte der chriftlichen Völker Europas eine Befudelung des Evangeliums? — Wird denn nicht Chriftus täglich und ftündlich vor unfern Augen ans Kreuz gefchlagen? Erleidet er nicht täglich und ftündlich vor unfern Augen einen fchlimmern moralifchen Märtyrertod als er ihn feinerzeit von einer rohen Maffe erlitten?

Und wie kurz frifteten ihr Dafein die evangelifch angehauchten Grundfätze der franzöfifchen Revolution von Menfchengleichheit — Freiheit und Brüderlichkeit? Und wo fie auch längere Zeit in den oberften Paragraphen der Constitutionen eine fcheinbare Geltung bewahrten und bewahren, ift da ihre Herrfchaft nicht lediglich nominell? Wer kann das leugnen?

Was aber thatfächlich und dauernd in der Welt die oberfte Herrfchaft führt, das find ganz andere Lehren, ganz andere Grundfätze die der thierifchen Natur der Maffen beffer behagen. Nicht Buddha's Lehren, nicht Chrifti Worte, nicht die »Grundfätze« der franzöfifchen Revolution durchhallen das Kampfgetöfe der Völker — da tönt es laut: Hie Arier, hie Semite, hie Mongole; hie Europäer, hie Afiate; hie Weifser, hie Färbiger, hie Chrift, hie Mufelmann, hie Germane, hie Romane, hie Slave und fo fort in taufend Variationen. Und unter folchen Schlachtrufen ftürzen die Maffen blutlechzend aufeinander, unter folchen Schlachtrufen wird Gefchichte gemacht, wird Menfchenblut in Strömen vergoffen — auf das fich ein weltgefchichtliches Naturgefetz vollziehe von deffen Erkenntnifs wir noch weit entfernt find.

Es bedurfte der Kühnheit und Waghalfigkeit eines Alexanders des Grofsen, auf dafs die Ruhe Indiens von aufsen geftört werde. Auf einen ernftlichen Widerftand aber im Lande felbft, ftiefs Alexander nicht — und wenn er nicht weiter als bis zum Hyphafis kam (Vjàsa) fo war das nicht das Verdienft indifcher Vertheidigungskraft, fondern vielmehr Folge der natürlichen Ueberanftrengung des macedonifchen Heeres und der Unmöglichkeit in einem ungewohnten Klima länger zu verbleiben. Doch bahnte Alexanders Eroberungszug dem griechifchen Handel einen breiten Weg nach Indien und es begann die friedliche Ausbeutung des Landes, die Befiedlung desfelben durch griechifche Kaufleute und die Verpflanzung abendländifcher Culturelemente an die Ufer des Indus und Ganges.

Aber auch andern Eroberern war nun der Weg gewiefen. Ein Nachfolger Alexanders wiederholte den Eroberungszug nach Indien, drang bis an den Unterlauf des Ganges (bis Patna) vor und erzwang eine Contribution von 500 Elephanten. Baktrifche und fyrifche Herrfcher, fodann die Skythen unternahmen Eroberungs- und Plünderungszüge nach Indien. Doch erft den Arabern follte es als bleibende Beute zufallen.

»Mit den Heeren der mohamedanifchen Eroberer zogen Kriegerfchaaren von verfchiedener Herkunft in Indien ein und gewannen dort bleibenden Befitz; Türken, Perfer vorzüglich Afghanen.« [1]) Nun wurde unter mohamedanifch-arabifcher Herrfchaft die altindifche Cultur der Arier völlig erdrückt — an ihre Stelle trat die von Arabien und vom Sitz des Chalifates aus fich nach drei Welttheilen ausbreitende fogenannte »femitifche« Cultur.

Nach einem halben Jahrtaufend hatte fich aber auch diefe auf indifchem Boden ausgelebt — Mongolen eroberten

---

[1]) Laffen l. c. I 420.

Indien richteten ihre Herrschaft auf und der »arischen«
und »semitischen« folgte nun eine »turanische« Cultur.
Ihr Mittelpunkt war die Residenz des Grofsmoguls in Delhi.
Diese Herrschaft würde gewifs viel länger gedauert haben
als es der Fall war, wenn nicht ein Ereignifs eingetreten
wäre, welches die natürlichen Bedingungen der Sicherheit
Indiens aufhob — wir meinen die Entdeckung des Seeweges von Europa nach dem stillen Ocean. Damit war
einer erobernden »Rasse«, den Europäern der Weg nach
dem mit natürlichen Schätzen gesegneten Lande gewiesen.
Und nun begann ein neuer Kampf, jahrhundertelang bis
heutzutage mit List und Gewalt geführt. Wie einst die
»arische« Rasse, die über die nördliche Bergkette nach Indien eindrang, aus vielen Stämmen bestand, von denen
mehrere eigene Fürsten hatten und wie diese Erobererstämme die alle gegen die Dasyus zogen, gelegentlich sich
auch gegenseitig bekriegten: ganz so war es jetzt mit der
»europäischen« Rasse der Fall, die nach Entdeckung des
Seeweges auf ihren Flotten Indien von der Seeseite her
zu erobern sich anschickte.

Denn auch diese bestehen aus vielen »Völkern« und
»Nationen« die von vielen Königen beherrscht werden und
n deren Sitten, Gebräuchen, Sprachen, gewisse untergeordnete Unterschiede wahrnehmbar sind. Den Indiern aber,
den Einheimischen sind sie alle nur »eine« verhafste, räu-
berische »Rasse« und wenn, wie es bis in unsere Tage oft
der Fall war, der Groll der Einheimischen sich in blutigem
Aufstand Luft macht, dann gilt derselbe ohne Unterschied
nur dieser einen feindlichen Rasse, den Europäern.
Die ersten nun von den Europäern, welche die Eroberung
Indiens von der Seeseite in Angriff nahmen, waren die
Entdecker des Seeweges dahin, die Portugiesen, (Anfang
des 16. Jahrh.) und zwar begannen sie diese Eroberung
nach europäischer Weise zuerst auf friedlichem Wege

als Kaufleute, indem fie Factoreien und Colonien anlegten »zu derem Schutz« fodann Feftungen erbaut wurden, die man mit europäifchen Gefchützen und gut bewaffneten Kriegern verfah. Den Portugiefen folgten gegen Ende des 16. Jahrhunderts die Holländer, fodann die Engländer und auch die Franzofen. Die befolgte Methode war immer diefelbe — Handel, Factoreien, Colonien, gefchickte Unterhandlungen, Anlage von Feftungen und nach langem friedlichen mit aller Lift einer überlegenen Cultur geführtem ftillen Kampfe fchliefslich offene Gewalt. Auf diefe Weife gelang es endlich den Engländern feit der Mitte des vorigen Jahrhunderts ihre Herrfchaft in Indien zu begründen, in deren Gefolge nun »europäifche Cultur« in Indien immer weitere Verbreitung findet. — Ob aber diefe Herrfchaft der Europäer in Indien eine dauernde fein wird, das hängt von dem Verhältnifs diefer zwei Raffen, der »Europäer« und der »Hindus« zu einander ab, — und fpeciell davon, wie fich der Gegenfatz diefer beiden Raffen geftalten wird. Gelingt es, diefen Gegenfatz wenigftens in folchem Maafse auszufôhnen, dafs die beften Elemente des Landes geeint der beherrfchten Maffe gegenüberftehen, dann kann diefe Herrfchaft lange dauern; gelingt diefes nicht, fo kann der dauernde Raffengegenfatz, wenn er von intelligenten einheimifchen Elementen zu einem Raffenkampfe klug verwerthet und ausgenützt wird, für die herrfchenden Europäer einft noch verhängnifsvoll werden.

45. China.

Je weniger bekannt die Gefchichte China's war, defto mehr eignete fich diefes Land als Object für alle möglichen gefchichtsphilofophifchen Conftructionen. Da man nun von

der Anschauung ausgieng, daſs das Menſchengeſchlecht aus
einer Familie ſeinen Urſprung ableite, ferner daſs die
Urzeiten die Stufe des »patriarchalen« Familienlebens
waren; China aber als der älteſte Staat gilt: ſo übertrug
man auf dieſes alle die geſchichtsphiloſophiſchen Vorſtellungen von einem patriarchaliſchen Familienſtaat. Und es
iſt merkwürdig mit welcher Zähigkeit dieſe grundfalſche
Vorſtellung feſtgehalten wurde und noch heutzutage feſtgehalten wird — wiewohl die heutige Kenntniſs der Geſchichte China's hinlänglich thatſächliches Material liefert,
welches jene Vorſtellung als unrichtig erweiſt. Und trotzdem ſchon vor hundert Jahren Herder ſehr ſkeptiſch die
Berichte der Miſſionäre reproducirt, daſs »das ganze Staats-
gebäude (China's) in allen Verhältniſſen und Pflichten der
Stände gegen einander auf Ehrerbietung gebauet iſt, die
der Sohn dem Vater und alle Unterthanen dem Vater des
Landes ſchuldig ſind, der ſie durch jede ihrer Obrigkeiten
wie Kinder ſchützt und regieret« und gegen dieſe
idealiſirende Darſtellung die Thatſachen der chineſiſchen
Geſchichte als Zeugen anruft:[1]) hat doch Hegel wieder
die falſche Vorſtellung, daſs der chineſiſche Staat eine groſse
»Familie« ſei, auf lange Zeit zu Ehren gebracht.[2]) Und
warum ſollte übrigens die europäiſche Menſchheit an dieſes
ſchöne Ideal nicht glauben, wenn ſogar glaubwürdige neuere
Reiſende, die China aus eigener Anſchauung kennen lernten,
die Exiſtenz dieſes Ideal's in der Mitte Aſiens beſtätigten?
Dieſs that unter anderen der franzöſiſche Miſſionär Huc,

---

[1]) »Wie oft, ſchreibt Herder, haben die Kinder des Reiches ihren
Vater vom Throne geſtoſsen? wie oft die Väter gegen ihre Kinder gewüthet?«

[2]) »Auf dieſer ſittlichen Verbindung allein (der Familie) beruht
der chineſiſche Staat und die objective Familienpietät iſt es die ihn bezeichnet.« Hegels Philoſ. d. Geſchichte S. 119. (Nach Vorleſungen
aus den 20ger Jahren.)

der in den vierziger Jahren China bereifte. Man urtheile
felbft: »Die Idee der Familie, fchreibt Huc, ift das Hauptprinzip, welches dem chinefifchen Staatsverbande als Bafis
dient. Die kindliche Liebe immer und ewig der Gegenftand moralifcher und philofophifcher Abhandlungen, welche
immer wieder durch die Proclamationen der Kaifer und
Anfprachen der Mandarinen anempfohlen wird, ift die
Grundtugend geworden, aus welcher alle anderen entfpringen. Diefes Gefühl, welches man forgfältig auf alle
Weife rühmt und preift, das fich fogar fo zu fagen bis
zur Leidenfchaft fteigert, beftimmt alle Handlungen
im Leben, (!) kleidet alle Formen ein und ift der Grundpfeiler der Sittlichkeit. Jeder Eingriff in Obrigkeit, Gefetze,
Eigenthum und Leben des Nächften wird als Verbrechen
der Kinder gegen den Vater betrachtet. Jede tugendhafte
Handlung dagegen, Aufopferung gegen Unglückliche, Ehrlichkeit im Handel, Muth in der Schlacht, alles das find
Beweife der kindlichen Liebe; ein guter oder fchlechter
Bürger zu fein befagt dafselbe wie ein guter oder fchlechter
Sohn fein.

Der Kaifer ift die Perfonification diefes Grundprincipes,
welches die verfchiedenen Schichten diefer ungeheuren
Maffe von dreihundert Millionen Menfchen beherrfcht und
mehr oder weniger tief durchdringt.« [1]

Und obwohl auch bei Huc felbft, noch mehr aber
in den feither fo zahlreich veröffentlichten Berichten und
Werken über China des Thatfächlichen genug enthalten ift, um die Vorftellung von dem patriarchalifchen
Zuftand des chinefifchen Staates als eine irrige zu erweifen:
fo entfpricht es doch fo fehr dem Bedürfnifs des menfchlichen Gemüthes fich doch irgendwo in der Welt einen

---

[1] Huc, das chinefifche Reich. Deutfche Ausgabe, Leipzig 1856,
Seite 51.

idealen Zustand als wirklich existirend zu denken, dass man noch heutzutage in ernsten geschichtlichen und geschichtsphilosophischen und culturhistorischen Werken immer wieder das alte Lied von der grofsen chinesischen Staatsfamilie leiert.

So schreibt z. B. ganz neuerdings wieder Dierks (ein Beispiel statt unzähliger!):

»Der staatliche Organismus basirt bei ihnen allen auf der gleichen natürlichen Grundlage, auf dem einfachsten Ausdruck des Gesellschaftstriebes, der Familie. Selbst das ungeheure chinesische Reich hat diese primäre Gesellschaftsform beibehalten und ist nichts anderes als eine einzige grofse Familie. Das patriarchalische Staatsleben hat sich überall rein erhalten.«[1]

Eine zweite allerdings leichter zu rechtfertigende, doch gewifs nicht minder falsche Vorstellung in Betreff China's ist die von der Stabilität und Stagnation seiner Cultur, von der Unbeweglichkeit und dem Mangel der Entwicklung des chinesischen Staates und Volkes. Auch in diesem Puncte wird seit hundert Jahren dieselbe Phrase mit Vorliebe wiederholt. Damals schrieb Herder: »Das Reich China ist eine balsamirte Mumie, mit Hieroglyphen bemalt und mit Seide umwunden; ihr innerer Kreislauf ist wie das Leben der schlafenden Winterthiere.«

Ein halbes Jahrhundert darauf offenbarte Hegel die Ursache dieser Unbeweglichkeit China's — »denn, meinte er nach seiner Weise, da der Gegensatz von objectivem Sein und subjectiver Daranbewegung (in China) noch fehlt, so ist jede Veränderlichkeit ausgeschlossen, und das Statarische, das ewig wieder erscheint, ersetzt das, was wir das Geschichtliche nennen würden.« An dieser Erklärung scheint

---

[1] Dierks, Entwicklungsgeschichte des Geistes der Menschheit, Berlin 1881, Bd. I S. 86.

man grofsen Gefallen gefunden zu haben, denn feit der Zeit fpukt die chinefifche »Starrheit« und »Unbeweglichkeit« und der Mangel jeder Entwicklung in allen Gefchichtsbüchern und Culturgefchichten.

Und auch Dierks (um wieder einen neueften zu citiren) glaubt feft daran, »dafs China überhaupt nicht weiter fortgefchritten fei, fondern in dem Zuftand beharrt habe, in dem es fich in den erften Zeiten feiner Exiftenz befand.« (!) [1])

So wird Gefchichte gemacht und fo wird die Anbetung felbftgefchaffener Idole betrieben!

Eine objective und nüchterne Betrachtung hingegen der Thatfachen der chinefifchen Gefchichte läfst in derfelben und auch im chinefifchen Staate nichts wefentlich von der Gefchichte und von ftaatlichen Ordnungen anderer Nationen Verfchiedenes entdecken. Eadem aliter — aber immer eadem! und wie follte es denn auch anders fein — geht die Sonne in China anders auf als in andern Ländern, wachfen die Pflanzen dort anders? ift es nicht derfelbe Naturprozefs der Gefchichte der fich feit den Urzeiten zwifchen den verfchiedenen Horden und Stämmen, die fich dort zufammenfanden und aufeinander trafen, abfpielte — derfelbe wie überall, wenn auch vielleicht in etwas verfchiedener localer Färbung. Denn eine andere Verfchiedenheit als die der localen Färbung kann es zwifchen der Gefchichte der verfchiedenen Staaten gar nicht geben — das Wefen derfelben bleibt fich immer gleich — der Verlauf diefes Prozeffes ift immer derfelbe

---

[1]) Dierks l. c. I 103. Uebrigens haben die »Philofophen« auch vom Orient mit grofser Zähigkeit immer die Phrafe wiederholt, dafs er im Gegenfatz zur »Mannigfaltigkeit und Beweglichkeit« des Occidents nur »Einheit, Monotonie und Starrheit« fei. Vrgl. Niebuhr Affur und Babel S. 170.

und daſs er es auch in China war, das wollen wir in Kürze hier nachweiſen.

Den Anfang des geſchichtlichen Lebens in den Thälern und Niederungen des Wang-ho und Jang-tse-Kiang kennen wir nicht. Für uns beginnt das was wir chineſiſche Geſchichte nennen, mit der Begründung der Herrſchaft der Ur-Chineſen ſo zu ſagen in dieſen Gebieten. Dieſe Herrſchaftsbegründung vollzog ſich am Wang-ho und Jang-tse-Kiang, ſelbſtverſtändlich ganz ebenſo wie auf allen andern Punkten des Erdballs, wo es nur zu einer Herrſchaftsbegründung kam.

Die »Ureinwohner« dieſer Länder, d. h. diejenigen, die nach dem Stande unſerer heutigen Geſchichtskenntniſs uns als die Ureinwohner erſcheinen, waren durch die groſse Fruchtbarkeit dieſer Gebiete zu einem ſeſshaften Leben angeleitet und verſchafften ſich ihren Unterhalt aus einem ganz primitiv betriebenen Ackerbau. Daſs ſie in eine groſse Zahl von Stämmen getheilt waren, die gelegentlich auch gegenſeitig ſich bekämpften, darauf deuten viele Nachrichten hin — auch erklärt dieſer Zuſtand die Beſchaffenheit des Landes, denn die in dem gebirgigen Theil desſelben anſäſsigen Stämme, deren Exiſtenzbedingungen ſchwieriger waren, werden die in den fruchtbaren Thälern und Niederungen anſäſsigen gewiſs oft der Beute wegen heimgeſucht haben.

Dieſe fruchtbaren Gebiete nun am Wang-ho und Jangtse-Kiang wurden wie es ſcheint, ſchon gegen Ende des dritten Jahrtauſends vor Chriſti von einem kriegeriſchen Nomadenvolk von Weſten her überzogen und die daſelbſt anſäſsige Bevölkerung wurde nach vielen Kriegen und Kämpfen überwältigt und unterworfen.

Neuere Forſchungen haben es faſt zur Evidenz erwieſen, daſs die Urſitze dieſer Eroberer in Central-Aſien, in den einſt fruchtbaren Oaſen am Südrand des »Tarym-

Beckens« sich befanden.¹) Jenes weite Steppenland Central-Asiens zwischen dem Küen-lin und dem Tien-Schan war nämlich seit jeher die Heimat einer großen Zahl nomadisirender Stämme von »verschiedener Rasse«, welche sich noch im 2. Jahrhundert vor Christi nach chinesischen Berichten in die dort damals noch sehr zahlreichen Oasen theilten und durch Sandwüsten von einander getrennt waren. ²) Dort lebten auch im 3. Jahrtausend vor Christi die Vorfahren des chinesischen Erobererstammes und zwar wahrscheinlich in Nachbarschaft mit andern Rassen die sich später nach andern Weltgegenden nach Westen, nach Süden und Südwesten hin ergossen.

»Wohl dürfen wir annehmen, sagt Richthofen, daß derselbe innewohnende Zug, welchen in späterer Zeit die überschwellenden Massen aus Centralasien hinaustrieb, schon von früh an sich geltend machte. Nach Osten, nach Süden, nach Westen wird es sie gedrängt haben; denn der kalte Norden war nicht einladend. Aber im Osten lagen unwirthliche von wehrhaften Völkern besetzte Waldgebirge; den Weg nach Süden verschlossen gewaltige Bodenanschwellungen. Nur im Südosten bot China der Wanderung ein erwünschtes Ziel; und dort hinein mag manche Völkerfluth geströmt sein bis diejenige der Chinesen wahrscheinlich vom Tarym-Becken aus erfolgte . . .« ³)

Die Erinnerung an diese Einwanderung lebt noch heutzutage in der chinesischen Sage von dem Kaiser Hwang-ti⁴) dem zweiten Nachfolger des ersten mythischen Herrschers To-hi, welcher letzterer um 2900 v. Chr. geherrscht haben soll und dem die Erfindung der Schrift zugeschrieben wird.

Dieser nach China nun eingedrungene Erobererstamm der »Chinesen« gründete in den »von Ueberfluß strotzen-

---

¹) Richthofen: China Berlin 1877 I S. 415. ²) Das. I 48.
³) Das. I 47. ⁴) Das. 428.

den Thälern« einen Staat der anfangs klein an Umfang, im Laufe der Jahrhunderte zu der heutigen Gröfse und zu feiner heutigen Cultur gelangte. Es war aber kein leichtes Stück Arbeit das fie zu beftehen hatten — allerdings eine Arbeit im Dienfte der Cultur, im Dienfte der höchften Ideen der Menfchheit und nachdem fie diefelbe in Jahrtaufenden glücklich bewältigten, kann man es wahrlich den Chinefen nicht übel nehmen wenn fie, nicht unähnlich den Europäern und gewifs nicht mit minderem Rechte als diefe, fich »als die Herren der Erde betrachten und es nicht faffen können, dafs andere Völker etwas erfunden haben follen das nicht urfprünglich von ihnen felbft ftamme.« [1])

Schon jenes Eindringen in ihre neue erft zu erobernde Heimat war ein fchwieriges Unternehmen, denn viele kleine Bergvölker ftanden im Wege und mufsten befiegt werden und auch die Stämme in der Ebene fetzten fich zur Wehr.

Diefe Kämpfe, bemerkt Richthofen, dürften in ähnlicher Weife aufzufaffen fein wie diejenigen auf dem Boden Indiens, welche in den vedifchen Gefängen gefeiert werden und durch welche die Arier fich am Indus und fpäter am Ganges ausbreiteten.« [2])

Mit der Einnahme des Landes hörten diefe Kämpfe noch lange nicht auf. Von den unterworfenen Stämmen mufsten ja nach dem die einen fich williger in die Knechtfchaft fügten, die anderen ihre Freiheit und Selbftändigkeit hartnäckiger vertheidigten, die einen wehrlos gemacht, die anderen unaufhörlich bekriegt und ausgerottet werden. Letzteres war nicht immer möglich, denn mancher kriegerifche Stamm behauptete lange in einzelnen Gebirgen feine Unabhängigkeit. Noch heutzutage, nach fünf Jahrtaufenden ift es den Chinefen nicht gelungen, einige Refte

---

[1]) 421. [2]) Dafelbst I 428.

jener Urbewohner ihrer Botmäfsigkeit zu unterwerfen. Die Miaotfe, ein tapferes Bergvolk in den Gebirgen der Provinz Kuei-tfcheu bereiten noch heutzutage der chinefifchen Regierung fortwährende Verlegenheiten und halten einen Theil der chinefifchen Heeresmacht immer im Schach.[1]

Im grofsen Ganzen aber ift es den Chinefen gelungen, die unterworfene Bevölkerung dauernd zu beherrfchen, zu cultiviren und gröfstentheils zu einer einheitlichen Nation umzugeftalten. »Rohes Material haben fie vielfach aufgenommen und mit fich verfchmolzen, theils folches das fie uranfäffig im Lande vorfanden, als fie nach und nach deffen verfchiedene Theile in Befitz nahmen, theils folches das ihnen ftammverwandt ... aus den Steppen hereinftrömte.«[2]

Alles diefes aber gefchah zum geringften Theil durch friedliche Mittel; fchwerer und harter, jahrtaufendelanger

---

[1] »Ehe ich die Stadt Nanhungfu verlaffe, mufs ich das in ihrer Nähe lebende höchst merkwürdige Bergvolk der Miaotfe erwähnen, welches jahrhundertelang feine Unabhängigkeit behauptet und der chinefifchen Regierung viele Unruhe verurfacht hat; die Miaotfe bewohnen hauptfächlich die Gebirgsreihe, welche die Provinz Kutfchan im Süden begrenzt; ein bedeutender Theil erftreckt fich jedoch bis zur Nordwestgrenze der Provinz Kanton dicht bis an die Stadt Lientfchau. Diefe letztere fchlugen erft im Jahre 1832 den Vizekönig von Kanton und tödteten mehr als zweitaufend Mann vom chinefifchen Heere. Auch wird allgemein angenommen, dafs fie niemals nachhaltig gezüchtigt worden find. Der Jefuit Pater Perennin gibt in den Lettres idifiantes et curienfes eine fehr korrekte Darftellung diefer merkwürdigen Bergvölker und der Politik, welche die Chinefen gegen diefelbe verfolgen. Da die Regierung niemals im Stande gewefen ift, eine Miotfe durch Waffengewalt zu unterjochen, hat fie, um dieselbe in Schach zu halten, Städte und Forts am Fufse derjenigen Päffe errichtet, durch die fie herabzukommen und die Ebenen zu verheeren pflegten. Dies verhindert jedoch ihre Einfälle nicht, welche fogleich nach Peking berichtet und dort mit den Namen Rebellion und Aufruhr belegt werden, wie man jede Feindfeligkeit gegen den Kaifer felbst von Seiten unabhängiger Völker zu nennen pflegt.« Davis China und die Chinefen, deutfch, Stuttgart 1847 IV. 210.

[2] Richthofen I. 397.

Kämpfe bedurfte es um ein folches Culturwerk zu vollbringen. Und zwar waren diefe Kämpfe von doppelter Art. Während nämlich der herrfchende Stamm bemüht war feine Herrfchaft im Innern des Landes zu befeftigen und immer weitere Gebiete desfelben feiner Herrfchaft zu unterwerfen — denn nur allmälig gelangte er in den Befitz der heutigen 18 Provinzen —: ward diefe feine Arbeit im Innern ab und zu von Einfällen der »Barbaren« unterbrochen, der »Kiu« d. h. der umherfchweifenden Nomadenvölker die bald von Weften, meiftens aber von Norden und Nordoften her in das Reich einfielen, mit Feuer und Schwert es verwüfteten und beutebeladen in ihre Steppen zurückkehrten oder gar auf längere oder kürzere Zeit eine barbarifche Herrfchaft dafelbft aufrichteten.[1]) Es bedurfte in der That einer Reihe grofser Männer und kräftiger Herrfcher um zugleich die innern Feinde niederzuhalten und die äufsern abzuwehren. An folchen fcheint es aber glücklicherweife China nicht gemangelt zu haben.

Die erfte Aufgabe diefer Herrfcher war jedenfalls eine innere politifche Einigung China's zu begründen. Denn wenn auch der herrfchende Stamm aus feinem Urfitze her mannigfache Elemente der Cultur in feine neuen Wohnfitze verpflanzte[2]) fo fcheint doch die erfte ftaatliche Einrichtung wie das in folchen Fällen überall zu fein pflegt,

---

[1]) Davis I. 154.

[2]) »Von verfchiedenen Gefichtspunkten aus leitet uns daher unsere Betrachtung zu dem Refultate, dafs die Uranfänge der chinefifchen Cultur, mit Ausnahme einer wenn auch wahrfcheinlich nur unvollkommenen Bebauung des Landes und der Seideninduftrie, wahrfcheinlich nicht auf dem Boden China's zu fuchen find, fondern fern im weftlichen Theil des Tangun-Beckens und zum Theil in Oafen, die längft nicht mehr exiftiren, die erfte Entwicklung gemeinfam mit jenen Völkern ftattfand, welche fpäter von dem Oberlauf des Orus und Janavas aus die Cultur nach Perfien, Chaldäa und Europa einerfeits und nach Indien andererfeits trugen; dafs das von dort nach Often gewanderte Volk feine Herrfchaft

eine Art Lehensverfaffung geworden zu fein, aus der dann confequenterweife fich eine Zerfplitterung der Herrfchaft unter viele »Landesherren« herausbildete, was, ganz wie in einem ähnlichen Stadium der fpäteren Entwicklung Europa's ein Element der Schwäche nach Aufsen begründete. So bietet uns denn die allerdings ziemlich lückenhafte und unfichere Gefchichte der erften chinefifchen Dynaftien (der Hia von 2200 — 1760, der Schang bis 1122 fodann der »kämpfenden Könige« bis 247 v. Chr.) ein Bild der innern Kämpfe zwifchen den verfchiedenen einander befehdenden Familien, Gefchlechtern und Feudalherren. Dabei können wir nach der Natur der Sache und nach Analogien in andern Zeiten und Ländern als gewifs annehmen, dafs die einzelnen fich befehdenden Fürften und Gefchlechter eben nichts anderes find, als Repräfentanten einzelner Stämme und fyngenetifchen Verbände und dafs der Grund diefer Kämpfe in dem Antagonifmus diefer letzteren unter einander zu fuchen ift.

Von Zeit zu Zeit gelang es einem kräftigen Fürften über den Partikularifmus der Landesherren und Vafallen zu fiegen: das kam dann dem grofsen chinefifchen Gemeinwefen zu Statten. Da wurde die Verwaltung centralifirt, die Sonderintereffen der einzelnen Theile des Reichs mufsten dem Gemeinintereffe weichen und eine gemeinfchaftliche Cultur half die widerftrebenden Volkselemente zu einer immer einheitlicheren Nation verfchmelzen.

Ein folch wichtiger Zeitpunkt der chinefifchen Gefchichte war die Herrfchaft Schi-wang-tis gegen das Jahr 250 v. Chr. Diefem gelang es der Zerklüftungen und Spaltungen im Innern Herr zu werden. Freilich koftete diefe Pacification wie anders nicht leicht denkbar, Ströme Blutes;

über die wohl bevölkerten Thäler des Wei und des Hu sug-ho . . . ausbreitete und feine Cultur auf dasfelbe übertrug . . . .« Richthofen I. 428.

nicht nur die Häuptlinge der innern »Rebellionen« wurden hingerichtet, ganze Stämme, die fich in die einheitliche Staatsordnung nicht fügen wollten, wurden ausgerottet.

Als die Ruhe im Innern hergeftellt war, fchritt Schiwang-ti zur Sicherung der Grenzen des Reiches gegen die Einfälle der wilden Nomadenvölker, insbefondere der Tataren. Zu diefem Zwecke erbaute er bekanntlich die grofse chinefifche Mauer, ein Riefenwerk das nur durch die geniale Kraft eines grofsen ftramm regierten Reiches hergeftellt werden konnte. Andererfeits wieder wirkte diefe Sicherung von Aufsen wohlthätig zurück auf das innere Regime. Denn »Abfperrung der Feinde im Aeufseren war nöthig um ... das Werk der Centralifation zu befeftigen«. Ein weiterer Erfolg beftand darin, »dafs der Kaifer grofse Heeresmaffen endlich einmal unter einheitlicher Leitung verfammeln und das Werk der Abforption der Gebiete der unabhängigen Stämme, welches die einzelnen Fürften langfam und fchrittweife im Laufe der Jahrhunderte fortgeführt hatten, nun mit einem Schlage um ein Bedeutendes fördern konnte. Diefer Invafion widerftand keines der Völker, welche in den Thälern China's lebten; und wenn auch die Gebirgsbewohner zum grofsen Theil unangreifbar waren, fo erhielt doch das Reich einen aufserordentlichen Machtzuwachs im Süden und Südweften ... .«[1])

An diefer Stelle fei es uns geftattet, eine Bemerkung einzufchalten über die natürliche immer und überall fich manifeftirende Tendenz einer jeden Herrfchaft aus einer localen eine territoriale zu werden. Denn die erfte Begründnng einer Herrfchaft kann zunächft immer nur eine locale fein und mufs auf die Weife fich vollziehen, dafs die erobernde Raffe der befiegten fo zu fagen den Fufs

---

[1]) Richthofen I. 435.

auf den Nacken fetzt. Das Herrfchaftsgebiet kann vorerft nur ein kleines fein, die Sieger und Herrfcher fitzen den Befiegten und Unterworfenen unmittelbar auf dem Halfe, die Sieger trauen fich noch nicht auseinander zu gehen und fich zu zerftreuen und halten ihre Herrfchaft durch unmittelbar geübten Terrorifmus aufrecht. Erft wenn die »fchlechten Elemente« der Befiegten zu Paaren getrieben und ausgerottet find und die Sieger es nur noch mit den »befferen«, den friedlicheren Elementen ihrer Unterworfenen zu thun haben: da verfuchen fie es langfam und allmälig fich auszubreiten, immer weiteren Boden zu gewinnen, ihre locale Herrfchaft in eine immer weitere territoriale umzuwandeln. Es hat nie und nirgends eine Herrfchaft gegeben in deren Entwicklung nicht diefe natürliche Tendenz vom Localen zum Territorialen an den Tag getreten wäre, ja diefe Tendenz ift fehr oft fogar in eine Tendenz zur Univerfalität (zu Univerfalmonarchien) ausgeartet. Man denke nur an Perfien, an Alexander den Grofsen, an Rom, an Napoleon den erften und an das heutige Rufsland. Auch China ward im Laufe der Zeit von einer folchen Tendenz zu territorialer Vergröfserung, ja fogar zu Univerfalherrfchaft (wie man fie fich eben damals vorftellen konnte) umgewandelt. Es war das unter der Dynaftie der Han (von 197 vor bis 220 n. Chrifti).

Die geographifche Lage China's brachte es mit fich, dafs fich eine folche Tendenz nur in einer Richtung Luft machen konnte und zwar nach Weften und Südweften gegen das Caspifche Meer und gegen Kleinafien zu — denn im Often war es vom Meer begrenzt, im rauhen Norden war nichts zu holen und von der indifchen Culturwelt im Süden trennten es unüberfteigliche Gebirge. Wie immer und überall aber war auch hier der Handel der Vorbote der Eroberung — dem chinefifchen Kaufmanne der die Producte chinefifcher Induftrie in Mittel- und Vorderafien vortheilhaft abzufetzen fuchte, folgten die eroberungsluftigen Fürften aus dem Gefchlechte Han mit ihren Heeren.[1]) Bleibenden Erfolg aber konnte diefe Eroberungspolitik defswegen nie erringen, da bei jedem Expanfionsverfuch nach Aufsen die Unruhen im Innern fich zu regen begannen, und die Tataren ihre Einfälle erneuerten. Diefen letzteren gelang es auch in der That gegen Ende des 4. Jahrhunderts einige nördliche Provinzen China's in ihre Gewalt zu bekommen und dort ihre Herrfchaft aufzurichten. Von da beginnt eine Periode des Zerfalles des altchinefifchen Reiches, welche es auswärtigen Stämmen möglich macht, dasfelbe zu überfluthen und zeitweilig ihre Herrfchaft darüber zu üben. Denn als die Chinefen gegen die fie bedrückenden Tataren die Hülfe der Mongolen anriefen, erfchienen diefe letzteren, bezwangen aber nicht nur die Tataren, fondern auch die Chinefen und machten fich im 13. Jahrhundert zu Herren von China.[2]) Unter den befiegten Chinefen wurde fchrecklich gewüthet; »das Blut des Volkes flofs in raufchenden Strömen« befagen chinefifche Berichte; die Angehörigen der früheren Dynaftien, die Mitglieder der herrfchenden Familien und Claffen wurden verfolgt und ausgerottet. Wie fchrecklich aber auch am Anfang die Herrfchaft der Mongolen war, als fie diefelbe befeftigten und ihre Gegner aus dem Wege geräumt hatten, begannen auch fie fegensreich zu wirken und dem Lande Wohlthaten zu erweifen wie fie eine ftabile und kräftige Herrfchaft der Natur der Sache gemäfs jedem Lande erweifen mufs. Ja! die Mongolen, als Eroberer erft die fchrecklichften Feinde chinefifcher Cultur und Civilifation, verfielen unbewufst und unwillkührlich einer langfamen »Chinaifirung« wie wir das heute nennen würden; denn fo grofs

---

[1]) »Die Seide war das treibende Moment.« Richthofen I. 402.
[2]) Davis, China I. 159.

uud gewaltig ist die Kraft einer höhern Civilisation, dafs sich ihr mit der Zeit auch der roheste und barbarischeste Eroberer beugen muss.[1]

Uebrigens zeigten die Mongolen-Chane in China nicht unbedeutende Herrschertalente. Athmete schon das Gesetzbuch Dschingis-Chans, des Beherrschers vieler mongolischen und türkischen Völker, einen derb-realistischen Herrschergeist, ein Gesetzbuch, welches dem Volke Eroberungen und Unterwerfung fremder Lande zur Pflicht machte, gegen die Fremden schonungslose Behandlung, gegen die Stammesgenossen Treue und Schutz empfahl: so haben die Nachkommen Dschingis-Chans in China bewiesen, dafs sie ein erobertes Land auch weise zu regieren verstehen. Insbesondere ist Kublai-Chan ein glänzendes Beispiel zugleich der Bildungsfähigkeit und des hohen politischen Geistes der Mongolenfürsten. Seine innere Verwaltung China's gehört zu den besten die dem himmlischen Reich je zu Theil wurden. »Kublai errichtete den Sitz der Regierung zu Peking ... Als das wirksamste Mittel gegen die Unfruchtbarkeit der Ebene worin jene Hauptstadt gelegen ist, erbaute er den ungeheuren Kanal, der sich nach

---

[1] »Ohne Rücksicht und Schonung vertilgt der Nomade die Schätze der Civilisation, welche gar keinen Werth für ihn haben. Aber mit der Zeit verfällt er ihr selbst; er wird ansässig, baut sich feste Wohnstätten, bewirthschaftet die Felder und eignet sich je nach dem Grad seiner Begabung die Cultur an, die er vorfand. Wie die Hwei-hu, welche die Chinesen einst in ihr Land riefen, wie die Khutan, welche mit der Lian-Dynastie und die Ju-tschi, welche mit der Kiu-Dynastie kamen, so amalgamirten sich die Mongolen mit den Chinesen. Die Herrscher an der Spitze nahmen verfeinerte Lebensformen an, eigneten sich neue Bedürfnisse an und gewöhnten sich an Luxus. Ihre Untergebenen giengen nach und nach in den Culturen auf, die sie vorfanden und deren Träger sie zum Theil wurden. Dadurch verschwanden die Mongolenreiche von der Erde, ohne dafs die Horden, welche sie gründeten, nach ihrer Heimath zurückkehrten.« Richthofen I. 585.

Süden auf eine Entfernung von 300 Stunden nach den fruchtbarsten Provinzen erstreckt und zur leichten Beförderung der Producte derselben unabhängig von der Seeschifffahrt dient.« ¹) Aber all solche klugen und für das Land segensreichen Maßregeln konnten die unterworfene Rasse der Chinesen mit der Fremdherrschaft nicht aussöhnen, zumal die herrschende Rasse, wie das immer und überall zu geschehen pflegt, bei der Besetzung der Aemter immer bevorzugt wurde, wodurch bei den Chinesen das drückende Gefühl des fremden Joches immerfort genährt und wach erhalten blieb.

Was also unter solchen Umständen immer und überall sehr leicht erfolgt, traf ein. Ein eingeborner Chinese, Namens Tschu, ein Mann von niedriger Herkunft doch »aus dem Volke« stammend, erhob sich gegen die »Fremden«. Es scheint, daß Tschu seine nationalen Ideen aus dem Umgang mit buddhistischen Priestern geschöpft hat, da er Diener in einem Bonzen-Kloster war.

Zuerst bemächtigte er sich mit einem Häuflein Insurgenten einer der südlichen Provinzen und schlug einen Theil der gegen ihn ausgehenden kaiserlichen Truppen in einer Hauptschlacht. Dieser erste Erfolg war für die ganze nationale Bewegung entscheidend. »Jetzt strömten ihm die Chinesen von allen Seiten zu;«²) die Insurgenten brachen gegen die Hauptstadt auf, zwangen den Kaiser zur Flucht und bemächtigten sich der Herrschaft. Tschu wurde auf diese Weise der glückliche Begründer einer neuen »nationalen« Dynastie, der sog. Ming, die beinahe drei Jahrhunderte den chinesischen Thron inne hatte. (1368 bis 1645.) Während dieser Zeit erreichte die chinesische Nationalität, die nationale Cultur China's den Höhepunkt ihres Glanzes; dabei ward das Reich nach Süden und Westen hin erweitert.

---

¹) Davis, l. c. I. 100. ²) Davis, I. 102.

Zu Ende diefer Periode jedoch kam — was immer unausbleiblich fcheint — mit der hohen Civilifation innere Schwäche und Niedergang des kriegerifchen Geiftes. Für einen folchen Zuftand aber jeder Culturnation pflegen benachbarte Barbaren eine fehr feine Spürnafe zu haben.

Diefsmal waren es die im Nordoften China's wohnenden Niu-tfchi-Tataren, (fpäter Mandfchu genannt), welche den innerlichen fchwachen Zuftand des grofsen Reiches erfpähten und mit richtigem Inftincte es als gute Beute in's Auge fafsten. Seit 1605 kämpften fie fiegreich gegen China. Im Jahre 1621 ftürmten fie die Hauptftadt Lian-Jang und nahmen fie ein. Im Jahre 1634 zieht der Mandfchufürft Tai-Tfung, nachdem er 49 Mongolenfürften (alfo wahrfcheinlich eben fo viele Stämme) zu Bundesgenoffen genommen hatte durch die Mongolei und dringt von Norden her in China ein, erobert die Provinz Liao-tong und nimmt den Kaifertitel an.[1] Kurz darauf brach in China ein Aufftand aus und die Aufftändifchen riefen die Mandfchutataren zu Hilfe. Die Mandfchu kamen, unterwarfen fich leicht das durch Bürgerkrieg zerrüttete Reich, (1646) und riefen ihren Fürftenfohn Schun-tfchi zum Kaifer von China aus. Den Mandfchu gelang es in kurzer Zeit über das ganze Reich zu herrfchen, dabei octroyirten fie wohl einige äufsere Formen, wie Haartracht und Kleidung den Chinefen; im Grunde aber nahmen fie felbft chinefifche Cultur an und liefsen auch ihre dem Reiche einverleibte Stammprovinz die Mandfchurei bald im chinefifchem Wefen ganz aufgehen. Ueber 200 Jahre nun dauert die Herrfchaft diefer geringen tatarifchen Minorität über ein fo ausgedehntes Land, über eines der älteften Culturvölker der Welt. Diefe Thatfache erregt mit Recht das Staunen des Politikers.

[1] Richthofen II. 60.

»Die Feftftellung und Fortdauer der tatarifchen Herrfchaft, meint Davis, ift ficherlich, wenn man das Mifsverhältnifs zwifchen den Herrfchern und den Beherrfchten in Betracht zieht, eine faft ebenfo aufserordentliche Thatfache als die britifche Herrfchaft in Indien und der mongolifche Stamm wurde von den Chinefen nach einer weit kürzeren Regierungszeit, vertrieben als die Mandfchu bereits genoffen haben. Diefe find klüger und weife genug gewefen, die Chinefen in den meiften Fällen in Befitz ihrer eigenen Formen und Einrichtungen zu laffen, doch find noch immer fo ftarke Verfchiedenheiten vorhanden, dafs die Amalgamation des urfprünglichen Volkes mit feinen Herren unmöglich ift.«¹)

Der Miffionär Huc fchreibt über diefelbe Angelegenheit: »Es ift klar, dafs die Mandfchu wegen ihrer geringen Anzahl in diefem ungeheuren Reiche haben alle erdenklichen Mittel ergreifen müffen, um fich ihre Eroberung zu fichern. Aus Furcht, die Fremden (d. i. die Europäer) möchten Luft bekommen zu einer Beute, welche fie ihnen fo leicht entreifsen könnten, haben fie forgfältig alle Pforten China's gefchloffen, in dem Glauben, fich fo gegen alle ehrgeizigen Angriffe von Aufsen zu fchützen; im Innern haben fie durch das Syftem eines fchnellen und fortdauernden Wechfels in der Befetzung der Stellen ihre Feinde auseinander zu halten gefucht. Diefe Mittel find bis jetzt mit Erfolg gekrönt worden und es ift wahrlich ein Wunder und merkwürdig genug, dafs eine Handvoll Nomaden im Stande gewefen ift, zwei Jahrhunderte lang eine friedliche und unumfchränkte Herrfchaft über das gröfste Reich der Welt und eine Bevölkerung auszuüben, die, was man auch von ihr fagen möge, aufserordentlich beweglich und unruhig ift. Die Politik mufste fehr gefchickt, gefchmeidig

---

¹) Davis, l. c. I. 171.

und kräftig zugleich fein, um ein folches Refultat zu erlangen . . .« [1])

Nun, diefe räthfelhafte mit Recht von Reifenden und Hiftorikern angeftaunte Erfcheinung der zweihundertjährigen Mandfchuherrfchaft dürfte fich auf die Weife am einfachften erklären, dafs die Mandfchu zugleich mit der Herrfchaft über China fich jenes grofsen, complicirten Herrfchaftsapparates bemächtigten, den eine jahrtaufendalte gefchichtliche Entwicklung in China herausgebildet hat. Nur die oberften Poften wurden mit Mandfchutataren befetzt, die ganze zur Aufrechthaltung der ftaatlichen Ordnung im Laufe der Jahrtaufende erfonnene und in's Leben gerufene politifche Organifation liefsen fie unangetaftet, dazu kam allerdings, dafs fie fich auch in Sprache und Religion den Chinefen affimilirten.

Der chinefifche Regierungsapparat ift auf einer, fo feften focialen Rangordnung erbaut, dafs ein Wechfel der oberften Herrfcherfchichte eben fo wenig verfpürt wird, wie etwa in einem parlamentarifchen Staate Europa's der Wechfel eines Minifteriums. [2]) Da nun das Intereffe der

---

[1]) Huc l. c. l. 212.

[2]) Die Zahl der Minifterien in China fteht der der modernen europäifchen Staaten nicht nach. Es giebt da ein Minifterium des Innern, der öffentlichen Arbeiten, der Juftiz, des Cultus, des Krieges und der Finanzen. Dagegen ift die Claffentheilung der Bevölkerung etwas complicirter. Die Bevölkerung zerfällt in die Claffen der bürgerlichen und militärifchen Mandarine, der Gelehrten (aufferhalb des Staatsdienftes), der Priefter, Ackerbauer, Handwerker, Künftler, endlich der Kaufleute. Zu den verachteten Claffen gehören Schaufpieler, Gefängnifswärter, Henker und Inhaber unfittlicher Gewerbe. Die bürgerlichen Mandarinen wiederum find in neun Stufen (Rangsclaffen!) abgetheilt, entsprechend unfern verfchiedenen Räthen (Regierungsräthen, Hofräthen etc.) Das Abzeichen diefer Rangsclaffen ift nicht gar verfchieden von dem unferigen, denn ftatt unferer beftickten und bebordeten Krägen bildet dort der einfache doppelte, dreifache etc. Knopf das Abzeichen der Würde. So weit

untern Bureaukratie, der zahllofen kleinen Herrfcher, an der Stabilität diefer untern Verhältniffe hängt, fo find fie offenbar immer bereit, jeden in den oberften Schichten einmal eingetretenen Wechfel als fait accompli anzuerkennen, ihn zu fanctioniren und zu unterftützen: wenn nur auch ihre untere Herrfchaft, die grofse das ganze Reich umfaffende Mafchinerie, deren kleine Rädchen fie bewegen, unangetaftet gelaffen wird. Das thaten die Mandfchu — (die freilich auch das überwiegend tatarifche Heer auf ihrer Seite hatten) — und darin liegt das Geheimnifs ihrer 200jährigen Macht und Herrfchaft.

Uebrigens war es eine durch gefchichtliche Erfahrung nicht gerechtfertigte Vertrauensfeligkeit zu glauben, dafs nun die Herrfchaft der Mandfchu's vor allen Gefahren gefeit fei. Das noch immer nicht entfchwundene Bewufstfein der Stammfremdheit, die trotz aller Affimilirungsbeftrebungen doch allgemein bekannte und gefühlte Thatfache der »Fremdherrfchaft« kann leicht einem innern oder auswärtigen Feinde, oder beiden zufammen, als Handhabe zur Agitation dienen. Dafs eine folche Gefahr der Mandfchuherrfchaft feitens der Europäer droht, ift klar. Alle Seemachte Europas und Rufsland obendrein von der Landfeite, fpeculiren feit lange fchon auf die unermefslichen Schätze des himmlifchen Reiches und trachten nach und nach dort feften Fufs zu faffen. Wenn diefe Mächte einft ihre gegenfeitigen Eiferfüchteleien überwunden und fich

---

hatten uns alfo die Chinefen noch nicht überflügelt und können wir uns mit ihrer Culturftufe getroft meffen. Nur giebt es aber auch viele Gebiete, darunter culinarifche, wo uns die Chinefen für rohe Barbaren halten und wo wir ihre Cultur erft noch zu erreichen haben werden. So z. B. wiffen es die chinefifchen Feinfchmecker genau, mit welchen Holzarten die verfchiedenen Speifen gekocht, die verfchiedenen Wildprete und Fleifche gebraten fein wollen etc., Gebiete, die für uns noch eine terra incognita find. Vergl. Baftian, die Völker des öftlichen Afiens. Jena 1871.

auch nur auf kurze Zeit über die Art und Weife der beften Exploitation Chinas geeinigt haben werden, dann könnte die Prophezeiung Huc's allerdings fich erfüllen, dafs »die Fremden, die Barbaren, denen die Regierung zu Peking ein verächtliches Geficht zeigt, weil fie diefelben nur zu fehr fürchtet, endlich vor den ihnen hartnäckig (heute freilich fchon weniger!) verfchloffenen Pforten die Geduld verlieren und eines fchönen Tages diefelben mit Sturm brechen (theilweife fchon eingetreten!) und hinter ihnen ein zahlreiches aber uneiniges Volk treffen werden, dem es an allem Halt fehlt und das jedem preisgegeben ift, der fich im Ganzen oder Einzelnen feiner bemächtigen will.«[1]) So gar leicht jedoch wie Huc es fich dachte, dürfte es doch nicht werden »europäifche Cultur nach China zu tragen«, wie die offizielle Phrafe bei folchen Gelegenheiten immer lautet.

46. Phönizier und Juden.

Wir haben innerhalb eines grofsen Erdkreifes vom Nil bis an den Hoangho den überall gleichen focialen Naturprozefs verfolgt und durch deffen immer gleiches Sich-abfpielen grofse Reiche entftehen und gewaltige Culturgebiete fich bilden fehen; vom Nil bis an den Hoangho fahen wir einen Kreis von Culturnationen aus überall gleichen naturgefetzlichen Bedingungen entftehen. — So wie diefer Erdkreis der einen Hemifphäre geographifch durch Europa als letztes Glied in der Kette gefchloffen wird, fo ift es auch felbftverftändlich, dafs diefer in Afrika und Afien beobachtete fociale Naturprozefs fich fortfetzend auch in Europa aus gleichen ethnifchen Bedingungen gleiche politifche

[1]) Huc l. c. 213.

Geftaltungen und weitere Culturgebiete hervorgehen laſſen mufste. Doch fchliefst Europa den Kreis diefes Naturprozeſſes nur auf unferer Hemifphäre — dafs er fich auf der andern ebenfalls nach gleichen Gefetzen und Regeln abfpielen mufste uud mufs ift klar.

Die bisher betrachteten Culturnationen der alten Welt haben diefs eine negative Merkmal gemeinfam, dafs fie in ihrer Culturentwicklung eines wichtigen natürlichen Factors des Meeres als Communicationsmittels wenigftens in bedeutenderem Umfange entbehrten. Denn theils waren es continentale Mächte wie Affyrien, Medien, Perfien, deren Entwicklung fich in Binnenländern abfpielte; theils war mangelhafte Schifffahrtskunde und die Lage an grofsen Oceanen wie China's und Indien's, theils wie in Aegypten der Mangel an Schiffsbauholz und Eifen daran Schuld.

Dagegen waren im Centrum diefes grofsen Völker- und Staatenkreifes, welches zugleich den natürlichen Uebergang nach Europa bildete, wir meinen an den mittelländifchen Geftaden Kleinafiens die Bedingungen gegeben um jenen natürlichen Factor, das Meer, dem focialen Naturprozeſs dienftbar zn machen, es für denfelben zu verwerthen.

Die bewaldeten, bis dicht an das Meer herantretenden Gebirgszüge Kleinafiens boten reichliches Material für den Schiffsbau; ausgiebige Bergwerke boten das nöthige Eifen zu demfelben; und das von drei Erdtheilen beckenartig eingefchloffene, von zahlreichen Infeln überfäete mittelländifche Meer konnte auch bei noch mangelhafter Schiffsfahrtskunde leicht befahren werden.

Diefe der Schifffahrt günftigen Umftände allein würden aber gewifs nicht genügt haben, den Seehandel, diefen mächtigften Hebel der focialen Entwicklung, zu fördern, wenn nicht erftens die geiftige Anlage der an die Küften Kleinafiens gelangten Stämme überfeeifchen Unternehmungen gewachfen wäre und wenn fie nicht zweitens, gedrängt von ihnen nachrückenden kriegerischen Stämmen zu solchen Unternehmungen ihre Zuflucht zu nehmen gezwungen worden wären. Beides war der Fall.

Was den ersteren Umstand anbelangt, so darf man sich freilich die Sache nicht so vorstellen, als ob alle in Phönizien wohnenden Stämme (und deren gab es da eine grosse Menge!) solchen Unternehmungen gewachsen wären: aber es braucht ja nur eine kleine Minorität Muth und Geist zu besitzen um die übrigen Stämme auf die eine oder andere Weise activ oder passiv an diesen Unternehmungen Theil nehmen zu lassen; und daß eine solche Unternehmer-Minorität sich fand, lehren eben die Thatsachen. Gedrängt aber wurden die »Canaaniter« zu diesen Unternehmungen durch die immer weiter nach Westen an die Gestade des mittelländischen Meeres hin sich ausbreitenden vorderasiatischen Reiche der Assyrer, Meder, Perser und von Süden her der Aegypter und der Juden.

Nicht im Stande dem Andrange kriegerischer Völker zu widerstehen, auf die schmale Küste Canaans beschränkt blieb ihnen keine Wahl, ihr erfinderischer Geist musste helfen. Die Cedern des Libanon wurden zu Schiffen gezimmert - und das Ausbeutungsgeschäft, das Assyrer, Perser, Meder, Aegypter und Juden mit Feuer und Schwert in Vorderasien betrieben, wurde mittelst der Schifffahrt und des Handels vorerst auf friedliche Weise auf die das mittelländische Meer begrenzenden Länder und die in demselben befindlichen Inseln hinübergespielt.[1]

Und siehe! es zeigte sich bald, daß man mit dem Handel, und zwar sowohl mit dem See- als Landhandel, nicht geringere Erfolge erzielen kann wie mit dem Kriege. Die Phönizier häuften bald in den Hafenstädten ihres schmalen Küstenstriches Reichthümer und Schätze wie sie

[1] Vergl. Movers: Die Phönizier, II. B. I. Theil.

die kriegerifchen Völker Afiens mit all ihren Raubzügen nicht aufbringen konnten. Und im Gefolge diefer gewinnreichen Unternehmungen erblühte in den Hafenftadten Phöniziens eine Cultur, gepaart mit Pracht und Luxus wie fie kaum in den Refidenzen der afiatifchen Grofsmächte gefehen worden.

Mit der fteigenden Macht der Phönizier entwickelte fich aber auch ihre Handelspolitik; fie ward Colonial-Politik. Man begnügte fich nicht mehr mit dem jeweiligen Gewinn aus überfeeifchem Handel; man trachtete letzteren zu organifiren und fomit die erzielten Handelsvortheile in eine Art Tribute umzuwandeln, auf welche man mit Sicherheit zählen könnte. Zu diefem Zwecke wurden an der Süd- und Nordküfte des mittelländifchen Meeres Colonien gegründet; das konnte freilich mit blos friedlichen Mitteln allein nicht durchgeführt werden. Etwas Gewalt und Blutvergiefsen mufste fchon mitunterlaufen. Theils wurde einheimifche Bevölkerung als Knechte und Sklaven in jene Colonien deportirt, theils wurden die Eingebornen jener Colonialgegenden verknechtet. Wie das feither von Europa aus fo oft gefchehen ift, dem Handel folgte die Unterjochung, die Kaufherren wurden Befehlshaber und Herrfcher. Doch blieb ihr Augenmerk immer auf den Gewinn aus Handel, Gewerbe und Induftrie gerichtet und breiteten fie ihre Herrfchaft nie weiter aus als es ihr Gefchäftsintereffe erheifchte. Und dennoch war für die Entwicklung der Menfchheit im Altherthum vielleicht kein kriegerifch-eroberndes Volk von fo nachhaltiger Bedeutung und von fo weittragendem culturellem Einfluffe als diefes Handelsvolk. Von durchaus egoiftifchen Trieben geleitet, mit Trug und Lift nach materiellem Gewinn ftrebend; leifteten fie doch der Menfchheit und fpeciell auch der europäifchen die gröfsten Culturdienfte. Europa wäre nie das geworden was es heute ift ohne die Phönizier.

Die »Geheimnißkramerei« der Phönizier über die von
ihnen aufgesuchten und besetzten Handelsplätze, Emporien
und Colonien hat es der hiftorifchen Forfchung für immer
unmöglich gemacht die wirkliche Ausdehnung ihrer Handels-
unternehmungen und ihrer Anfiedlungen in Europa kennen
zu lernen. Viele Anzeichen deuten jedoch darauf hin, daß
fie nicht nur in Griechenland, Italien und Spanien die
erften europäifchen Handelsftadte gründeten: fondern daß fie über die Säulen des Herkules hinaus auch
den Weften Europas mit ihren Handelsniederlaffungen
bedeckten. Wo immer fie aber eine folche Handelsnieder-
laffung gründeten, da fehen wir das Vorbild der fpäteren
europäifchen Städte. Handelsinnungen, Gilden find die
Grundlage der Organifation derfelben.[1]

Nach innen ftark durch diefe Organifation fchieben
fie fich als wirthfchaftliches Glied in die Völkerverhält-
niffe Europa's ein, wo eine zahlreiche Urbevölkerung von
mannigfachen meift aus Afien kommenden kriegerifchen
Horden zu Ackerbaudienften gezwungen ward. So trafen
in Spanien die friedlich vordringenden und wirthfchaftlich
fiegreichen Phönizier mit den von Norden her kriegerifch
auf die Iberer eindringenden Kelten zufammen.[2] Und
damit waren eben in Spanien die Grundbeftandtheile einer
ftaatlichen Ordnung gegeben — die befehlenden keltifchen
Herren, das verknechtete iberifche Volk, und die ge-
werbefleifsigen uhd handeltreibenden Phönizier.

---

[1] Waren aber phönizische Kaufleute aus einer und derfelben Stadt
in grofser Anzahl an einem fremden Handelsplatze anfäffig, fo traten
fie um ihre gemeinfamen politifchen, commerziellen und religiöfen Ange-
legenheiten defto beffer realifiren zu können, in Corporationen zufammen,
welche, obgleich fie befondere Freiheiten und Privilegien von Seiten des
fremden Staates genoffen, doch als Bürger des phönizischen Mutterstaates
noch fortdauernd unter deffen Schutz und Oberauffficht ftanden.« Movers.
l. c. II. 3. S. 123. [2] Vergl. Movers l. c. II. 2. S. 588.

Nicht anders wie in Spanien wird es auch im übrigen Europa vor fich gegangen fein — wenn uns auch hier hiftorifche Zeugniffe im Stiche laffen. Wenn man aber bedenkt, dafs die Organifation der Handelsftädte und nach ihrem Mufter fodann der übrigen See- und Landftädte uns fo fehr an die bekannten phönizifchen Handelsniederlaffungen erinnern; wenn man ferner bedenkt, dafs die Phönizier in Europa fpurlos verfchwunden find, was doch gewifs nur darin feinen Grund hat, dafs fie mit der Zeit in den Völkern, zwifchen denen fie Handel und Gewerbe trieben aufgiengen: fo wird die Vermuthung geftattet fein, dafs fie es waren, welche die erften Keime des Städtewefens nach Europa brachten — an welche Keime fich allerdings dann auch andere ethnifche Elemente in den verfchiedenen Ländern Europa's anfetzten.

Freilich, die europäifche Gefchichte befchäftigt fich wenig mit diefen im Stillen und im Dunkel hantierenden Elementen. Sie befafst fich faft ausfchliefslich mit den Thaten der **kriegerifchen Stämme**, welche meift ebenfalls von Afien doch auf den Landwegen über Süd-Rufsland herkommend die europäifche Bevölkerung verknechteten und mit der Gewalt der Waffen (die ihnen gewifs phönizifche Kunftfertigkeit lieferte) nicht minder aber mit angeborenem Herrfchergeifte die verfchiedenen europäifchen Staaten gründeten.

Der Grund diefes Stillfchweigens mit der die europäifche Gefchichte einen fo wichtigen Factor europäifcher Cultur übergeht, ift klar. **Das Volk der Phönizier ift verfchwunden.** Seit Jahrtaufenden bereits giebt es keine Phönizier mehr — ihre Sprache ift längft verfchollen — und moderner Wiffenfchaft ift es kaum gelungen einige Spuren ihrer Schrift und einige wenige Denkmale ihrer Kunft zu entdecken.

Wenn wir nun bedenken, dafs phyfifch und anthropologifch diefes Volk nicht verfchwunden fein kann, weil wir doch von keinerlei folcher Kataftrophe wiffen, der alle Phönizier in Afien, Afrika und in Europa zum Opfer gefallen wären, und auch von einem allmähligen Ausfterben diefes Volkes nichts bekannt ift, wenn wir alfo bedenken, dafs das Blut der Phönizier auch heute noch gewifs reichlich vertreten ift unter den Völkern der Gegenwart und gewifs auch in Europa — fo drängt fich die Frage auf, wie man fich diefe räthfelhafte Erfcheinung zu erklären habe. Die Sache ift ganz einfach.

Die Phönizier waren ein kluges Volk; fie verftanden es immer fich den Verhältniffen anzupaffen. Als fie von afiatifchen Eroberungs-Stämmen gedrängt fich auf den fchmalen Küftenftrich angewiefen fahen, fuchten fie ihr Heil auf der See und in fernen Landen. Ihr kofmopolitifcher Geift überwand alle vaterländifchen Gefühle und liefs fie überall eine »traute Heimat« finden, wo es gute Gefchäfte und ein angenehmes Leben gab.

Mufste fich da nicht aus einer folchen Lebensauffaffung ein langfames Aufgeben der »nationalen« Cultur ergeben und ein Aufgehen in denjenigen Maffen unter denen fie fich anfiedelten? und das um fo mehr als der »fchachernde« Phönizier als folcher im vorhinein der Antipathien und feindfeligen Gefühle aller Völker gewifs fein konnte. Gewifs nur in diefem Umftande haben wir die Löfung des Räthfels zu fuchen, welches dem Hiftoriker das vollkommene Verfchwinden des phönizifchen Volksthums in Europa bietet. Als kluges Volk verftanden es die Phönizier eben **rechtzeitig unterzugehen**. Mit richtigem kofmopolitifchem Sinne taxirten fie ihre »nationale« Cultur keineswegs fo hoch, dafs fie ihnen um den Preis des Haffes und der Feindfeligkeit der Völker nicht zu theuer zu ftehen gekommen wäre. **Sie giengen auf in den Völkern unter denen fie wohnten** und erfüllten fo gewifs treuer und richtiger die Intentionen des gefchichtlichen Naturprozeffes, wenn man fich fo ausdrücken darf, als wenn fie ihr überlebtes Volksthum mit unzeitgemäfser und unnatürlicher Verftocktheit bis in fpäte Jahrhunderte hinein »gerettet« hätten.

Eine folche verkehrte und unnatürliche »nationale« Politik überliefsen fie dem Volke, welches von Haufe aus ihrem Beifpiele in vielen Stücken gefolgt war insbefondere aber ihre Handelspolitik fich angeeignet hatte. Wir fprechen von den Juden.

Die Anfänge diefes Volkes ftellen uns gleich denjenigen fo vieler andern die in der Gefchichte eine Rolle fpielten, eine Mehrheit heterogener Stämme dar. Die fpätere Tradition ftellte für diefe Mehrheit die runde Zahl zwölf auf und übertrug auf die Urzeit eine aus der fpäter fich herausgebildeten Cultur abftrahirte »Verwandtfchaft«, indem fie um letztere beffer zu begründen einen gemeinfchaftlichen Stammbaum fingirte. Diefe »israelitifchen« Stämme, wie man fie ex poft nennt, waren erft nomadifche Viehzüchterftämme, eroberten nach langen Wanderungen und wechfelnden Schikfalen das Land Paläftina, deffen Bewohner theils ausgerottet, theils verknechtet wurden. Mit fteigender Cultur und Bevölkerung, als das kleine Land den gefteigerten Bedürfniffen und Anfprüchen nicht mehr genügen konnte, ahmten fie das Beifpiel der Phönizier nach, wurden Handelsleute und zerftreuten fich als folche in alle Welt.

Auch in der Einrichtung ihrer befonderen Gemeinwefen in Europa fpiegelt fich gewifs noch das Vorbild phönizifcher Niederlaffungen ab. Nur in einem Punkte, vielleicht in dem allerwichtigften, verftanden fie es nicht dem Beifpiele der Phönizier zu folgen; die Juden verftanden es nicht und verftehen es im Grofsen und Ganzen noch heute nicht — unterzugehen.

Daran trägt freilich die meiste Schuld ihre hochentwickelte alte Literatur, insbesondere die theologische. Nachdem auch das siegreiche aus dem Schoofse dieses Volkes hervorgegangene Christenthum an der alten Tradition hangend, diese jüdischen Schriften als »heilig« erklärte schien es, nicht so sehr den blinden und unwissenden Massen wie einem eingebildeten und verblendeten Schriftgelehrtenstande, dafs es da in der That ein »nationales Heiligthum« zu conserviren gälte — und in widernatürlichem Starrsinn zogen sie es vor, einen ewigen Rassenkampf aller Völker und Nationen gegen sich wach zu erhalten, als diese überlebte und mumienhafte Nationalität der aufblühenden, frischen Cultur anderer Länder und Zeiten zum Opfer zu bringen. In diesem starren Festhalten an längst überlebten Culturformen, die in Wahrheit nur in den Catacomben der Geschichte nicht aber im Leben der Völker an ihrem Platze wären, liegt ein schweres Vergehen gegen das grofse Naturgesetz der Geschichte — ein Vergehen das von tausenden Generationen hart gebüfst wird. Es giebt der unvermeidlichen, aus der naturnothwendigen Entwicklung der ethnischen und socialen Elemente sich ergebenden Rassenkämpfe übergenug und es scheint nicht nothwendig und ist gewifs kein welthistorisches Verdienst um die Menschheit durch ein unsinniges Trotzbieten den ewigen Gesetzen und allgewaltigen Strömungen des socialen Naturprozesses einen Rassenkampf mehr permanent zu erhalten und ewig zu schüren, der längst schon, wie jener gegen die Phönizier, ausgetobt haben könnte.

47. Europa.

Die Phönizier führen uns nach Europa hinüber. Ueberall wo sich zuerst in Europa geschichtliches Leben regt, in Griechenland, Italien und Spanien treffen wir zuerst die fchwindenden Spuren phönizifcher Cultur. So auch unwiderleglich in Hellas. »Der Verkehr der Phöniker an den Küften von Hellas mufste den Hellenen bedeutfame Anregungen gewähren.« ¹) In griechifchen Sagen finden wir Zeugniffe über Kämpfe mit den Phönikern (Thefeusfagen). ²) Aber auch das ift bezeugt, dafs fich die Phöniker gräcifirten und an dem geiftigen Leben Griechenlands regen Antheil nahmen. Der grofse Philofoph von Milet Thales war von phönizifcher Herkunft. ³)

Diefen phönizifchen Einflüffen gegenüber ftanden zweifache heterogene ethnifche Elemente aus deren Contact das eigentliche Staatsleben Griechenlands erwuchs. Ueberall in Griechenland finden wir ein über eine autochtone Bevölkerung herrfchendes kriegerifches Volk. Letzteres bildet eine Art Adel — erfteres die Leibeigenen, verknechtete Ackerbauerfchaft. Die griechifche Sage fchreibt diefe Theilung des Volkes in Adel und Bauern dem Thefeus zu.« ⁴)

Thatfächlich fteht diefe fociale Schichtung mit der grofsen zu Eroberungszwecken unternommenen Wanderung im Zufammenhang mit der die griechifche Gefchichte beginnt (1000 — 800 v. Chr.) und die man als die dorifche Wanderung bezeichnet, wiewohl fie gewifs eine viel allgemeinere war.

Die Dorer drangen von Norden in den Pelopones. »Der hartnäckige Widerftand der alten Einwohner hemmte am mittleren Eurotas die Fortfchritte der Dorer. Aus ihrem Lager erwuchs die Stadt Sparta.« (Duncker.) Drei dorifche Stämme eroberten Argos. »Nach der Ueberwältigung der alten Bewohner wurde ein Theil derfelben als vierter Stamm der Hipernetier zu gleichem Rechte neben

---

¹) Duncker III. 157. »Griechifche Buchftaben - Namen fcheinen phönizifch zu fein.« Grimm Gefch. d. deutfchen Sprache I. 159.
²) Das. S. 168. ³) Ranke Weltgefchichte I. 175.
⁴) Dunker III. 168 ff.

die drei dorifchen geftellt; der Reft wurde zu unterthänigen Bauern oder leibeigenen Knechten gemacht.« Ganz auf diefelbe Weife ging die Gründung aller andern griechifchen Stadt-Staaten vor fich. »In allen diefen Orten herrfchten unter ihren Königen die neuen Einwanderer nach dem Rechte der Eroberung. Sie bildeten den Adel diefer Städte, welcher den beften Theil der triftenreichen Gemarkungen unter fich vertheilt hatte ect.« [1] Und ganz fo endlich

---

[1] Duncker III. 280. Wer die Politik des Ariftoteles mit Aufmerkfamkeit lieft, der mufs zur Ueberzeugung kommen, dafs diefer griechifche Staatslehrer von der Vorausfetzung ausgieng, dafs die Sklaven in Griechenland mit den herrfchenden Claffen dafelbft nicht deffelben Stammes, nicht ὁμογάλακτοι (Politik I. 1.) feien. Denn nachdem er die Thatfache des Beftandes eines herrfchenden und beherrfchten Theiles der Nation conftatirt und diefe Thatfache als nothwendig und nützlich hingeftellt (I. 3.), begründet er diefe feine Anficht damit, dafs »zwifchen gewiffen Dingen fchon von ihrer Entftehung an fich ein folcher Unterfchied findet, wodurch die einen zur Regierung, die anderen zur Abhängigkeit beftimmt werden.« Dafs aber Ariftoteles bei diefen Worten »von ihrer Entftehung« nicht an die Geburt der Einzelnen, fondern an die Abftammung der ganzen Volksclaffen denkt, ergiebt fich aus dem ganzen Inhalte diefer erften Kapitel. Denn feine ganze Unterfuchung ift ja nicht auf die Individuen gerichtet, fondern wie er felbft fagt, auf die »kleinften Gefellfchaften« als »Theile des Staates« (I. 1.) An welche »Theile des Staates« er aber dabei denkt, geht aus feinen Worten deutlich hervor, wo er fagt, dafs da »wo ein Theil herrfcht, der andere beherrfcht wird, da giebt es ein gemeinfchaftliches Werk, an welchem beide arbeiten.« (I. 3.) Wenn er nun weiter behauptet, dafs: »Unter den ungriechifchen Nationen« überhaupt die Menfchen-Art, welche von Natur zur Regierung beftimmt ift, fehlt«; fo ift es klar, dafs er nicht von individuellen Unterfchieden innerhalb eines Menfchenftammes, fondern von Art-Unterfchieden der Menfchen, alfo von Stammesunterfchieden fpricht, in welchem Sinne er auch beifällig den Spruch der Dichter citirt, »es fei billig, dafs Griechen über Barbaren herrfchen«, wozu er erklärend und offenbar zuftimmend hinzufügt: »Sie fetzen nämlich voraus, dafs ein Barbar fein, fo viel fei, als zur Unterwürfigkeit geboren fein.« Den beften Beweis aber, dafs Ariftoteles die Sklavenclaffe als einen heterogenen ftamm-

gieng auch die Gründung der griechischen Pflanzstädte in Kleinasien und anderwärts vor sich. So sehen wir denn überall das geschichtliche Leben der Griechen aus der dreifachen Wurzel einer unterjochten Bauernbevölkerung, herrschender Erobererstämme und mitten zwischen denselben angesiedelter meist phönizischer, Handel und Gewerbe treibender Bevölkerung erwachsen. Auf dieser gleichen Grundlage mußte aber auch überall eine im Wesentlichen gleiche staatliche Organisation sich herausbilden, wie es auch in der That der Fall war.

Denn was man in griechischen Staaten und auch später als Monarchie, Aristokratie, Demokratie unterscheidet, das sind nur äußerliche, unwesentliche Formunterschiede die den socialen Aufbau der Staaten nicht alteriren. Dieser sociale Aufbau, der mit der wirthschaftlichen Arbeitstheilung zusammenfällt, ist überall derselbe — und hierin ist Griechenland wieder ein Vorbild von Europa.

Mögen die Verschiedenheiten der Form noch so groß sein und sie sind bedingt durch die geographische Lage und Größe der Staaten, durch die verschiedene ethnische Zusammensetzung derselben: die socialen Grundrisse aller europäischen Staaten blieben sich gleich seit den ersten Staatengründungen in Hellas, denn die Art und Weise dieser Gründungen blieben sich im Wesen immer gleich. [1])

---

verschiedenen Bestandtheil des Staates, als blutsfremde Masse ansieht und daß er die Qualification zum Herrschen und Beherrschtsein nicht in individueller, sondern in Art- und Stammverschiedenheit der ganzen Bevölkerungsclassen findet, liefert jene Stelle, wo er auf die (die Regel doch bekanntlich nur bestätigende) Ausnahmen hinweist, die sich wider »die Absicht der Natur« in der Wirklichkeit oft treffen, daß nämlich der eine Mensch den Körper eines Freien, der andere die Seele desselben hat.« (I. 3.) Auch Thukidides, das läßt sich aus dessen Geschichtswerke leicht erweisen, kennt die Thatsache der heterogenen ethnischen Zusammensetzung des griechischen Volkes.

[1]) Wo uns über diese ersten Gründungen geschichtliche Zeugnisse

Dafs die Staatengründung der Römer und Latiner in Italien auf ähnliche Weise vor fich gieng, wie in Griechenland, darf als ficher angenommen werden. »Die Ausbreitung der Hellenen, fagt Niebuhr,[1] hat Aehnlichkeit mit der der Römer und Latiner in Italien: nämlich durch Anfiedlung einer Abtheilung unter einer **verfchiedenen, nicht durchaus (?) fremdartigen weit zahlreicheren Gemeinde, die Sprache und Gefetze der unter ihnen wohnenden Pflanzbürger annahm, um ihnen gleich zu werden.**« »Diefe Siculer, Argiver, Tyrrhener oder wie man fie (die älteren Landeseinwohner in Italien) nennen mag, werden von einem aus dem Gebirg von Abruzzo heruntergekommenen **fremden Volke überwältigt**; der Name diefer Eroberer, welche mit den Befiegten ein Volk und Latiner genannt werden, **ward vergeffen**; Varro übertrug auf fie mit einem ungeheuren Verfehen den der Aborigener . . .«[2]

---

fehlen und wir nur mehr den fertigen focialen Aufbau in einer gegebenen ftaatlichen Organifation vorfinden, da glauben die Hiftoriker einen anderen »naturgemäfsen« organifchen Entwicklungsgang annehmen zu dürfen. Das halten wir für irrig. So fagt z. B. Duncker von Athen: »Was in Sparta die Folge einer Eroberung von aufsen, die Folge und das Gebot einer mit Anftrengung behaupteten Gewaltherrfchaft eines **fremden Stammes** über die gefammte Maffe des Volkes war, war in Attika bereits vor der Wanderung als die Frucht einer **naturgemäfsen Entwicklung eingetreten.**« Letztere Annahme ift gewifs ein Irrthum. Die ftaatliche Organifation ift immer und überall auf gleiche Weife entftanden — wo wir aber deren erfte Begründung nicht kennen und nur die fpätere gefellfchaftliche »Ordnung« uns entgegentritt: da fetzen wir eine naturgemäfse Entwicklung voraus und verftehen darunter eine Entwicklung ohne Gewaltanwendung und ohne Zufammenftofs heterogener ethnifcher Elemente. Wie gefagt, das ift nur eine optifche Täufchung. Vergl. dazu das Capitel über »Natürlich und Conventionell« in unferem »Rechtsftaat und Socialismus.«

[1]) Römifche Gefchichte S. 17.
[2]) Das. S. 28.

Alfo erft Eroberung und dann Amalgamirung in Italien ebenfo wie in Griechenland, wo nach dem Ausfpruche Strabos (Buch VII) die Griechen alle Völker unter denen fie fich niederliefsen entweder gräcifirten oder ausrotteten. Von der Eroberung aber bis zur Amalgamirung fpielt fich der ganze Prozefs der Staatengründung und Entwicklung mit allem was drauf und dran ift, ab.

Wenn nun auch diefer fociale Naturprozefs fich im übrigen Europa felbftverftändlich nach denfelben Gefetzen abfpielen mufste und abfpielte wie in Griechenland und Italien: fo läfst fich doch in der äufsern Form desfelben ein Unterfchied bemerken, welcher der Gefchichte Europa's mit Ausfchlufs der »claffifchen Welt« ein etwas verfchiedenes Gepräge giebt.

Während nämlich die Erobererftämme in Griechenland und Italien den überwältigten kleinen Völkerfchaften fo zu fagen unmittelbar auf dem Nacken blieben und fich felbft haufenweife an beftimmten Orten anfiedelten die dann zu Städten heranwuchfen — welcher Vorgang dazu führte, dafs das gefchichtliche Leben in Griechenland und ebenfo auch lange Zeit in Italien fich in Stadt-Staaten abfpielte, in deren näheren und entfernteren Umgebung die hörige Bevölkerung für die »Herren« in der Stadt Dienfte leiftete: haben die Erobererftämme im übrigen Europa fich mehr einzeln- und familienweife auf den eroberten Terrains angefiedelt und zwar in befeftigten Wohnplätzen, Caftellen, und von da aus die umwohnenden Völkerfchaften mittelft Waffengewalt und Terrorifmus im Zaume gehalten, wobei fie fich gegen das Uebergewicht der Zahl der Unterworfenen und Hörigen durch eine finnreiche Organifation des Zufammenhaltens und gegenfeitiger Hülfe zu fchützen wufsten.

Diefe Organifation und die dadurch bedingte

Lebensweife hat in ganz Europa die eigenthümliche Erfcheinung des Ritterwefens hervorgerufen wie es in diefer Geftalt weder Griechenland noch Rom kannten — und dabei die herrfchenden Claffen lange Zeit vor dem Untertauchen im ftädtifchen Leben und in dem ftädtifchen Volks-Elemente bewahrt.

Diefe Abgefondertheit von der herrfchenden Claffe hat aber auch den europäifchen Städten, die aus nichthörigen alfo vorwiegend fremden daher freien Elementen entftanden, ein von den Städten des claffifchen Alterthums ganz verfchiedenes Gepräge gegeben.

Während jene der ganzen Sachlage nach an dem politifchen Leben einen gewiffen Antheil nahmen der unter Umftänden fich fteigern konnte und während auf diefe Weife die »hohe Politik« als befruchtender Einfluſs auf das ftädtifche Element wirkte und jene hohe Cultur erzeugte, deren Glanzpunkte wir im alten Athen und Rom bewundern: waren die europäifchen Städte von jeder Theilnahme an der »hohen Politik« ausgefchloffen, welche letztere fich hier ausfchliefslich auf den Zufammenkünften der »Herren«, auf den Parlamenten und Reichstagen concentrirte.

In geiftiger Beziehung war diefer Umftand für beide Theile nachtheilig. Denn jedes Zufammenleben, jeder Verkehr heterogener Elemente bildet an und für fich einen culturellen Factor von grofser Bedeutung. Die tiefe Kluft zwifchen Städten und »Höfen« liefs in Europa lange Zeit die erfteren im kleinlichem Zunft- und Krämergeifte verfumpfen, während fich 'die Mehrzahl der »Ritter« lange Zeit in einem rohen Banditenleben verrannte.

Die Umftände find bekannt, welche in der »Neuzeit« diefe »mittelalterlichen« focialen Schäden heilten. (Das Bekanntwerden der claffifchen Literatur, die überfeeifchen Entdeckungen, die wachfende Macht des Capitals, die geänderte Kriegführung in Folge des Schiefspulvers u. f. w.)

In den grofsen Städten Europas, namentlich des Weftens, brach endlich eine höhere Cultur fich Bahn, die im Verein mit Geld und Schiefspulver die Ritterburgen ftürzte und die »Herren« zwang in's ftädtifche Leben herabzufteigen.

Hier, in den Grofsftädten Europas wo der Contact zwifchen dem höfifchen Leben und dem ftädtifchen die heterogenen ethnifchen und focialen Elemente zuerft zu höherer geiftiger Thätigkeit anregte, bildeten fich die neuen Knotenpuncte des gefchichtlichen Lebens, wobei faft jede diefer Grofsftädte zugleich als Brennpunct eines befonderen Volksthums, einer befonderen Nationalität functionirt.

Denn ebenfo wie im »claffifchen Alterthum« die in Hellas und Italien fich abfpielenden focialen Naturprozeffe fowohl dort wie hier eine Culturgemeinfamkeit hervorbrachten, die fich im Grofsen und Ganzen in einer gemeinfamen Sprache, in gemeinfamen Religionsvorftellungen, Sitten, Gebräuchen und Lebensgewohnheiten manifeftirten und die wir mit einem modernen Worte als griechifche und römifche »Nationalität« bezeichnen: ebenfo haben in Europa die einzelnen in gröfseren Terrainabfchnitten wie z. B. in Spanien, Frankreich, England, Deutfchland, Polen, Ungarn, Rufsland u. f. w. fich abfpielenden focialen Naturprozeffe in je den einzelnen diefer »Länder« eine Culturgemeinfamkeit hervorgebracht, die fich uns in erfter Linie in einer gemeinfamen Sprache, fodann aber in gemeinfamen Sitten, Gebräuchen, Lebensgewohnheiten und Formen etc. darftellt und die wir heutzutage als Nationalität bezeichnen.

Das Mittel aber durch welches all diefes fich vollzog, durch welches Stämme zu Völkern, Völker zu Nationen, Nationen zu Raffen heranwuchfen und fich entwickelten, diefs Mittel, wir kennen es fchon — es ift der ewige Kampf der Raffen um Herrfchaft — die Seele und der Geift aller Gefchichte. Wie er einft von Schwarm zu Schwarm tobte, von Horde zu Horde, von Stamm zu Stamm: fo wüthete er fort bis heutzutage, von Volk zu Volk, von Nation zu Nation um fich vielleicht in der Zukunft von Staatenfyftem zu Staatenfyftem, von Welttheil zu Welttheil fortzupflanzen.

Und wenn auch immer wieder die kleinen heterogenen ethnifchen und focialen Elemente den Kampf aufgeben und mit einander zu einheitlichen Raffen verfchmelzen, all die Keime des Haffes, der Feindfchaft und der Kampfeswuth die in ihnen einft rege waren, fie verlöfchen nicht und fterben nicht aus: fondern übergehen in verftärktem Maafse auf das neue Amalgam auf die neue Raffe, um fich in weiterem Kampfe mit auswärtigen ethnifchen Gemeinfchaften und Amalgamen, mit der immer nächftfremden Raffe zu bethätigen, auszuwachfen und auszuleben.

So verfchwinden denn in Europa immer mehr die kleinen Stämme und die kleinen Völker und mit ihnen die kleinen Kriege und die kleinen Culturgebiete, es wachfen die Nationen und die Raffen, mit ihnen die grofsen nationalen Culturgebiete aber auch die grofsen National- und Raffenkriege. Freilich fpielt fich das alles nicht fo regelmäfsig in deutlicher Stufenfolge und überall im gleichen Schritte ab — eine folche Gleichmäfsigkeit ift ja nicht Sache der Natur. Vielmehr verfchwimmt alles in einander — die verfchiedenen Kreife verfchlingen und kreuzen fich, fchliefsen bald einander ein und aus, fondern fich bald von einander und verfchmelzen ineinander kaleidoskopartig, — die allgemeine Tendenz aber ift klar und diefe Tendenz geht von den kleinen Einheiten und Gemeinfchaften zu den immer gröfseren, von den kleinen Culturgebieten zu den grofsen, von den kleinen Raubzügen und Raubkriegen zu den grofsen National- und Weltkriegen.

Die Stelle aber der frühern kleinen Kriege zwifchen den kleinen ethnifchen und focialen Elementen nimmt im Innern der Staaten der ewige Intereffenkampf der Stände,

Claffen und focialen Kreife ein, und der ganze fehr relative Gewinn des »Fortfchritts« liegt nur darin, dafs diefe kleinen Kämpfe nicht mehr blutig wie einft in vorftaatlichen Zeiten und in Zeiten der barbarifchen Staatsordnungen, fondern auf gefetzlichem Wege, in den durch Recht und Gefetz gezogenen Schranken geführt werden.

Denn ebenfo wie die, in der ganzen übrigen Natur wirkenden Kräfte nie verloren gehen können und ihre Summe, wohl in andersartig wirkende umgefetzt, doch nie geringer werden kann: ebenfo fcheint es auf dem Gebiete des focialen Naturprozeffes. Die Summe der feit den früheften Zeiten im Bereiche der Menfchheit wirkenden focialen Kräfte wird möglicherweife nie geringer. Einft manifeftirten fie fich in unzähligen Hordenkriegen und Stammesfehden — mit der Entwicklung des focialen Prozeffes auf einzelnen Gebieten, mit dem Fortfchritt der focialen Amalgamirung und dem Wachfen der Cultur gehen jene Kräfte nicht verloren, nur äufsern fie fich in andern Formen. Die Summe der gegenfeitigen Ausbeutungen in jeder gegebenen focialen Gemeinfchaft wird vielleicht nie kleiner, wenn fie auch zu Zeiten in andern Formen geübt wird. So werden heutzutage in Europa der Zahl nach weniger Kriege geführt wie in früheren Jahrhunderten: aber die Gröfse und die Bedeutung der einzelnen Kriege (z. B. deutfch-franzöfifcher, türkifch-ruffifcher) halten den früheren zahlreichen kleineren Kriegen das Gleichgewicht. Im Innern der einzelnen Staaten Europa's aber giebt es heute wohl keine Peinigungen der Leibeigenen, keine Hexenprozeffe, keine Judenautodafés, kein Raubritterthum, keine Brandfchatzungen der Städte: aber von der Summe der wirkenden Kräfte die in all jenen Erfcheinungen des »Mittelalters« zu Tage traten, ift nicht ein iota abhanden gekommen. Sie wirken fort in ungebrochener Macht und Stärke und manifeftiren fich im täglichen Leben. »In welchen Erscheinungen?« Auf diese Frage wollen wir heute nicht eingehen. Wohl aber wollen wir auf die grofsen focialen Geftaltungen hinweifen, die aus den jahrhundertelangen kleinen Kämpfen und Kriegen Europa's hervorgiengen und wie es fcheint heutzutage fich zu viel gröfseren National- und Weltkriegen vorbereiten.

Aus jahrhundertelangen Kämpfen und vielfach fich gegenfeitig ablöfenden Staatsgründungen giengen die auf dem Boden Italiens, Spaniens und Frankreichs erwachfenen Nationalitäten hervor, deren verwandte Sprachen und Culturen fie heute bereits zu einer »romanifchen Raffe« ftempeln; ein ähnlicher Prozefs der Nation- und Raffebildung fpielte fich zwischen Alpen und Nordfee ab, wo aus einftigem Völkerchaos eine deutfche Nationalität erwuchs die fich heute bereits als »germanifche Raffe« zu fühlen beginnt; den europäifchen Often endlich trachtet Rufsland heute, nach dem Fall des polnifchen Nationalftaates und nach nahezu vollendeter Verdrängung der Türken aus Europa als eine der »flavifchen Raffe« gehörige Welt zu conftituiren.

Und damit find wir an einem Punkte angelangt, bis wohin bereits eine ferne Zukunft ihre blutigen Schatten vorauswirft. Begreift man es, welch fürchterliche National- und Weltkriege es wird abfetzen müffen, ehe folche drei Culturwelten von drei feindlichen »Raffen« getragen, ausgetobt, ehe fie in gegenfeitigen Kriegen ihre Kräfte erprobt und erfchöpft haben werden und ehe an Stelle romanifcher, germanifcher und flavifcher Culturgebiete ein einziges europäifches Culturgebiet eine einzige europäifche Raffe fich herausgebildet haben wird?

Jahrhunderte blutiger Raffenkriege trennen uns von diefem Zeitpuncte. Während deffen erwächft vor unfern Augen aus unzähligen heterogenen Elementen drüben über dem Ocean eine neue Culturwelt, eine neue

Verfall unter den Streichen auffstrebender »Barbarei« und von Neuem wieder derselbe Prozeſs auf höherer ethnifcher Staffel, mit höheren, focial und national potenzirten Gefammtheiten.

Und das Refultat diefes Prozeſſes? Die einen jubeln, es fei »Fortfchritt«, die andern jammern es fei »Verfall und Rückfchritt«. In Wahrheit ift's nicht das Eine und nicht das Andere, es ift immer dasfelbe — wie könnte es auch anders fein? — es ift immer derfelbe Naturprozeſs deſſen Formen wohl unwefentliche Aenderungen aufweifen, deſſen Scenerie in verfchiedenen Weltgegenden zu verfchiedenen Zeiten verfchieden fein kann, deſſen Wefen aber immer dasfelbe bleibt. Es ift immer diefelbe rohe Maſſe, immer diefelbe »ausbeutende« Minorität die auf Koften jener zeitweife fich gütlich thut und — hie und da verftreut, rari nantes, wenige denkende Köpfe. Diefe arbeiten geiftig für die herrfchende Minorität, ja auch für die Maſſen. Und da es ihnen von Zeit zu Zeit gelingt, irgend eine Wahrheit zu entdecken, irgend eine Erfindung zu machen die fie der herrfchenden Minorität, ja auch der Maſſe zur Verfügung ftellen, fo wird über Fortfchritt triumphirt. Man vergifst, dafs diefe Erfindungen und Entdeckungen einzelner die immer fich ereigneten, das Wefen der Menfchheit nicht ändern, die Menfchen nicht beffern. Diefe bleiben immer diefelben ob fie im Canöe rudern, im Segelfchiff fahren oder mit Hilfe des Dampfes das Weltmeer durchfliegen; fie bleiben immer diefelben ob fie in beiden Hemifphären von einander keine Ahnung haben oder fich mittelft Telegraph und Telephon von einem Welttheil zum andern zu überliften trachten; fie bleiben diefelben, ob fie fich mit Keulen und Jatagans todtfchlagen oder mit Krupp's und Hinterlader todtfchieſsen mit Dynamit und Torpedos in die Luft fprengen.

Es ift kein Fortfchritt und kein Rückfchritt, es ift

immer dasselbe, und es kann auch nicht anders sein, weil die Menschen immer dieselben sind, weil die socialen Elemente immer von denselben Kräften beseelt sind, weil die Qualität und Quantität dieser Kräfte immer dieselbe bleibt. Und es ist auch ein Wahn zu glauben, dafs heute gröfsere Erfindungen gemacht worden sind und gemacht werden als vor Jahrtausenden. Nicht kleiner und nicht gröfser!

Eine gewisse Grenze nach oben kann in seiner Entwicklung kein Menschenhirn überschreiten — weil es eben schliefslich ein Menschenhirn ist und die Natur desselben ihm anhaftet. Jener Höhepunct aber der von einzelnen Köpfen erreicht werden kann, ist gewifs zu allen Zeiten immer von Einzelnen erreicht worden. Und in der That steht ja auch die raffinirteste electrotechnische Erfindung der Neuzeit gewifs um keines Haares Breite höher als die Erfindung der ersten Rune, des ersten Keilschriftzeichens. Und ist etwa der Erfolg der modernen Erfindung gröfser? Allerdings kann der Telegraph die Verständigung zwischen entgegengesetzten Endpuncten der Erde vermitteln, aber erhalten wir durch die Keilinschrift nicht Kunde darüber was vor Jahrtausenden geschehen? Ja! ist denn die Schrift, die unmefsbare Zeiträume überwindet, nicht eine gröfsere Erfindung als der Telegraph der doch nur beschränkte und mefsbare Distanzen verbindet? Wir hören den Einwand, dafs unser Geist durch jahrtausendealte Aufspeicherung des Wissens mächtig geworden auch mehr leisten kann; doch wer kann jene Schätze an Wissen und Erfahrung abmessen, die von früheren Jahrtausenden her aufgespeichert, den Menschen früherer Jahrtausende zu Gebote standen, von denen aber zu uns nichts mehr gelangte?

Dafs aber letzteres der Fall sein musste das können wir daraus erschliefsen, dafs es gerade die höchsten Wahrheiten und Erkenntnisse der Philosophie sind, die uns aus den älteften uns bekannten Schriften der Philofophen des afiatifchen und europäifchen Alterthums entgegenleuchten — Erkenntniffe und Wahrheiten über die hinaus die gröfsten Philofophen unferer Zeit nicht hinausgekommen find. Gerade auf diefem höchften Gebiete menfchlichen Wiffens und Erkennens konnten die gröfsten Denker der europäifchen Neuzeit nichts Neues erfinden und erforfchen was nicht fchon in den Büchern des Confucius, in den Veden, in den Lehren Buddha's enthalten wäre. Oder hat es die moderne Philofophie in der Erkenntnifs des menfchlichen Lebens weiter gebracht, als zu der Wahrheit die der »Prediger« in dem knappen Satze zufammenfafst: alles ift eitel? Hat man einen Begriff wie viel wirkliche Philofophie, wie viel Erfahrung und Nachdenken, wie viel wahren Genie's und Hingabe an die Wahrheit dazu gehört, um zu diefer Erkenntnifs zu gelangen, die gewifs mehr werth ift, als bändereiche Syfteme der Ethik? Und Ariftoteles? Schauen wir nicht alle zu diefem griechifchen Weifen wie zu einem Lehrer empor, der unerreicht in feiner Gröfse feit zwei Jahrtaufenden dafteht? Und was lehrt uns gerade Ariftoteles mit Beziehung auf geiftigen Fortfchritt? »Es giebt keine Wahrheit, meint er, die nicht fchon einmal den Menfchen bekannt gewefen wäre. Was wir zum erftenmal entdeckt und gefunden zu haben glauben, dafs war gewifs fchon einmal den Menfchen bekannt und ift nur in Vergeffenheit gerathen.« Man gebe fich nur Rechenfchaft darüber, welche Erfahrungen und Erkenntniffe über menfchlichen »Fortfchritt« es fein mufsten die Ariftoteles zu diefem Ausspruch brachten und man wird unfere Anficht in diefer Frage gerechtfertigt finden. Oder bezieht fich diefer Ariftotelifche Peffimismus vielleicht nur auf die höchften philofophifchen Erkenntniffe der Menfchheit? Ift vielleicht in den Maffen ein Fortfchritt bemerkbar? Werden die Maffen vielleicht beffer, fittlicher, vernünftiger?

Nun, wer fich von der Stabilität und Unbeweglichkeit des geiftigen Wefens der Maſſen überzeugen will, der blicke nur auf die verſchiedenen Gebiete des geiſtigen Lebens, auf Vorſtellungen und Anſchauungen, die wenn fie auch tauſendemale von Einzelnen als falſch und irrthümlich erkannt wurden, dennoch von den Maſſen mit einer nur durch die natürliche Trägheit zu erklärenden Zähigkeit feftgehalten werden; man blicke auf die grofsen Maſſen auch unter den »gebildetften« Nationen und frage fich ob je in vorgeſchichtlichen Urzeiten die Menſchen auf einer niedrigeren Stufe geiſtiger Entwicklung ſtehen konnten?

Man betrachte die Zähigkeit mit der auf allen Gebieten des Lebens eingewurzelte Vorurtheile von den Maſſen feſtgehalten werden die, unfähig ſelbſtändig zu denken, ohne eigenes Urtheil krampfhaft daran ſich klammern, was ihnen in Kindheit und Jugend eingetrichtert wurde, um es den folgenden Generationen wieder einzutrichtern. Dieſe unbewegliche, ſtagnirende Maſſe iſt neuen ſelbſtändigen Geiſtesſtrömungen unzugänglich; mit indolenter Trägheit wird immer am Alten und Hergebrachten feftgehalten und allem Neuen, möge es noch ſo vernünftig fein immer mit Mifstrauen und Unwillen begegnet.

Daher gehen an diefen indolenten Maſſen die einzelnen denkenden Köpfe wirkungslos vorüber — und darin liegt auch die Löſung der räthſelhaften Erſcheinung, daſs die von Zeit zu Zeit erſcheinenden grofsen Denker immer von Neuem dasſelbe predigen und immer gegen dieſelben Vorurtheile und Irrthümer ankämpfen müſſen; darin liegt ferner der Grund, daſs von einem ſittlichen Fortſchritt der Menſcheit ſo gar nicht zu ſpüren iſt und dafs wir nur dort einen wenigſtens äuſserlichen Fortſchritt conſtatiren können, wo ihn der Staat fördert.

Im Grofsen und Ganzen alſo, im geſammten Verlauf des Naturprozeſſes der Geſchichte giebt es weder

Fortfchritt noch Rückfchritt wohl aber im Einzelnen, in
einzelnen Perioden diefes ewigen Kreislaufs, in einzelnen Ländern in denen der fociale Prozefs immer von
Neuem beginnt. Da giebt es wohl einen Anfang der
Entwicklung, einen Höhepunct und nothwendigerweife
einft einen Verfall.

Der Grund aber, warum man immer wieder von einer
ftetigen fortfchrittlichen Entwicklung der ganzen Menfchheit als eines einheitlichen Ganzen fpricht, liegt einerfeits
in der unberechtigten Uebertragung der an einzelnen focialen Gemeinfchaften, insbefondere am einzelnen Staate in
feiner auffteigenden Lebensphafe gemachten Erfahrung auf
den vermeintlichen Entwicklungsgang der ganzen Menfchheit, andererfeits in einer befchränkten und felbftgefälligen
Betrachtungsweife der focialen Welt, die wir mit einem
Worte als Ethnocentrifmus bezeichnen möchten. Darnach
glaubt jedes Volk immer den höchften Standpunct fowohl
unter den gleichzeitigen Völkern und Nationen, als auch
mit Rückficht auf alle Völker der hiftorifchen Vergangenheit
einzunehmen. Wenn man nun in dem Wahne befangen
ift, dafs man felbft das höchfte und vollendetfte Werk der
Schöpfung ift und dafs alle Völker und Generationen der
Vergangenheit nur ftümperhafte Verfuche des Schöpfers
waren, bis ihm das Meifterwerk diefes Volkes und diefer
Generation gelungen ift: dann mufs freilich alle Vergangenheit nur als Vorbereitung der Gegenwart, und alle
übrigen Völker nur als Vorftufen zum Höhepunct des
einen Volkes erfcheinen, auf das es die Vorfehung direct
abgefehen hat.

Was hat man nicht alles in unferem Jahrhundert von
dem erleuchteten 19. Jahrhundert gefafelt, was haben nicht
alles Schriftfteller der verfchiedenen europäifchen Natiönchen
von der »Spitze« der Cultur gefprochen und gefchrieben
an der ihr Volk angeblich einherfchreitet, — was hat man

nicht alles von »unserem Zeitalter« und »unserem Welttheil« etc. etc. gerühmt. Kurz und gut der Ethnocentrismus in allen seinen Formen erzeugt die Anschauung des Fortschritts, weil sich jedes Volk und jede Zeit für besser hält, als alle andern Völker und alle frühern Zeiten. Das alles aber ist nur eine Beschaffenheit unseres Denkens ganz ebenso wie es eine Beschaffenheit unseres Auges ist, den Horizont um uns her als einen Kreis zu sehen, in dessen Mitte der Betrachter steht und den unendlichen Raum als einen Himmel, der sich über ihm wölbt und zwar am Rande des Horizontes auf der Erde ruhend und über seinem Kopfe den Mittel- und Höhepunct des Gewölbes erreichend. Ganz so wie die Beschaffenheit unseres Auges diese Täuschung erzeugt, ganz so spiegelt uns die Beschaffenheit unseres geistigen Auges jenen allmähligen Fortschritt und unseren »Höhepunct der Civilisation« vor. Eine nüchterne wissenschaftliche Betrachtung aber muss zu dem Schluss gelangen, dass es zwischen den verschiedenen »hohen Culturen« wohl eine Form- doch keineswegs eine Grad-Verschiedenheit giebt — und dass die Geringschätzung mit welcher der Europäer auf die Cultur der Chinesen, Hindus oder Araber herabsieht ebenso wenig berechtigt ist, wie der Abscheu und die Geringschätzung, mit der jene Nationen auf uns Europäer mit all unsern »gottlosen und abscheulichen« Institutionen herabsehen. —

»Ist das nun deiner Weisheit tiefster Sinn? höre ich fragen, ist das der Nutzen der Sociologie? Was soll eine Lehre frommen von einem ewigen Kampf ohne Fortschritt — von einer Menschheit, die in's unerbittliche Schicksalsrad eines naturnothwendigen Kreislaufes geflochten, keine Aussicht auf Rettung und nur eine Hoffnung — gänzlichen Unterganges hat?«

Wohl wahr, dass unsere Lehre keinen unberechtigten Optimismus begünstigt, doch dass sie nicht von Nutzen in einer edleren Bedeutung des Wortes wäre, möchten wir beftreiten.

Gewifs, das Naturgefetz der Gefchichte bringt den Völkern traurige Nothwendigkeiten, nicht minder wie das Naturgefetz des Lebens den einzelnen Menfchen. Wer wird aber aus diefem Grunde die Erkenntnifs der Lebensgefetze perhorresciren, weil fie ihm kein ewiges Leben, keine unvergänglichen Genüffe in Ausficht ftellen? Bietet ihm doch diefe Erkenntnifs im Taufch für zerftörte Illufionen den Vortheil, fich leeren, unbegründeten Täufchungen nicht hinzugeben!

Ganz fo ift's mit der Sociologie. Wohl lehrt fie die Völker bittere Wahrheiten, doch entfchädigt fie diefelben durch Verhütung noch weit fchlimmerer Enttäufchungen und dadurch, dafs fie ihr Streben auf das Maafs des einzig Möglichen einfchränkt, ihnen daher unnütze Kräftevergeudungen erfpart.

Nur die Erkenntnifs der wahren Gefetze der Gefchichte kann das Streben der Völker und Nationen oder doch wenigftens ihrer Leiter und Lehrer in Harmonie fetzen mit den gefchichtlichen Nothwendigkeiten. Wenn die Sociologie auch nichts mehr als das bewirkt, wer will läugnen, dafs fie als Wiffenfchaft von unberechenbarem Nutzen ift.

Sehen wir es denn nicht täglich, wie ganze Stämme, Völker und Nationen ihre vitalften Kräfte aufreiben an der Löfung von Aufgaben, die nach einem allgewaltigen Naturgefetze unlösbar oder doch nicht in ihrem Sinne lösbar find? Gewifs, der Raffenkämpfe wird es immer wieder in Hülle und Fülle geben — der »ewige Friede« ift »nicht von diefer Welt«. Doch wie viel Kämpfe könnten erfpart werden durch geläuterte Einficht der Führer und Leiter der Menfchheit, wie vieles Leid könnte den Völkern erlaffen werden, welche Summe ruhigen Glückes in den Schranken der Naturgefetze der Gefchichte könnte ihnen zu Theil werden, deſſen ſie jetzt entbehren müſſen, weil ſie falſche Götzen anbeten, nach unmöglichen Zielen jagen, von glänzenden Irrlichtern ſich auf Abwege verleiten laſſen.

Nein! wie alle Erkenntniſs der Naturgeſetze, bringt uns auch die Erkenntniſs der ſocialen Naturgeſetze manche herbe Enttäuſchung, doch kommt ja letztere nie zu früh und iſt immer heilſamer je früher ſie kommt.

Den Vorwurf alſo der Nutzloſigkeit braucht die Sociologie nicht zu fürchten — denn ſchliefslich iſt Erkenntniſs immer ein Glück — und Wahrheit das höchſte das den Menſchen hienieden zu Theil werden kann. Darnach redlich, wenn auch menſchlich, alſo gewiſs nicht frei von Irrthümern und Befangenheiten, geſtrebt zu haben, iſt unſere tiefſte und feſteſte Ueberzeugung!

Anhang.

A. Stimmen für den Polygenismus.

Im Anhange an das oben Seite 43—48 angeführte, sei es uns noch gestattet, aus der grofsen Anzahl der für den Polygenismus mit Entschiedenheit eintretenden Forscher einen Naturhistoriker und einen Culturhistoriker zu citiren.

Burmeister in seiner Geschichte der Schöpfung spricht sich über die Frage folgendermafsen aus: »Was aber die Entstehung aller Menschen von einem Paare überhaupt anbetrifft, so läfst sich diese Lehre bei wissenschaftlicher Erörterung nur durch eine Thatsache unterstützen, dafs alle Nationen der Erde zu einer und derselben Art (species) im naturhistorischen Sinne gehören, und ihre Unterschiede lediglich als Varietätencharakter angesehen werden können, obgleich dieselben grell genug sind. Solche Unterschiede ist man geneigt auf Rechnung verschiedener klimatischer Verhältnisse zu schieben, denen dieselbe Art im Laufe der Zeiten ausgesetzt wurde, und will nun auch daraus die mannigfaltigen Abweichungen der Nationen von einander herleiten. Bis dahin hat diese Betrachtung ihre völlige Richtigkeit in sich, allein sie begeht einen Irrthum, indem sie das an Thieren beobachtete auf den Menschen überträgt. Denn die Hausthierrassen, welche einem besonderen Klima oder Boden eigenthümlich sind, arten bald wieder aus, wenn sie in andere Heimatsorte übergeführt werden; der schöne Bergstier der Alpen behält nur hier seinen eigenthümlichen Charakter. Das grofshornige Rind Ungarns verändert sich, wenn es die grasreichen Weiden seiner Heimath verläfst; die feinwolligen Schafe kehren nach und nach in die gröbere Stammart zurück, wenn sie nicht mit ihrer ursprünglichen Reinheit von Zeit zu Zeit aufgefrischt werden. Indessen behält selbst die ausartende Rasse eine gewisse Eigenthümlichkeit auf dem neuen Boden und nimmt keineswegs ganz den Charakter der hier ursprünglich wohnenden Stammrasse an. Anders aber verhält sich das Menschengeschlecht: denn es artet der nationale Typus nicht aus, wenn er aus der Stammheimat in eine andere Gegend übergeführt wird sondern behauptet daselbst um so bestimmter seine Eigenschaften, je markirter sie an den Stammeltern hervortreten; welches letztere Verhalten auch von den Thieren nachgewiesen wurde. Wenn also in der Zeit unserer historischen Wahrnehmungen noch nie ein Jude mit markirter Individualität den Typus eines echten Deutschen angenommen hat, so lange er auch Deutschland bewohnte, vorausgesetzt, dafs er reinen jüdischen Stammes blieb; wenn ferner niemals Europäer, die nach Afrika oder Amerika auswanderten, dort im Laufe von Jahrhunderten zu Negern oder Caraiben wurden; warum sollten die Nachkommen Adams, die doch sicher einen eigenthümlichen Familientypus besitzen mufsten, sich zu Negern, Papuas, Caraiben, Malayen oder Mongolen umgeändert haben? Ein Grund dafür kann nicht nachgewiesen werden, und deshalb bestreiten wir die Richtigkeit dieser Annahme. Nimmt man dagegen mehrere Autochtonen an verschiedenen Stellen der Erde an, denen allen eine gleiche typische Idee zu Grunde lag, was der spezifischen Uebereinstimmung wegen gewifs der Fall war, so stofsen wir durchaus nicht auf irgend eine Schwierigkeit bei Erklärung der wahrnehmbaren Unterschiede. Denn wir sahen bereits, dafs ein grofser Theil aller wahrnehmbaren Differenzen, auf Rechnung der Einwirkungen von Aufsen her geschrieben werden musse, denen die Geschöpfe zur Zeit ihrer ersten Entstehung ausgesetzt waren, und werden uns nicht wundern können, dafs der Mensch demselben Gesetz in seiner äufsern Erscheinung unterliegt, wenngleich keine begriffsmäfsige, d. h. typische Differenz mehr in sich verstattet, die mit einer solchen Artidentität unverträglich ist. Es haben daher alle Menschen gleich viele Theile, gleich viele Zähne, Zehen, Knochen, Wirbel, stimmen auch in den relativen Verhältnissen derselben untereinander, wenigstens der Hauptsache nach überein, unterscheiden sich aber ebenso mannigfach in Farbe, Gröfse, Bau des Gesichtes, der Extremitäten und der Haare, wie es nur bei den verschiedensten Rassen der Hausthiere der Fall sein kann. Indem man diese beiden freilich manche Aehnlichkeiten darbietenden Erscheinungen mit einander verglich, und für Hausthiere zu der Erkenntnifs gelangte, dafs allerdings ihre Varietäten späteren Ursprungs seien, so glaubte man dasselbe auch vom Menschengeschlechte annehmen zu dürfen, und jene Abweichungen für Modifikationen einer Urform halten zu müssen: welchen Schlufs aber die thatsächliche Beharrlichkeit der nationalen Unterschiede nicht erlaubt. . . . . Nach solchen Thatsachen sind wir also berechtigt, die Möglichkeit, dafs alle Menschen von einem einzigen Paare abstammen, zu bestreiten; wir sehen uns vielmehr durch die grofsen Verschiedenheiten der

Nationen unter einander genöthigt, die urfprüngliche Entftehung mehrerer Menfchenpaare zu behaupten. Wir können die Richtigkeit diefer Anficht allein fchon durch die blofse Betrachtung der Farben bei den verfchiedenen Nationen darthun. Sollten nämlich alle Nationen von einem Paare abftammen, fo müfsten fämmtliche Farbennüancen, aus einem Grundton fich herleiten laffen, was meiner Meinung nach unmöglich ift. Wäre auch wirklich das Schwarz des Negers ein verbranntes Weifs vom Europäer und läge das Gelbe der Mongolen in der Mitte, fo würde doch die kupferrothe Farbe des Amerikaners nicht in diefe Skala paffen. Man würde mit Recht fragen können, warum find die Neuholländer und Papuas fchwarz geworden, während doch die der Linie näheren Bewohner der Gefellfchafts- und Freundfchaftsinfeln gelbbraun blieben; man würde ferner beantworten müfsen, warum in Amerika alle Nationen von der Baffinsbai bis zum Feuerlande eine im Grundton gleiche, rothbraune Farbe annahmen, während auf der öftlichen Halbkugel bald weifse, bald gelbe, bald braune, bald fchwarze Nationen oft ganz dicht neben einander wohnen. Man würde alfo immer auf neue Unbegreiflichkeiten ftofsen, weil man von einem unbegreiflichen Grundfatze ausgieng. — Ueberhaupt ftellt fich den wiffenfchaftlich geläuterten Blicken eines vorurtheilsfreien Forfchers die ganze Lehre in einem fo ungünftigen Lichte dar, dafs er getroft annehmen kann, kein ruhiger Beobachter würde jemals auf den Gedanken gekommen fein, alle Menfchen von einem Paare abzuleiten, wenn nicht die mofaifche Schöpfungsgefchichte es gelehrt hätte. Ihr zu Liebe und um die Autorität der heiligen Schrift auch auf folchen Gebieten ferner zu bewähren, für welche fie ihrem ganzen Wefen nach nicht als normirend angefehen werden kann: auf die fie auch keinen beftimmenden Einflufs mehr ausübt, feit der Menfch feine eigenen, ebenfo mühfam erworbenen, wie wohl geprüften, wiffenfchaftlichen Erfahrungen gefolgt ift; — hat eine Anzahl gröfstentheils nicht fattfam mit den Ergebniffen der Naturwiffenfchaft bekannter Forfcher fich veranlafst gefehen, den altteftamentifchen Mithus zu vertheidigen, und eine darauf gebaute, wiffenfchaftliche Anficht vertreten, die fich bei näherem Eingehen auf diefelbe nicht halten läfst. Glauben kann man jene Angabe wohl, aber freilich nicht begreifen, oder wiffenfchaftlich begründen; fo fehr auch ihre Vertheidiger, deren Anzahl eben umfo ftärker zunimmt, je entfchiedener die Wiffenfchaft das Dogma fallen gelaffen hat, mit Verfuchen aller Art fich abmühen. Denn, welche Wunder, welche feltenen Fügungen des Schickfals gehörten dazu, innerhalb eines Zeitraumes von 4000 Jahren 1000,000,000 Menfchen von einem einzigen Punkte aus, der noch dazu nur ein einzelnes Paar trug, bevölkern zu laffen; welche Mittel hätten diefe Wanderer zur

Ueberfahrt nach fernen Infeln, zur Verknüpfung fo entfernter Punkte, wie das eine grofse Feftland Amerika's fie fordert? Warum blieben fie nicht hier in den üppigen, gefegneten Fluren bei einander? Warum zogen fie es vor, fich in die eifigen Regionen der Polarländer zu begeben? — Wo, wenn wir auf die Stimme des Fleifches wie fie der Leib uns zuruft, nicht hören wollen, wo war der Grund zu einer fo vielfach verfchiedenen, in den Grundelementen zum Theil heterogenen Sprachentwicklung gegeben? Worin lag die Urfache, dafs eine Nation, die doch mit ihren Stammeltern diefelbe Sprache redete, fpäter eine ganz andere annahm?« (Burmeifter, Gefchichte der Schöpfung. 5. Auflage 1854, S. 564—568.)

Kolb in feiner Culturgefchichte der Menfchheit I. 6. behandelt diefe Frage folgendermafsen: »Was nun aber die Frage wegen der Abftammung von **einem** Elternpaare oder von **verfchiedenen** Stammeltern anbelangt, fo däucht uns **nur die letzte Annahme wahrfcheinlich**. Wir find nämlich gerade auch darin im Gegenfatze zu **Darwin**, der Anficht, dafs die verfchiedenen Raffen Eigenthümlichkeiten befitzen, welche fie, fo weit die Wahrnehmungen reichen, niemals vollftändig verlieren. Es gilt dies keineswegs blos von der Hautfarbe (die fich vergleichsweife noch am meiften modifizirt, obwohl weder der Neger in nördlichen Klimaten weifs, noch der Europäer unter dem Aequator zum Mohren wird), fondern befonders von der Geftalt, der Schädelbildung und mannigfachen phififchen, namentlich aber **Charaktereigenfchaften**. Wir glauben dabei nicht blos an **Blumenbach's fünf primitive Raffen**, fondern nehmen eine weit gröfsere **Zahl** an. Die Natur **mufste** fie unter den eben dafür günftigen Verhältniffen fo erfchaffen, wie es den phififchen Zuftänden der verfchiedenen Hauptgegenden entfprach. Die phififchen Zuftände können, feitdem die Erde in ihren jetzigen Verhältniffen befteht, niemals überall die gleichen gewefen fein. An den Polen herrfchte feitdem ftets ein anderes Klima und walteten andere Exiftenzbedingungen als am Aequator. Es wird freilich gerühmt, der Menfch fei befähigt, in allen Zonen zu wohnen. Allein in Wirklichkeit finden wir, dafs nur der aus einer gemäfsigten Zone ftammende Menfch eine Veränderung ertragen kann, die — nach Norden oder Süden — für ihn immer blos halb fo grofs ift, als die Verfetzung eines Eskimos unter die Tropen oder eines Negers in die Eiszone fein würde. Verfucht man eine Verpflanzung diefer Art, fo ergibt fich ftets auf's Neue, dafs keineswegs alle menfchlichen Raffen in allen Klimaten zu leben und zu gedeihen im Stande find. Wir gewahren bei näherer Betrachtung fogar eine fehr ungleiche Lebensfähigkeit der verfchiedenen Stämme. Allein felbft die härteften oder lebenszäheften Raffen aus den mittleren Klimaten vermögen nur dann in wesentlich anderer Zone zu existiren, wenn sie bereits einen hohen Grad der Cultur erreicht haben, und wenn ihnen dadurch und durch den Besitz bedeutender materieller Mittel der verschiedensten Art die Möglichkeit gewährt ist, sich den Einflüssen des fremden Klima's wesentlich zu entziehen. Der Mitteleuropäer, der unter den Tropen gleich dem Neger das Feld bebauen, oder im Lande der Eskimo's wie dieser leben wollte, würde unfehlbar schnell zu Grunde gehen, und nicht nur er selbst, sondern ebenso gewiss würden seine Kinder alsbald erliegen.«

B. Zur Frage der Willensfreiheit.

J. Cuno Fischer hat in seiner Schrift »Die Freiheit des menschlichen Willens und die Einheit der Naturgesetze«[1]) fleissig und emsig alle Gründe und Beweise für die Unfreiheit des Willens zusammengestellt, welche nur je von Philosophen und Forschern für dieselbe geltend gemacht worden sind. Er hat auf dieselben seine eigene Beweisführung gegen die Freiheit des Willens aufgebaut, die im Allgemeinen ganz tadellos dasteht und die wir vollkommen acceptiren. Und dennoch halten wir den Beweisstandpunkt Fischer's und seiner Vorgänger für einen verfehlten und zwar aus dem von uns bereits oben Seite 36 angedeutetem Grunde. Fischer und alle seine Vorgänger in dieser Frage stellen sich lediglich auf den Boden der Individual-Psychologie und betrachten alle die Einflüsse, welche auf den Willen des Individuums bestimmend einwirken — doch betrachten sie dabei das Individuum als ein abstraktes Einzelwesen, wie es in der Wirklichkeit gar nicht vorkommt, statt dasselbe so, wie es in der Wirklichkeit thatsächlich existirt, als ein mit tausend Banden und Fasern von einer oder mehreren socialen Gruppen festumsponnenes Glied zu betrachten. Indem sie letztere so zu sagen sociologische Betrachtungsweise unterlassen, entgeht ihnen eine Reihe der wichtigsten Bestimmungsgründe des Einzelwillens, von denen sich derselbe nie und nirgends losmachen kann und denen derselbe ganz unbewusst und naturnothwendig folgt. Denn das ganze Geheimniss der Unfreiheit des Willens scheint uns darin zu liegen, dass die socialen Bewegungen gesetzmässige und naturnothwendige Massen- oder vielmehr Gruppenbewegungen sind und dass den Einzelnen nur die Wahl bleibt, diese sie allgewaltig mitreissenden Bewegungen mitzumachen oder sich mit Aufwand übernatür-

---

[1]) 2. Auflage Leipzig 1871.

licher Kraft denselben entgegenzustemmen, in welch letzterem Falle aber ihr, ihrer Gruppe entgegengesetztes Handeln nicht minder von der Bewegung ihrer Gruppe als Gegensatz bestimmt wird. Der Einzelne also kommt als Glied irgend einer Gruppe zur Welt und empfängt von derselben, von der ihn umgebenden Atmosphäre seine geistige und moralische Richtung, seine ganze geistige Disposition und die bestimmte Empfänglichkeit für die Motive seines Handelns; und darnach handelt der Einzelne in der Regel. Einen alltäglichen Beweis der Gebundenheit des Einzelwillens durch die Gruppe in der er lebt, haben wir darin, dass die Einzelnen in der Regel nicht das thun, was ihnen als vernünftig erscheint, sondern das was sich schickt, was die Sitte erheischt, was der »Welt« nicht anstössig ist etc. Der normale Einzelne kann gar nicht anders handeln und wenn er nach seiner individuellen Vernunft sein Handeln noch so unvernünftig findet. Man denke an den Zweikampf, an Tausende religiöser Zeremonien, an unsinnige Formen der Etiquette etc. Ja! diese Disposition der Gruppe zwingt den Einzelnen fortwährend gegen sein eigenes Interesse zu handeln!

Nun trifft man wohl auf »starke Geister«, auf kräftige Charaktere, auf Ausnahmsmenschen — aber was können dieselben thun? Nichts anderes, als sich den ihnen naturnothwendig gegebenen Impulsen widersetzen und ihnen entgegenzuhandeln. Damit ist aber auch für diese Ausnahmsfälle ein gesetzmäßiges (gegensätzliches!) Handeln naturnothwendig bestimmt. Ein Beispiel aus der Politik soll unsere Meinung erläutern. Das Mitglied eines gesellschaftlichen Standes wird in der Regel in seinem Thun und Lassen die Interessen dieses Standes vertheidigen, wahren und berücksichtigen. Es wird also der Sprosse eines altadeligen Geschlechtes in der Regel den conservativen Interessen huldigen. Nun kommen aber auch Ausnahms-Individuen vor, die sich diesen zwingenden Strömungen ihres socialen Elementes widersetzen oder es wirken Ursachen zusammen, die ein Individuum mit dieser ihn natürlicherweise bestimmenden Strömung in Widerspruch bringen. — Dann wird aber das betreffende Individuum durch das »Gesetz des Gegensatzes« bestimmt und aus dem Junker wird ein Demagog — (man denke z. B. an Mirabeau!) Man würde aber irren, wenn man solche Ausnahmserscheinungen auf einen freien Willen der Einzelnen zurückführen oder dieselben als einen Beweis für denselben anführen wollte. Solche anormale Einzel-Individuen unterliegen mit eben solcher Naturnothwendigkeit dem Gesetze des Gegensatzes, wie die normalen Individuen dem Gesetze der socialen Bestimmung.

Damit wollen wir aber nur eine neue Lücke angedeutet haben, die uns in der bisherigen Psychologie auffällt, welche ebenfalls einem falschen

Atomismus huldigt und immer nur den Einzelnen und die in ihm wurzelnden Kräfte und Triebe in Betracht zieht — ftatt die in den Gruppen fich geltend machenden Strömungen zu betrachten, in denen die den Einzelnen bewegenden Motive in Schlag und Rückfchlag zu fuchen find.

Ein weiterer Irrthum fowohl Cuno Fischer's wie feiner diesbezüglichen Vorgänger, fcheint uns in einer falfchen Auffaffung und Anwendung des »Materialismus« zu liegen. Das Beftreben nämlich aller diefer »materialiftifchen« Philofophen und Gegnern der Willensfreiheit geht dahin, fowohl die »Materialität« des Gedankens, als auch die »Materialität« der denfelben erzeugenden Urfachen zu beweifen. (Fischer l. c. S. 158). Diefen Standpunkt präcifirt Fischer folgenderweife: »Derfelbe mechanifche Procefs, diefelben phyfikalisch-chemifchen (-mechanifchen) Kräfte, wodurch die anorganifchen Stoffe geformt und umgeformt wurden, führte in ununterbrochener Entwicklung und Umbildung bis zum geiftigthätigen Menfchen, in deffen Organismus, trotz feiner höheren Stufe, doch keine neue Kraft quillt, fondern der infolge feiner direkten Abftammung von anorganifchen Gebilden durch Kräfte und Gefetze geformt und bewegt wird, die mit jenen der anorganifchen Welt identifch find.« (L. c. 161). Das heifst denn doch den »Materialismus« zu weit treiben, was nebenbei gefagt zum Zwecke des Beweifes der Unfreihe:t des Willens keineswegs nothwendig ift. Die menfchlichen Vorftellungen und Gedanken werden nämlich, wie wir dies oben (S. 19—21 und 27—32) darlegten, nicht nur von materiellen, fondern auch von immateriellen Urfachen, wie z. B. von Ereigniffen, Vorgängen, Erlebniffen und Erfahrungen beeinflufst und beftimmt.

Der in Folge folcher Einflüffe hervorgerufene Vorftellungsapparat und in Bewegung gefetzte Denkprozefs ift keineswegs ein materieller und braucht keineswegs »durch Kräfte und Gefetze geformt und bewegt« zu werden die »mit jenen der unorganifchen Welt identifch« find, um ein naturnothwendiger zu fein! Letzteres ift er allerdings und unterliegt gewifs nicht minder wie alle phififchen Prozeffe allgemeinen und allgewaltigen Gefetzen: die Factoren und Urfachen aber die diefen Prozefs unterhalten und fördern, ihn beeinfluffen und formen find immateriell, es find Vorgänge, Gefchehniffe, fociale Erfcheinungen etc. die doch weder in ihrem Wefen noch in ihren Werken identifch find mit Wefen und Wirken von Säuren und Salzen, von Anziehung und Abftofsung, von Electricität und Magnetifmus!

Man gebe alfo den quasi »materialiftifchen« Standpunct auf und faffe die Dinge nüchtern, als das was fie find. Eine Vorftellung, ein Gedanke ift eben etwas immaterielles — ift eine geiftige Erfcheinung. Gewifs, derfelbe kann nur aus einer materiellen Unterlage auftauchen;

ohne Hirn kein Gedanke, ohne Phosphor kein Hirn, das ift richtig. Im Momente jedoch wo aus der nothwendigen materiellen Unterlage der Gedanke auftaucht, ift es allerdings eine »neue Kraft« die mit demfelben emporquillt, und die nicht identifch ift mit chemifchen und phifikalifchen Kräften. Aber freilich auch diefe Kraft ift keine übernatürliche — und unterliegt wie alle natürlichen Kräfte feften Gefetzen und natürlichen Einflüffen — unter welchen fich nun eine ganze Reihe immaterieller, welche auf die anorganifche und auch auf die niedrigere Thierwelt noch keinen Einfluſs hatten, geltend macht.

Mit einem Worte die Lehre von der Unfreiheit des Willens muſs fich von einem befchränkten »Materialifmus« frei machen: dagegen fteht ihr feitens der Sociologie, diefer Philofophie der Zukunft, vielfache Förderung und Bereicherung bevor.

C. Ueber Gefchichte als Wiffenfchaft.
(Zu Seite 167.)

Die Frage ob Gefchichtsfchreibung in der gewöhnlichen Bedeutung diefes Wortes eine Wiffenfchaft fei, hat unferes Wiffens zuerft Schoppenhauer angeregt und zwar indem er diefer Disciplin den Character einer Wiffenfchaft, wenn auch noch etwas fchüchtern doch **mit guter Begründung** abfprach.

»In jeder Art und Gattung von Dingen, fagt Schoppenhauer, find die **Thatfachen** unzählig, der **einzelnen Wefen** unendlich viele, die Mannigfaltigkeit ihrer Verfchiedenheiten unerreichbar. Bei einem Blicke darauf fchwindelt dem wiſsbegierigen Geifte: er fieht fich, wie weit er auch forfche zur Unwiffenheit verdammt. — Aber da kommt die **Wiffenfchaft**: fie fondert das unzählbar viele aus, fammelt es unter Artbegriffe, und diefe wieder unter Gattungsbegriffe, wodurch fie den Weg zu einer Erkenntniſs des Allgemeinen und Befonderen eröffnet, welche auch das unzählbare Einzelne befaſst, indem fie von Allem gilt, ohne daſs man jegliches für fich zu betrachten habe. Dadurch verfpricht fie dem forfchenden Geifte Beruhigung. Dann ftellen alle Wiffenfchaften fich neben einander und über die reale Welt der einzelnen Dinge, als welche fie unter fich vertheilt haben. Ueber ihnen allen aber fchwebt die Philofophie, als das allgemeinfte und deshalb wichtigfte Wiffen, welches die Auffchlüffe verheifst, zu denen die andern nur vorbereiten. Blofs die Gefchichte darf eigentlich nicht in jene Reihe treten: da fie fich nicht deffelben Vortheils wie die anderen rühmen kann: denn ihr fehlt der Grundcharacter der Wiffenschaft, die Subordination des Gewußten, statt deren sie bloße Coordination desselben aufzuweisen hat, daher giebt es kein System der Geschichte, wie doch jeder andern Wissenschaft. Sie ist demnach zwar ein Wissen, jedoch keine Wissenschaft, denn nirgends erkennt sie das Einzelne mittelst des Allgemeinen, sondern muß das Einzelne unmittelbar fassen und so gleichsam auf dem Boden der Erfahrung fortkriechen: während die wirklichen Wissenschaften darüber schweben, indem sie umfassende Begriffe gewonnen haben, mittelst deren sie das Einzelne beherrschen und wenigstens innerhalb gewisser Grenzen die Möglichkeit der Dinge ihres Bereiches absehn, so daß sie auch über das etwa noch hinzukommende gefaßt sein können. Die Wissenschaften, da sie Systeme von Begriffen sind, reden stets von Gattungen; die Geschichte von Individuen. Sie wäre demnach eine Wissenschaft von Individuen welches einen Widerspruch besagt.

Auch folgt aus Ersterem, daß die Wissenschaften sämmtlich von dem reden was immer ist, die Geschichte dagegen von dem was nur einmal und dann nicht mehr ist.

Da ferner die Geschichte es mit dem schlechthin Einzelnen und Individuellen zu thun hat, welches seiner Natur nach unerschöpflich ist, so weiß sie alles nur unvollkommen und halb. Dabei muß sie zugleich von jedem neuen Tage in seiner Alltäglichkeit sich das lehren lassen, was sie noch gar nicht wußte. Sofern nun die Geschichte eigentlich immer nur das Einzelne, die individuelle Thatsache, zum Gegenstande hat und dieses als das ausschließliche Reale ansieht, ist sie das gerade Gegentheil und Wiederspiel der Philosophie, als welche die Dinge vom allgemeinsten Gesichtspunct aus betrachtet und ausdrücklich das Allgemeine zum Gegenstande hat, welches in allem Einzelnen identisch bleibt; daher sie in diesem stets nur jenes sieht und den Wechsel an der Erscheinung desselben als unwesentlich erkennt: während die Geschichte uns lehrt, daß zu jeder Zeit etwas Anderes gewesen, ist die Philosophie bemüht, uns zu der Einsicht zu verhelfen, daß zu allen Zeiten ganz dasselbe war, ist und sein wird. In Wahrheit ist das Wesen des Menschenlebens, wie die Natur überall, in jeder Gegenwart ganz vorhanden, und bedarf daher, um erschöpfend erkannt zu werden, nur der Tiefe der Auffassung. Die Geschichte aber hofft die Tiefe durch die Länge und Breite zu ersetzen ihr ist jede Gegenwart nur ein Bruchstück, welches ergänzt werden muß durch die Vergangenheit, deren Länge aber unendlich ist und an die sich wieder eine unendliche Zukunft schließt. Hierauf beruht das Widerspiel zwischen philosophischen und historischen Köpfen: jene wollen ergründen: diese wollen zu Ende zählen. Die Geschichte zeigt auf jeder Seite nur dasselbe, nur unter verschiedenen Formen: die Capitel der Völkergeschichte sind im Grunde nur durch die Namen und Jahreszahlen verschiedene, der eigentlich wesentliche Inhalt ist überall derselbe. Sofern nun also der Stoff der Kunst die Idee, der Stoff der Wissenschaft der Begriff ist, sehen wir beide mit dem beschäftigt, was immer da ist und stets auf gleiche Weise, nicht aber jetzt ist und jetzt nicht, jetzt so und jetzt anders: daher eben haben beide es mit dem zu thun, was Plato ausschliefslich als den Gegenstand wirklichen Wissens aufstellt. Der Stoff der Geschichte hingegen ist das Einzelne in seiner Einzelnheit und Zufälligkeit, was immer ist und dann auf immer nicht mehr ist, die vorübergehenden Verflechtungen einer wie Wolken im Winde beweglichen Menschenwelt, welche oft durch den geringfügigsten Zufall ganz umgestaltet werden. Von diesem Standpunct aus erscheint uns der Stoff der Geschichte kaum noch als ein der ernsten und mühsamen Betrachtung des Menschengeistes würdiger Gegenstand, des Menschengeistes, der gerade weil er so vergänglich ist, das Unvergängliche zu seiner Betrachtung wählen sollte.«

Nach diesen vollkommen richtigen negativen Bemerkungen gegen die Wissenschaftlichkeit der Geschichte fertigt Schoppenhauer nicht minder richtig und zutreffend den Hegel'schen Versuch ab, aus der Geschichte eine Wissenschaft zu machen — welche allerdings etwas zu leidenschaftliche Abfertigung er mit folgenden Worten schliefst:

»Die Hegelianer, welche die Philosophie der Geschichte sogar als den Hauptzweck aller Philosophen ansehen, sind auf Plato zu verweisen, der unermüdlich wiederholt, dafs der Gegenstand der Philosophie das Unveränderliche und immerdar bleibende sei, nicht aber das, was bald so, bald anders ist. Alle die, welche solche Constructionen des Weltverlaufs, oder wie sie es nennen, der Geschichte aufstellen, haben die Hauptwahrheit aller Philosophie nicht begriffen, das nämlich zu aller Zeit das Selbe ist. Alles Werden und Entstehen nur scheinbar, die Ideen allein bleibend, die Zeit ideal. Dies will der Plato, dies will der Staat. Man soll demnach zu verstehen suchen, was da ist, wirklich ist, heute und immerdar, d. h. die Ideen (in Platons Sinn) erkennen.«

Eine wirkliche Philosophie der Geschichte soll also nicht das betrachten was, um in Platos Sprache zu reden, immer wird und nie ist und dieses für das eigentliche Wesen der Dinge halten, sondern sie soll das was immer ist und nie wird noch vergeht im Auge behalten. Sie besteht also nicht darin, dafs man die zeitlichen Zwecke der Menschen zu ewigen und absoluten erhebt, und nur ihren Fortschritt dazu durch alle Verwickelungen, künstlich und imaginär konstruirt; sondern in der Einsicht, dafs die Geschichte nicht nur in der Ausführung, sondern schon in ihrem Wesen lügenhaft ist, indem sie von lauter Individuen und einzelnen Vorgängen redend, vorgibt jedesmal etwas anderes zu erzählen; während sie vom Anfang bis zum Ende stets nur dasselbe wiederholt, unter anderen Namen und in anderem Gewande. Die wahre Philosophie der Geschichte besteht nämlich in der Einsicht, dass man bei allen diesen endlosen Veränderungen und ihrem Wirrwarr, doch stets nur dasselbe, gleiche und unwandelbare Wesen vor sich hat, welches heute dasselbe bleibt, wie gestern und immerdar: sie soll also das Identische in allen Vorgängen, der alten, wie der neuen Zeit, des Orients wie des Occidents, erkennen und trotz aller Verschiedenheit der speziellen Umstände, der Costumes und der Sitten, überall dieselbe Menschheit erblicken . . .«

Bis hieher, soweit er der üblichen Geschichtschreibung den Character einer Wissenschaft abspricht, soweit er die Hohlheit der Hegel'schen und nach Hegel'scher Manier construirten Geschichtsphilosophie nachweist — sind Schoppenhauers Argumente unumstöfslich und unwiderleglich — wie denn überhaupt die Negation Schoppenhauers stärkste Seite ist.

Fragen wir aber ob Schoppenhauer eine Ahnung hatte von der eigentlichen Wissenschaft der Geschichte, eine Idee davon wie diese beschaffen sein müsse? ob er auf den Weg hinwies den eine wissenschaftliche Behandlung der Geschichte zu wandeln habe? — so müssen wir diese Fragen verneinen. Seine positiven Andeutungen in dieser Beziehung sind vollkommen nichtssagend. Hören wir was er da sagt. »Diefs Identische und unter allem Wechsel der Erscheinungen beharrende besteht — in den Grundeigenschaften des menschlichen Herzens und Kopfes, vieler schlechten, weniger guten.« — Also die Geschichtswissenschaft soll einfach Psychologie sein? sie soll das menschliche Herz und den menschlichen Kopf studiren? wozu braucht es denn da der Vergangenheit und der Geschichte? Zu diesem Studium liefert die lebendige Gegenwart vollkommen genügendes, ja, ein viel reichlicheres Material und dazu ein viel zuverlässigeres als die autentischeste Geschichtsüberlieferung. Gewifs, wir unterschreiben gerne die Schoppenhauer'schen Worte, dafs die »Devise der Geschichte lauten sollte eadem sed aliter« — wenn aber Schoppenhauer diese Devise nur auf das »menschliche Herz und den menschlichen Kopf« bezieht, so ist ihm die Wissenschaft der Geschichte unter der Hand verschwunden und er behält an ihrer Statt nur eine Wissenschaft vom menschlichen Herz und vom menschlichen Kopf, was etwas ganz anderes ist. Kurz und gut — Schoppenhauer weifs sehr gut, warum die übliche Geschichtschreibung keine Wissenschaft ist — aber er hat keine blasse Ahnung, worin das Wesen einer solchen Wissenschaft zu suchen wäre. — Er steckt selbst noch zu tief in veralteten Anschauungen, im Individualismus und Atomismus — und trotz seiner vielen richtigen Ansichten über

Welt und Menschen kommt er doch über einen gewissen Anthropocentrismus nicht hinaus, welcher meint, dafs der wichtigste Gegenstand den man in der Geschichte zu betrachten hat — das menschliche Herz und der menschliche Kopf wären! Wir wissen es, nach all den obigen Ausführungen, welche untergeordnete und gar nicht in Betracht kommende Bedeutung diese Muskel- und Nervenknoten für die Geschichte haben — und wie die grofsen Naturgesetze der Geschichte sich um das menschliche Herz und den menschlichen Kopf blutwenig kümmern, geschweige denn von ihnen beeinflufst werden — ja, wie man im Lauf der Geschichte alles andere eher studiren kann, als das menschliche Herz und den menschlichen Kopf. — Denn da der Naturprozefs der Geschichte sich nicht nach dem Willen des Menschen abspielt, so ist es klar, dafs das menschliche Herz und der menschliche Kopf in den Vorgängen dieses Prozesses gar nicht zum Ausdruck gelangen, daher in demselben auch nicht studiert werden können.

Schoppenhauer war kein Historiker und hat sich mit Geschichtsschreibung nicht befafst. Hätte er das gethan und den Versuch gemacht nach diesen seinen positiven Andeutungen Geschichte zu schreiben, er würde sich gewifs überzeugt haben, dafs er alles andere als eine Wissenschaft der Geschichte geliefert hätte.

Welch himmelweiter Weg von einer richtigen negativen Kritik zu einem richtigen positiven Plan und noch gar zu dessen Ausführung dazwischen liegt, das können wir übrigens an einem zweiten epochemachenden Schriftsteller sehen, der neben Schoppenhauer als zweiter Gegner der üblichen Geschichtsschreibung vom Standpunct der Wissenschaft, genannt zu werden verdient. Wir meinen Buckle.

Nicht so philosophisch wie Schoppenhauer, nicht so scharfsinnig und schlagend, doch nicht minder zutreffend hat Buckle der Geschichte, wie sie gemeiniglich getrieben und geschrieben wird, den Character einer Wissenschaft abgesprochen (wobei er, wie uns scheint, seinen grofsen deutschen Vorgänger gewifs nicht gekannt hat).

»In allen übrigen grofsen Gebieten der Forschung sagt er, wird die Nothwendigkeit der Verallgemeinerung von Jedermann zugegeben, und wir begegnen edlen Anstrengungen, auf besondere Thatsachen gestützt, sich dazu zu erheben, die Gesetze zu entdecken, unter deren Herrschaft diese Thatsachen stehen. Die Historiker hingegen sind so weit davon entfernt, dies Verfahren zu den ihrigen zu machen, dafs unter ihnen der sonderbare Gedanke vorherrscht, ihr Geschäft sei lediglich Begebenheiten zu erzählen und diese allenfalls mit passenden sittlichen und politischen Betrachtungen zu beleben. Nach diesem Plan ist jeder Schriftsteller zum Geschichtsschreiber befähigt. Sei er auch aus Denkfaulheit oder natürlicher Beschränktheit unfähig, die höchften Zweige des Wiſſens zu behandeln; er braucht nur einige Jahre auf das Lefen einer gewiſſen Anzahl Bücher zu verwenden und er mag die Geſchichte eines groſsen Volkes ſchreiben und in ſeinem Fache ein Anſehen erlangen.« Buckle weiſt nun auf die Unwiſſenſchaftlichkeit ſolcher Geſchichtſchreibung im Vergleiche mit der Naturwiſſenſchaft hin. »In der Natur ſind die ſcheinbar unregelmäſsigſten und widerſinnigſten Vorgänge erklärt und als im Einklange mit gewiſſen unwandelbaren und allgemeinen Geſetzen nachgewieſen worden. Dieſs iſt gelungen, weil Männer von Talent und vor allem von geduldigem und unermüdlichem Geiſt die Phänomene der Natur ſtudiert haben mit der Abſicht, ihr Geſetz zu entdecken; wenn wir nun die Vorgänge der Menſchenwelt einer ähnlichen Behandlung unterwerfen, haben wir ſicher alle Ausſicht auf einen ähnlichen Erfolg.«

Bis hieher können wir Buckle vollkommen beiſtimmen und bis hieher müſſen wir ihm auch gegenüber den vollkommen ungerechtfertigten Einwürfen Droyſen's entſchieden Recht geben. Denn Droyſen hat dieſe ganz richtigen Prämiſſen Buckle's entweder nicht verſtanden oder nicht verſtehen wollen.[1]) Er macht ſich über Buckle luſtig, weil dieſer der Geſchichte nicht den Character einer Wiſſenſchaft zuerkennt und ſich die Aufgabe ſetzt, dieſelbe zum Rang einer Wiſſenſchaft zu erheben.

Was den erſten Punct anbelangt hat es ſich Droyſen leicht gemacht: denn er hätte eigentlich nicht Buckle's wenig erſchöpfende wiewohl richtige Argumentation, wohl aber die von uns oben angeführte Schoppenhauers widerlegen müſſen.

Freilich mit ſolchen flachen Sophiſmen wie er gegen Buckle's Prämiſſe kämpft, läſst ſich gegen alles auch gegen die klarſten Wahrheiten, leicht ſtreiten — nur nicht überzeugen. Droyſen giebt ſich den Anſchein, als ob es Buckle nur um eine andere Methode der Geſchichtsbehandlung und zwar die naturwiſſenſchaftliche zu thun wäre, und meint dagegen: jede Wiſſenſchaft habe ihre eigene Methode, ihre eigene »Betrachtungsweiſe«. Das iſt eine falſche Unterſtellung. Der Kern der Buckle'ſchen Ausführungen gipfelt darin, daſs es nur eine Wiſſenſchaft und eine richtige Methode, die Induction gäbe, — und daſs auch die Geſchichte eine Naturwiſſenſchaft ſei, für die ſomit nur die Methode der Naturwiſſenſchaften, d. i. die Induction angemeſſen iſt. Das will Droyſen nicht verſtehen und ſpricht von einer »theologiſchen, philoſophiſchen, mathematiſchen und phiſikaliſchen Betrachtungsweiſe« um dieſen verſchiedenen Betrachtungsweiſen die »hiſtoriſche« anzufügen

---

[1]) S. Droyſen Grundriſs der Hiſtorik Beilage I.

Nach Buckle's Standpunct aber, den wir vollkommen richtig finden, ist die Geschichte eine Naturwissenschaft (des Menschengeschlechts) und giebt es überhaupt nur eine wissenschaftliche Methode, die für dieselbe passt d. i. die naturwissenschaftliche Methode der Induction. Was nützt gegen diesen klaren Standpunct der Einwand, dass man die »sittliche Welt« »unter sehr verschiedenartigen Gesichtspuncten betrachten kann« unter dem practischen, technischen, rechtlichen, socialen« und dass »endlich auch eine Betrachtungsweise der sittlichen Welt die geschichtliche« ist? Allerdings kann man die »sittliche Welt« unter allen diesen »Gesichtspuncten« betrachten — aber keiner derselben ist wissenschaftlich — eben so wenig der »praktische«, wie der »technische«, wie der sogenannte »geschichtliche«. Wie gesagt, Droysen scheint Buckle's ganz richtige Idee von der Geschichte als Naturwissenschaft gar nicht begriffen zu haben und kämpft sophistisch gegen Plattheiten die er Buckle unterschiebt.

Freilich, auf die Frage, ob es Buckle gelungen ist die Aufgabe die er sich stellte, die Geschichte als Wissenschaft und zwar als Naturwissenschaft zu behandeln, zu lösen — antworten auch wir verneinend. Aber sein genialer Versuch dieses richtig gestellte Problem zu lösen, verdient alle Achtung und Anerkenung, die ihm Droysen gewiss nicht versagt hätte, wenn er die Richtigkeit des Problems begriffen hätte. Denn der Irrthum Buckle's in der Ausführung seiner Aufgabe ist ungemein lehrreich für seine Nachfolger und daher von grossem Werthe für die Wissenschaft.

Worin aber dieser Irrthum liegt, das wollen wir kurz andeuten.

Buckle steckt noch zu tief in der dualistischen Auffassung der Welt und kann sich von derselben trotz seines eifrigen Bestrebens nicht emancipiren. Er stellt Natur und menschlichen Geist als zwei selbständige Factoren sich gegenüber, aus deren Wechselwirkung und gegenseitigem Einfluss er die »Geschichte« hervorgehen lässt; damit verfällt Buckle in einen Irrthum aus dessen fatalen Consequenzen er sich nicht mehr herausarbeiten kann und der sein ganzes grosses Werk zu einem verfehlten Versuche macht.

»Und das Alles, meint Buckle, was früher vorgegangen, entweder ein innerer oder ein äusserer Vorgang sein muss, so ist es klar, die ganze Mannigfaltigkeit der Ergebnisse, mit andern Worten, alle Veränderungen, von denen die Geschichte voll ist, alle Wechselfälle, die das Menschengeschlecht betroffen, sein Fortschritt und sein Verfall, sein Glück und sein Elend müssen die Frucht einer doppelten Wirksamkeit sein, der Einwirkung äusserer Erscheinungen auf unser Inneres und der Einwirkung unseres Innern auf die äusseren Erscheinungen. Nur aus diesem Material läfst sich eine wissenschaftliche Geschichte aufbauen.« [1]) Da liegt Buckle's ganzer Irrthum. Schon die Unterscheidung der »inneren« von den »äuseren« Vorgängen ist naturwissenschaftlich unhaltbar; es ist eine Unterscheidung die nichts wesentlich Verschiedenes trifft. Mag aber auch diese rein formale oder eigentlich locale Unterscheidung zum Zwecke gewisser Demonstrationen (z. B. in der Logik oder Psychologie) berechtigt sein: hier verführt sie Buckle zur Betretung eines entschieden falschen Weges, auf dem er immer tiefer und tiefer in die Abgründe und Irrwege einer dualistischen Weltbetrachtung gelangt. Denn nun übersieht Buckle ganz, dass der menschliche Geist doch auch nichts anderes ist als ein Stück Natur und arbeitet sich immer tiefer hinein in den allgemein geglaubten und scheinbaren, doch thatsächlich nicht existirenden Gegensatz zwischen »menschlichen Geist« und »der ihn umgebenden Natur«.

Nun bahnt sich Buckle den Weg zur Betrachtung des gegenseitgen Einflusses dieser zwei entgegengesetzten Factoren auseinander durch die Analyse der »Natur« und zerlegt dieselbe mit Bezug auf ihren Einflus auf den »menschlichen Geist« in ihre vier Bestandtheile nämlich »Klima, Nahrung, Boden und Naturerscheinung im Ganzen«. (S. 35.) Damit glaubt er nun auf der breiten Heerstrase der Forschung angelangt zu sein, die ihn sicher zur Erkenntniß der Wahrheit führen wird: in der That aber ist er auf einen Abweg gelangt, auf dem er sich von der Wahrheit immer mehr entfernt. Denn Buckle übersieht ja ganz, dass wenn die menschlichen Handlungen, wenn die menschliche Geschichte von der »Natur« beeinflust werden, die Mittel dieser Beeinflussung viel weniger in Klima, Boden, Nahrung etc. zu suchen sind, als vielmehr in der Beschaffenheit des Menschen selbst. Das Gehirn des Menschen und dessen Qualität ist doch ein wichtigerer Factor als die Bodenbeschaffenheit, als die Configuration der Gebirge und Flüsse; das Temparament des Menschen ist doch ein wichtigerer Factor als das Clima; die ganze angeborne oder anerzogene Qualität des Menschen — das ist die Natur die auf die menschliche Geschichte von Einflus ist — und zwar in einem Maase von Einflus, mit dem sich die möglichen Einflüsse von Clima, Boden, Nahrung ect. gar nicht vergleichen lassen.

Diese »Natur« aber, die »Natur des Menschen«, übersieht Buckle ganz und vertieft sich statt dessen in die Erforschung des Einflusses der »Natur« des Erdbodens und Climas auf die menschliche Geschichte. Buckle sieht vor lauter Bäumen den Wald nicht. Er schreibt geschichtliche Erscheinungen der Nahrung, dem Clima, der Bodenbeschaffenheit zu

---

[1]) Band I in Ruge's Uebersetzung (1860) S. 18.

die lediglich in der von allem Clima und aller Nahrung und Bodenbeschaffenheit unabhängigen Natur der Menschen ihren Grund haben. Er ist so verblendet in dieser Beziehung, dafs er den Einfluss der socialen aus der Natur der Menschen sich ergebenden Verhältnisse auf die Geschichte ganz unbeachtet läfst — und nur für die ganz problematischen, jedenfalls aber verschwindend geringen Einflüsse des Climas, der Nahrung etc. Auge und Sinn hat.

»Vor allem, sagt Buckle, was für ein Volk aus seinem Clima, seiner Nahrung und seinem Boden folgt, ist die Anhäufung von Reichthum das Erste und in mancher Hinsicht Wichtigste.« Wie einseitig! Allerdings ist Clima, Nahrung und Boden von Einfluss auf Anhäufung von Reichthum — doch wie konnte Buckle übersehen, dafs die erste Bedingung dieser Anhäufung der Mensch selbst, d. h. ein solches sociales Zusammentreffen von so und so gearteten Menschen ist, dafs dieses sociale Verhältnifs eine Anhäufung des Reichthumes möglich macht. Diese Beschaffenheit der Menschen und dieses sociale Verhältnifs sind die wichtigste Bedingung der Aufhäufung des Reichthums: das geeignete Clima, Nahrung, Boden etc. kommen erst in letzter Linie in Betracht.

In dem nach Clima, Nahrung und Boden reichsten Lande wird eine sich selbst überlassene indolente Bevölkerung Jahrtausende vegetiren, ohne Reichthum anzuhäufen — wovon uns so viele in den gesegnetsten Erdstrichen Asiens, Afrikas und Amerikas wild herumstreichende Horden sogenannter Naturvölker überzeugen. Andererseits werden in von der Natur sehr stiefmütterlich behandelten Gegenden durch die sociale Arbeit das heifst durch gewaltsame Arbeitsorganisation und staatliche Einrichtungen — also durch entsprechend veranlagte Menschen und sociale Einrichtungen Reichthümer angehäuft und damit die Grundlagen der Cultur geschaffen.

Alles dieses nun, die verschiedene Natur der Menschen und die Natur der socialen Einrichtungen als wichtigste Ursachen aller »Geschichte« und aller Civilisation — übersieht Buckle vollkommen und zu welchen falschen Schlüssen auf dem Gebiete der Geschichte er in Folge dieses Uebersehens gelangt wollen wir an einigen drastischen Beispielen nachweisen.

Die Thatsache, dafs »mongolische und tartarische Horden zu verschiedenen Zeiten in China, in Indien und in Persien grofse Monarchien gegründet und bei der Gelegenheit eine Civilisation erreicht haben, die nicht hinter der zurückbleibt, welche die blühendsten alten Königreiche ·besassen« führt Buckle anf die Fruchtbarkeit und das günstige Clima dieser Länder zurück. Dabei übersieht aber Buckle vollkommen, dafs diese mongolischen und tartarischen Horden gewifs nie im Stande gewesen wären in jenen Ländern »grofse Monarchien zu gründen« und eine hohe Civilifation zu erreichen, wenn fie nicht dort überall eine einheimifche Bevölkerung angetroffen hätten die fie unterjochten und in ihre ftaatliche Organifation der Arbeit mit Gewalt einfügten.

Mit dem fruchtbaren Boden allein hätten die Mongolen und Tartaren noch immer keine Monarchieen gegründet und keine Civilifation erreicht; die Unterjochung der dort anfäffigen Bevölkerung, das war die wichtigfte conditio sine qua non diefer Monarchieen und diefer Civilifation. Dafür aber, für diefe wefentlichfte und wichtigfte Urfache diefer gefchichtlichen Erfcheinung hat Buckle weder Sinn noch Auge. Ja er war in diefem Puncte fo fehr verblendet, dafs er fich nicht einmal die fich von felbft aufdrängende Frage ftellte, warum denn die einheimifche zahlreiche Bevölkerung nicht auf dem doch auch vor dem Eindringen der erften Eroberer gleich fruchtbaren Boden, in dem auch früher ebenfo günftigen Clima keine »grofse Monarchien« mit hoher Civilifation gegründet haben mögen? Warum denn diefer fruchtbare Boden und diefs günftige Clima mit fammt der zahlreichen einheimifchen Bevölkerung immer erft auf die fremden Eindringlinge wartet um die »grofsen Monarchieen« und die hohe Civilifation hervorzubringen? Ift es da nicht klar, dafs in den Buckle'fchen Argumentationen und Schlufsfolgerungen ein grofser Irrthum liegt.

Nicht minder falfch wie über die Urfache der Culturentwicklung in Indien, China und Perfien urtheilt Buckle über die Urfache des Auffchwunges der arabifchen Herrfchaft im Mittelalter. »Ebenfo, fagt er, find die Araber in ihrer Heimat wegen der Dürre ihres Bodens immer ein rohes ungebildetes Volk geblieben . . . aber im 7. Jahrhundert eroberten fie Perfien; im achten den beften Theil Spaniens, im neunten das Penjab und am Ende faft ganz Indien. So wie fie fich in ihren neuen Niederaffungen eingerichtet hatten, fchien ihr Character eine grofse Veränderung zu erleiden. Sie, die in ihrer Heimat nicht viel mehr als herumftreifende Wilde waren, konnten jetzt zum erften Male Reichthum anfammeln und machten daher zum erften Male einige Fortfchritte in den Künften der Civilifation. In Arabien waren fie nur ein Stamm wandernder Hirtenvölker gewefen; ih ihren neuen Wohnfitzen wurden fie Gründer mächtiger Reiche, bauten Städte, fundirten Schulen, fammelten Bibliotheken und die Spuren ihrer Macht find noch in Cordova, in Bagdad und in Delhi zu fehen.« Das ift alles fehr fchön, aber wie konnte Buckle überfehen, dafs die blofsen paar Horden halbwilder arabifcher Nomaden es in Spanien gewifs auch mit all der Fruchtbarkeit Spaniens und dem fchönen Clima noch bei weitem nicht zu jenem bewunderungswürdigen Auffchwung der Cultur gebracht hätten, wenn der fociale Boden der Iberifchen Halbinfel nicht feit Jahrhunderten mit dem beften Menfchendünger, mit Iberern, Phöniziern, Celten, Römern, Gothen, Vandalen u. f. w. gedüngt worden wäre? Das war der Boden auf dem die arabifche Cultur erblühte — aber nicht jener Boden an den Buckle denkt auf dem »die fchattigen Kaftanien raufchen an des Ebro Strand.« Nicht aus dem Boden und dem Clima derjenigen Länder, die fie überzogen läfst fich die hohe arabifche Cultur erklären, fondern daraus, dafs diefe halbwilden Horden es verftanden haben in diefen Ländern ihre Herrfchaft zu begründen und dafs es ihnen fpeziell in Spanien gelang, ein buntes bereits vielfach civilifirtes Völkergemifch in ihre ftaatliche Organifation einzufpannen. Aber all diefe entfcheidenden fociologifchen Gefichtspuncte exiftiren für Buckle nicht: er will alles aus Boden, Clima, Nahrung etc. herleiten. Das ift wie gefagt fein Hauptirrthum — daran fcheiterte fein grofsartiges wiffenfchaftliches Unternehmen. Aber trotz alle dem hat Buckle für die Entwicklung der Wiffenfchaft gewifs eine viel höhere Bedeutung als fein übermüthiger Kritiker, der Hiftoriker der preufsifchen Politik, der fich über ihn luftig macht. Denn mit all feinen Irrthümern ift Buckle ein grofser Bahnbrecher menfchlicher Wahrheitserkenntnifs — und wenn es uns gelungen ift in vorliegender Schrift einen Hauptirrthum Buckle's zu corrigiren, und wenn wir vielleicht damit auf den von Buckle gefuchten Weg hinwiefen auf dem es möglich ift aus der Gefchichte eine Wiffenfchaft zu machen — fo ift das ja keineswegs unfer Verdienft, wohl aber Buckle's der durch fein epochemachendes Werk hunderte Köpfe in Europa und Amerika anregte diefen Weg zu fuchen.

www.ingramcontent.com/pod-product-compliance
Lightning Source LLC
Chambersburg PA
CBHW032042220426
43664CB00008B/819